『十一五』國家重點出版規劃項目

主編　陳智超

陳垣全集

CHEN YUAN QUANJI

第十九册

鮚埼亭集批注（上）

北京师范大学出版集团
BEIJING NORMAL UNIVERSITY PUBLISHING GROUP
安徽大学出版社

圖書在版編目(CIP)數據

陳垣全集.第19册,鮚埼亭集批注.上/陳垣著.—合肥:安徽大學出版社,2009.8(2021.3重印)

ISBN 978-7-81110-388-5

Ⅰ.①陳… Ⅱ.①陳… Ⅲ.①陳垣(1880～1971)—全集 ②古典詩歌—注釋—中國—清代 ③古典散文—注釋—中國—清代 Ⅳ.①C52 ②I214.92

中國版本圖書館CIP數據核字(2009)第155417號

陳垣全集 第十九册

鮚埼亭集批注(上)

(清)全祖望 著 陳 垣 批注 陳智超 主編

安徽大學出版社出版發行

(合肥市肥西路3號 郵編230039 電話0551-65107716

網址 www.ahupress.com.cn)

合肥遠東印務有限責任公司印製

責任總編輯 楊應芹 彭君華

本册編輯 李海妹 封面設計 孟獻輝

開本 880×1230 1/32 印張 23.375 字數 458千

2009年12月第1版 2021年3月第3次印刷

ISBN 978-7-81110-388-5

定價 2480.00圓(全二十三册)

摄于1940年

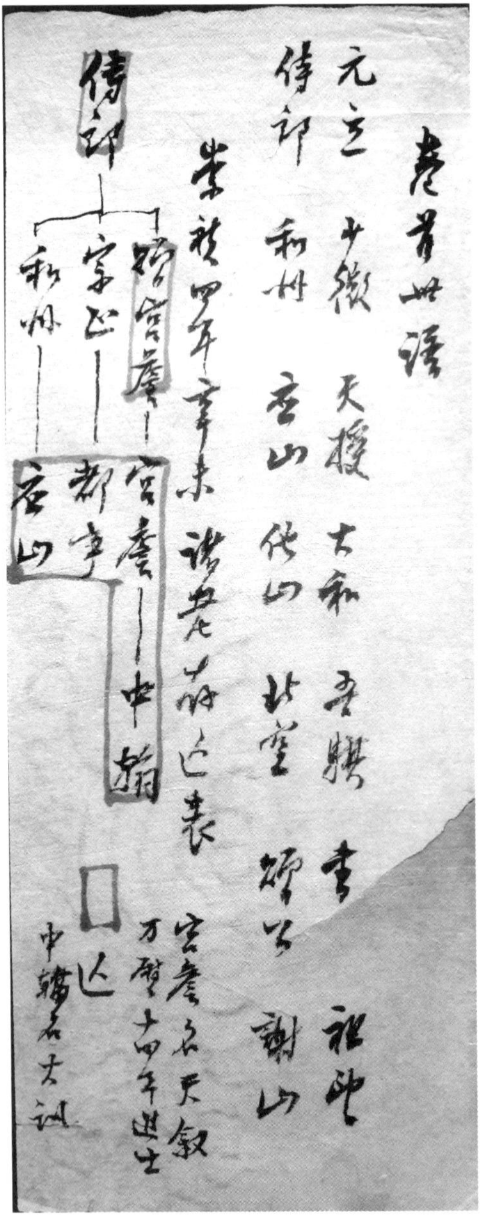

《鲒埼亭集批注》稿

陳垣全集之三十

鮚埼亭集批注（上）

安徽大學出版社

目次

〔一〕超案：目録中括號内文字爲援庵先生批注。在目録及正文上均無批注者，不存目。下同。

〔一〕超案：援庵先生在全謝山聯姻春氏一文中云：「謝山承祖若父遺志，故國觀念獨深，其竭力表彰忠義，即無異提倡革命。然未遭清廷之忌者，以徒申忠孝之節，而不言夷夏之防。其與春氏聯姻，亦與鮚埼亭集卷一之頌揚聖德用意相類，近代所謂煙幕彈也。」

卷二十三　碑銘十八……三〇七

卷三十一　序一……四〇五

卷三十四　簡帖……四四九

卷三十六　題跋一

卷三十七　題跋二……五〇一

卷三十八　題跋三

鮚埼亭集批注　外編〔一〕

〔一〕超案：目録中括號内文字爲援庵先生批注。卷二十三第六篇「史衛王」爲「史越王」之誤。

卷十二　傳……六七三

卷二十一　記六……八四一

卷二十五　序三……八九一

卷二十八　題跋二

卷三十三　題跋七……一〇一七

卷四十五　簡帖五……一一三五

鮚埼亭集批注　詩集

〔一〕道光十四年鄭爾齡刻本無句餘唱和集。

卷四　鈔詩集　百五春光集……一二四一

卷五 吴船集 韓江唱和第二集……一二六三

卷七 漫興初集 漫興二集

卷八　望歲集　采葳齋集　西笑集……一三二五

鮚埼亭集批注　卷首

卷首批注

前集刻於嘉慶九年，外集刻於嘉慶十六年。

鮚埼亭見漢書廿八上，地理志，會稽郡。

鐵橋漫稿七有全紹衣傳。耆獻類徵 詞臣十二有傳。蔣彤丹稜文鈔卷三有全謝山先生述。道古堂文集九有鮚埼亭集序。知不足齋叢書廿三集有讀易別録。沈彤謂讀鮚埼亭集能令人傲，然亦能令人壯，見詩集九注。越縵堂日記廿一册謂鮚埼亭集多言忠義，讀之激發，見葉四十五。

全氏世譜

全氏出自周官「泉府」之後〔一〕，以官爲氏，其後以同音通于「全」。據國語隗姓之分，亦有潞、洛、泉、余、滿五氏，然全氏之所出，非隗也。或曰全之本姓爲王，漢元后之族屬，以避新都之亂，易姓如輔果；或曰殷王高宗之後爲全：二説皆無據。

〔一〕此句及以下見外集十四桓谿全氏祠堂碑文。

全氏之著名於舊史者，自東漢桂陽太守柔始，其子大司馬錢唐侯琮以勳伐起孫吴，尚主。於是江左戚里，莫如全氏：大司馬兄子衛將軍永平侯尚以王舅，諸子鎮北將軍都亭侯緒以東關破魏功，臨湘侯懌以襲父業，都鄉侯吴以國甥；其餘如端、如翩、如緝、如靖、如禕、如儀、如紀、如熙，皆以侍郎、都尉典兵宿衛。既而孫琳擅政，壽春失援，臨湘與諸弟、諸子入魏，永平誅權臣不克，遇禍，全氏始衰。至劉宋而光禄大夫孝寧侯景文繼之。至陳而水部郎援繼之〔二〕。孝寧以前多用功業起家，水部始以經術爲易、詩宗。臨湘之入魏也，諸弟、子皆封爵，故河北全氏不下江左。其後，高齊有黄門侍郎元起，唐末有雄武節度使中書令師朗，王蜀之勳臣也，又有金州防禦使師郁，仕孟氏，世爲商洛豪宗。今全氏舊譜指北史諸泉泉企父子爲臨湘之後，謂其改姓，不知全氏之由「泉」而改，非泉氏之由「全」也。

〔一〕外集「援」作「緩」。

入宋而商洛之族阻兵被夷，而江左全氏復盛。太平興國中，有諱權者，累官侍御史，知青州，以母憂不出，奉其父由錢唐遷居鄞之桓谿，則謝山先生之始祖也。上溯桂陽，其世二十有七。侍御生二子：長鼎，次俎。而鼎爲明州學録，故侍御來鄞，其卒也，葬于谿上之沙渚。其時侍御弟興亦遷越之東浦，無子，以俎爲後。越六世，爲宋理宗之母家，追封曾祖以下，則有若太保唐公安民，唐公子爲太傅越王份，越王子爲太師申王大中、太師徐公大節。徐公即宋史所稱「保長」者也。申王子爲太師和王昭孫，是爲度宗元舅。徐公子爲少傅節度使周公純夫、少師節度使清夫。和王子爲太尉參政元堅〔一〕，周公子爲太府卿槐卿。而福王之妃亦出於全。方理宗之潛龍也，學于余魯公天錫之家，因訪外氏于谿上，嘗飲食焉，既而即位，推恩並賜官爵。而桓谿諸全不欲攀外戚之寵以邀恩澤，相約不出。朝議高之，乃選其中二人曰汝梅、汝霖尚縣主，而爲樹雙闕于碶上，顔之曰「鵲巢」以表焉。

〔一〕外集作「允堅」。

是後，桓谿族姓分爲八派：曰前宅、後宅、東宅、西宅、中宅、田宅，皆侍御五世孫琚之後也；曰南宅、北宅，皆侍御五世孫禮之後也。其既於今，歷年八百有餘，孫枝二十六葉〔一〕，而谿上之居未散，代有顯者。吾鄉言世家，未有若此之永者也〔二〕。

〔一〕外集作「二十四葉」。
〔二〕桓谿碑止此。

而謝山之世，則自禮而下皆有名號、生卒可按，自政而下始得詳其行實。禮生宗顯，宗顯生得信，得信生昌世，昌世生明五府君，明五府君生巳一府君，巳一府君生惟一府君，惟一府君生南十二府君，四世皆佚其名。南十二府君生旻，旻生乾，乾生倫，倫生文瑜，文瑜遷于城中之湖上，上距遷桓谿之世爲十六傳。文瑜生政，以篤學懿行稱人師，起家明經，司教常熟，以子侍郎元立貴，封檢討。侍郎則謝山先生之六世祖也，以碩德大節在永陵講筵。

已而以不肯草西内青詞，外遷陪都，又以忤分宜相乞身。侍郎生和州同知少微，以慈惠之政著南畿，稱循吏。和州生應山知縣天授，文學淵奧，牽絲作吏，未報最，遽卒。應山伯子諱大和，字介石，號他山，國子監生；叔子諱大程，字襄孫，號式公，府學生。他山府君無子，以式公府君子爲之後，先生之王父也，諱吾騏，字聿青，號北空〔一〕。他山兄弟當明之季，用錢忠介公薦，一以大理寺左評事徵，一以太常寺博士徵，俱不受。丙戌以後，甬句東之人，遠在天末，尚煩多士、多方之訓，成化最晚，其在世禄家子弟，尤爲甚焉，而全氏一日棄諸生籍者二十四人。他山府君議以東錢湖之童嶴，萬山荒僻，人跡罕至，欲避地焉。時北空府君年十六，他山府君問曰：「汝能絶意人世乎？」北空曰：「謹受命。」即披野服，隨二父入山，一門共修汐社，力耕之餘，清吟而已。高武部隱學嘗歎曰：「謝臯羽棄其子行遯，終身不相聞問，鄭所南則無子，未若全氏之駢聚也！」北空府君生贈公，諱書，字吟園，以經術詩詞教授里中，最精考索，重修全氏世譜。山陰一支，舊附見鄞譜中，贈公爲據宋史以正其官爵之譌謬。舊譜稱：「始祖侍御公之父仕周世宗朝，官中書令」，贈公曰：「殆吴越宰相耶？十國板蕩，中朝阻隔，鮮有越國而仕者。」又稱「侍御公出青州爲同知」。贈公曰：「宋無同知州事之官，蓋知州也。」萬九沙太史嘗問曰：「孤山遯初子之詩在月泉吟社中，于先世遠近若何？」贈公曰：「此吾侍御十世孫也，太師申王大中之從子，和王昭孫之兄，太尉參政允堅之世父，宋亡後，僑寓孤山，結社以老者也。」蓋亦劉道原之流亞也，以先生貴，贈如官。

〔一〕高祖天援，曾祖大和，本生曾祖大程，祖吾騏。大和、吾騏見外集八先曾王父先王父神道闕銘。

謝山先生諱祖望，字紹衣，號謝山，贈公之仲子也。贈公二子，長祖謙，生而慧甚，四歲入家塾，一年即能略通諸經章句。蔣蓼厓先生歎曰：「是聖童也！」一日戲以小刀剪紙，傷其指，感風而病，臨危於案上大題「鯉也死」三字，而破之曰：「聖人之不得有其子，聖人之不幸也。」時年六歲。自侍御至先生，爲世凡二十四云。

先生文集，手自編次，命純繕寫，甫畢而先生謝世。純致書錢唐杭堇浦先生，求序其端，且請作志狀。堇浦以書來，命述先生世系，純因述全氏世譜冠於集端。昔胡助述宋氏世譜以冠潛谿集，萬斯大倣之，述黄氏世譜以冠南雷集，今亦此例也。門弟子董秉純敬述。

全謝山年譜

世系、名字詳世譜。

康熙四十四年乙酉，正月初五日亥時，先生生於鄞縣白壇里月湖之西岸先世宮詹公故宅〔一〕。

先生有兄祖謙，慧甚，六歲而殤，太夫人哭之哀，忽張目曰：「勿哀，吾當再來補之。」後十年生先生，亦慧甚，故小字曰「補」。又有傳先生爲錢忠介公轉生者〔二〕，其詳未之聞。集中有五月十三舉子詩三首〔三〕，其第二首曰：「釋子語輪迴，聞之輒加嗔。有客妄附會，謂我具宿根，琅江老督相，于我乃前身。一笑妄應之，燕説漫云云。昨聞正氣堂，豫告將雛辰，在我終弗信，傳之頗驚人，聊以充談助，用語湯餅賓。」按先生年三十九始得子昭德〔四〕，方舉，忠介後人芍庭先生入賀〔五〕。先生曰：「何知之神也？」芍庭曰：「夜來寒家影堂中，不知何人揚言曰：『謝山得子，可喜可喜。』故來訊耳。」亦一奇也。

〔一〕時先王父先八年卒。公車徵士小録作初六日生。「白壇里」應作「白檀里」。宮詹公天叙，從高祖。世居府城西月湖。

〔二〕錢肅樂。

〔三〕詩集卷二。

〔四〕卷廿二有韭兒埋銘。

〔五〕錢中盛。

四十七年戊子，先生四歲，始就塾。

太公吟園先生〔一〕親課以四子書、諸經，便能粗解章句。吟園先生曰：「是子雖不逮其兄，然亦可兒也。」

〔一〕全書。

五十一年壬辰，先生八歲。

諸經之外兼讀通鑑、通考諸書。秋社過樓外，極管弦燈火之盛，不一顧也。

五十七年戊戌，先生十四歲，補博士弟子。

從里中董次歐先生〔一〕，讀書三餘草堂張氏。次歐先生最持崖岸，弟子無敢輒前者，獨先生與爭論經史，曰：「此吾門俊人也。惜吾老矣，不及見其大成也。」始游庠，謁學宮，至鄉賢、名宦諸祠，見謝太僕、張軍門主〔二〕，曰：「此反覆賣主之亂賊，奈何污宮牆也！」取捶碎之，投諸頖池〔三〕。

〔一〕董正國。

〔二〕謝三賓、張杰。

〔三〕見外集卅錢忠介公崇祀録跋。

五十八年己亥，先生十五歲。

里中耆英多與先生談藝。一日，慈谿鄭南溪先生〔一〕過吟園曰：「吾今日特訪陳羣而來。」

〔一〕鄭性。

五十九年庚子，先生十六歲，始應鄉試。

至行省，以古文謁查初白先生〔一〕。初白謂萬九沙先生〔二〕曰：「此劉原父〔三〕之儔也。」

〔一〕查慎行。
〔二〕萬經。
〔三〕劉敞。

六十年辛丑，先生十七歲。

六十一年壬寅，先生十八歲。

先生有族母，爲冰槎尚書〔一〕女，居黄巖，是年返寧，年八十餘矣。先生從之問遺事，取姚江黄先生之志，楊徵士遴之紀，吴農祥之傳，參互質證，多有補訂，後卒成尚書神道第二碑〔二〕。

〔一〕張煌言。
〔二〕卷九。

雍正元年癸卯，先生十九歲。

先生嘗再登天一閣借書，當始於是時。又楊誠齋易傳鈔之天賜園謝氏，草廬春秋纂言鈔之雲在樓陳氏，皆在是年，皆通志堂未刻之本，世所希有者。

二年甲辰，先生二十歲。

是年當娶前孺人張氏。自昨年再過武林，盡交樊榭、堇浦、薌林、勾山、谷林、意林、蕙田、立甫諸先生〔一〕，討論經史，證明掌故，尊酒郵筒，殆無虚日。而簡帖、題跋，多不署歲月，不敢附會。惟與樊榭論蘇若蘭回文詩札，確係此年。

〔一〕厲鶚、杭世駿、梁詩正、陳兆崙、趙昱、趙信、姚世鈺、王豫。

三年乙巳，先生二十一歲。

是年當在童塾授徒。先是先生曾王父、王父皆避兵於是，先生感之，益參考舊聞，成滄田録。

四年丙午，先生二十二歲。

是年有荆公鄞女志跋，而古今通史年表大約作于此時。

五年丁未，先生二十三歲。

武威孫公詔來守寧，訪士於萬九沙太史，太史力推先生，孫公甚重之，先生因上尊經閣祀典議。及孫公觀察三郡，凡再上修南宋六陵及祠祭冬青義士帖子。其後修郡志，孫公招先生入局，辭之。而總裁爲九沙太史，移書問遺事，糾繆凡數十條，先生詳答之。孫公將薦先生于朝，先生上書力辭，因欲先生自署門生，先生自後遂不復往。及孫公按察江西，旋卒，先生感念高誼，爲之誄，今載集外。

六年戊申，先生二十四歲。

督學交河王公將以賢良薦〔一〕，先生以兩尊人年高，獨子，鮮侍養者，上書辭之。其後有司以萬先生承動應〔二〕，先生於萬先生，中表後輩也，先生以名不易副，頗有規切。萬先生曰：「後於吾而生，先乎吾而聞道者，子也。」○夏患齒痛。張孺人以先生性伉直，多因事相規，笑曰：「是雌黄人物之報也。」先生賦詩解嘲〔三〕。是年得高隱學先生〔四〕雪交亭集於陸氏。

〔一〕王蘭生，道古堂集三八有行狀。
〔二〕萬承勳。
〔三〕見外集八張孺人神誥。
〔四〕高宇泰。

七年己酉，先生二十五歲，充選貢〔一〕。

王公以先生充貢，先生又辭，王公不許。太夫人曰：「歐陽詹求有得而歸，以爲親榮。夫但言有得，尚不過世俗之榮；倘能有得而又有聞焉，是則吾所望於汝也。汝其行矣。」遂以明年春治裝北上。

〔一〕拔貢生。

八年庚戌，先生二十六歲，入京。

春，北上，時新例許赴選人之籍，入對闕下，先生但投牒成均而已。山東學使羅竹園先生〔一〕邀佐文衡，赴之。○浙江方修通志，先生謂翁洲六大忠臣當立傳，乃作武進吳尚書、上海朱尚書、鍾祥李尚書三狀，張相國、劉安洋、董給事三志移之〔二〕。初入京，即上書方靈皋先生，論喪禮或問。靈皋大異之，由是聲譽騰起。

〔一〕羅鳳彩，雍元進士，雲南石屏州人。類徵卿貳卅七。

〔二〕吳鍾巒、朱永佑、李向中、張肯堂、劉世勳、董志寧。

九年辛亥，先生二十七歲。春、夏游山左，秋南歸。

自舊秋至是夏，在羅竹園幕，遂遍遊三齊諸勝，皆有紀志題咏。爲蓬萊王孝子立傳，應黄崑圃先生〔一〕之命也。秋七月，自歷下南歸省親。

〔一〕黄叔琳。

十年壬子，先生二十八歲，舉北京鄉試〔一〕。

春，吟園先生七十壽。初夏，以太夫人命復北上。八月，張孺人産一女，甫七日，孺人殞，女亦不久而殤〔二〕。先生魁北闈，方撤棘，房考曹公一士逕過寓齋〔三〕，傾倒特甚。而臨川李穆堂先生〔四〕見先生行卷曰：「此深寧、東發以後一人也。」〔五〕招之同寓，遂偕萬孺廬先生〔六〕唱和於紫藤軒。一時名下俱願納交先生，然先生所心契，李、萬之外，惟靈皋先生、坦齋王侍郎、濟寰曹給事、謝石林侍御、鄭篔谷侍講〔七〕數人而已。而時相〔八〕之門雖屢招之，不赴，卒以此深嫉之，至於放黜。

〔一〕本年有杭堇浦榕城詩話題詞，知不足齋二集。

〔二〕先生有一女嫁方定思第六子，見集廿定思墓誌。

〔三〕曹一士別字濟寰。

〔四〕李紱。

〔五〕穆堂墓誌，見先生行卷在癸丑冬。
〔六〕萬承蒼。
〔七〕方苞、王蘭生、曹一士、謝濟世、鄭江。
〔八〕張廷玉。

十一年癸丑，先生二十九歲，春闈下第，仍居京師。

榜後始聞張孺人之赴，將歸省，有詞科之命，工部尚書仁和趙公〔一〕以先生薦，遂爲吏部所留，不得歸，仍居紫藤軒，與臨川先生論陸氏學案，凡四上書。

〔一〕趙殿最，時爲户部右侍郎，乾三年始遷工部尚書。

十二年甲寅，先生三十歲，續娶曹孺人於京師〔一〕。

移寓藤軒之東，長安米貴，以行篋書二萬卷，質於仁和黄監倉，有春明行篋當書記〔二〕。

〔一〕娶曹孺人在雍十三年乙卯。
〔二〕外集十七。

十三年乙卯，先生三十一歲，居京師。

與穆堂、孺廬爲重四之集〔一〕，有詩，和者至百餘家。時大科諸公尚未盡集，李公以問，先生爲奏記四十餘人，各列所長。李公歎曰：「使廟堂復前代通榜之例，君亦奚慚韓退之哉！」其後四十餘人者，李公多展轉道地，登之啟事。同時詞科舉主，以臨川、靈皋爲眉目。士之欲見二公者，率藉先生道引。於是應召二百餘人，多半與先生通縞紵。先生因得盡其人之文章學術，乃彙爲詞科摭言一書，而先之以康熙己未百八十六徵士，仿高允徵士頌之例詳書之，而接以今科，則廣采同譜諸公所著入之。其書甚博，已成大半，會先生放歸，未卒業，僅得前後姓名及舉主，及試録三卷。

〔一〕今年閏四月。

乾隆元年丙辰，先生三十二歲，成進士，入庶常館。

先生本以薦舉鴻博留部，至是先成進士，入詞館，而時相方忌先生中大科，遂特奏：凡經保舉而已成進士入詞林者，不必再與鴻博之試。識者已知先生不能久於館中矣〔一〕。是年，與臨川先生共借永樂大典讀之。大典共二萬二千七百七十七卷，取所流傳於世者置之，即近世所無而不關大義者亦不録，但取欲見而不可得者，分其例爲五：一經、二史、三志乘、四氏族、五藝文，每日各盡二十卷，而以所簽分令人鈔之。顧臨川與先生皆力薄，不能多畜寫官。至次年，先生遽罷官歸，遂未卒業。然先生所鈔高氏春秋義宗，荆公周禮新義，曹放齋詩説，劉公是文鈔，唐説齋文鈔，史真隱尚書、周禮、論語解〔二〕，二袁先生文鈔，袁正獻、正肅〔三〕。永樂寧波府志，皆世所絶無，而僅見之大典者也。時方開明史館，先生爲書六通移之：其第一、第二專論「藝文」一門，見先生不輕讀古人書，又謂「本代之書必略及其大意，始有係于一代事故、典則、風會，而不僅書目」，其論尤偉。第三、第四專論「表」，而於外蕃、屬國變亂，瞭如指掌，真經國之才也。第五、第六專言「隱逸」、「忠義」兩列傳，所以培世教、養人心，而扶宇宙之元氣，不但史法之精也。初見江陰楊文定公〔四〕，公稱之曰「博」，而勉以爲有用之學。先生謙言：「以東萊、止齋之學〔五〕，朱子尚議之，何敢言博。」公曰：「但見及此，則進矣。」

〔一〕參外集卅八門生論。
〔二〕高元之、王安石、曹粹中、劉敞、唐仲友、史浩。
〔三〕袁燮、袁甫。
〔四〕楊名時。
〔五〕吕祖謙、陳傅良。

二年丁巳，先生三十三歲，左遷外補，遂南歸。

四月泰陵配天禮成，獻大禮賦。靈皋先生曰：「筆力弗逮杜公，然語語本經術，典核矜重，則杜公微愧拉雜矣。」五月散館，竟列下等，左遷外補，而先生舅氏蔣季眉先生亦同被黜〔一〕。或曰當事者惡先生，因及蔣公。先生以兩尊人年高多病，亟欲歸〔二〕，靈皋先生猶欲薦先生入三禮館，辭之，而薦吳君廷華。九月出都，冬抵浙，便道過姚江孫忠襄公墓〔三〕，拜而爲之銘。至家，適太公得足疾，悉力治之。

〔一〕蔣拭之。
〔二〕據外集八先公墓文，本年産一女，後歸方氏。
〔三〕孫嘉績，外集四。

三年戊午，先生三十四歲，侍兩尊人家居。冬，丁太公艱。

先生既歸侍庭闈，有間，益廣修枌社掌故，并桑海遺聞，著作日富。重登天一閣，搜括金石舊搨，編爲天一閣碑目，又爲之記；又鈔黃南山儀禮戴記附注四卷，王端毅公石渠意見〔一〕，皆閣中祕本，世所僅見者。又編曹遠思葬楊氏忠烈録〔二〕。至臘月，太公吟園先生忽得疾不起〔三〕。

〔一〕黃潤玉、王恕，均明人。

〔二〕曹廣，外集廿四。

〔三〕年七十六。

四年己未，先生三十五歲，葬吟園先生。冬，接丁蔣太夫人艱。

春三月，葬吟園先生于光溪木峰之南，一切附身、附棺之禮，皆竭力從厚。冬，蔣太夫人卒〔一〕。是年，始修全氏宗譜。

〔一〕年六十六。

五年庚申，先生三十六歲，合葬太夫人于木阜峰阡。

讀禮之餘，博考全氏掌故，作桓溪全氏祠堂碑、東浦全氏祠堂碑、桓溪舊宅碑、鵲巢碶記、全氏義田記、響巖先塋地脈記、崇讓里記，凡數十篇。是年始遷居青石橋胡氏適可軒，後所稱雙韭山房者也。

六年辛酉，先生三十七歲。秋至白下，歲暮而歸。

聞臨川先生主試江南，秋至金陵，投止承恩寺，遍游朝天宮、報恩寺、燕子磯、舊院諸迹，皆有詩。自戊午、己未接丁外、内艱，至再近大祥，從不作吟咏聲，始爲破戒，因題曰祥琴集以志過〔一〕。及撤闈而臨川病，送之舟中，爲先生商古人出處之義，先生呈截句五首，其次章曰：「申轅報罷董生黜，更復誰同汲直羣。自分不求五鼎食，何妨平揖大將軍。」末章曰：「生平坐笑陶彭澤，豈有牽絲百里才。秫未成醪身早去，先幾何待督郵來。」自是，先生遂無出山之意矣。歸經揚州，止宿馬氏畬經堂，成困學紀聞三箋，萬孺廬先生適見之〔二〕，以爲在閻百詩、何義門二家之上。

〔一〕今存詩集自本年起。

〔二〕萬承蒼。

七年壬戌，先生三十八歲，居里中。

三月除服，吏部催赴選，有司以爲請。先生謂二喪並及，當服五十四月，今雖遵例除服，而心喪有未盡，辭之，有心喪劄子答鄞令〔一〕，其實先生本無意出山也。四月，糾同邑陳先生南皋、錢先生芍庭、李先生甘谷、胡先生君山、先君鈍軒先生〔二〕爲真率社，重舉重四之會〔三〕，壺觴一旬再舉，至十月，得詩三百餘篇，皆枌社掌故，題曰句餘土音，後删定爲句餘唱和集。

〔一〕傳柟，卷卅四。

〔二〕陳汝登、錢中盛、李世法、胡銘嶧、董弦。

〔三〕明年閏四月。

八年癸亥，先生三十九歲。

先生以乙酉正月五日生，而是年立春在初十日者〔一〕，例作甲申年庚，則癸亥爲四十年矣。朋好有稱祝者，先生作詩謝之，而詩集亦遂題曰虬骨，用東坡語也。五月十三，始舉子昭德。九月出游，有杪秋江行集。十月至維揚，有七峰草堂唱和集。

〔一〕生在立春前。

九年甲子，先生四十歲。

自題詩稿曰五甲集。以同年施蘗齋令餘姚來招〔一〕，赴之。適杭先生堇浦亦在署，同游龍山諸勝，皆有詩，復同渡江至湖上。夏，還寧。是年，先君始率仲兄秉縕暨純受業先生門下。先君方修寒家宗譜，請先生鑒定凡例，先生爲之序〔二〕，并撰先世志、傳、碑、贊，凡三十餘篇。○選定李杲堂先生內稿及西漢節義傳〔三〕，及昭武先生殘集〔四〕，皆爲之序。於是有意耆舊詩之續，遍搜諸老遺集，而楊氏四忠雙烈合狀、華氏忠烈合狀、屠董二君子合狀、王評事狀〔五〕，皆成於是年。秋，之浮石周氏，訪三和尚〔六〕及立之、石公諸集〔七〕，又得林評事〔八〕朋鶴草堂集、正氣録二書，爲之狂喜，作詩以志。

〔一〕施念曾。
〔二〕外集廿五。
〔三〕李鄴嗣。
〔四〕李文纘。
〔五〕外集十、續甬詩十一。
〔六〕周昌會、周元懋、周齊曾。
〔七〕周元初、周元越，集廿七、續甬詩廿七。
〔八〕林時躍。

十年乙丑，先生四十一歲，續選甬上耆舊詩集。

杲堂先生耆舊集，縉紳終於萬曆，先生續之，并及本朝，凡百六十卷，分任同社諸公及門下諸子鈔録，人爲立傳，視杲堂加詳焉。於是桑海之變徵，太平之雅集，凡爲鄉黨所恭敬而光芒有未闡者畢出，真大有功於名教者也。是年之詩，即題曰鈔詩集。○

夏，寧守魏某〔一〕縱一奴子入泮宮，且陳夏楚以恫喝廪保，先生憤甚，移書詰之〔二〕。守怒，偕巡道葉某以細事羅織先生，力求撫院興獄，并及堇浦先生。撫軍常公〔三〕不可，旋以受宜堂文集令鄞令求先生作序〔四〕，其事始解。○前京兆陳句山先生〔五〕再以書速先生出山，先生答詩三首，有曰：「寸長尺短誰相量，北馬南轅我弗任。」又曰：「苦不自知吾豈敢，敢將一擲試微軀。」蓋先生於出處之際籌之熟矣。○詩集有送錢二池之黄蘗山省墓之作〔六〕，合之文集諸錢碑版，則知忠介神道第二碑、葬録、年譜以及侍御、職方、推官諸志，忠介大全集、侍御東村集諸序，畫像、降神諸記凡數十種，皆成於是年〔七〕。

〔一〕魏崞。

〔二〕書見集卅四。

〔三〕常安。

〔四〕序見外集廿六。

〔五〕陳兆崙。

〔六〕卷四。

〔七〕見前集七，外集廿四、五、廿五，前集卅二、三十。

十一年丙寅，先生四十二歲，仍録耆舊詩，兼修南雷黄氏宋儒學案。

春杪至湖上，適堇浦先生以閏重三日爲禊事之會，太守鄂鈍夫〔一〕而下，至者四十二人，先生與焉。遂自苕上至吴門，寓陸氏水木明瑟園，有詩曰吴船集。舟中取南雷黄氏宋儒學案未成之本編次序目，重爲增定。遇彭侍郎芝庭先生〔二〕，曰：「吾觀同館諸公蕉萃太甚，安得如謝山之春容自便。」先生有感于其言，作詩謝之。夏過維揚，再館馬氏畬經堂〔三〕，編纂學案，有韓江唱和第二集。

〔一〕鄂敏。

〔二〕彭啓豐，類徵卿貳卅八。

〔三〕馬曰琯、曰璐。

十二年丁卯，先生四十三歲。

正月，撰萊陽姜忠肅公祠堂神弦曲〔一〕，應象山姜炳璋之請也。二月至湖上，上巳後，重過水木明瑟園，謀刻宋儒學案。遂至金陵，訪靈皋先生於湄園。靈皋年八十，方七治儀禮，戒先生不當爲汗漫之游。先生呈詩四章，其卒章有曰：「廿年荷陶鑄，十年惜别離。六年遭荼苦，餘年患阻飢。以此成慚負，著書杳無期。猶喜素絲在，未爲緇所移。」靈皋之規切，先生之持守，均可見矣，古人哉。夏，返武林，修宋儒學案。秋盡，復過維揚，歲暮歸。是年詩有偷兒棄餘集、吴山消夏集、漫興集〔二〕。

〔一〕姜瀉里，詩集六。

〔二〕本年得不寐之症，見詩集七。

十三年戊辰，先生四十四歲。秋，主蕺山講席。

三月之武林，太守鹿田先生〔一〕問曰：「先生不出之意，何其決也？」先生答以詩曰：「野人家住鄞江上，但見山清而水寒。一行作吏少佳趣，十年讀書多古歡。也識敵貧如敵寇，其奈愛睡不愛官。況復頭顱早頒白，那堪逐隊爭金襴。」〔二〕紹守杜公〔三〕，先生故人也，來招，遂適越，重定黄氏遺書。姚總制之孫述祖，求撰總制神道第二碑〔四〕。秋，渡錢唐，病，方撰顧寧人先生神道表，力疾成之〔五〕。先生自丁卯冬，有不寐之疾，醫者謂是慮用其心之過，當靜攝以養之。先生未能用其言，至是遂大病，中秋乃痊。己巳居杭，復病。庚午大病。九月，杜守請主蕺山講席，始設奠於子劉子影堂，議定從祀諸弟子。初課諸生以經義，繼以策問、詩古文，條約既嚴，甲乙無少貸。越人始而大譁，繼而帖然，一月之後，從者雲集，學舍至不能容。復與杜守議立故太守湯公篤庵〔六〕之主於書院，以其有大功於越，而專祠久廢也。又欲推其例於陳卧子先生〔七〕，及明故相膠州高公〔八〕，皆已定議，以先生去，不果。而冬青義士祠祭議，凡與杜公三復焉〔九〕。是年詩，曰漫興二集，曰望歲集，曰采蕺集。

〔一〕朱樟。
〔二〕健忘日甚，見詩集七。
〔三〕杜甲，華亭人，乾十三四年任，類徵守令廿六。
〔四〕姚啓聖，集十五。
〔五〕顧炎武，集十五。
〔六〕湯紹恩。
〔七〕陳子龍。
〔八〕高弘圖，明史二七四。
〔九〕集卅三。

十四年己巳，先生四十五歲，校水經注。

杜守仍請主蕺山，先生固辭，蓋舊冬主人微失禮也。於是蕭、上、諸、餘之士，爭先入學舍者幾滿，合之山、會，共得五百餘人，旅食以待，而諸生蔡紹基、沈有聲、姚世治率十餘輩，抵寧面請，杜守亦密懇觀察使者侯公速駕〔一〕，先生終不赴。秋，諸生以舊秋所課請改定，留越三月，得文百餘篇刻之。是歲有詩三集：曰西笑，以大金川平定也；四月後曰雙韭山房夏課；九月至歲底曰帖經餘事集。而水經注一書，先生晚年精力所注，用功最勤，實始於是夏。

〔一〕侯嗣達。

秉純按：先生自辛酉以後極貧，饔飧或至不給，冬仲尚衣袷衣，賴維揚詩社歲上庖廩，然典琴書，數券齒，日皇皇也。蕺山之俸，頗得中人之産數家，竟以避色不赴。他日山長之陋劣，苞苴公行，羔雁充積，先生力戒諸生，雖薏苡不得入。及蔡生來寧，知先生以杜守故，請曰：「今學舍中滿五百人，請先生弗受太守之餽，但一過講堂，五百人者以六錙爲贄，千金可立致，豈傷先生之廉乎？」先生呵之曰：「是何言歟？夫吾之不往，以太守之失禮也。禮豈千金所可貨乎？且譬之爾家，太守爾祖也，祖所不能致之師友，其孫出而任之曰：『我有私財，無勞乃祖共給。』爲之師者竟居之不疑，可也不可也？」蔡生唯唯而退。純時在坐，心服先生之言，而終憂先生之貧。然是時選部之檄歲至，友朋之車乘頻催，先生不爲貧寠動心久矣，區區千金，腐鼠耳，而以之嚇先生，是則蔡君與予之陋也矣。

十五年庚午，先生四十六歲，仍校水經注。

春，病甚，一目忽眚，舌間無故涌血〔一〕，頭髮作酸痛，心氣忽忽若欲盡。先是，姚薏田先生謂先生：「子病在不善持志。理會古人事不了，又理會今人事，安得不病。」按先生有病目集，當在是年。然有蓮宇先生再入政府詩，及入吳舟中柬鄰林之作，曰「天子親裁錫類詩」，則當在辛未，大抵此二年以多病不作詩，無事迹可考。

〔一〕舌血又見詩集九注。

十六年辛未，先生四十七歲，皇雅成。

天子始巡幸江浙，浙中士大夫俱赴吳門迎駕，多有録用及賞賚者，獨先生與堇浦先生寂然〔一〕，說者謂甌臣未嘗上達也。先生柬鄰林少師〔二〕詩四首，其次章曰：「木雁遭逢豈可班，羞居材與不材間。故人爲我關情處，莫學瓊山强定山〔三〕。」蓋少師欲薦先生，而先生辭之也。是歲浙中大旱，禾稼無顆粒收，先生索食維揚，歲暮始歸。自己巳始撰皇雅，凡四十二篇，屢有修飾，至是勒爲定本，皇皇鐘呂之音，足與柳儀曹、姜白石接跡矣〔四〕。

〔一〕咯血甚厲，見集廿二范沖一穿中柱文。
〔二〕梁詩正。
〔三〕丘濬、莊杲。
〔四〕柳宗元、姜夔。

十七年壬申，先生四十八歲，適廣東。

三月，東粤制府以端溪書院山長相邀，遂度嶺。五月，至端州，釋奠禮成，祀白沙以下二十有一人，從前未有之典也。有示諸生詩。九月，故疾復動，然少間，必與諸生講説學統之流派，考訂地望故跡。薄游光孝寺〔一〕、寶月壇，登閲江樓、七星巖，皆有詩。又爲諸生改定課藝百篇，刻之。又取博陵尹公〔二〕所刻吕語集粹〔三〕，序而梓之院中，以廣其傳。而朝夕不倦者，則水經注，蓋已七校矣。

〔一〕光孝寺在廣州，不在端溪。
〔二〕尹會一，類徵卿貳廿七。

〔三〕呂坤。

十八年癸酉，先生四十九歲，自粤中歸于家。

病日甚，決意辭歸，而大吏及諸生尚苦留不已。新會令張惕庵〔一〕曰：「先生必不死，以生平所藴，尚未盡暴于世也。」于是復留數月，訪肇慶故宫、天湖慶雲寺，登白沙岡，訪桄榔亭，皆有詩。又過灃川，訪海月先生故居〔二〕；至江門謁陳文恭公祠〔三〕，訪其服玩遺器，各賦詩一首。至七月，乃歸家養疴，猶以水經注未卒業，時時檢閲。而刻于粤中之詩曰度嶺集。

〔一〕張甄陶，乾十六年任，類徵守令廿一。
〔二〕「海月」爲「海目」之誤，見詩集十。海目，區大相；海月，區大倫。
〔三〕陳獻章。

十九年甲戌，先生五十歲，居揚州。

正月，病漸痊。春盡，維揚故人以書招往養疴，且云有善醫者，乃赴之，仍居畬經堂，病亦未有所增減也。仍治水經，兼補學案〔一〕。十一月乃歸。是年戒不作詩，其得之藥裹之餘者，寥寥數十首，未删定，不成集也。

〔一〕秋苦耳聾，見集廿二韭兒埋銘。

二十年乙亥，先生五十一歲，卒于家。

正月，手定文稿，删其十七，得五十卷，命純暨同學張炳、盧鎬、全藻、蔣學鏞鈔録，然病亦無所增減也。至三月，而嗣子昭德病，十日竟殞〔一〕，先生爲之一慟，遂不可支，成哭子詩十首、埋銘一首，遂絶筆。而删定詩稿，自辛酉〔二〕以前盡去之，辛酉以後收其十之六，得十卷，頹唐病筆，尚有改塗者。五月，文稿録成，先生已不能遍閲，命純隅坐琅誦，先生聽之，遇有錯譌，猶爲指畫。然病日甚，曹孺人含淚欲進參而無力，純乃以耆舊詩稿本質之有力者，得參半兩進之，神氣稍振。于是議爲後者，本支實無其人，乃立宫詹公之七世孫孫桐爲孫，時年七歲，告于祖廟，命純執筆同撰祭文，即以當繼券，尚扶掖主祭，六月初十日也。自此卧榻不復出户。又十日，呼純至榻前，命盡檢所著述，總爲一大簏，顧純曰：「好藏之。」而所鈔文集五十卷，命移交維揚馬氏叢書樓。又十日，不復能言，日夜作鼾聲如睡。又兩日，聲漸微，乃逝，七月二日寅也〔三〕。衣衾匠木，先一日纔備具，時方酷熱，即于午後入殮，皆純所治，然無以償直。又十日，乃遣元隨賴高齎赴及遺書告之維揚，而馬嶰谷先生〔四〕亦適于前十日逝世，幸哲弟半查〔五〕敦古誼，告之同社，共得百金爲賻，然僅足償參苓及附身之費，而葬具猶未備。不得已，盡出所藏書萬餘卷，歸之盧鎬族人，得白金二百金。于是即張孺人所葬高祖和州公〔六〕大墓傍，營立三穴，其右略後，即昭德附葬所，皆先修治。而以十一月□日治喪禮，受親知之來弔者，□日祖奠，□日奉柩入槨，朋舊、親戚、宗族、弟子送葬者，尚數百人。明年五月廿六日，曹孺人亦卒〔七〕，時純方出門適京師，孫桐穉弱，其生父愿甚，一切喪葬，賴高之力居多。葬畢，賴去。不十年，桐之父盡失所遺房屋，墓之傍僅有田十二畝，亦失去，寒食、中元，幾無一奠。而純所勾堇浦之志，竟不報，并所遺馬氏文集十册，亦歸堇浦，索之再三，而終不應，是則可爲長慟者矣。乾隆乙酉〔八〕，純在杭，萬三福謀刻先生文集，請吴丈甌亭〔九〕、馬丈半查協力，純率同鄉後進助之，先得經史問目十卷。歲在庚寅〔十〕，純居安州〔十一〕，次年至京師〔十二〕，取所遺先生叢殘舊稿，按手定之目重鈔之，既得大半，乃據所聞見及詩文中可考者，作爲年譜一卷。惜行篋不能盡攜先生遺書，而同鄉耆舊無一居京師，多有闕疑，不能詳盡，姑存之，以俟後日之增補。嗚呼！予今年亦四十有八矣〔十三〕，去先生易簀之歲三年耳，倘不亟爲校録考訂，一旦填溝壑，有負藏弆之命，何以見先生于地下。且先生雖年僅及艾，所藴不盡暴于世，然千秋之業，確然不朽。若純之荒落，非附青雲之末，即百年終同腐草耳。則此役也，謂純之不負先生哉？亦先生之神光大澤，呵護沾溉于純而已矣。受業董秉純編輯。

〔一〕十三歲。
〔二〕乾六。
〔三〕七月二日卒。
〔四〕馬曰琯。
〔五〕馬曰璐。
〔六〕全少微。
〔七〕乾廿一。
〔八〕乾卅。
〔九〕吴城。
〔十〕乾卅五。
〔十一〕安州，保定府。
〔十二〕乾卅六。
〔十三〕純少先生十九歲。

鮚埼亭集批注　前集

前集目録後

謝山先生鮚埼亭集〔一〕，嘉慶癸亥〔二〕八月，夢蛟在杭州紫陽書院從沈松門大令得之。松門得之杭堇浦編修，云是謝山手定本。間綴評點，乃堇浦筆也。校先生文集者高弟董小鈍、蔣樗庵。小鈍撰年譜，言先生臨歿，以集五十卷寄揚州馬氏叢書樓，後歸堇浦，索之不可得見。又言先生集共一百二十卷，自四十卷至四十九卷爲經史問答。是本雖出杭氏，然止三十八卷，合之經史問答，以較五十卷，已闕二卷。先生尚有外集五十卷、詩集十卷，統計亦不足百二十卷之數〔三〕，疑傳鈔多所佚闕。松門遽歸道山，不能問其詳也。先生文久繫寓内企望，是本出自手定，尤可寶貴，急付剞劂，並購得經史問答板，合印以廣其傳。中有蠹簡脱字，悉仍其舊，不敢妄補。他日訪得樗庵校本，當覆加審定。外集、詩集，力未能刊，是所望於同志者。嘉慶甲子〔四〕十一月朔日，餘姚後學史夢蛟謹識。

〔一〕以上凡三百四十五目，卷六漏一目。
〔二〕嘉慶八年。
〔三〕四共一百八卷。
〔四〕嘉慶九年。

鮚埼亭集批注　前集卷一

頌

皇　雅

聖清戎樂詞一十六篇 有序

三祖二宗之豐功，非筆札所能盡其揚扢。自來館閣諸臣，大都隨一時一事而述之，而未有兼綜五朝之備者。今條其節目之大者一十有六，括爲鐃歌，以視唐柳宗元、宋謝翺，不足爲役，故未敢以上之太常焉。

長白雲 志受命也

長白山，雲茫茫，飛度結岱宗，萬古表東方。長白爲岱山所導原，說見聖祖御製文集，于此悟古人青、營二州合一之旨。朱果之祥自昊蒼，篤生聖人，六十三姓附以昌。會明政，漸不綱，至孝大復讎，義師何堂堂。事見太祖實録。撫順一鼓崩角降，桓桓杜與劉，老羆未可當，竟不支，喋血成濠骨成岡，遂日闢百里，關門烽火昕夕忙。中原黨禍正披猖，「大東」、「小東」國論狂，誰知帝星朗，乃在大東荒。時有「大、小東」之説，「大東」，神廟東宮也，「小東」，東林也。未幾東事起。況自隳長城，前熊後袁横被戕，日益潰裂無完疆。聖人念民力，欲以和媾罷戎行。嗟明尚自大，往復徒譸張，欲仍龍虎節，而臣視興皇。事見太宗實録。命則不受，謀則不臧，重圍困，四度致，長驅直達淮之陽，援兵十八萬，逡巡晉州旁。事見明史〔一〕。始歎天所興，莫能嬰其鋩。太史曰「可矣」，猶然謙讓謂未遑，還軍長白下，有待始垂裳。

〔一〕明史二五〇孫承宗傳作援兵二十萬。

畫雅庫　志討俄羅斯也

藐雅庫，極朔漠，層冰千尺經三伏，鼢鼠千斤穿絶谷。虎狼姿，兼以火器恣狂毒，四十年來未臣服。彼索倫，我之屬，歲貢貂，稱恭肅，乃遭吞噬一何酷。哲后嫌佳兵，累書戒迷復，充耳若不聞，始出輕兵到樺屋。敵援自水來，乘筏沿流速。五百掮刀飛入江，滚牌所至指可掬。不降且燎原，編萱秉杆各一束。賊乃鼠竄，輸其城郭，「大帽」凱歸不遺鏃。賊尚狡，戀殘局。幾林之屯更迭前，倔强安得保種族。自今朝黼座，船廠聲靈遠赫濯。

初，俄羅斯以順治十七年入貢，不知正朔，稱一千一百六十三年〔一〕。其國最精火器，地大兵多，稱極北，地去斗極祇二十度耳。自古所未通，及築城于索倫之境，奪其貢貂，索倫告急，詔書累諭之，俄羅斯不奉命。康熙二十四年始征之，大將林興珠别領藤牌兵五百，敗其援兵于江中。俄羅斯未識藤牌，驚曰：「此大帽軍也。」興珠乘勝登陸，欲焚其城，俄羅斯棄城走。師還，僅以病故損五人，稱奇捷。然次年俄羅斯復築城。詔黑龍江以北屯兵，更番前逼之。二十七年，復出師，而别遣使臣張鵬翮等諭之，俄羅斯奉命歸我侵地及城，始畫雅庫而守之。嗣是，遣使入朝矣。三十七年，厄魯特反，從之乞援，俄羅斯拒之，遂永爲不叛之臣。

〔一〕紀年有誤。

三后聖德詩一十二篇〔一〕有序

敬讀實録諸書，欲爲雅頌之音，形容盛美，而才力譾下，不足盡之。乃于鐃部之外，取其大事之目一十有二，曰三后聖德詩。下里之辭，姑發其端，以俟能者推廣之。

〔一〕應爲一十四篇，下同。

息兵 志平戎也。九章〔一〕。

昔我先朝，興滅繼絶。間有翦除，仍容餘孽。是以噶酋，尚全其姪。定謂革心，來享來王。豈期易世，又復鴟張。擾我番藏，窺我甘涼。帝乃徂征，用安邊鄙。豈曰佳兵，事非得已。四十九臺，防秋所倚。歸化之捷，已褫胡魂。桓桓額附，爲我虎臣。方需後命，次于北門。諸將連章，請犁胡寨。冒頓可梟，曩霄可械。勞師一紀，芟除不害。帝心忽動：胡亦吾民。大舉且盡，殊非同仁。欲乘其釁，示之自新。前者奉天，以討逆命；今者樂天，以宥反正。朕無成心，其又奚病。事見今上所作泰陵聖德神功碑〔二〕。

西酋乞附，遂靖狼煙。陽關蕩蕩，玉門平平。胡馬不嘶，飽芻而眠。明年元正，胡使來賀。舞干泱泱，泥首謝過，慚愧犬羊，未知天大。

〔一〕第十三篇。

〔二〕今上，乾隆；泰陵，雍正。

蕃部樂詞五篇

河套諸酋歸命篇〔一〕

五原建置自主父，秦漢因之成沃土。三城卜築始韓公，唐世猶推保障雄。五代以還稍割裂，尚屬中原仗旄節。振武、天德屬沙陀，拓跋西分銀夏多。有明堡東勝，所得故城三之一，乃西受降城地。俄而棄不守，籌邊良以拙。堂堂余與王〔二〕，于時號虎臣，乃祖葉盛言，內徙榆林屯。一朝棄地二千里，坐失巖疆禍之始。搗巢搜套自此勞，關中歲歲成繹騷。一從夏曾議被絀，天險遂爲諸酋窟。晚年畏插，稍復來歸命，頗思報國，其如大運已不競。李自成入榆林，套酋思勤王而不克。聖朝萬國正朝宗：火篩、吉囊、俺答孫子各從戎；古禄王，長藩封，六「掌撒」，俱虔恭；東征西討，帖帖輸忠；月給俸錢，與諸鎮同；花馬池頭，遊牧春容。套酋部落二十，分爲六「掌撒」，猶言六營也。

〔一〕第五篇。

〔二〕余子俊、王越。

鮚埼亭集批注　前集卷二

賦一

國書賦 有序

國書之作，超出于前代女真、蒙古諸種者，以其與等韵古法盡符，斯爲神籟。然不讀聖祖御製音韵諸論，不知也。同館多有習此者，相約賦之，愧其文不足稱也。

（上略）蓋聞詳等而略韻者，宋時康節之譜；詳韻而略等者，近人亭林之編。其功雖密，其法尚偏。孰若國書之獨擅，兼二者而俱完。較若置掌，洞如隔垣。三蒼雅之所未發，三菩提之所未宣。萬聲具舉，萬音可殫。彼鮑卿之雜朵目，蓋渺焉其抱殘。而後知天下之聲，出于喉以啟其籥，亦收于喉以握其閑。何以定母？即取其能生本音者而自叶；何以定韻？即擇其能收本均者而罔愆。緩讀之爲二字以互括，急讀之成一音而了然。清聲之字則本韻之影母所攬，濁聲之字則本韻之喻母所甄。是則合聲之法，所以爲和而無戾，簡而不繁者也。然向非神明之天縱，一一呈露其淵源，誰指示夫秩宗，以大闡其微言。謂尚書徐文靖公，其小學爲二文成公之後第一人，詳見所輯音韻闡微〔一〕。（下略）

〔一〕徐希福，謚文簡，見類徵宰輔一。二文成，謂達海及額爾德尼，類徵宰輔一及詞臣一。

鮚埼亭集批注　前集卷三

賦二

國子監石鼓賦 有序并跋

石鼓在唐以前弗著，其以爲宣王時者，始于張懷瓘。然張氏以爲諷宣王而作，未嘗以爲美也。使其果諷，恐其不可勒之石矣。韋應物以爲文王詩，而宣王勒之。夫詩中曰「天子」，曰「王」，果爾，則受命改元之説信矣，此又誕妄之甚者也。韓退之而下皆以爲美宣王。夫不問爲美爲刺，必不應雷同于車攻之篇。董彦遠、程泰之以爲成王，則因左傳、國語蒐岐一案而依附之。獨孫漢公不取此鼓，而未有所以暢其詞。歐陽兖公則疑之，而又以唐人之故不決。南渡以後，鄭夾漈以其合于秦斤、秦權，而以爲出于惠文王之後，始皇之前。鞏仲至又以爲獻公之前，襄公之後。但讀其詩，亦不類秦音。馬薺堂以爲北周所造，則研北雜志又辨之〔一〕，蓋莫能有所折衷也。楊用修初亦謂其僞，以其文類小篆，是已。乃其後反僞作東坡本，託言尚有完文，是則老而耄者歟？明末韓寄庵始力詆之，其作石鼓歌有曰：「古人制書法有六，形聲象意非徒然。及觀此鼓殊不爾，文繁意晦徒支駢。是皆秦皇漢武代，古籍焚滅成寒煙。謬書僞器旁午出，後人誤信何拘牽。」可謂獨掃一切。而顧亭林亦謂其詞淺近，不類二雅，有鋪張而無意味。萬季埜辨之尤力。此可以確然知非三后之物。而予更有進者，古者天子諸侯，有畋無漁。觀漁非可歌咏之事，此尤不攻而破者也。萬氏主薺堂之説，予謂石鼓既僞，則亦不必深考其何人何代，因爲之賦。（下略）

〔一〕馬定國，金史一二五文藝傳。研北雜志，元陸友，四庫雜家六。

十二雷茶竈賦 有序

吾鄉十二雷之茶，其名曰區茶，又曰白茶，首見于景迂先生之詩，而深寧居士述之，然未嘗入貢也。元始貢之。王元恭曰：「以慈谿車廄嶴中三女山資國寺旁所出稱絶品，岡山開壽寺旁者次之，必以化安山中瀑泉蒸造審擇，陽羨、武夷未能過焉。」顧諸公但言「區茶」之精，而不知早見于陸氏茶經。按陸氏云：「浙東以越中爲上，生餘姚瀑布泉嶺，曰『仙茗』。」蓋實即明州三女山之物，特以餘姚瀑布泉製之，遂誤指耳〔一〕。但十二雷者甚難致，而近日山人亦無識者。嘉植沈淪，甚爲可歎。予自京師歸，端居多暇，乃築一廛于是山之石門，題曰「十二雷茶竈」，將俟春日，親窮其窔奥而製之，因謀茶具甚備。茶經曰：「是茶有二種，大者殊異。」其即三女之種乎？予因乞靈于茶神，以求其大者，先爲賦之〔二〕。（下略）

〔一〕自「按陸氏云」至此，乃小注。
〔二〕應補「其辭曰」三字。

鮚埼亭集批注　前集卷四

語

湖　語〔一〕

謝山先生閒居湖上，有客過而問曰：甬勾東之佳勝，以雙湖爲洞府。曾聞昔人，列之圖譜，而七觀未及焉，蓋深寧尚書之疏也。舊文遺獻，日以榛蕪。先生方息影園林，留心里社，願言其概，以補作者。（下略）

〔一〕超案：援庵在每段書眉分别標注「光景」、「宅里」、「物産」、「水利」、「仙釋」、「文獻」、「寓公」。另有一小條，標目爲「光景」、「掌故」（「宅里」）、「物産」、「水利」、「人物——仙釋、文獻」。

鮚埼亭集批注　前集卷五

辭

射龍將軍揚波辭 有序〔一〕

〔一〕外編卷十三重出。

鮚埼亭集批注　前集卷六

碑銘一

明四川道御史再贈都察院右副都御史謚忠貞今謚恭潔陳公神道碑〔一〕

世祖章皇帝追卹甲申十九忠臣，吾鄞陳公其一也。公之卹典，在勝國已有之，後復邀新朝之恩命，而埏道之文未具。蓋公無後，凡再繼而再絶，以故遲之至今。乾隆改元，諸陳請予爲之，予考□□所作公傳〔二〕，□□略〔三〕，而家傳又失之誣，乃徵之高都御史所作志銘并林都御史之集，别爲一通以畀之。

〔一〕陳良謨，明史二二六，續甬上詩七，外編十四有旌忠祠碑。
〔二〕空圍爲「明史」。
〔三〕空圍爲「失之」。

按公諱良謨，原名天工，字士亮，一字賓日，宋文介公禾之後。崇禎辛未〔一〕進士，釋褐雲南大理府推官。滇中道遠而土瘠，筮仕者多畏之，及公謁選，而銓司勵有大理一缺，或曰盍少待之。公曰：「擇地而仕，非貞臣也。」慨然請行。至則以法清浪穹民屯積逋之困，蠲祲歲糧。東晉湖爲趙州七村所仰給，而漢邑亦資其啟閉，常兩爭之。公立斗門二閘於湖，蓄洩以均，因豁湖中新增夏稅，練兵禦寇。六載，以考最召對。時思宗方講敬天之學，諭一切章奏箋表，不得褻用「天」字，乃御筆爲之更名。擢四川道御史，巡按川中。公爲人木訥，不妄言笑，每當廣座，諸人論辨蜂起，公獨嘿然。其居官循分盡職，不與時風衆勢相和，於世間所謂黨部、門户、流品之說，不曉也。

〔一〕崇禎四。

時流寇鴟張，天子倚督相楊嗣昌以平賊，賜劍出征。初亦負時望，及大用後，日以舛繆。自其用熊文燦爲總制，大壞國事，不得已親出。嗣昌故楚人，不欲流賊塗炭鄉里，思縱之入蜀而徐圖之，而公以巡按甫至。公之在朝也，不甚知嗣昌心迹，猶以前此人望，謂其才爲可倚。既抵蜀，亦不知其將以蜀爲壑，躬閱關隘，飭文武爲堵勦計。初公奉勑專任城守，以衛蜀王。已而又有監軍之命，行問功罪，無所不豫，獨勷撫進止機宜，聽之撫鎮，而撫鎮又受督相節制。蜀撫邵捷春亦良吏，顧嗣昌不之喜，欲誤其事而陷之。公時時調兵食以佐捷春。賊遷延東去，復自巴巫入楚。嗣昌始終思撫賊。公謂捷春，當仍調兵合東北二鎮以堵賊。又言川中間道最多，宜防詭師。又極言賊之不可撫。捷春阨於嗣昌，不能盡行公言。而賊果乘虛自巴霧渡開新。公恐其薄成都，晝夜講求守禦之法，賊偵知有備，不復至。嗣昌委開新之過於捷春，有詔逮問，并奪公職，令殺賊自贖。公之受事也，嘗奏言督師實心辦賊，其功可就。識者知公朴誠，將爲嗣昌所賣，至是而驗。及秦兵報瀘州之捷，斬首一千三百餘，嗣昌夸爲大捷。而公覆按，有瀘州殉難官民無首一疏，極言秦將之欺負，時取官民死事之首以爲賊首。乃知嗣昌之誤國。而賊已自蜀入楚，襄王被害，嗣昌聞報自裁。天子爲之旰食，命公留蜀以任後事，再踰年始代還，以乞假省親歸。公之歸也，同里林大行蘭庵〔一〕迎質之曰：「聞公前此有奬武陵之疏，然否？」公歎息曰：「良有之，不知其方寸一至此也。」大行笑曰：「公從西臺出，獨不知其排黃石齋，殺盧九台，陷楊機部，害孫白谷，引陳新甲、熊文燦耶？而尚信之耶？」公謝曰：「是吾罪也。」蓋公之醇厚有如此者。

〔一〕林時對。

返命，補原官，視太倉。時國事已去，京師在官者皆求南下以避禍。公瀕行，獨呼畫師寫照而後發。或問之，曰：「此委身而去之日也，生還其可望耶？」甲申三月十九日，城陷，作書二函，一上太孺人，一以與承祧子久樞，賦絕命詞，示其客李芳泰。公之少姬時氏，燕人也，時年十八，已有孕，公欲使僕從護之南行，不可；欲遣歸其家，不可；請先公死。腕弱，結繯不急，公助之，歎曰：「一婦人乃如此！」時氏氣絕，公乃自縊，時年五十有六。義僕周明，以公柩及時氏之柩歸，鄞人相率焚香迎拜哭之。南都贈太僕寺卿，謚恭愍。江東加贈右副都御史，謚忠貞。世祖章皇帝賜謚恭潔，命有司致地七十畝以祀之。董户部守諭嘗曰：「三代以下，未有不好名者，賓日不好名，其殺身所以獨真也。」

至於公與嗣昌始末，自少知人之鑒，此不足爲公諱。顔魯公尚爲賀蘭進明所欺，況他人乎？陳氏家傳乃謂公早草疏欲糾嗣昌，或援石齋黄公之禍以危公，是以中止。是則欲爲公回護知人之哲，而反誣公以見義不爲之懦。夫以失察咎公，是不知也。如家傳之言，是無勇也。不知之過，如日月之食，不久而更，此公所以終暴其瀘州之欺罔也。無勇之過，則持禄養交，以與於誤國之罪，是小人之歸。其以愛公而誣公，不亦愚乎？又云：公於嗣昌死後劾之，遂追削其官爵。按嗣昌身後未嘗褫奪也。諸公不審，引入志乘，可謂疏矣，是不可以不辨。公之墓在城南蔣監橋，其祠在城北娑羅園。乃又爲之銘曰：

公之大節，足感信公。五百餘年，魂夢早通。失於武陵，不害其忠。粹然心迹，天日昭融。彼諱之者，適成愚蒙。我銘公墓，據實折衷。

明直隸寧國知府玉塵錢公神道表〔一〕

明萬曆中，臨江知府錢公若賡在儀部，以選妃事得罪神廟，神廟欲得間殺之。既出守，會勘故御史劉公爲江陵所陷狀，江西故撫臣坐是遣戍。諸貴人之右江撫者怒，乃以其嚴刑捕盜賊，目爲酷吏，峻其語上聞。神宗大怒，詔置之死，三法司諸臣救之不能得，臺省救之不能得，臨江之士民連年赴闕救之者以千餘人，卒不能得。閣臣申文定公〔二〕等心知其寃，乃與理臣密議，連年請緩決，而以長繫徐爲之圖。長繫三十七年，終不得出。

〔一〕錢敬忠，續甬上詩六。

〔二〕申時行。

萬曆四十七年己未，臨江之少公敬忠成進士。臨江三子皆授經於獄中，少公當臨江下獄時祇一歲。至是，不赴大對而歸，作誓墓文，挈家省其父獄中。還京，因服籲寃於朝，時熹宗新即位，未改元也。其疏曰：（下略）〔一〕

〔一〕超案：謝山凡引敬忠前後六疏。援庵在每疏起止處均標明。

明淮揚監軍道僉事鄞王公神道碑銘〔一〕

乙酉，王師南下，揚州失守。閣部史公之死也，或傳其已渡江而東，故其後英霍山寨猶冒其名。或曰突圍出城，死於野寺，莫能明也。幕府監軍王公之死亦然。是時僕從星散，或傳其已縋城逃之淮北者，故是時家中猶望其還，見於其姻家董户部德偁之詩〔二〕。閣部之死於南城也，以史德威之目見而後信之；王公之死也，以應參軍廷吉自軍中歸，寄其遺言而後信之。嗚呼，士君子斷頭死國，而其事猶在明昧之間，令人疑信相參，良久而始得其真也，豈不悲夫！

〔一〕王纘爵，續甬詩十四。此文目未載，又與外編卷五重出。

〔二〕董德偁，續甬詩廿三。

公諱纘爵，字佑申，鄞工部尚書莊簡公佐之孫也。父某，蔭生。公亦以莊簡身後恩得官。甲申試知溧水，已而補應天府通判。時則赧王方登阼，馬阮哆張用事，公無所見，故請赴閣部軍前自効，乃以同知揚州府監軍。而閣部亦内困於讒口，外則諸鎮不用命，待死而已。尋晉公按察僉事持節。閣部憐公，一日謂曰：「時事可知矣。君徒死於此何益？吾當送君還留都，以爲後圖。」公曰：「下官世受國恩，願從明公死，不從馬、阮生也。」閣部改容謝之。時知江都縣周公志畏，亦鄞人也，與公誓共死，登陴分守，城破，隕於兵。嗚呼！公志在死節，留都亦何嘗不可死，海岸之從容〔一〕，足爲孝陵弓劍之光，正不必謂定偕馬、阮偷生也。而公所以不肯者，不欲負閣部耳。不負閣部，豈肯負國，斯其不愧爲莊簡之孫，而有光於故國之喬木者，不已重哉。

〔一〕黄端伯。

聖祖仁皇帝修明史，已爲公立附傳於閣部卷中〔二〕，顧猶稱其故官。予以應氏所言，參之嘉禾高氏忠節録，乃知其已爲監司也。公之大節，豈在階列之崇卑，而推史則不可以荒朝之命而没之。公一女，適董户部德偁子允珂，賢而孝，通翰墨，當公生死譌傳之日，昕夕泣血望父而死。一子兆豸有異才，以公之殉於揚州也，不忍家居食先疇，終身躑躅蜀岡邗溝之上，遂以野死，君子哀之。兆豸詩尤工，里中錢退山、董曉山，關中孫豹人皆推之〔二〕。予求之揚，竟無傳者。公之從孫丙〔三〕，乞余銘公墓，予故牽連附志之。其銘曰：

喟彼石頭，不如廣陵。願從明公死，不從馬阮生。先公可作，葆茲家聲。

〔一〕卷二七四。

〔二〕錢肅圖、董劍鍔。孫枝蔚，三原人。

〔三〕丙，非名也，猶某也。

鲒埼亭集批注　前集卷七

碑銘二

明故兵部尚書兼東閣大學士贈太保吏部尚書謚忠介錢公神道第二碑銘〔一〕

世祖章皇帝定鼎二年，五月，江南内附。六月，浙江内附。閏月〔二〕，明故刑部員外郎錢公肅樂起兵於鄞。大兵之下浙也，同知寧波府事朱之葵、通判孔聞語迎降。貝勒即令之葵知府事，以聞語同知府事。公方居憂，在東吴丙舍中喀血，聞信慟哭，絶粒誓死，諸弟已爲之治身後事。鄞之貢生董公志寧，首謀倡義，聚諸生於學宫，王公家勤、張公夢錫、華公夏、陸公宇爀、毛公聚奎和之，遍謁諸鄉老而莫敢應，即所云「六狂生」者也。初十日，之葵輸糧於貝勒，至姚江，姚之故九江道僉事孫公嘉績、故吏科都給事中熊公汝霖已起兵，之葵以道斷回鄞。公於是夜輿疾至城東觀變。是日，孫公以書來鄞，約其門下士故吏科都給事中林公時對爲之後繼。次日，林公謀之諸鄉老，終莫敢應，六狂生皇皇計無所出。宇爀故與公同研席，相善，途中聞公已至，大喜，挽公入城，途遇志寧，遂定謀發使，以十二日集紳士於城隍廟，諸鄉老相繼集。之葵、聞語亦馳至，時諸人皆未有定意，離席降階迎此二人。而公遽碎其刺，拂衣而起，百姓聚觀者數千人，讙聲動地。有戴爾惠者，布衣也，大呼曰：「何不竟奉錢公起事！」觀者齊聲應之，舉手互相招，擁公入巡按署中。俄頃，海防道二營兵，暨城守兵，皆不戒而至，遂以墨縗視師。之葵乞哀於百姓，百姓爲之請，乃釋之。

〔一〕錢肅樂，續甬上詩十。

〔二〕乙酉閏六月。

故總兵王之仁在定海，已納欵，得貝勒令，仍舊任。鄞之故太僕謝三賓，家富耦國，方西行見貝勒歸，害公所爲，乃貽書之仁，謂：「瀇瀇詘詘，出自庸妄六狂生，而一稚紳和之。將軍以所部來，斬此七人，事即定矣。某當以千金爲壽。」公時年未四十，故有「稚紳」之誚。會公亦遣客倪懋熹以書告之仁，勸其來歸。之仁兩答書，約以十五日至鄞，而密語懋熹，令具燕犒。三賓不知也，方以爲殺公在旦夕。届期，之仁至城東，請諸鄉老大會於演武場。坐定，之仁出三賓書靴中，對衆朗誦。三賓遽起，欲奪其書，之仁變色，因問公曰：「是當殺以祭纛否？」語未畢，長刀夾三賓而下。三賓哀號跪階下，請輸萬金以充餉〔一〕，乃釋之。于是沈公宸荃、馮公元飂亦起於慈。自鄞慈合兵，聲勢響應：之仁既以關内鎮兵至，而關外黄斌卿亦遣將以翁洲鎮兵至，張名振亦以石浦鎮兵至，知慈谿縣王玉藻、知定海縣朱懋華、知奉化縣顧之俊、新授知鄞縣袁州佐、知象山縣姜圻，皆以兵餉來。會寧守乏人，以通判羅夢章行守事，而太常莊公元辰助登陴焉。

〔一〕初稿、鈔稿作「十萬」，應以刻本爲據。

公以是月十八日奉箋迎請魯王監國。二十八日，再奉箋勸進。七月十一日〔一〕，會師西興。王途中加公太僕寺少卿，既至，再加右僉都御史，分汛瓜瀝。公四疏辭新命，兼力言爵賞宜慎，不可蹈赧王覆轍，濫予名器，因固請以原銜署事，并辭諸弟姪從軍之授爵者。十月，樞輔張公國維約諸軍以初八日始，連戰十日，公與諸軍斬戮皆有功，而第七戰尤捷。是役也，前鋒鍾鼎新用火攻，首擊殺緋衣大將一，諸將吕宗忠等各斬數十級，俞國榮等直抵張灣，取其軍械以歸。時浙西諸府州並起義兵，蘇、松、嘉、湖列營數百，而浙東又建國，杭州孤懸危甚，以兵急攻平湖。平湖之主兵者爲屠翰林象美，書生不曉軍事。公請以兵由海道急援之，不聽。說者謂監國初起江上，適有浙西首尾相應之勢，若用公言，則大兵進退兩顧，杭州不復能守，可逕渡三吳以窺白下。而坐失此會，此足以見聖朝之得天命也。

〔一〕乙酉七月。

未幾而分地分餉之議起。故總兵方國安自浙西來，軍最盛，之仁次之，號爲正兵，諸義兵倚毗焉。而皆無遠略，國安尤暴横。於是議取浙東之正餉以予正兵，而義兵取給於富室樂輸之餉，謂之義餉。識者已知其無成，交爭之不能得。未幾，正兵并取義餉，而義兵遂無所取給，司餉者不能應。公所派爲鄞奉二縣義餉，國安檄二縣不必支應，蓋以爲之仁地也。於是公屢疏入告，王不能詰，但以閣臣張公國維叙公十捷功，再加右副都御史。公疏言〔一〕：「臣郡臣邑，因臣起義兵，桑梓膏血一空，曾莫之救。而今日遷官，明日加級，是臣無惻隱之心也。沈宸荃、陳潛夫之才略機謀，方端士之勇，官階並出臣下，而臣反受賞，是臣無羞惡之心也。臣部將鍾鼎新等，斬級禽囚之事，皆出其力，臣以未得取杭，不欲爲請殊擢，而臣自受之，是臣無辭讓之心也。臣少見史册所載冒榮苟禄，惡之若仇，而臣自蹈之，是臣無是非之心也。」又言：「臣近者十道並舉，冀杭城可復。聞主上起行中廷，盼望捷音，不能安坐，而臣終不能絶流而渡。臣今不能入杭，誓不再受一官。」〔二〕王不許。

〔一〕疏一，凡四。

〔二〕疏止。

而閩中頒詔之議又起。時唐王即位閩中，以詔來，張公國維、熊公汝霖以唐、魯皆係宗藩，非有親疏之分；同舉義兵，非有先後之分。今日之事，成功者帝。若一稱臣于唐，恐江上諸將，皆須聽命于閩，則王之號令不行，因議却之。朱公大典與公議，以大敵在前，而同姓先爭，豈能成中興之業，即權宜稱皇太姪以報命，未爲不可。若我師渡浙江，向金陵，大號非閩人所能奪也。於是議大不合。原諸公之論，各有所見，皆未可非，但當和衷以求其平。而方、王諸帥，忌朱與公，遂謂公不受副都之命，爲懷貳心於閩。公不得已，鬱鬱受官，而餉仍不至。王以内臣客鳳儀、李國輔兼制軍餉，公力言中官不可任外事。於是諸藩既惡公，而内臣又從中梗之，公兵至四十日無餉。然感激公忠義，相依不散，至行乞於道，卒無叛者。於是公連疏乞餉，數十上而餉終不至。太僕寺卿陳公潛夫之起兵也，以家財養軍，及財竭，支四百金之餉於餉臣而不得。公言：「潛夫破家爲國。今聽其軍之餓死而不卹，何以鼓各營。」因爲潛夫請餉，并力言軍費之當均。王是公言，而無若方、王何。公疏言〔一〕：「國有十亡而無一存，民有十死而無一生。翹車四出，無一應命，一也。憲臣劉宗周之死，關係甚巨，謚贈蔭卹，未協輿情，勅部改正，遲久未上，二也。張國俊以戚畹倚强藩，權侔人主，三也。諸臣以國俊故相繼進言，主上以爲不必，幾于防口，四也。新進鼓舌摇脣，罔識體統，五也。反覆之徒借推戴以呈身，覬望之徒冒薦舉而入幕，六也。楚藩江干開詔，欲息同姓之爭，李長祥面加斥辱，凌蔑至此，七也。咫尺江波，烽煙不息，而褒衣博帶，滿目太平，燕笑漏舟之中，廻翔焚棟之下，八也。所與托國者，强半弘光故臣，鴞音不改，九也。此猶枝葉也，請言根本：七月雨水不時，漂廬舍以千百，以水死；滷潮衝入，西成失望，以饑死；壯者殞鋒鏑，弱者疲轉輸，以戰死；絳票赤紙，日不暇給，以供應死；東南澤國，倚舟爲命，今士卒爭舟，小民束手，以無藝死；入鄉抄掠，雞犬不遺，以財死；富民即曰應輸，非有罪於官也，而拘繫之，有甘心雉經者，以刑死；沿門供億，淫污横行，以辱死；劣衿惡棍，羅織鄉里以爲生涯，以憂死。今也竭小民之膏血，不足供藩鎮之一吸，繼也合藩鎮之兵馬，不足衛小民之一髮，凛凛乎將以髮死。由前九亡，并此而十。臣不知所稅駕矣。」〔二〕

〔一〕疏二。
〔二〕疏止。

時國俊外仗方、王，内與客、李二奄比，而馬、阮在方軍遥相呼應，見公疏，皆恨甚。國俊遂飽兼金，引三賓以禮部尚書直東閣，相與共擠公。王加公兵部右侍郎，再疏力辭不受。會傳閩中遣大學士黄鳴駿來浙，欲盡科八府之糧以去。閩中故無是舉，乃馬士英、阮大鋮交搆二國之言。公致箋於鳴駿，以公義動之，即此可以見公之未嘗有私于閩，而諸帥之謗不止。孫公督師西出，將由龕山渡，而揚聲由江口。林公時對方監其軍，商之于公。公復書謂宜防陰平之詭道，不當專備江口。且孫公軍營，似亦不當在盛嶺、瓜瀝、龍塘諸地。時公懼馬、阮之爲患也，於是公以無餉，與孫公嘉績連名請以兵歸開遠伯吴凱，不許。尋以諜言王師將自海道來，乃移公守瀝、海。公既終無所得餉，疏言：「臣兵不得不散。但臣以舉義而來，大仇未復，終不敢歸安廬墓。散兵之日，願率家丁數人，從軍自効。」王温旨慰留，而諸將益蜚語，以爲公將棄軍逃入閩。先是，閩詔之頒浙也，并賜倡義諸臣勅命，加以官爵，公嘗奉表稱謝，遂爲諸帥口實，甚且有令壯士劫取公首者。公於是棄軍，拜表即行，言：「臣從今披髮入山，永與世辭，主上請加踪跡，斷不入閩，以遭殄滅。」遂之温州避人。王得疏大駭，知公不可留，乃降旨，令往海上，同藩臣黄斌卿、鎮臣張名振，共取道崇明，以復三吴，時方有由舟山窺吴之計也。斌卿以舟迎公入翁洲。王加公吏部尚書兼理户部事，公辭不受。是爲丙戌之五月〔一〕，不三旬而江上破。

〔一〕丙戌五月。

公之解兵也，閩中有使召之，公以江上之嫌不赴。及江上破，公由海道入閩，請急提兵出關，不可退入廣東，并陳越中十弊以爲戒。閩中優詔答之，以右副都御史召。公疏言故大學士孫公嘉績之忠，爲之請卹。而閩中又破，公避難於福清，展轉文石海壇之間，與諸弟無所得米，則食麥；無所得麥，則食薯；其後并無所得薯，則食薯之枯者，拾青茅以當薪。常夜涉絶谷，足盡裂，乃祝髮以免物色。然其題壁云：「一下猛想時，身世不知何處；數聲鐘磬裏，歸途還在這邊。」識者以爲非緇流也，乃稍稍有從公問學者，公賴其修脯以自給。已而聞鄭彩扈監國至鷺門，來往諸島間，禡牙舉事。丁亥六月〔一〕，王至琅江，公入覲，王大喜。時文臣在王側者，祇熊公汝霖，而孫公嘉績之子延齡年尚少，馬公思理位雖在熊上，然非越中舊從也。彩推馬公、熊公直閣，而已署兵部。公至，以公自代。公泣陳無功，請以侍郎署部事，不許。公疏言〔二〕：「兵部之設，所以統理羣帥，歸其權於朝廷。今雖未能盡復舊制，然當申明約束，使臣得行其法，不相凌辱，可乎？國家多難，大帥往往掾敗爲功，以致日壞，江干王之仁報捷諸書，其餘習也。臣願海上諸臣，持『勿欺』二字以事主上，可乎？臣在化南，有感臣忠義，願攜貲來投者，有願奪降臣家財以充餉者，聚之可數百人。臣亦不敢私以自衛，藩臣入關，當驅臣兵爲先鋒。但願諸將稍存部臣體統，一切爭兵并船，不相加遺，以爲朝廷羞，可乎？叙功之舉，往往及官而不及兵，誰肯致死。臣請凡兵有能獲級奪馬者，竟授守、把等官，可乎？」又言：「近奉明旨，江上之師，病在不歸于一。今宜以建國公彩爲元戎，登壇錫命。平夷、閩安、蕩湖諸鎮，此建國之左右手，令其選擇偏裨，或爲先鋒，或爲殿後，合而爲一，弗令異同，如鄴下九節度之師。其次則編定什伍，弗令雜然而進，雜然而退，孟浪以戰。」並得旨允行。又疏言〔三〕：「主上允臣前疏，委任建國，則兵出於一矣。復命建國合挑各營之兵，選其健者，請自今以往，一切封拜，暫行停止。特懸一印令於衆曰：『有能爲建國所挑之兵爲先鋒立功者，不論守、把等官，竟與掛印。』如此，則奇傑之人至矣。或謂各藩以私錢養其私兵，孰肯令其挑之以去。則即令各藩自挑敢死善戰之兵，各爲一營，各懸一印，令曰：『有能將本營所挑之兵立功者，竟與掛印。』可耶否耶？」〔四〕王以爲然。於是兵威頓振，連下興化、福清、連江、長樂、羅源二十餘城。侍郎林汝翥、都御史林垐皆起兵。郭三才以大兵援閩，亦來降，遂圍福州。而浙東山寨，亦各起兵遥應。前此六狂生家居者，謀取寧、紹、台諸府，與公兵爲犄角之勢，復爲三賓所告而死。公又疏薦故太僕寺卿劉沂春，初仕苕中不納欵，繼歸閩中不□□〔五〕；廣東糧道吴鍾巒素行之忠義方直，乞特勅召用。得旨：沂春右副都御史，鍾戀通政使。二人猶不起，公貽書以君父之義感之，二人始翻然就道，而閩中遺臣無不出。又因福州之敗，請卹宗臣統鐠等、諸將葉儀等，以鼓忠義。王是之。

〔一〕丁亥六月。
〔二〕疏三。
〔三〕又疏四。
〔四〕疏止。
〔五〕空圍爲「薙髮」二字。

王之初至閩也，招討鄭成功待以寄公之禮，而不稱臣，仍稱隆武三年，蓋修浙中頒詔之怨也。至是，公頒明年戊子監國三年曆，海上遂有二朔。然公嘗有書與成功，奬其忠義，勉以恢復，故成功不以爲忤。於是王大愧歎，始知公前此江上之議，出於平心，非貳於閩，嘗謂公曰：「先生所上奏疏，予皆貯藏之，燈下時時覽焉。」明年〔一〕，王次閩安，公請立史官紀事。尋晉公大學士，疏辭者四，面辭者三，終不許。

〔一〕明年戊子。

鄭彩之下諸城邑也，自以八閩可指顧定。是時，諸將稱大營者六，自彩而下，平夷侯周鶴芝、同安伯楊耿、閩安伯周瑞、義興侯鄭遵謙、蕩湖伯阮進、定遠伯鄭聯，兵力亦無以大相過，皆惡彩之專。顧彩益横，及害熊、鄭二公，而逆節大著。故公力辭相位，既不得請，每日繫艉於駕舟之次。票擬章奏，即於其中接見賓客；票擬封進，牽船別去，匡坐讀書。其所票擬，亦不過上疏乞官、部覆細小之事，大者則彩主之，雖王亦不得而問也。公每入見，即流涕不止，曰：「朝衣拭泪，昔人所譏，臣不能禁。」王亦爲之潸然。彩初與公頗相睦，自熊公死，并疑公。時督相劉公中藻起兵福安，攻福寧，城將陷，總兵涂登華欲降而未決，謂人曰：「豈有海上天子，舟中國公？」公貽之書，謂：「將軍不聞宋末乎？二王不在海上，文陸不在舟中乎？後世卒以宋祚歸之。而況不爲宋末者乎？』登華乃詣彩降。彩欲使其私人守之，劉公不可，彩掠其地。公與劉公書，不直彩，而書爲彩邏者所得。彩恨甚，以爲公樹外援以圖之。朝見之次，故誦公書中語以動公。公憂憤交至，而彩自是亦知爲諸藩所惡，不復協力，逍遥海上。

連江失守，公聞之，以頭觸枕祈死，血疾大動，遂絶食，王賜藥，亦不復進。六月初五〔一〕，卒於琅江，遺言以故員外郎章服入殮。訃聞，王震悼，輟朝三日，賜祭九壇，王親製文祭之，贈太保、吏部尚書，謚忠介，蔭一子尚寶司丞。公生于萬曆丁未正月望日，得年四十有二〔二〕。夫人董氏，以是年四月卒。子曰兆恭，尚寶司丞；曰翹恭，先亡。公嫂陳氏，姪克恭，皆死島上，殯於琅琦。自公入海，其家被籍，而夫人之父光遠，破家爲公輸餉，參幕府事。公既入海，光遠自縊而死。公卒後，第四弟御史肅圖、第五弟檢討肅範，挈兆恭依劉公於福寧。城陷，肅範死之，肅圖以兆恭走翁洲。庚寅六月〔三〕，兆恭亦卒，公遂絶。又七年，第九弟推官肅典，亦以義死於鄞。又一年，第七弟職方肅遴亡命徉狂，死於崑山。父子、兄弟、翁婿相繼死國，良可慟也。而曩所謂六狂生者，董公志寧、王公家勤、華公夏，以戊子謀翻城應翁洲，不克，家勤、夏死之。志寧逃入翁洲，辛卯城陷〔四〕，死之。張公夢錫在山寨，庚寅寨破，死之。陸公宇燝以癸卯謀應海上〔五〕，逮死。惟毛公聚奎亦累被逮，亡命得免。

〔一〕戊子六月。
〔二〕續甬詩四三肅圖哭忠介公詩注：兄没年四十有五。
〔三〕庚寅，順七。
〔四〕辛卯，順八。

〔五〕癸卯，康二。

公諱肅樂，字虞孫，一字希聲，學者稱爲止亭先生，浙之寧波府鄞縣芍藥沚人。錢氏於鄞爲右姓。七世祖以侍郎管廣西布政使奐最有名。曾祖鳳午，封禮部主事。祖若賡，知臨江府，萬曆直臣，以忤江陵幾死者也。父益忠，瑞安訓導，贈副都御史。大夫人楊氏，繼傅氏。臨江在獄中，公年九歲，寄呈所作帖括文，臨江喜曰：「颺虞翁有孫矣。」故字曰虞孫，登崇禎丁丑進士〔一〕，釋褐知太倉州事。嘗謂人曰：「吾不敢得罪天地，自揣歸家之日，量口炊米，裁身置屋，如斯而已。」州有母訴其子者，公撻之，其母請置之死。公曰：「汝止一子，殺之，將以他人爲子，未必勝所生也，且悔之矣。」語未畢，母子抱哭而出。有兄弟訟者，公曰：「汝以小忿傷天性，吾撻一人，則汝結怨且終身矣。可退思三日來。」及期，兄弟慚愧請罪。吴中素難治，羣不逞之徒，結社成聚，輔以博棍鹽梟，肆行無忌，又多仗庇有力之門以爲護符，而黠吏陰陽其間。凶徒結黨殺人，焚其屍，或以屍誣置之他人家以陷之。公痛治之，其風遂息。推官周之夔逢迎烏程，發難於太倉折色，思以牽連起黨禍，以公在事中，之夔終無以難也。每鄉令其耆老會同保長，公舉善惡注册，善者以朱榜旌賞之，惡者以白榜捕責之。常思行義倉法，庚辰歲稔〔二〕，言於大吏，令民畝輸米升，得數萬石。次年大旱，籍此以賑。是歲又苦蝗，即以餘米賞民之捕蝗者。素病喀血，以旱，徒步禱烈日中，羸瘠骨立，民環而泣曰：「侯病甚矣，其姑返。」公曰：「無歲將無民，又焉用我。」相對而哭，皆失聲。是役也，公病，以此幾不起。公狀貌最文弱，見者易之，而大義所在，守之甚剛，常熟□侍郎□□林居〔三〕，延攬天下士，多歸門下，聞公名，因百方招致之，公卒不往。□□晚節披猖〔四〕，始知公之先見。太倉巨室，有子坐罪，知公不可以私干，乃求武進吴公鍾巒言之，以其爲公房考也。公卒不可，竟取其子罪之。時公以初至，不甚與薦紳接，蓋素知吴中薦紳多以苞苴把持有司也。薦紳以此望公，既而始知公之公。其署崑山也，方大旱，崑民揭竿劫粟，圍朱太守大受第，而太倉亦告變。公急以兵誅其渠，而嚴飭巨室之閉糴者，不三日而兩地皆安堵。其署崇明也，以兵擊殺海盜魁三人，擒二人，始知公之才略。善得士，如歸莊、宋龍、陸世儀、盛敬，其後皆以名節樹立於易代之際。以考最遷刑部員外郎，丁瑞安艱，家居。國難已亟，時時從邸報中悲憤時事，雖在倚廬，而每飯不忘，多見之于詩。

〔一〕崇十。

〔二〕庚辰，崇十二。

〔三〕空圍爲「錢」、「謙益」。

〔四〕空圍爲「謙益」二字。

初，公之少也，嘗夢日墮其手，公以手扶之，稍稍上，而卒不支，日漸小漸晦，卒隨臂而下，心竊異之，私以語其外舅董光遠。及在海上，相傳唐王在大帽山，一日公夢兄弟四五人大臨盡哀，醒而疑之。未幾，則北來赧王之訃也。蓋公之忠義出於性成，故神明與天通，而寤寐之間先爲呈告。甲申之難，聞紫荆關總兵丁孟榮死闖賊，爲之立傳。又聞醴陵尉邱繼武死獻賊，貽書湖廣大吏表章之。福州之陷，聞齊巽起兵，賦詩自慰，流涎節烈，不啻口出。

嗚呼！公之在江上也，厄於方、王；公去江上，不旋踵而列戍崩潰，方、王同歸於盡。公之在海上也，厄於鄭氏；公死海上，未卒哭而閩土盡失，鄭彩亦見摧於延平以死。則甚矣庸妄人之害國以自害也。雖然，浙東列郡並起事，事敗之後，獨吾鄉山寨海槎，相尋不息，諸義士甘湛族之禍，敢於逆天而弗顧，卒延翁洲之祚，至辛亥而始斬，則公之感人者深矣。

公殯琅江者六年，福清葉文忠公之孫尚寶進晟，謀爲葬之海寧。故職方姚翼明時披緇海上，尤力助之，乃乞地於黄蘗山僧隆琦而修埏道焉。平彝侯周鶴芝、定西侯張名振與諸義士，故儀部紀許國等，皆襄事。故大學士長樂劉公沂春爲之碑，都御史華亭徐公孚遠爲之誄，諸義士爲置墓田，别有葬録紀其事。其後總督陳經征海，道出墓下，親往致祭，人比之鍾會祭孔明之墓。隆琦亦異僧，既葬公，棄中土居日本焉。公所著有正氣堂集、越中集、南征集，共若干卷，亂後不完，今存者十之五，予編次爲二十卷。

公死幾三十年，仲弟肅圖始舉子以爲公後，曰濬恭〔一〕。惟公乙酉以後之事見於碑誄者，皆互有缺略。聖祖修明史，史臣爲公立傳，據諸家之言，亦不詳也。越九十五載，濬恭年已七十，欲修墓於黄蘗，乃乞予詳節公文集中諸事跡，合之侍御所作家傳，并諸野史之異同，參伍考稽，以爲公神道第二碑銘。其銘曰：

真人御世兮，六宇偃兵。孤臣空懷故國兮，終何所成。浙有方、王兮閩有鄭，天降魔君兮莫之能爭。公魂西逝兮錢江，公魂南去兮琅江，來歸舊宅兮甬江，導以義旗兮堂堂。前揚波兮後重水，看寒芒兮箕尾。可憐孤兒七十兮賦大招，公歸來兮聽吾誄。

〔一〕濬恭，號二池。

附舊寄萬編修九沙札

忠介事實之詳，宜莫如其弟退山先生之文〔一〕，然亦有遺且誤者：如急援平湖義兵疏乃江上第一好著，時不能行，不待次年之夏，知其無能爲矣。諸傳皆不載，并退山亦失之。江上頒詔之爭，張、熊、朱、錢分爲二，而忠介以此遂爲悍帥口實，此最有關係者，諸傳皆不載，并退山亦失之。江上有兵部侍郎之命，再辭不受，既至翁洲，有吏、户二部尚書之命，退山皆失之。若披緇於閩，則劉氏神道碑中及林太常傳皆有之，而退山似諱其事，不知此不必諱也。鷺門確係鄭彩先舉兵而以戎政召公。退山以爲彩因公言而起兵，今詳考諸家野史與劉碑、徐誄以正之。又公之入閣，馬公思理尚在，退山以爲馬卒而後公繼之，舛矣。尊諭令某博考以正前人之失，某亦何敢，但是文於參稽頗詳審云。

〔一〕錢肅圖。

鮚埼亭集批注　前集卷八

碑銘三

明建寧兵備道僉事鄞倪公壙版文〔一〕

倪氏自宋已居鄞，顧不甚達。至元末以貲雄于時，因爲方國珍所連綴，參其軍事。入明三百年，仍未達。及錢忠介公軍起，倪氏子弟從之者：一爲懋熹，字仲晦，即僉事也；一爲元楷〔二〕，字端卿，即後官評事者也。僉事殉於閩中，而評事亦有大節。顧百年以來，文獻以忌諱脱落，即其後人亦不甚了了。僉事之曾孫海，以同里董君孫符所作志來，乞予表墓，予安敢辭。

〔一〕倪懋喜，續甬詩四九附。

〔二〕本名玄楷，此避康熙諱。

方乙酉之夏，浙東内附，定海總兵王之仁者，繳敕印，貝勒令其仍故任。會鄞人擁忠介舉事，降臣謝三賓惡之，貽千金于之仁，令其以兵來殺諸首事者。忠介亦欲貽書之仁，而難其使。公請行，遂以忠介書往。甫至，定人洶洶言，昨有陳秀才者，上箋大將軍，詆其降，而大將軍殺之，聞者股栗。俄而三賓之使繼至，公神色不動。有頃，之仁召公曰：「君此來，大有膽。」公曰：「大將軍世受國恩，賢兄常侍攀髯死國，天下所具瞻，志士皆知其養晦而動也。方今人心思漢，東海鎖鑰在大將軍，次之則翁洲黄將軍、石浦張將軍，左提右挈，須有盟主，大將軍之任也。」之仁遽摇手曰：「好爲之，且勿洩。」于是令其子鳴謙飯公於東閣，而别召謝使入見，所以待之略同，亦具報書，但曰「以十五日至鄞，共議之」。謝使出，乃遣公歸。之仁曰：「語錢公，當具犒師之禮。」公出喜曰：「吾事諧矣。」或曰：「何以知之？」公曰：「必諧。」翊日，之仁至，果脅三賓出兵餉萬金與忠介。忠介勞公曰：「此李抱真之招王武俊也〔一〕，而君以三寸舌成之，功過之矣。」及畫江守定，以公爲職方，參瓜里軍。

〔一〕唐德宗時。

唐魯爭頒詔之禮，越使陳謙入閩而死，閩使陸清源入浙亦死。議募一能者，乃以公往，果稱旨，閩中留之，令以僉事分守建寧。時鄭芝龍盡取閩中兵餉，歸於所屯之東石。道標故有兵千人，至是一空，公捐俸爲餉以募兵。大兵攻建寧，出鬬，力不支，一軍盡没，其從者十八人，僅脱其一，丙戌八月十一日也〔一〕。距生於萬曆戊申四月十二日，年三十九。事定，其家以衣冠葬公於某鄉之某原。而評事與公同起江上，事去歸家，不肯薙髮，遂被怨家所告，論死。評事慷慨坐囚中，與華公過宜、李公昭武〔二〕，高歌木公不屈魔鬼一曲，聲撼獄壁。時評事尚有母在堂，用奇計遣人以酒入獄飲評事，至大醉熟睡，因盡薙其髮。醒而覓其髮，已禿矣，痛哭欲自裁。旁人以母命止之，得免，歎曰：「吾竟不得與仲晦白首同歸也。」蓋後公四十年而卒。其荼苦艱貞，亦足與公配。今評事已無後，予附書之公志中者，以其布衣報國，生死雖不同，而志則同也。

〔一〕丙戌，順三。

〔二〕李文纘，卷十四有墓銘。

僉事一字煜生，曾祖景晉，連江縣丞。祖正憲，貢生。父忠相，僉事。娶陳氏，繼室以舒氏。子五，孫七，曾孫八。所著有易説。

嗚呼！倪氏於明，雖衣冠芳雅，而遜于楊、張、屠、陸諸家則已多。乃國亡之後，其見録于文山幕府列傳者〔一〕，有二人焉，足以重其族望矣。海之婦，予族姊，先侍御公〔二〕女孫也，寠甚，予謂之曰：「忠節之家，雖貧足樂，幸勿玷此家風也，其勉之矣！」

〔一〕以忠介比文山也。

〔二〕全美閑，外編卅一有先侍御畫馬記。

明翰林院簡討兼兵科給事中箕仲錢公兰詞〔一〕

歐陽公作唐宰相世系表，誠以揆輔之家，與廟社相關係，故特詳之。然而終唐之世，累遭大難，以暨天復、天祐革命之交，宰相子孫殉國者蓋亦寥寥無多。宋以文信國之忠，不能得之於其弟。有是哉，大節之難强也。明之亡也，崑山顧文康公家有咸正、咸建、咸受；咸正有子天遴、天逵。鉛山費文憲公家有曾謀。華亭徐文貞公家有念祖，有孚遠。江陵張文忠公家有允修，有同敞。太倉王文肅公家有湛，有淳。秀水朱文恪公家有大定。東阿于文定公家有元煜。姚江孫文恭公有嘉績。烏程温氏有璜。嘉善錢氏有棅，有枘。長洲文文肅公家有震亨，有秉。其餘若高陽之孫、江夏之賀，合門從死者，尚不豫焉。長山劉氏有孔和〔二〕，宜城邱氏有之陶，又其次也，可謂盛矣。吾鄉錢忠介公受任於國事，既去之後，賫志以殉，而諸弟相繼死國者三，夫非踵諸世族之後，爭光接武者與？其安可以無述也。

〔一〕錢肅範，續甬詩十四。

〔二〕劉孔和，鴻訓子。

按家傳，簡討諱肅範，字錫九，一字箕仲，浙之寧波府鄞縣人也，寧波府學生。曾大父鳳午，明封禮部主事。大父若賡，知臨江府。父益忠，瑞安訓導，贈副都御史。忠介公第五弟也。受經於忠介公，尤工書。忠介起兵，官其諸弟之從軍者，並授監紀，忠介辭不受。江干失守，皆從忠介浮海而南。時監國從員缺落，誥勅文字，忠介多以屬之簡討。已而忠介請置史官以紀起居，馬閣學思理即薦入館。忠介之卒也，因閣部劉中藻與鄭彩爭，忠介平之而不得，彩反以此爲憾。忠介憂憤疾動，遂絶藥餌而卒。諸子弟成服後，或之瑞安，或往翁洲，即未去者，亦避地秦川、長水之間，忠介命也。而簡討獨與仲兄侍御〔一〕徘徊未去，或問之，答曰：「止者報國，行者全宗，不相背也。」中藻方守福安，遣人來迎。時大兵盡定閩地，僅餘福安、寧德二城，指日受師。賓朋皆勸簡討無往，而毅然赴之。中藻奏兼兵科。未幾侍御亦出城募兵，而長圍四合。簡討助城守凡六月，累與大兵戰輒勝，而援絶道梗。大兵乃屯于郊，不復附城，而專待其糧盡。侍御遣人縋城入見，簡討復書曰：「吾兵猶利，足以一戰。但枵腹枕戈，勢焉能久，城中望援，以刻爲歲。南向望草飛塵起，謂此援兵來也；聞風聲鶴唳，謂此援兵來也。如此又有日矣，而卒寂然。吾惟以一死待之而已。」城陷，望百辟山歎曰：「此宋少帝入海處也。」賦絶命辭，投繯，兵至被執，不屈。其僕張貴年僅二十，亦從焉。嗚呼！裹馬革以從兄，可謂各遂其志者矣。福安之陷也，滿城迸散，莫能言簡討之死，故忠介之葬於黄蘗山，劉大學士沂春、徐都御史孚遠作碑誄，皆不及簡討事。已而有焦甲者，言簡討死甚悉，蓋曾在圍城中親見者也。於是林太常時對、高兵部宇泰，始爲作傳，附之忠介傳後。

〔一〕錢肅圖。

簡討生於天啟辛酉三月初三日，殉於順治己丑四月十三日，得年二十九歲。妻孺人忻氏，先卒無子。踰三十七年，有游僧至鄞，冒稱簡討，逕歸錢氏。其親屬叩之，語不能符，詐窮而遁。侍御爲文以辯其事〔一〕。於是忠介嗣子濬恭既行招魂之禮，合葬簡討於忻孺人之兆，因乞予文以表墓，且曰：「誠懼因僞僧之故，致仲父大節有晦故耳。」嗚呼！簡討之正氣，旁魄於雲漢，不待李翰之傳而後白許遠之誣也。其聊以備明史世表之參稽，則未必無補耳。其銘曰：

甬江東岸，喬木生春。鄧林之枝，一氣同根。惟忠介有弟，惟明有臣，故國故家，以光清門。何來唐子，謬種妖髠，謂系表可溷，希附哲昆。杞宋文獻，猶幸有存，茫茫閩海，遂矣歸魂。

〔一〕錢肅圖辨見續甬詩四三。

明故張侍御哀辭〔一〕

殘明「六狂生」之一曰張公〔二〕，諱夢錫，字雲生，故茂材弟子。乙酉之難，「六狂生」謀起兵，幾爲降臣謝三賓所殺，幸免，以布衣入幕府，授司務。尋晉侍御。丙戌，走結山寨。又五年庚寅十月，竟死之。「六狂生」之起也，董、華諸公皆司書檄〔三〕，奔走其間，顧文弱，非能豫兵革也。而侍御于弓矢矛戟皆習之精，故嘗在戰鬭中。當是時，左右錢忠介公者，莫如張公蒼水，而侍御亞之，軍前呼曰大張君、小張君以別之。

〔一〕張夢錫，續甬詩十一。

〔二〕六狂生名見卷七錢忠介碑。

〔三〕董志寧見本卷，華夏外集十，王家勤卷卅一、外十，陸宇爀外六，毛聚奎卷廿七。

江上失守，山寨大起，其時先後立營者：曰馮家軍，則簟谿也〔一〕；曰王家軍，則篤庵也〔二〕；曰李家軍，則研齋也〔三〕；其餘草竊團聚，不可指屈。而蒼水亦軍於平岡，與侍御大皎之軍相望，諸營呼之曰大張軍、小張軍。

〔一〕馮京第，續甬詩十二、外廿五。

〔二〕王翊，外四。

〔三〕李長祥，外九。

時天下已定，海隅窮山，非果有恢復之望，特以故君尚在島中，資糧扉屨，聊相應接，雖重爲枌榆之累，而一綫之喘，不爲無助。庚寅〔一〕，大兵洗山入海，蒼水泛海入衛，研齋亦去，馮、王二公相繼死散。侍御軍中不過五百餘人，顧其待士素以恩，誓相依不去。大兵猝至，侍御挾長矛出鬬，夷傷略相等，但衆寡不敵，遂死。五百餘人皆死，無降者，其中突圍而去者三人。翌日，有負侍御尸葬之大皎之南麓者，則前突圍而去之三人也。時大兵以團練爲前導，故與山寨卒多有舊，因得其尸而不詰也。於是諸遺民有識此三人者，事定，相與求得其墓而立石以表之。

〔一〕順七。

又百年，予過弔其下，因呼山中父老，問以侍御之姓名，而莫之知也，蓋天下之平久矣，乃爲之哀辭。嗚呼！周之頑民，皆商之義士也。而田横之客，至敢以鬼伯詈漢〔一〕，易地以觀，其揆一矣。然則如侍御諸公者，其謂之狂生也，亦固其宜。其辭曰：

信公越公〔二〕，不能扶宋，而況一旅，乃思妄動，肝腦塗地，逆天堪痛。五百人者，其死益奇，空山投骨，重泉相隨，國殤毅魄，至今累唏。死者可生，生者可愧，死殉其軍，生埋其蜕，我作誄文，唾壺欲碎。

〔一〕田横門人作蒿里曲，有「鬼伯一何相催促」之句，見崔豹古今注卷中。史記九四、前漢卅二，不載「鬼伯」句。

〔二〕文天祥，宋史四一八；張世傑，宋史四五一。

明管江杜秀才窆石志〔一〕

秀才姓杜氏，諱懋俊，字英侯，浙之寧波府鄞縣人也，世居縣東之管江。嘉靖中，有官山東按察副使名思者，其族祖也，自言出於少陵次子宗武之後，故又稱管江曰花谿。仍世富厚，食指百口，而秀才最以仗義聞於時。鄞江自錢湖而東，負大海，韓嶺、鄒谿、尖埼諸道，與管江皆相錯，圍以重山，塹以深溝，擅魚鹽竹木之利，民居殷阜，而亦以巖險，自爲風氣。宋元時，置巡司於大嵩以防察之。明初，湯信公視海，以爲未足，乃于大嵩築城，設兵控扼，隸定海衛，置烽堠，貯倉庾，管江一帶，始爲安土。明季流寇鼎沸中原，海隅不逞之徒，亦乘間起。秀才憂之，乃謀於其叔兆茁，請頒土團之法於有司。遂以兵法部勒族人，分隊瞭野，擊柝行夜，閭黨爲之安堵。而沿海諸村，無不仿而行之者。

〔一〕杜懋俊，續甬詩十四。

丙戌，浙東不守，諸遺民章皇山澤間，猶思再舉。秀才慨然歎曰：「國家養士三百年，而今日反顏易節者，大半進賢冠人物也。草野書生，安得軍師國邑之寄，爲一洒之。」于是秀才忽若病痫者，獨坐一樓，援筆不少置。或朗吟，或笑，或痛哭竟日夕。家人駭甚，從壁罅竊窺之，則案無他物，惟陶庵黄進士臣事君以忠闡義，墨之硃之，纍纍不絶。施公子宗炌者，故都督翰子，其先世亦居管江，時適有「五君子」之難，公子豫焉〔二〕，以家財募死士。秀才聞而大喜，乃招姜山之徒助之，幾及三千。公子邀王評事家勤入管江，刻期舉事，約以馮御史京第軍至城東，則秀才引軍助之。而金峨山中有賣炭趙翁者，或言其精星象，諳兵法。秀才則親往致之，置軍中，奉以爲帥。未抵期三日，評事來奔，以事洩告，城中邏者亦踵至。秀才梟邏者首，據山立寨，鳴鼓起事，而急遣評事先入海。秀才意以城中雖已有備，然計海師早晚必薄城，則勢未能分，故且部署軍士爲入海計。城中兵果不出，而定海鎮將常得功豫遣舟師扼海口，分軍直抵管江，評事中途被執。山寨頗阨塞，據險而鬭，三日，矢石雨集，夷傷殆盡。寨陷，秀才猶以家丁力戰，頭目中矢如蝟，重傷，倚墻而斃，尸屹立不仆者數日。公子縱火自焚。兆茁被縛，斫其首十二刀而後墜。事定，管江之血如渠。而賣炭趙翁者，或見其烟焰中飛去。時秀才之父尚在堂，有司籍之，山中人憐其義，匿其親屬不以聞。未幾其父卒，其妻亦卒，其二子憲琦、憲堇，育於陸高士宇燝家，撫之如己子，董高士曉山教之讀書，范孝子洪震爲之治葬，置墓田以贍其祀。憲琦甚有志行，自以父死國難，縞素不近酒肉，有妻不娶。宇燝等以大誼責之，始婚。未幾病卒。憲堇已早夭，秀才遂無後。兆茁字承芝，宗炌字仲茂，時稱爲「管江三烈士」。而趙翁辛卯壬辰間，猶以其術往來海上，後亦死。

〔一〕預於五君子之難，而不在五君子中也。

嗚呼！予嘗過杜氏之居，流覽當年戰場，其間居民果伉勇，一呼雲集，自視無前。然此特山澤間習氣，亦不特湖東也。秀才讀書多矣，徒以廟社之感，頓忘其力之不足，而仗此輩以揮魯陽之戈，不亦愚乎？抑亦聊以一擲也。杜氏之宗在管江者，至今猶盛，然皆莫知表章秀才者。而陸高士子曰經旦，頻請予志其遺兆，予故不辭而銘之，其辭曰：

由管江而東爲童谷，是爲吾先人再世避地之區。其于秀才之事，蓋所目擊而唏噓。嗚呼！崩雲裂瀑，如聞英爽之踟躕。平陵黄犢，剩兹殘墟。

雪竇山人墳版文〔一〕

雪竇山人魏耕者，原名璧，字楚白，甲申後改名，又别名甦，慈谿人也。世胄，顧少失業，學爲衣工于苕上，然能讀書。有富家奇其才，客之，尋以贅壻居焉，因成諸生，國亡棄去。先生所交，皆當世賢豪義俠，志圖大事。與於苕上起兵之役，事敗，亡命走江湖，妻、子滿獄，弗卹也。久之事解，乃與歸安錢纘曾〔二〕居苕谿，閉户爲詩，酷嗜李供奉。長洲陳三島尤心契之。東歸，遊會稽，有張近道者，好黄、老、管、商之術，以王霸自命，見詩人則唾之曰：「雕蟲之徒也。」而其里人朱士稚〔三〕與先生論詩，極傾倒，近道見之，亦輒痛罵不置。然三人者，交相得，因此并交纘曾、三島，稱莫逆。先生又因此與祁忠敏公子理孫、班孫兄弟善，得盡讀淡生堂藏書，詩日益工。然先生於酒色有沉癖，一日之間，非酒不甘，非妓不寢，禮法之士深惡之。惟祁氏兄弟竭力資給之，每先生至，輒爲置酒呼妓，而朱張數子左右之。久之，先生又遣死士致書延平，謂海道甚易，南風三日可直抵京口。己亥〔四〕，延平如其言，幾下金陵。已而退軍，先生復遮道留張尚書〔五〕，請入焦湖，以圖再舉，不克。是役也，江南半壁震動，既而聞其謀出於先生，於是邏者益急，纘曾以兼金賄吏，得稍解。癸卯〔六〕，有孔孟文者，從延平軍來，有所求於纘曾，不饜，并怨先生，以其蠟書首之。先生方館於祁氏，邏者猝至，被執，至錢塘，與纘曾俱不屈以死，妻子盡没，班孫亦以是遣戍。

〔一〕魏耕，續甬詩十二。參外集四四奉萬西郭問。

〔二〕外集四四作「始寧錢霍」，曝書亭集四亦作「魏璧錢霍」。

〔三〕曝書亭集七二有貞毅先生墓表，即朱士稚也。

〔四〕順十六。

〔五〕張煌言。

〔六〕康二。

初，諸子之破産結客也，士稚首以是傾家，近道救之得出獄，而近道竟以此渡江，遇盜而死。己亥之役，三島亦以憂憤而死。真所謂「白首同歸」者矣。嗚呼！諸子並負不世之志，而遭逢喪亂，相繼以不良死，則百六之厄也。先生既死，山陰李達、楊遷經營其喪甚力，亦以是遣戍。而錢塘孫治，卒購得先生骨，葬之南屏，其後改葬於靈隱石人峰下，改題曰「長白山人之墓」。鄞人墓在湖上者，楊職方文琮，同以是年死。而次年，張尚書蒼水亦葬焉。時呼曰「三忠之墓」。先生之居於苕上，爲晉時二沈高士故山〔一〕，故有息賢堂，因名其集曰息賢堂集，自言其前身乃劉公幹也。粤人□□□不可一世〔二〕，獨心折先生之詩，嘗曰：「平生梁雪竇，是我最知音。一自斯人死，三年不鼓琴。」是矣。□□蓋嘗再從先生寓鄞，其風格頗相近云。楊職方之墓在孤山。

〔一〕沈楨。
〔二〕空圍爲「屈大均」，下爲「大均」。

鮚埼亭集批注　前集卷九

碑銘四

明故權兵部尚書兼翰林院侍講學士鄞張公神道碑銘〔一〕

世祖章皇帝之下江南也，浙東拒命，雖一歲遽定，而山海之間，告警者尚累年。吾寧之首事者，爲錢、沈二公，其間相繼殉節者四十餘人，而最後死者爲尚書張公。方錢忠介公之集師也，移檄會諸鄉老，俱未到，獨公先至。忠介相見，且喜且泣。既舉事，即遣公迎監國魯王於天台，王授公爲行人，至會稽，賜進士，加翰林院編修，兼官如故。入典制誥，出籌軍旅。公雖與忠介共事，而持議頗不盡同。閩中頒詔之使至，議開讀禮，張公國維與熊公汝霖爲一議，朱公大典與忠介爲一議。公出揭，以爲當如張公之言，因請自充報使入閩，以釋二國之嫌。王從之。及自閩還，累有建白，不見用。

〔一〕張煌言。名見十一頁文末。康熙三年卒。續甬上詩十三。外編十九有畫像記，廿五有集序。仰視千七百廿九鶴江干之破也，公泛海入翁洲，道逢富平將軍張名振扈王入閩，公從之。既至，招討使鄭成功以前頒詔之隙，修寓公之敬於王，而不爲用。公勸名振還石浦，招散亡以謀再舉，乃偕還。王加公右僉都御史。時威鹵侯黄斌卿守翁洲，名振以石浦之軍與爲犄角。明年〔一〕，松江提督吴勝兆請以所部來歸，斌卿心不欲往，而故都御史沈公廷揚、御史馮公京第與公並勸名振應之，遂監其軍以行。至崇明，大風覆舟，沈公死之，公與名振等皆被執。有百夫長者識公，導之使走，乃得至公之故壬午房考知諸暨縣錢氏，七日，間道復歸翁洲。時忠介已奉王出師於閩，浙東之山寨亦羣起遥應之，公乃集義從於上虞之平岡。山寨之起也，因糧於民。民始以其爲故國也，共餉之。而其後遂行抄掠，民苦之。其不以横暴累民者，祗李公長祥東山寨、王公翊大蘭山寨，與公而三，履畝輸賦，餘無及焉。庚寅，閩師潰，諸將以王保翁洲。名振當國，召公以所部入衛，加公兵部右侍郎，兼官如故。辛卯，浙之提督田雄、總兵張杰、海道王爾禄並以書招公，公峻詞拒之。是秋大兵下翁洲，名振奉王親擣吴淞，以牽制舟山之師，拉公同行。翁洲陷，公扈王再入閩，次鷺門。時鄭成功軍甚盛，既不肯奉王，諸藩畏之，亦莫敢奉王。而公獨以名振之軍爲王衛，時時激發諸藩，使爲王致貢。

然公極推成功之忠，嘗曰：「招討始終爲唐，真純臣也。」成功聞之，亦曰：「侍郎始終爲魯，豈與吾異趨哉。」故成功與公所奉不同，而其交甚睦。

〔一〕明年，丁亥。

癸巳冬，復間行入吴淞，尋招軍於天台，次於翁洲。明年，軍於吴淞，會名振之師入長江，趨丹陽，掠丹徒，登金山，望石頭城，遥祭孝陵，三軍慟哭失聲，烽火逮江寧。時上游故有宿約，而失期不至，左次崇明。甲午，再入長江，掠瓜洲，侵儀真，抵燕子磯，而所期終不至，復東下駐翁洲。是役也，故誠意伯劉孔昭亦以軍會。或曰：「孔昭，南都之亂臣也，公何以不絶之？」公曰：「孔昭罪與馬、阮等，然馬、阮再賣浙東，而孔昭以操江親兵栖遲海上者，蓋累年矣，則其心尚有可原。倘疾之已甚，使爲馬、阮浙東之續，將何補乎？」聞者服之。是年名振卒，遺言以所部付公。自公平岡入衛之後，部下不滿三百，至是始盛。

乙未，成功貽書於公，謀大舉。丙申，公軍於天台。是冬，軍於閩之秦川。丁酉，大兵遷翁洲之民，公還軍翁洲。時王已去監國號，通表滇中。戊戌，滇中遣使加公兵部左侍郎，兼翰林院學士。江督郎廷佐以書招公，公峻詞拒之。是年七月，成功以師會公北行，仍推公爲監軍，泊舟羊山。羊山多羊，見人馴擾不避，然不可殺，殺之則風濤立至。至是，軍士不信，殺而烹之，方熟而禍作，碎船百餘，義陽王溺焉。復還軍翁洲治舟。明年五月〔一〕，成功會公於天台，悉師以行，游軍至於鄞之東鄙。師次崇沙，公曰：「崇沙，江海之門户也，有懸洲可守，不若先定之以爲老營。倘有疏虞，進退可依也。」不聽。而公請以所部爲前軍向瓜洲，時大兵於金焦間，以鐵鎖横江，所謂滚江龍者也。譚家洲岸皆西洋大礮雷鍧，而公孤軍出入其間。成功遣水師提督羅藴章以所部助公，又令善泅水者斷滚江龍，而支軍進奪譚家洲礮。相約滚江龍既斷，則公即進踞上流，奪其木城，以夾擊之。滚江龍雖斷，然舟多應礮而没，不得前。公登舵樓，焚香祝天，飛火夾船而墮，遂以十七舟竟渡。公渡，而譚家洲守礮者亦走，木城俱潰，操江都御史朱衣祚被禽。明日成功始至，城中出戰不利，提督管效忠走，攻城克之。議師所向，成功欲直趨江寧，公請先取鎮江。成功恐江寧之來援也，公曰：「吾但以偏師水道薄觀音門，彼將自守不暇，何援之爲？」成功即請公行，未至儀真五十里，士民迎降。六月二十七日，成功來告鎮江之捷。公兼程晝夜進，次日抵觀音門，而致書成功，請以步卒陸行赴白下。時江督郎廷佐懼甚，不意成功卒以水道來。大兵之征黔者凱旋，聞信倍道而至，請同守城，於是嚴備已具。七月朔，公哨卒七人，乘虚入江浦。初四日，成功水師方至。次日，公所遣別將以蕪湖降書至。成功謂蕪湖爲江楚所往來之道，請公往扼之。公頗以成功年少恃勇爲憂，欲留軍中，與之共下江寧而後發，辭之不得，乃至蕪湖相度形勢，一軍出溧陽以窺廣德，一軍鎮池州以遏上流之援，一軍拔和州以圖采石，一軍入寧國以逼東道休、歙諸城，大江南北，相率來歸。其已下者：徽州、寧國、太平、池州四府，廣德、和、無爲三州，當塗、蕪湖、繁昌、宣城、寧國、南寧、南陵、太平、旌德、貴池、銅陵、東流、建德、青陽、石埭、涇、巢、含山、舒城、廬江、高淳、溧水、溧陽、建平二十四縣。初，公之至蕪也，軍不滿千，船不滿百，但以大義感召人心。而公師所至，禁止抄掠，父老爭出持牛酒犒師，扶杖炷香，望見衣冠，涕泗交下，以爲十五年來所未見。瀕江小艇載果蔬來貿易者如織，公軍人以舡板援之而上，江濱因呼爲「船板張公之軍」。公所至城邑，入謁先聖。遺臣故老赴見者，角巾抗禮，撫慰懇至；守令則青衣待罪，考其政績而去留之；遠方豪傑，延問策畫，勉以同仇，多有訂師期而去者，日不暇給。於是徽州降使方上謁，而江寧之敗問至。

〔一〕己亥。

初，公貽成功書，以師老易生他變，宜遣諸將分取句容、丹陽諸城邑，如白下出援，則首尾夾擊之；如其自守，則堅壁以待；倘四面克復，收兵日至，白下在掌中矣。成功以累捷，又聞江北如破竹，謂城可旦夕下，雖有遺水師提督羅蘊章招撫吴會之命，而未行，但命八十三營牽連立屯，安設雲梯、地雷，并造木栅。而蘇松總兵梁化鳳等，以馬步兵相繼至，浙之駐防兵亦來援，長驅入城，莫之遏者。前鋒將余新鋭而輕〔一〕，士卒樵蘇四出，營壘一空。化鳳諜知之，以輕騎襲破前屯，擒新以去。成功倉卒移帳，質明，軍竈未就，大兵傾城而出，諸營瓦解。成功之良將甘輝，亦以馬躓被禽，死之，軍遂大潰。初議取崇沙，甘輝之言與公合，及議遏蘇常援兵，輝言亦與公合，而成功皆不聽，以致敗。公之聞信也，以爲雖敗，未必遽登舟；雖登舟，未必遽揚帆；雖揚帆，亦必入鎮江以圖再舉。故彈壓列城，秘不使諸將知，而更貽成功書，以爲勝負兵家之常，乞益百艘以相助。不知成功并撤鎮江之師，竟入海。

〔一〕監國紀年作「余日新」。

先是鎮江之捷，漕督以師援江寧，中道溺死。松帥馬逢知密以書請降，其自巡撫而下，皆欲出走。故公勸成功持久以觀變。既不得請，江督郎廷佐等復以書招公，公峻詞拒之。

廷佐乃發舟師以扼公歸路，期必得公而後已。公與諸將議，以下流已梗，而九江一帶尚未知我之敗，我麾下已萬餘，前此豪傑來見者，又多成約，不如直趨鄱陽，招集故楊萬諸家子弟，以號召江楚。八月七日次銅陵，與大兵之援白下者遇，公奮擊敗之，沈其四舟。是夕，大兵以不利，引而東下，礟聲轟然，而公軍誤以爲來劫營，遂潰。或勸公入焦湖，慈溪義士魏耕遮道説公，以爲焦湖入冬水涸，不可駐軍，而英霍山寨諸營尚多，耕皆識其魁，請入説之，使迎公。乃焚舟登陸，士卒願從者尚數百人。十七日，入霍，山寨已受撫，不納，乃次英山。甫度東溪嶺，而追至，士卒紛竄，相依止一童一卒，迷失道，賂土人爲導，變服夜行，天明而踪跡者多，導脱身去，又以賂解散諸踪跡者。然而茫然不知所之，念有故人賣藥於安慶之高河，復賂一土人導以往。至則故人適他出，而其友有識公者，蓋亦以觀變從江上來至安慶者也。遂導公由樅陽出江，渡黄溢，抵東流之張灘，陸行建德、祁門山中。公方病瘧，力疾零丁，至休寧，買棹入嚴陵。又恐浙人之多識之也，改而山行，自東陽、義烏以出天台。公之在途中也，海上人未知所向，或曰抗節死安慶，或曰殞英霍山寨中，或曰爲浮屠矣，父老多北向泣下者。及聞公至，婦女皆加額，壺漿迎之。人謂是役也，以視文丞相空坑之逃，其險十倍過之，而其歸，則郭令公之再至河中也。遂駐節天台，樹纛鳴角，故部漸集。成功聞公還，亦喜，遣兵來助公。公巡視天台，海上有長亭鄉者，多田而苦潮，乃募諸義民築塘以捍之，至今猶蒙其利。乃遣人告敗於滇中，且引咎。滇中賜公專勅慰問，加官尚書，兼官如故。

明年，移師林門，尋軍於桃渚。時大兵兩道入海討成功，皆失利。而成功以喪敗之餘，雖有桑榆之捷，不足自振，乃思取臺灣以休士。公聞之不喜，辛丑引軍入閩，次於沙關。成功已抵澎湖，公遣幕客羅子木以書挽成功，謂軍有進寸，無退尺，今入臺，則將來兩島恐并不可守，是孤天下之望也。成功不聽。成功雖東下，而大兵尚忌之，懼其招煽沿海之民，於是有遷界之役。沿海之民不願遷，大兵以威脅之，猶遲延不發。公頓足歎曰：「棄此十萬生靈而爭紅夷乎？」乃復以書招成功，謂可乘此機以取閩南，成功卒不能用。公遺書故侍郎王公忠孝、都御史沈公荃期、徐公孚遠、監軍曹公從龍，勸其力挽成功，而卒不克。公孤軍徘徊兩島，要其劉琨、祖逖之志，未嘗一日忘也。而滇中事急，公復遣子木入臺，苦口責成功以出師，成功方得臺，不能行。公乃遣職方郎中吴鉏〔一〕，挾帛書間道入鄖陽山中，欲説「十三家」之軍，使之撓楚以救滇，「十三家」已衰敝，不敢出師。壬寅，滇中遂陷，成功亦卒於臺。公哭曰：「已矣！吾無望矣。」復還軍林門。會閩南諸遺老以成功卒，謀復奉魯王監國，貽書來商。公又喜，即以書約故尚書盧公若騰而下，勸以大舉。又擬上詔書一道。又以書約成功子經，勸以亞子錦囊三矢之業。於是公厲兵束裝，以待閩中之問。

〔一〕吴鉏，初名祖錫，字稽田。外十二有吴職方傳。

是年浙督趙公廷臣與中朝所遣安撫使，各以書招公。公復安撫書，大略言：「不佞所以百折不回者，上則欲匡扶宗社，下則欲保捍桑梓。乃因國事之靡寧，而致民生之愈蹙。十餘年來，海上芻茭糗糒之供，樓櫓舟航之費，敲骨吸髓，可爲惕然。況復重之以遷徙，訖以流離，哀我人斯，亦已勞止。今執事既以休兵息民爲言，則莫若盡復濱海之民，即以濱海之賦畀我。在貴朝既捐棄地以收人心，在不佞亦暫息爭端以俟天命。當與執事從容羊陸之交，別求生聚教訓之區於十洲三島間。而沿海藉我外兵以禦他盜，是珠厓雖棄，休息宜然；朝鮮自存，艱貞如故。特恐執事之疑且畏耳，則請與幕府約，但使殘黎朝還故土，不佞即當夕挂高帆，不重困此一方也。」又復督府書：「執事新朝佐命，僕明室孤臣，區區之誠，言盡於此。」閩南消息既杳，鄭經偷安海外，公悒悒日甚。壬寅冬十一月〔一〕，魯王薨於臺，公哭曰：「孤臣之栖栖有待，徒苦部下相依不去者，以吾主上也。今更何所待乎！」癸卯〔二〕，遣使祭告於王。

〔一〕壬寅，重出。

〔二〕癸卯，康二。

甲辰六月，遂散軍，居南田之懸嶴。懸嶴在海中，荒瘠無人，山南有汊港可通舟楫，而其北爲峭壁，公結茅焉。從者惟故參軍羅子木、門生王居敬、侍者楊冠玉，將卒數人，舟子一人。初，公之航海也，倉卒不得盡室以行，有司係累其家以入告。世祖以公有父，弗籍其家，即令公父以書諭公。公復書曰：「願大人有兒如李通，弗爲徐庶。兒他日不憚作趙苞以自贖。」公父亦潛寄語曰：「汝弗以我爲慮也。」壬辰〔一〕，公父以天年終，鄞人李鄴嗣任其後事。大吏又强公之夫人及子以書招公，公不發書，焚之。己亥〔二〕，始籍公家，然猶令鎮江將軍善撫公夫人及子而弗囚也。嗚呼！世祖之所以待公者如此，蓋亦自來亡國大夫所未有。而公百死不移，不遂其志不已，其亦悲夫！於是浙之提督張杰懼公終爲患，期必得公而後已。公之諸將孔元章、符瑞源等皆内附。已而募得公之故校，使居翁洲之補陀爲僧，以伺公。會公告羅之舟至，以其爲故校，且已爲僧，不之忌也。故校出刀以脅之，其將赴水死，又擊殺數人，最後者乃告之曰：「雖然，公不可得也。公蓄雙猿以候動靜，舟在十里之外，則猿鳴木杪，公得爲備矣。」故校乃以夜半出山之背，攀藤而入，暗中執公，并子木、冠玉、舟子三人，七月十七日也〔三〕。十九日公至寧，杰以轎迎之，方巾葛衣而入，至公署，歎曰：「此沈文恭故第也，而今爲馬廄乎？」杰以客禮延之，舉酒屬曰：「遲公久矣。」公曰：「父死不能葬，國亡不能救，今日之舉，速死而已。」數日，送公於杭。出寧城門，再拜歎曰：「某不肖，有孤故鄉父老二十年來之望。」杰遣官護行，有防守卒史丙者，坐公船首，中夜忽唱蘇子卿牧羊曲以相感動。公披衣起曰：「汝亦有心人哉！雖然，吾志已定，爾無慮也。」扣舷和之，聲朗朗然。歌罷，酌酒慰勞之。而公之渡江也，得無名氏詩於船中，有云：「此行莫作黄冠想，靜聽先生正氣歌。」公笑曰：「此王炎午之後身也。」浙督趙公寄公獄中，而供帳甚隆，許其故時部曲之内附者皆得來慰問，有官吏願見者亦弗禁。公終日南面坐，拱手不起，見者以爲天神。杭人爭賂守者入見，或求書，公亦應之。嗚呼！制府之賢良，在張洪範之上，然非仁祖如天之大度，則褒忠之禮，亦莫敢施，非公之忠，亦無以邀仁祖之惓惓也。九月初七日，公赴市，遥望鳳凰山一帶，曰：「好山色。」賦絶命詞，挺立受刑，子木等三人殉焉。

〔一〕壬辰，順九。

〔二〕己亥，順十六。

〔三〕甲辰，康三。

公諱煌言，字玄箸，别號蒼水，浙之寧波府鄞縣西北厢人也。父刑部員外郎圭章，祖應斗，曾祖尹忠。太夫人趙氏，感異夢而生公。公神骨清削勁挺，生而跅跪不羈，喜呼盧，無以償博進，則私斥賣其生産。刑部怒。先宗伯公之中孫穆翁，雅有藻鑒，曰：「此異人也。」乃以己田售之，得金三百兩，爲清其逋，而勸以折節讀書。思陵以天下多故，令諸生於試經義後試射。諸生從事者新，莫能中，公執弓抽矢，三發三中。舉崇禎壬午鄉試，感憤國事，欲請纓者累矣，而卒以此死。公初以爭頒詔事，與同里楊侍御文瓚忤，遂不復面。及戊子〔一〕，侍御一門死節，公哭之慟，曰：「負吾良友。」所親有失節者，公從海上貽之書曰：「汝善自衛，勿謂鞭長不及汝，吾當以飛劍斬汝。」公之初入海也，嘗遭風失維，飄至荒島，絶食，夢一金甲神告之曰：「贈君千年鹿，遲十九年還我。」次早，果得一鹿，蒼色，人食一臠，積日不餓。及被執，又夢金甲神來招之，蓋十九年矣。雅精壬遯之學，己亥之渡東溪也〔二〕，占得四課空陷，方大驚，而兵至，羅舟未返，即以金甲之夢占之，大凶。方呼居敬告之，而兵至。生於萬曆庚申六月初九日〔三〕，得年四十有五。娶董氏，子萬祺，並先公三日戮於鎮江。女一，即歸予族祖穆翁〔四〕爲子婦，予族母也。

〔一〕戊子，順五。

〔二〕己亥，順十六。
〔三〕萬曆四十九年。該年八月改爲光宗泰昌元年。
〔四〕全美樟。

初，杭有舉人朱璧者，抗詞作保狀，以百口保萬祺母子不得。今以再從子鴻福爲公後。公之未死也，嘗賦詩欲葬湖上岳忠武王、于忠肅公二墓之間。於是鄞人故御史紀五昌捐金，令公甥朱相玉購公首，而杭人張文嘉、沈横書等殮之。有朱錫九、錫蘭、錫旂、錫昌兄弟者，豫爲公買地經紀之。而鄞人萬斯大等葬之南屏之陰，從公志也。姚江黄公宗羲爲之銘，子木等三人附焉。至今七十餘年，每逢春秋佳日，游人多以炙雞絮酒，酹公墓下者。而吾鄉亦以公忌日祭之。

羅子木者，名綸〔一〕，以字行，溧陽人也。己亥，公在江上，子木挾策上謁。公以其少年而負奇氣，有清河李萼之目，欲留之幕中，以父老辭。及公之蕪關，子木之族父藴章，故在成功軍中，引見成功。江寧之敗也，子木涕泣頓首，固請成功無遽去，而不能得。成功因强子木奉父泛海，子木至海上，不欲參成功軍事。旋奉父北行，將赴公營，卒與大兵遇，格鬬，子木墜水，得救起，而其父被縛去。子木展轉閩南，思出奇計以救父，逾時不得音問，嘔血幾死。復赴公營，公勉以立功即爲報仇，遂相依不去以死。

冠玉，鄞人。制府以其年少，將脱之，固請從死。

王居敬者，字畏齋，一字采薇，黄巖人也。公被執，居敬以計得脱，其後爲僧，名超遯，頗能言公遺事，亦不負公者。而前此誘執公之故校，得以功授千户，奉大帥命巡海島，猝遇公之舊將，憤其害公，執而殺之。

〔一〕羅綸，參廷立紀聞二。

予嘗謂公解軍而後，已將以懸碞爲首陽，向非張杰生事徼功，公似可以無死。然是時公猶未五十，非甘心黄冠以老者也，若留公至十年以往，「三藩」之禍，公決非肯晏然坐視者，而謂中土能忘情於公乎？此文山之所以不見保於夢炎也。且天下無惜死之忠臣，剖肝絶腹，正所以全歸也。

公丙戌以前文字皆無存者，今所存者，有奇零草，甲辰六月以前之作也；冰槎集，其雜文也；北征録，己亥紀事之編也；采薇吟，則散軍以後之作，而蒙難諸詩附焉，共八卷。公既愛防守卒史丙之義，遂日呼與語，因得藏公之集。有宜興人徐堯章者，從丙購之，曰：「公之真跡，吾日夕焚香拜之，不可以付君。」堯章乃抄以歸。

嗚呼！吾鄉死事諸公，公爲最後，而所成亦最偉。然世人但知誇公之忠誠，而予更服公之經略，故涉歷山海之間，且耕且屯，而民樂輸賦；招撫江北三十餘城，而市不易肆；小住緱城，而陂塘之利傳之無窮。惟其深仁，以成遺愛，斯在古人中，諸葛孔明渭南之師，不過爾爾。諸葛有荆益之憑藉，所以得成三分之業，而公無所資，終於賫志以死，則天也。嘗有盜公之衣者，部下禽而獻之，公曰：「衣在我爲我煖，在爾爲爾煖，其煖一也。」即以其衣賜之，其大度如此。姚江黄公之志，其叙公北征稍詳，而前後多所罣漏。至於公之官階終尚書，浙督趙公曾以其印上之，而高氏雪交亭集以爲閣學，黄氏墓誌以爲侍郎，皆不合。翁洲新志則謂公於己丑已官尚書，亦不合。若杭人吴農祥所作公傳，尤誕妄不足取信。予乃考公集中諸事跡，合之野史所紀，并得之先族母之所傳者，别爲碑銘一篇。或曰：公子萬祺在鎮江，故嘗有侍婢，舉一子，守者憐其忠嗣，私爲育之，然今無可考矣。其銘曰：

天柱不可一木撑，地維不可一絲擎，豈不知不可，聊以抒丹誠。亦復支吾十九齡，啼鵑帶血歸南屏。他年補史者，其視我碑銘。

附舊寄萬編修九沙札

黄先生作蒼翁志，但據北征録爲藍本，大段疏漏，不止誤以尚書爲侍郎也。如江上爭頒詔一案，是蒼翁始終爲王脈絡。中間又能轉移鄭氏，使化其舊隙，爲我合力，是蒼翁最大作用。晚年欲再奉王起事，及力必不逮而後散軍，是蒼翁始終爲王結果。此乃十九年中三大節目也，而黄先生皆不及之。答王安撫書，前半如謝叠山之却聘，後半如陳參政文龍請漳泉三府以存宋祀之旨，皆不應不録。而王之薨在壬寅冬十一月，可以考正□□〔一〕，别有考。尊諭令某别撰碑文一首，某文豈敢續黄先生之後，然考證遺事，所不敢辭。謹呈上。

〔一〕空圍爲「明史」二字。

鮚埼亭集批注　前集卷十

碑銘五

明太傅吏部尚書文淵閣大學士華亭張公神道碑銘〔一〕

順治八年辛卯九月，大兵破翁洲，太傅閣部留守華亭張公闔門死之。大兵入其家，至所謂雪交亭下，見遺骸二十有七，有懸梁間者，亦有絶繯而墜者，其中珥貂束帶佩玉者，則公也。廡下亦有冠服儼然者，則公之門下儀部吴江蘇君兆人也。有以兵死者，則諸部將也。亦有浮尸水面者。大兵爲之驚愕却步，歎息遷延而退，命扃其門。

〔一〕張肯堂，順治八年卒。

鄞之諸生聞性道，時在隨征府倅喬鉢幕中，聞而亟往視之，思爲之殯，顧滿城鼎沸，無所得棺。公之故將汝都督應元，已爲僧補陀，公前此曾託孤者也，翌日入城謁帥府，乞葬故主。諸大將皆怒曰：「汝主久抗天命，以拒天兵，汝其餘孽也，方竄伏不暇，敢來葬此骨耶？」命驅出斬之。應元曰：「山僧本戴頭而來，得葬故主，當歸就僇，乞假命一日耳。」提督金礪憫之，乃曰：「是出家人，姑貰之。」於是應元舁公尸出城，性道與定之諸生謝歸昌及補陀僧心蓮等，募鄉民舁公眷屬及賓從等尸出城。然卒無所得棺，乃以火化之，貯以三大甕：其一貯公骨，其一貯公四姬、一婦、一女孫、諸婢骨，其一貯儀部以下骨，葬於補陀之茶山。茶山者，應元所築寶稱庵以避人者也。時公尚有一孫茂滋，遺命勿死，以全宗祀，以俘入鄞，次年十月始得放還。茂滋將負公骨以歸，應元以道梗，令先載木主歸，祔瘞先塋，而徐俟後期。未幾茂滋亦卒，公無後，應元乃不復歸公骨，而身居寶稱庵以奉公墓。未幾應元亦卒，寶稱庵圮，公墓遂没於榛莽間。雍正丙午，予遊補陀〔一〕，諸僧導予遊故跡，予概弗往，而先登茶山，求公埋骨之地，尚有一石，題曰「張相國墓」。隱秀庵僧百成，予宗人也，謂予曰：「子既肅拜公墓，曷爲文以紀之，其麗牲之石，吾當謀之，以爲山中之重。」嗚呼！荒山野冢，非有石麟、辟邪、翁仲之儀也，非有墓田、丙舍之寄也，然則百成之惓惓于此，其亦重可感也。予乃博考唐魯二王野乘，參之明史，折衷於茂滋所述，論定其異同，以爲公碑。

（下略）

〔一〕雍正四年，時謝山年廿二。

明太傅大學士張公神道碑側記

唐顔太師撰宰相宋廣平公神道碑，別有神道碑側記，蓋即碑陰一種，補碑中所未及者也。予撰張太傅〔一〕碑既畢，隱秀庵僧百成，以蘇儀部從公而死，雖其事已見於碑中，而未得其詳，請更記之。予乃援廣平神道碑之例，略序一通，附於其側。

〔一〕張肯堂。

蘇儀部，諱兆人〔一〕，字寅侯，南直隸蘇州府吴江縣人也。諸生，少師事太傅。江南失守，亡命海上。太傅相於翁洲，薦授中書舍人，尋晉儀部主事。嘗謂太傅曰：「先生他日必死國事，兆人當爲先驅。」時江陰黄公介子殉節，或傳其獄中詩至翁，太傅和之曰：「生死蜉蝣一瞬過，於今踵頂正堪摩。三年碧釀千秋血，方寸丹排萬丈魔。比宿定知親日月，騎鯨猶覺劫風波。六旬往矣聊乘化，無事空嗟老去何。」儀部亦和之曰：「人生若寄易爲過，忠孝家傳舊揣摩。不改衣冠可爲士，誤移頭面即成魔。浮雲過我空諸境，止水澄心定衆波。就義從容古所尚，浩然正氣去如何。」吴尚書稚山〔二〕以下皆和之。當時海上諸臣，晨夕聚首，惟以一死相期而已。及翁陷，賦絶命詞曰：「保髮嚴□□〔三〕，扶明一死生。孤忠惟自許，義重此身輕。」書之衣上，先拜太傅曰：「兆人行矣。」即縊於雪交亭下。太傅拜且哭，以酒酹而後縊。鄞户部郎董守諭作翁洲七哀詩，其第一首爲太傅，第七首即儀部也。

〔一〕蘇兆人，順治八年卒。

〔二〕吴鍾巒。

〔三〕空圍爲「夷夏」二字。

嗚呼！太傅於甲申以前，已至開府，負天下重望，不死固無以見魯衛之士。儀部甫受一命於荒朝，舍生恐後，其有光於師門，不亦大乎？且太傅斷無不死之理，而儀部若惟恐其不決者，而以身先之，較之生祭文山者更苦。洛伽山水清佳，儀部長隨太傅翺翔其間。在昔文山幕府如趙時賞、杜滸輩，同室同穴，生死相從者，鮮矣。此可以爲太傅師弟淵源之欒事也。

鮚埼亭集批注　前集卷十一

碑銘六

梨洲先生神道碑文〔一〕

康熙三十四年，歲在乙亥，七月初三日，姚江黄公卒。其子百家爲之行略，以求埏道之文於門生鄭高州梁，而不果作，既又屬之朱檢討彝尊，亦未就，迄今四十餘年無墓碑。然予讀行略中，固嗛嗛多未盡者，蓋當時尚不免有所嫌諱也。公之理學文章，聖祖仁皇帝知之，固當炳炳百世。特是公生平事實甚繁，世之稱之者，不過曰始爲黨錮，後爲遺逸。而中間陵谷崎嶇，起軍、乞師、從亡諸大案，有爲史氏所不詳者，今已再易世，又幸逢聖天子蕩然盡除文字之忌，使不亟爲表章，且日就湮晦。乃因公孫千人之請，捃摭公遺書，參以行略，爲文一通，使歸勒之麗牲之石，并以爲上史局之張本。公之卒也，及門私謚之曰文孝。予謂私謚非古，乃温公所不欲加之横渠者，恐非公意，故弗稱。而公所歷殘明之官，則不必隱。

近觀明史，於乙酉後諸臣，未嘗不援炎興之例大書也。

〔一〕黄宗羲，續甬上詩卅八、類徵儒行十。

公諱宗羲，字太沖，海内稱爲梨洲先生，浙江紹興府餘姚縣黄竹浦人也。忠端公尊素長子，太夫人姚氏。其王父以上世系，詳見忠端公墓銘中。公垂髫讀書，即不瑣守章句。年十四補諸生，隨學京邸，忠端公課以舉業，公弗甚留意也。每夜分秉燭觀書，不及經藝。忠端公爲楊、左同志，逆奄勢日張，諸公昕夕過從，屏左右論時事。或密封急至，獨公侍側，益得盡知朝局清流、濁流之分。忠端公死詔獄，門户黤𪑯，而公奉養王父以孝聞。夜讀書畢，嗚嗚然哭，顧不令太夫人知也。莊烈即位，公年十九，袖長錐，草疏入京頌冤，至則逆奄已磔。有詔死奄難者，贈官三品，予祭葬，祖父如所贈官，蔭子。公既謝恩，即疏請誅曹欽程、李實。忠端之削籍，由欽程奉奄旨論劾，李實則成丙寅之禍者也。得旨，刑部作速究問。五月，會訊許顯純、崔應元，公對簿，出所袖錐錐顯純，流血蔽體。顯純自訴爲孝定皇后外甥，律有議親之條。公謂顯純與奄搆難，忠良盡死其手，當與謀逆同科。夫謀逆，則以親王高煦尚不免誅，况皇后之外親。卒論二人斬，妻子流徙。公又毆應元胸，拔其鬚，歸而祭之忠端公神主前。又與吳江周延祚、光山夏承共錐牢子葉咨、顏文仲，應時而斃。時欽程已入逆案。六月，李實辨原疏不自己出，忠賢取其印信空本，令李永貞填之，故墨在硃上。又陰致三千金於公，求弗質，公即奏之，謂實當今日猶能賄賂公行，其所辨豈足信。復於對簿時以錐錐之。然丙寅之禍，確由永貞填寫空本，故永貞論死，而實末減。獄竟，偕同難諸子弟設祭於詔獄中門，哭聲如雷，聞於禁中。莊烈知而歎曰：「忠臣孤子，甚惻朕懷！」

既歸，治忠端公葬事畢，肆力於學。忠端公之被逮也，謂公曰：「學者不可不通知史事，可讀獻徵録。」公遂自明十三朝實録，上溯二十一史，靡不究心，而歸宿於諸經。既治經，則旁求之九流百家，於書無所不窺者。憤科舉之學錮人生平，思所以變之。既盡發家藏書讀之，不足，則抄之同里世學樓鈕氏、澹生堂祁氏，南中則千頃齋黄氏，吳中則絳雲樓□氏〔一〕。窮年搜討，游屐所至，遍歷通衢委巷，搜鬻故書，薄暮，一童肩負而返，乘夜丹鉛，次日復出，率以爲常。是時山陰劉忠介公倡道蕺山，忠端公遺命令公從之游。而越中承海門周氏之緒餘，援儒入釋，石梁陶氏奭齡爲之魁，傳其學者沈國模、管宗聖、史孝咸、王朝式輩，鼓動狂瀾，翕然從之。姚江之緒，至是大壞，忠介憂之，未有以爲計也。公之及門，年尚少，奮然起曰：「是何言與！」乃約吳越中高材生六十餘人，共侍講席，力摧其說，惡言不及於耳。故蕺山弟子如祁、章諸公，皆以名德重，而四友禦侮之助，莫如公者。蕺山之學，專言心性，而漳浦黄忠烈公兼及象數，當是時擬之程、邵兩家。公曰：「是開物成務之學也。」乃出其所窮律曆諸家相疏證，亦多不謀而合。一時老宿，聞公名者，競延致之相折衷。經學則何太僕天玉，史學則□侍郎□□〔二〕，莫不傾筐倒庋而返。因建續抄堂於南雷，思承東發之緒。閣學文文肅公〔三〕嘗見公行卷，曰：「是當以大著作名世者。」都御史方公孩未〔四〕亦曰：「是真古文種子也。」有弟宗炎字晦木，宗會字澤望，並負異才，公自教之，不數年皆大有聲，於是儒林有「東浙三黄」之目。

〔一〕空圍爲「錢」字。
〔二〕空圍爲「錢」、「謙益」。
〔三〕文震孟。
〔四〕方震孺。

方奄黨之錮也，東林桴鼓復盛，慈谿馮都御史元飏兄弟，浙東領袖也，月旦之評，待公而定。而蹦時中官復用事，於是逆案中人，彈冠共冀然灰。在廷諸臣或薦霍維華，或薦吕純如，或請復涿州冠帶。陽羡出山，已特起馬士英爲鳳督，以爲援阮大鋮之漸。即東林中人如常熟，亦以退閑日久，思相附和。獨南中太學諸生，居然以東都清議自持，出而厄之。乃以大鋮觀望南中，作南都防亂揭。宜興陳公子貞慧、寧國沈徵君壽民、貴池吴秀才應箕、蕪湖沈上舍士柱共議：以東林子弟推無錫顧端文公之孫杲居首，天啟被難諸家推公居首，其餘以次列名。大鋮恨之刺骨，戊寅秋七月事也〔一〕。薦紳則金壇周儀部鑣實主之。説者謂莊烈帝十七年中善政，莫大於堅持逆案之定力，而太學清議，亦足以寒奸人之膽，使人主聞之，其防閑愈固，則是揭之功不爲不鉅。壬午，入京，陽羨欲薦公以爲中書舍人，力辭不就。一日遊市中，聞鐸聲，曰：「非吉聲也。」遽南下。已而大兵果入口。

〔一〕崇十一。

甲申難作，大鋮驟起南中，遂案揭中一百四十人姓氏，欲盡殺之。時公方之南中，上書闕下而禍作。公里中有奄黨，首糾劉忠介公，并及其三大弟子，則祁都御史彪佳、章給事正宸與公也。祁、章尚列名仕籍，而公以朝不坐、燕不與之身，挂於彈事，聞者駭之。繼而里中奄黨徐大化姪官光禄丞者，復疏糾，遂與杲並逮。太夫人歎曰：「章妻滂母乃萃吾一身耶？」貞慧亦逮至，鑣論死，壽民、應箕、士柱亡命，而桐城左氏兄弟入寧南軍。晉陽之甲，雖良玉自爲避流賊計，然大鋮以爲揭中人所爲也。公等惴惴不保，駕帖尚未出而大兵至，得免。

南中歸命，公踉蹌歸浙東，則劉公已死節，門弟子多殉之者。而孫公嘉績、熊公汝霖以一旅之師，畫江而守。公糾合黄竹浦子弟數百人，隨諸軍於江上，江上人呼之曰「世忠營」。公請援李泌客從之義，以布衣參軍。不許，授職方。尋以柯公夏卿與孫公等交舉薦，改監察御史，仍兼職方。方、王跋扈，諸亂兵因之，總兵陳梧自嘉興之乍浦浮海至餘姚，大掠。王職方正中方行縣事，集民兵擊殺之，亂兵大噪。有欲罷正中以安諸營者，公曰：「借喪亂以濟其私，致干衆怒，是賊也。正中守土，即當爲國保民，何罪之有。」監國是之。尋以公所作監國魯元年大統曆頒之浙東。馬士英在方國安營，欲入朝，朝臣皆言其當殺。熊公汝霖恐其挾國安以爲患也，好言曰：「此非殺士英時也，宜使其立功自贖耳。」公曰：「諸臣力不能殺耳。春秋之孔子，豈能加於陳恒，但不得謂其不當殺也。」熊公謝焉。又遺書王之仁曰：「諸公何不沉舟決戰，由赭山直趨浙西，而日於江上放船鳴鼓，攻其有備，蓋意在自守也。蕞爾三府以供十萬之衆，北兵即不發一矢，一年之後，恐不能支，何守之爲？」又曰：「崇明，江海之門户，曷以兵擾之，亦足分江上之勢。」聞者皆是公言，而不能用。張國柱之浮海至也，諸營大震。廷議欲封以伯，公言於孫公嘉績曰：「如此，則益横矣，何以待後？

請署爲將軍。」從之。公當搶攘之際，持議嶽嶽，悍帥亦懾於義，不敢有加。自公力陳西渡之策，惟熊公嘗再以所部西行，攻下海鹽，軍弱不能前進而返。至是，孫公嘉績以所部火攻營卒盡付公，公與王正中合軍，得三千人。正中者，之仁從子也，其人以忠義自奮，公深結之，使之仁不以私意撓軍事。故孫、熊、錢、沈諸督師，皆不得支餉，而正中與公二營獨不乏食。查職方繼佐軍亂，披髮走公營，巽於牀下。公呼其兵，責而定之，因爲繼佐治舟，使同西行。遂渡海，劄潭山，烽火遍浙西。太僕寺卿陳潛夫以軍同行，而尚寶司卿朱大定、兵部主事吴乃武等皆來會師，議由海寧以取海鹽。因入太湖招吴中豪傑，百里之内，牛酒日至，軍容甚整，直抵乍浦。公約崇德義士孫奭〔一〕等爲内應，會大兵已纂嚴，不得前，於是復議再舉，而江上已潰。按是役也，正中實以敗歸，公爲正中墓表，不無溢美，予考正之，不敢失其實也。公遽歸，入四明山結寨自固，餘兵願從者尚五百餘人。公駐軍杖錫寺，微服潛出，欲訪監國消息，爲扈從計。戒部下善與山民相結，部下不能盡遵節制，山民畏禍，潛焚其寨，部將茅翰、汪涵死之。公無所歸，於是姚江跡捕之檄累下。公以子弟走入剡中。

〔一〕應爲孫爽，字子度。

己丑，聞監國在海上，乃與都御史方端士赴之，晉左僉都御史，再晉左副都御史。時方發使拜山寨諸營官爵，公言諸營之强，莫如王翊。其乃心王室，亦莫如翊。諸營文臣輒自稱都御史、侍郎，武臣自稱都督，其不自張大，亦莫如翊。宜優其爵，使之總臨諸營，以捍海上。朝臣皆以爲然，定西侯張名振弗善也。俄而大兵圍健跳，城中危甚，置靴刀以待命，蕩湖救至，得免。時諸帥之悍，甚於方、王，文臣稍異同其間，立致禍：如熊公汝霖以非命死，劉公中藻以失援死，錢公肅樂以憂死。公既失兵，日與尚書吴公鍾巒坐船中，正襟講學，暇則注授時、泰西、回回三曆而已。

公之從亡也，太夫人尚居故里，而中朝詔下，以勝國遺臣不順命者，録其家口以聞。公聞而歎曰：「主上以忠臣之後仗我，我所以棲棲不忍去也。今方寸亂矣，吾不能爲姜伯約矣。」乃陳情監國，得請，變姓名，間行歸家。公之歸也，吴公棹三板船送之二十里外，嗚咽濤中。

是年，監國由健跳至翁洲，復召公副馮公京第乞師日本，抵長埼，不得請，公爲賦式微之章，以感將士。是馮公第二次乞師事。公既自桑海中來，杜門匿景，東遷西徙，靡有寧居。而是時大帥治浙東，凡得名籍與海上有連者，即行翦除。公於海上，位在列卿，江湖俠客多來投止，而馮侍郎京第等結寨杜嶴，即公舊部，風波震撼，齮齕日至。當事以馮、王二侍郎與公名，並懸象魏。又有上變於大帥者，以公爲首，而公猶挾帛書，欲招婺中鎮將以南援。時方搜勦沿海諸寨之竊伏與海上相首尾者，山寨諸公相繼死。公弟宗炎首以馮侍郎交通有狀，被縛。刑有日矣，公潛至鄞，以計脱之。辛卯夏秋之交〔一〕，公遣間使入海告警，令爲之備，而不克。甲午〔二〕，定西侯間使至，被執于天台，又連捕公。丙申〔三〕，慈水寨主沈爾緒禍作，亦以公爲首。其得以不死者，皆有天幸，而公不爲之懾也。熊公汝霖夫人將逮入燕，公爲調護而脱之。

〔一〕辛卯，順八。
〔二〕甲午，順十一。
〔三〕丙申，順十三。

其後海氛漸滅，公無復望，乃奉太夫人返里門，于是始畢力於著述，而四方請業之士漸至矣。公嘗自謂受業蕺山時，頗喜爲氣節斬斬一流，又不免牽纏科舉之習，所得尚淺。患難之餘，始多深造，於是胸中窒礙爲之盡釋，而追恨爲過時之學。蓋公不以少年之功自足也。問學者既多，丁未〔一〕，復舉證人書院之會於越中，以申蕺山之緒。已而東之鄞，西之海寧，皆請主講，大江南北從者駢集，守令亦或與會。已而撫軍張公以下，皆請公開講，公不得已應之，而非其志也。公謂明人講學，襲語録之糟粕，不以六經爲根柢，束書而從事於遊談，故受業者必先窮經。經術所以經世，方不爲迂儒之學，故兼令讀史。又謂讀書不多，無以證斯理之變化，多而不求於心，則爲俗學，故凡受公之教者，不墮講學之流弊。公以濂洛之統，綜會諸家：横渠之禮教，康節之數學，東萊之文獻，艮齋、止齋之經制，水心之文章，莫不旁推交通，連珠合璧，自來儒林所未有也。

〔一〕丁未，康六。

康熙戊午〔一〕，詔徵博學鴻儒。掌院學士葉公方藹先以詩寄公，從臾就道。公次其韻，勉其承莊渠魏氏之絶學，而告以不出之意。葉公商於公門人陳庶常錫嘏，曰：「是將使先生爲疊山、九靈之殺身也。」而葉公已面奏御前。錫嘏聞之大驚，再往辭，葉公乃止。未幾，又有詔以葉公與同院學士徐公元文監修明史。徐公以爲公非能召使就試者，然或可聘之修史，乃與前大理評事興化李公□同徵〔二〕，詔督撫以禮敦遺。公以母既耄期，已亦老病爲辭。葉公知必不可致，因請詔下浙中督撫抄公所著書關史事者，送入京。徐公延公子百家參史局，又徵鄞萬處士斯同、萬明經言同修，皆公門人也。公以書答徐公，戲之曰：「昔聞首陽山二老托孤於尚父，遂得三年食薇，顏色不壞。今吾遣子從公，可以置我矣。」是時聖祖仁皇帝純心正學，表章儒術不遺餘力，大臣亦多躬行君子。廟堂之上，鐘呂相宣，顧皆以不能致公爲恨。左都御史魏公象樞曰：「吾生平願見而不得者三人：夏峰、梨洲、二曲也。」工部尚書湯公斌曰：「黄先生論學，如大禹導水導山，脈絡分明，吾黨之斗杓也。」刑部侍郎鄭公重曰：「今南望有姚江，西望有二曲，足以昭道術之盛。」兵部侍郎許公三禮，前知海寧，從受三易洞璣，及官京師，尚歲貽書問學。庚午，刑部尚書徐公乾學因侍直，上訪及遺獻，復以公對，且言：「曾經臣弟元文奏薦，老不能來。此外更無其倫。」上曰：「可召之京，朕不授以事，如欲歸，當遣官送之。」徐公對以篤老，恐無來意。上因歎得人之難如此。嗚呼！公爲勝國遺臣，蓋瀕九死之餘，乃卒以大儒耆年，受知當宁，又終保完節，不可謂非貞元之運護之矣。

〔一〕戊午，康十七。「康熙」二字應移上文「丁未」上。

〔二〕空圍爲「清」字。

公於戊辰冬〔一〕，已自營生壙於忠端墓旁，中置石牀，不用棺槨。子弟疑之，公作葬制或問一篇，援趙邠卿、陳希夷例，戒身後無得違命。公自以身遭國家之變，期於速朽，而不欲顯言其故也。公雖年逾八十，著書不輟。乙亥之秋〔二〕，寢疾數日而殁。遺命一被一褥，即以所服角巾深衣殮，得年八十有六，遂不棺而葬。妻葉氏，封淑人，廣西按察使憲祖女也。三子：長百藥，取李氏，繼娶柳氏；次正誼，娶孫氏，閣部忠襄公嘉績孫女，户部尚書延齡女，繼虞氏；次百家〔三〕，聘王氏，侍郎翊女，未笄殉節，娶孫氏；百藥、正誼皆先公卒。女三：長適朱朴；次適劉忠介公孫茂林，忠端被逮，忠介送之，豫訂爲姻者也；次適朱沅。孫男六，千人其季也。孫女四。公所著有明儒學案六十二卷，有明三百年儒林之藪也。經術則易學象數論六卷，力辨河洛方位圖説之非，而遍及諸家，以其依附於易似是而非者爲内編，以其顯背於易而擬作者爲外編。授書隨筆一卷，則淮安閻徵君若璩問尚書而告之者。春秋日食曆一卷，辨衛樸所言之謬。律吕新義二卷，公少時嘗取餘杭竹管肉好停勻者，斷之爲十二律與四清聲試之，因廣其説者也。又以蕺山有論語、大學、中庸諸解，獨少孟子，乃疏爲孟子師説四卷。史學則公嘗欲重修宋史而未就，僅存叢目補遺三卷。輯明史案二百四十四卷，有弘光紀年一卷，隆武紀年一卷，永曆紀年一卷，魯紀年一卷，贛州失事紀一卷，紹武爭立紀一卷，四明山寨紀一卷，海外慟哭紀一卷，日本乞師紀一卷，舟山興廢一卷，沙定洲紀亂一卷，賜姓本末一卷。又有汰存録一卷，糾夏考功幸存録者也。曆學則公少有神悟，及在海島，古松流水，布算簌簌。嘗言勾股之術，乃周公、商高之遺，而後人失之，使西人得以竊其傳。有授時曆故一卷，大統曆推法一卷，授時曆假如一卷，西曆、回曆假如各一卷，外尚有氣運算法、勾股圖説、開方命算、測圜要義諸書，共若干卷。行略尚有玄珠密語，其實非公所作。其後，梅徵君文鼎本周髀言曆，世鷩以爲不傳之秘，而不知公實開之。文集則南雷文案十卷，外集一卷，吾悔集四卷，撰杖集四卷，蜀山集四卷，子劉子行狀二卷，詩歷四卷，忠端祠中神絃曲一卷。後又分爲南雷文定，凡五集，晚年又定爲南雷文約，今合之得四十卷。明夷待訪録二卷、留書一卷，則佐王之略，崑山顧先生炎武見而歎曰：「三代之治可復也！」思舊録二卷，追溯山陽舊侣，而其中多庀史之文。公又選明三百年之文爲明文案，其後廣之爲明文海，共四百八十二卷，自言與十五朝國史，多彈駁參正者。而别屬李隱君鄴嗣爲明詩案。隱君之書未成而卒。晚年，於明儒學案外，又輯宋儒學案、元儒學案，以志七百年來儒苑門户。於明文案外，又輯續宋文鑑、元文抄，以補吕、蘇二家之闕，尚未成編而卒。又以蔡正甫之書不傳，作今水經。其餘四明山誌、台宕紀游、匡廬游録、姚江逸詩、姚江文略、姚江瑣事、補唐詩人傳、病榻隨筆、黄氏宗譜、黄氏喪制及自著年譜諸書，共若干卷。

〔一〕戊辰，康廿七。

〔二〕乙亥，康卅四。
〔三〕百家本字正誼，因託人援例，其人誤以百家、正誼爲二，乃改名。

公之論文，以爲唐以前句短，唐以後句長；唐以前字華，唐以後字質；唐以前如高山深谷，唐以後如平原曠野。故自唐以後爲一大變，然而文之美惡不與焉，其所變者詞而已。其所不可變者，雖千古如一日也。此足以掃盡近人規橅字句之陋，故公之文不名一家。晚年忽愛謝皋羽之文，以其所處之地同也。公雖不赴徵書，而史局大案，必咨於公：本紀則削去誠意伯撤座之説，以太祖實奉韓氏者也。曆志出於吴檢討任臣之手，總裁千里貽書，乞公審正，而後定其論。宋史别立道學傳爲元儒之陋，明史不當仍其例，時朱檢討彝尊方有此議，湯公斌出公書以示衆，遂去之。其於講學諸公，辨康齋無與弟訟田之事，白沙無張蓋出都之事，一洗昔人之誣。黨禍則謂鄭鄤杖母之非真，寇禍則謂洪承疇殺賊之多誕。至於死忠之籍，尤多確核，如奄難則丁乾學以牖死，甲申則陳純德以俘戮死，南中之難則張捷、楊維垣以逃竄死。史局依之，資筆削焉。地志亦多取公今水經爲考證。蓋自漢、唐以來大儒，惟劉向著述，强半登於班史：如三統曆入曆志，鴻範傳入五行志，七略入藝文志，其所續史記，散入諸傳，列女傳雖未録，亦爲范史所祖述。而公于二千年後，起而繼之。公多碑版之文，其於國難諸公表章尤力。至遺老之以軍持自晦者，久之或嗣法上堂。公曰：「是不甘爲異姓之臣者，反甘爲異姓之子也。」故其所許者，祇吾鄉周囊雲一人。公弟宗會，晚年亦好佛，公爲之反覆言其不可。蓋公於異端之學，雖其有託而逃者，猶不肯少寬焉。初在南京社會，歸德侯朝宗每食必以妓侑，公曰：「朝宗之尊人尚書尚在獄中，而燕樂至此乎？吾輩不言，是損友也。」或曰：「朝宗賦性不耐寂寞。」公曰：「夫人而不耐寂寞，則亦何所不至矣。」時皆歎爲名言。及選明文，或謂朝宗不當復豫其中，公曰：「姚孝錫嘗仕金，遺山終置之南冠之列，不以爲金人者，原其心也。夫朝宗亦若是矣。」乃知公之論人嚴，而未嘗不恕也。紹興知府李鐸以鄉飲大賓請，公曰：「吾辭聖天子之召，以老病也。貪其養而爲賓，可哉？」卒辭之。

公晚年益好聚書，所抄自鄞之天一閣范氏、歙之叢桂堂鄭氏、禾中倦圃曹氏，最後則吴之傳是樓徐氏。然嘗戒學者曰：「當以書明心，無玩物喪志也。」當事之豫於聽講者，則曰：「諸公愛民盡職，即時習之學也。」身後，故廬一水一火，遺書蕩然，諸孫僅以耕讀自給。乾隆丙辰，千人來京師，語及先澤，爲悵然久之。今大理寺卿休寧汪公漋，鄭高州門生也，督學浙中，爲置祀田，以守其墓。高州之子性，又立祠於家，春秋仲丁祭以少牢，而葺其遺書於祠中，因屬予曰：「先人既没，知黄氏之學者，吾子而已。」予乃爲之銘曰：

魯國而儒者一人，殉其爲甘陵之黨籍，厓海之孤臣。寒芒熠熠，南雷之村。更億萬年，吾銘不泯。

公有日本乞師紀，但載馮侍郎奉使始末，而于己無豫，諸家亦未有言公曾東行者，乃避地賦則有曰：「歷長埼與薩斯瑪兮，方粉飾夫隆平。招商人以書舶兮，七昱緣於東京。予既惡其汏侈兮，日者亦言帝殺夫青龍。返旆而西行兮，胡爲乎泥中。」則是公嘗偕馮以行，而後諱之，顧略見其事於賦。予以問公孫千人，亦愕然不知也。事經百年，始考得之。

鮚埼亭集批注　前集卷十二

碑銘七

亭林先生神道表〔一〕

顧氏世爲江東四姓之一，五代時由吴郡徙徐州，南宋時遷海門，已而復歸於吴，遂爲崑山縣之花浦村人。其達者，始自明正德間，曰工科給事中、廣東按察使司僉事溱及刑科給事中濟。刑科生兵部侍郎章志。侍郎生左贊善紹芳及國子生紹芾。贊善生官蔭生同應，同應之仲子曰絳，即先生也。紹芾生同吉，早卒，聘王氏，未婚守節，以先生爲之後。

〔一〕顧炎武。小腆紀傳五三，類徵儒行六。文中叙事歲月與亭林集頗多異同。

先生字曰寧人，乙酉改名炎武，亦或自署曰蔣山傭，學者稱爲亭林先生。少落落有大志，不與人苟同，耿介絶俗。其雙瞳子中白而邊黑，見者異之。最與里中歸莊相善，共遊復社，相傳有「歸奇顧怪」之目。於書無所不窺，尤留心經世之學。其時四國多虞，太息天下乏材，以至敗壞。自崇禎己卯〔一〕後，歷覽二十一史、十三朝實録、天下圖經、前輩文編、説部，以至公移、邸抄之類，有關於民生之利害者，隨録之，旁推互證，務質之今日所可行，而不爲泥古之空言，曰天下郡國利病書。然猶未敢自信，其後周流西北且二十年，遍行邊塞亭障，無不了了而始成。其別有一編曰肇域志，則考索利病之餘，合圖經而成者。予觀宋乾、淳諸老，以經世自命者，莫如薛艮齋，而王道夫、倪石林繼之，葉水心尤精悍，然當南北分裂，聞而得之者多於見，若陳同甫則皆欺人無實之大言。故永嘉、永康之學，皆未甚粹，未有若先生之探原竟委，言言可以見之施行，又一稟於王道，而不少參以功利之説者也。最精韻學，能據遺經以正六朝、唐人之失，據唐人以正宋人之失，欲追復三代以來之音，分部正帙，而究其所以不同，以知古今音學之變，其自吴才老而下廓如也，則有曰音學五書。性喜金石之文，到處即蒐訪，謂其在漢唐以前者足與古經相參考，唐以後者亦足與諸史相證明，蓋自歐、趙、洪、王後，未有若先生之精者，則有曰金石文字記。晚益篤志六經，謂古今安得別有所謂理學者，經學即理學也。自有舍經學以言理學者，而邪説以起，不知舍經學則其所謂理學者，禪學也。故其本朱子之説，參之以慈谿黄東發日抄，所以歸咎於上蔡、横浦、象山者甚峻。於同時諸公，雖以苦節推百泉、二曲，以經世之學推梨洲，而論學則皆不合，其書曰下學指南。或疑其言太過，是固非吾輩所敢遽定；然其謂經學即理學，則名言也。而日知録三十卷，尤爲先生終身精詣之書，凡經史之粹言具在焉。蓋先生書尚多，予不悉詳，但詳其平生學業之所最重者。

〔一〕崇十二。

初，太安人王氏之守節也，養先生於襁保中。太安人最孝，嘗斷指以療君姑之疾。崇禎九年，直指王一鶚請旌於朝，報可。乙酉之夏，太安人六十，避兵常熟之郊，謂先生曰：「我雖婦人哉，然受國恩矣。果有大故，我則死之。」於是先生方應崑山令楊永言之辟，與嘉定諸生吴其沆及歸莊共起兵，奉故鄖撫王永祚以從夏文忠公於吴。江東授公兵部司務，事既不克，永言行遁去，其沆死之，先生與莊幸得脱。而太安人遂不食卒，遺言後人莫事二姓。次年〔一〕，閩中使至，以職方郎召，欲與族父延安推官咸正赴之，念太安人尚未葬，不果。次年〔二〕，幾豫吴勝兆之禍，更欲赴海上，道梗不前。

〔一〕丙戌，順三。

〔二〕丁亥，順四。

先生雖世籍江南，顧其姿稟頗不類吴會人，以是不爲鄉里所喜，而先生亦甚厭帬屐浮華之習，嘗言：「古之疑衆者，行僞而堅。今之疑衆者，行僞而脆，了不足恃。」既抱故國之戚，焦原毒浪，日無寧晷。庚寅〔一〕，有怨家欲陷之，乃變衣冠作商賈，遊京口，又遊禾中。次年〔二〕，之舊都，拜謁孝陵，癸巳〔三〕再謁，是冬又謁而圖焉。次年〔四〕，遂僑居神烈山下，遍遊沿江一帶，以觀舊都畿輔之勝。顧氏有三世僕曰陸恩，見先生日出遊，家中落，叛投里豪〔五〕。丁酉〔六〕，先生四謁孝陵歸，持之急，乃欲告先生通海。先生亟往禽之，數其罪，湛之水。僕婿復投里豪〔七〕，以千金賄太守，求殺先生，不繫訟曹而即繫之奴之家，危甚。獄日急，有爲先生求救於□□者〔八〕，□□欲先生自稱門下而後許之。其人知先生必不可，而懼失□□之援，乃私自書一刺以與之。先生聞之，急索刺還不得，列揭於通衢以自白，□□亦笑曰：「寧人之卞也。」曲周路舍人澤溥者，故相文貞公振飛子也〔九〕，僑居洞庭之東山，識兵備使者，乃爲愬之，始得移訊松江而事解。於是先生浩然有去志，五謁孝陵，始東行，墾田於章丘之長白山下以自給。戊戌〔十〕，遍遊北都諸畿甸，直抵山海關外，以觀大東。歸至昌平，拜謁長陵以下，圖而記之。次年〔十一〕，再謁。既而念江南山水有未盡者，復歸，六謁孝陵，東遊直至會稽。次年〔十二〕，復北謁思陵，由太原、大同以入關中，直至榆林。是年浙中史禍作，先生之故人吴、潘二子死之，先生又幸而脱。甲辰〔十三〕，四謁思陵，事畢，墾田於雁門之北，五臺之東。初，先生之居東也，以其地溼，不欲久留，每言馬伏波、田疇皆從塞上立業，欲居代北，嘗曰：「使吾澤中有牛羊千，則江南不足懷也。」然又苦其地寒，乃但經營創始，使門人輩司之，而身出遊。丁未〔十四〕，之淮上，次年〔十五〕自山東入京師。萊之黄氏有奴告其主所作詩者，多株連，自以爲得，乃以吴人陳濟生所輯忠義録指爲先生所作〔十六〕，首之。書中有名者三百餘人，先生在京聞之，馳赴山東，自請勘。訟繫半年，富平李因篤自京師爲告急於有力者，親至歷下解之，獄始白。復入京師，五謁思陵。自是，還往河北諸邊塞者幾十年。丁巳〔十七〕，六謁思陵，始卜居陜之華陰。

〔一〕順七。

〔二〕辛卯，順八。

〔三〕順十。

〔四〕甲午，順十一。

〔五〕陸恩事在乙未，詩集可據。

〔六〕順十四。

〔七〕里豪謂葉嵋初。歸玄恭有書與葉，詆之甚力，見望雲慶帖。

〔八〕空圍爲「牧齋」。以下三處空圍同。

〔九〕路振飛，明史二七六。

〔十〕順十五。

〔十一〕己亥，順十六。

〔十二〕庚子，順十七。

〔十三〕康三。

〔十四〕康六。

〔十五〕戊申，康七。

〔十六〕陳濟生，字定齋，又字皇士，有啓禎兩朝遺詩。亭林姊夫也。忠義録即遺詩小傳。參晚明史籍考廿。

〔十七〕康十六。

初，先生遍觀四方，其心耿耿未下，謂秦人慕經學，重處士，持清議，實他邦所少，而華陰綰轂關河之口，雖足不出户，而能見天下之人，聞天下之事。一旦有警，入山守險，不過十里之遥。若志在四方，則一出關門，亦有建瓴之便，乃定居焉。王徵君山史築齋延之。先生置五十畝田於華下，供晨夕，而東西開墾所入，别貯之，以備有事。又餌沙苑蒺藜而甘之，曰：「啖此久，不肉不茗可也。」凡先生之遊，以二馬二騾載書自隨，所至阨塞，即呼老兵退卒，詢其曲折。或與平日所聞不合，則即坊肆中發書而對勘之。或徑行平原大野，無足留意，則於鞍上嘿誦諸經注疏，偶有遺忘，則即坊肆中發書而熟復之。

方大學士孝感熊公之自任史事也，以書招先生爲助，答曰：「願以一死謝公，最下則逃之世外。」孝感懼而止。戊午〔一〕大科詔下，諸公爭欲致之，先生豫令諸門人之在京者辭曰：「刀繩具在，無速我死。」次年〔二〕，大修明史，諸公又欲特薦之，貽書葉學士訒庵，請以身殉，得免。或曰：「先生盍亦聽人一薦，薦而不出，其名愈高矣。」先生笑曰：「此所謂釣名者也。今夫婦人之失所天也，從一而終，之死靡慝，其心豈欲見知於人。若曰盍亦令人强委禽焉，而力拒之以明節，則吾未之聞矣。」華下諸生請講學，謝之曰：「近日二曲亦徒以講學故得名，遂招逼迫，幾致凶死。雖曰威武不屈，然而名之爲累則已甚矣。又況東林覆轍，有進於此者乎？」有求文者，告之曰：「文不關於經術、政理之大，不足爲也。韓文公起八代衰，若但作原道、諫佛骨表、平淮西碑、張中丞傳後叙諸篇，而一切諛墓之文不作，豈不誠山斗乎？今猶未也。」其論爲學，則曰：「諸君關學之餘也，横渠、藍田之教，以禮爲先。孔子嘗言『博我以文，約之以禮』，而劉康公亦云『民受天地之中以生，所謂命也，是以有動作禮義威儀之則以定命』。然則君子爲學，舍禮何由？近來講學之師，專以聚徒立幟爲心，而其教不肅，方將賦茅鴟之不暇，何問其餘。」尋以己未春出關，觀伊洛，歷嵩少，曰：「五嶽遊其四矣。」會年饑，不欲久留，渡河至代北，復還華下。

〔一〕康十七。

〔二〕康十八。

先生既負用世之略，不得一遂，而所至每小試之，墾田度地，累致千金，故隨寓即饒足。徐尚書乾學兄弟，甥也，當其未遇，先生振其乏，至是鼎貴，爲東南人士宗，四方從之者如雲，累書迎先生南歸，願以別業居之，且爲買田以養，皆不至。或叩之，答曰：「昔歲孤生，飄摇風雨，今兹親串，崛起雲霄，思歸尼父之轅，恐近伯鸞之竈。且天仍夢夢，世尚滔滔，猶吾大夫，未見君子，徘徊渭川，以畢餘年，足矣。」

庚申〔一〕，其安人卒於崑山，寄詩挽之而已。次年，卒於華陰，無子，徐尚書爲立從孫洪慎以承其祀，年六十九〔二〕。門人奉喪歸葬崑山之千墩。高弟吴江潘耒收其遺書，序而行之，又別輯亭林詩文集十卷，而日知録最盛傳。歷年漸遠，讀先生之書者雖多，而能言其大節者已罕，且有不知而妄爲立傳者，以先生爲長洲人〔三〕，可哂也。徐尚書之冢孫涵持節粤中，數千里貽書以表見屬。予沈吟久之，及讀王高士不庵之言曰：「寧人身負沈痛，思大揭其親之志於天下，奔走流離，老而無子，其幽隱莫發。數十年靡訴之衷，曾不得快然一吐，而使後起少年，推以多聞博學，其辱已甚。安得不掉首故鄉，甘於客死，噫，可痛也！」斯言也，其足以表先生之墓矣夫。其銘曰：

先生兀兀，佐王之學。雲雷經綸，以屯被縛。渺然高風，寥天一鶴。重泉拜母，庶無愧怍。

〔一〕康十九。

〔二〕康廿一卒於曲沃，年七十。

〔三〕三原劉紹攽刻其所著九畹古文，中有顧寧人先生傳，以爲長洲人。榕村集顧寧人小傳亦以爲長洲人。

二曲先生窆石文〔一〕

慈谿鄭義門西遊〔二〕，拜於二曲先生之墓曰：「吾不及登其門也夫。」因願爲之碑其墓，而屬予以文。予曰：「夫不有豐川〔三〕諸高弟之作乎？」義門曰：「吾以爲未盡也，異日國史將取徵焉，子其更爲之。」惟予豈足以知先生之學，而義門之睠睠，則固古人之意，不敢辭。

〔一〕李顒，類徵儒行十二。

〔二〕鄭性。

〔三〕王豐川，名心敬，字尔緝，鄠縣人。

按先生姓李氏，諱容〔一〕，字中孚，其别署曰二曲、土室病夫，學者因稱之爲二曲先生，西安之盩厔縣人也。其先世無達者。父可從，字信吾，烈士也，以壯武從軍爲材官。崇禎壬午，督師汪公喬年討賊，信吾從監紀孫兆禄以行。時賊勢已大張，官軍累敗，信吾臨發，抉一齒與其婦彭孺人曰：「戰危事，如不捷，吾當委骨沙場，子其善教兒矣。」中途三寄書，以先生爲念。當是時，先生甫十有六歲，家貧甚。督師竟敗，死之，監紀亦死之，信吾衛監紀不克，亦死之。五十〔二〕餘人盡没。彭孺人聞報，欲以身殉，先生哭曰：「母殉父固宜，然兒亦必殉母，如是則父且絶矣。」彭孺人制淚撫之，然而無以爲生，其親族謂孺人曰：「可令兒爲傭，得直以養。」或曰：「令其給事縣廷。」孺人不可，令先生從師受學，而脩脯不具，師皆謝之。彭孺人曰：「經書固在，亦何必師。」時先生已粗解文字，而孺人能言忠孝節義以督之。母子相依，或一日不再食，或連日不舉火，恬如也。但聞其教先生甚遠大，里巷間聞而哂之。乃先生果能自拔於流俗，以昌明關學爲己任。家無書，俱從人借之，其自經史子集以至二氏之書無不觀，然非以資博覽，其所自得，不滯於訓詁文義，曠然見其會通。

〔一〕刻本避嘉慶諱改。
〔二〕下文作「五千」。

其論學曰：「天下之大根本，人心而已矣。天下之大肯綮，提醒天下之人心而已矣。是故天下之治亂，由人心之邪正；人心之邪正，由學術之晦明。」嘗曰：「古今名儒倡道者，或以主敬窮理爲宗旨，或以先立乎大爲宗旨，或以心之精神，或以自然，或以復性，或以致良知，或以隨處體認，或以正修。愚則以悔過自新爲宗旨。蓋下愚之與聖人，本無以異，但氣質蔽之，物欲誘之，積而爲過。此其道在悔，知悔必改，改之必盡。夫盡，則吾之本原已復，復則聖矣。曷言乎自新？復其本原之謂也。悔過者不於其身，於其心；於其心，則必於其念之動者求之。故易曰『知幾其神』，而夫子以爲顔子其庶幾，以其有不善必知，知必改也。顔子所以能之者，由於心齋，靜極而明，則知過矣。上士之於過，知其皆由於吾心，則直向其根源剗除之，故其爲力易。中材稍難矣，然要之以靜坐觀心爲入手。靜坐，乃能知過。知過，乃能悔過。悔過，乃能改過以自新。」其論朱陸二家之學曰：「學者當先觀象山、慈湖、陽明、白沙之書，闡明心性，直指本初。熟讀之，則可以洞斯道之大源。然後取二程、朱子以及康齋、敬軒、涇野、整庵之書，玩索以盡踐履之功，收攝保任，由工夫以合本體，下學上達，内外本末，一以貫之。至於諸儒之説，醇駁相間，去短集長，當善讀之。不然，醇厚者乏通慧，穎悟者雜竺乾，不問是朱是陸，皆未能於道有得也。」於是關中士子，爭向先生問學。關學自横渠而後，三原、涇野、少墟，累作累替，至先生而復盛。

當事慕先生名，踵門求見，力辭不得，則一見之，終不報謁，曰：「庶人不可入公府也。」再至，并不復見。有餽遺者，雖十反亦不受。或曰：「交道接禮，孟子不卻，先生得無已甚？」答曰：「我輩百不能學孟子，即此一事，稍不守孟子家法，正自無害。」當事請主關中講院，先生方謀爲馮恭定公設俎豆，勉就之。既而悔曰：「合六州鐵，不足鑄此錯也。」亟去之。陝撫白君欲薦之，哀籲得免。陝學許君欲進其所著書，亦不可。然關中利害在民者，則未嘗不爲當事力言。少墟高弟隱淪，不爲世所知者，言之當事，皆表其墓以傳之。

初，彭孺人葬信吾之齒曰「齒冢」，以待身後合葬。先生累欲之襄城招魂，而以孺人老，不敢遠出，且懼傷其心。乙巳，彭孺人卒，居憂三年。庚戌，始徒步之襄城，繞城遍覓遺蜕不得，乃爲文禱於社，服斬衰，晝夜哭不絶聲，淚盡繼之以血。知襄城縣張允中聞之出迎，適館，不可，乃亦爲先生禱於社，卒不得。先生設招魂之祭，狂號。允中議爲信吾立祠，且造冢於故戰場，以慰孝子之心。知常州府駱鍾麟，前令盩厔，師事先生，至是聞已至襄城，謂祠事未能旦夕竣，請先生南下謁道南書院，以發顧高諸公遺書，且講學以慰東林學者之望。先生赴之，來聽講者雲集。凡開講於無錫，於江陰，於靖江，於宜興，晝夜不得休息。忽靜中涕下如雨，搥胸且悔且詈曰：「嗚呼！不孝，汝此行爲何事，而竟喋喋於此間，尚爲有人心者乎？雖得見顧高諸公書，亦何益！」申旦不寐，即戒行。毗陵學者固留不能得。時祠事且畢，亟還襄城，宿祠下。夜分鬼聲大作，蓋先生祝於父祠，願以五千國殤之魂同返關中故也。聞者異之。允中乃爲先生設祭，上則督師汪公、監紀孫公，配以信吾，下設長筵，遍及同時死者。先生伏地大哭，觀者皆哭，於是立碑曰「義林」〔一〕，奉招魂之主，取其冢土西歸，告於母墓，附之「齒冢」中，更持服如初喪。

〔一〕有襄城紀事。亭林有詩。

癸丑，陝督鄂君竟以隱逸薦，先生遺之書曰：「僕少失學問，又無他技能，徒抱皋魚之至痛，敢希和靖之芳踪哉？古人學真行實，輕於一出，尚受謗於當時，困辱其身，況如僕者，而使之應對殿廷！明公此舉，必當爲我曲成。如必不獲所請，即當以死繼之，斷不惜此餘生，以爲大典之辱。」辭牘八上，時先生以病爲解，得旨：「俟病愈，敦促入京。」自是大吏歲歲來問起居，欲具車馬，送使覲天子。先生遂自稱廢疾，長卧不起。戊午，部臣以海内真儒薦，復得旨召對。時詞科薦章遍海内，而先生獨以昌明絶學之目，中朝必欲致之，且將大用之。大吏勸行益急，檄屬吏守之。先生固稱病篤，舁其牀至行省，大吏親至榻前從臾。先生遂絶粒，水漿不入口者六日，而大吏猶欲强之。先生拔刀自刺，陝中官屬大駭，乃得予假治疾。先生歎曰：「將來强我不已，不死不止，所謂『生我名者殺我身』。不幸而有此名，是皆平生學道不純，洗心不密，不能自晦之所致也。」戒其子曰：「我日抱隱痛，自期永棲堊室，平生心跡，頗在堊室録感一書。今萬一見逼而死，斂以粗衣白棺，即懷堊室録感，以當含飯。權厝堊室三年，方可附葬母墓，萬勿受弔，使我泉下更抱憾也。」當道亦知其必不肯出，不復迫之。自是以後，荆扉反鎖，遂不復與人接，雖舊生徒亦罕覿。惟吴中顧寧人至，則款之。已而天子西巡，欲見之，令陝督傳旨，先生又驚泣曰：「吾其死矣！」辭以廢疾不至。特賜「關中大儒」四字以寵之。大吏令表謝，先生曰：「素不諳廟堂文字，奈何？」强之，乃上一表，文詞蕪拙，大吏哂曰：「是恐不可以塵御覽也。」置之。時有宰相自負知學，遂以文采不足誚先生，君子哂之。

先生四十以前，嘗著十三經糾繆、廿一史糾繆諸書，以及象數之學，無不有述，其學極博。既而以爲近於口耳之學，無當於身心，不復示人。所至講學，門人皆録其語，而先生曰：「授受精微，不在乎書，要在自得而已。」故其巾箱所藏，惟取反身録示學者。晚年遷居富平，四方之士，不遠而至。然或才名遠播，著書滿家，而先生竟扃户不納，積數日悵然去者；或出自市廛下户，而有志自修，先生察其心之不雜，引而進之。當是時，北方則孫先生夏峰，南方則黄先生梨洲，西方則先生，時論以爲三大儒。然夏峰自明時已與楊、左諸公稱石交，其後高陽相國折節致敬，易代而後，聲名益大。梨洲爲忠端之子，證人書院之高弟，其後從亡海上，故嘗自言平生無責沈之恨、過泗之慚。蓋其資格皆素高。先生起自孤根，上接關學六百年之統，寒餓清苦之中，守道愈嚴，而耿光四出，無所憑藉，拔地倚天，尤爲莫及。子二：慎言、慎行。慎言雖以門户故，出補諸生，終未嘗與科舉之役。其後陜學選拔，貢之太學，亦不赴。兄弟皆能守其父之志。嗚呼！先生所以終身不出，蓋抱其二親之痛。然而襄城有其父祠，盩厔有其母祠，立身揚名，其道愈尊，斯可謂之大孝也矣。乃更爲之銘，以復義門，其詞曰：

匡時要務，在乎講學。當今世而聞斯言，或啓人之大噱。又惡知夫世道陵夷，四維安託？架漏過日，駲將崩剥。一旦不支，發蒙振落。斯則甚於洪水猛獸之災，其能無驚心而失魄！先生崛起，哀兹後覺。苦身篤行，振彼木鐸。格言灌灌，廉頑敦薄。嗟江河之日下，渺一壺之難泊。誰將西歸，先民可作。試看墓門，寒芒嶽嶽。

應潛齋先生神道碑〔一〕

應先生之没六十年，遺書湮没，門徒凋落且盡，同里後進，莫有知其言行之詳者。予每過杭，未嘗不爲之三歎息也。年來杭堇浦稍爲訪葺其遺書，以授之契家子趙一清。歲在戊辰〔二〕，一清因以先生墓文爲請，曰：「微吾丈，莫悉諸老軼事也。」其盍敢辭。（下略）

〔一〕應撝謙，康熙卅六年卒。外集卅有題徐狷石傳後。類徵儒行七。馮景解春傳有應先生傳，抱經堂本。

〔二〕乾十三。

鮚埼亭集批注　前集卷十三

碑銘八

沈甸華先生墓碣銘〔一〕

沈先生，諱蘭先，字甸華，其後更名昀，字朗思，浙之仁和人也。曾祖某，祖某，父某，世爲學官弟子。年十六，受知於提學黎元寬。時蕺山劉忠正公講學越中〔二〕，先生渡江往聽講。向來杭士有讀書社、小築社、登樓社，皆以詞章之業爲尚，先生亦與焉。至是始爲正學，而應先生潛齋和之〔三〕。甲申之變，年二十七，即棄諸生。

〔一〕沈蘭先，更名昀。小腆紀傳五四，作初名蘭先。類徵儒行五。
〔二〕劉宗周。
〔三〕應撝謙。

其學以誠敬爲本，刻苦清厲以自守，推而至於事物之繁，天地古今之變，則以適於世用者爲主。其言無一不切於人心。力排佛老，曰：「其精者傍吾儒，其異者不可一日容也。」聞四方之士有賢者，即書其姓氏置夾袋中，冀得一見之，然不肯妄交。于取與尤介，授徒自給，三旬九食以爲常，每連日絶粒，采階前馬蘭草食之。有聞之者，餽米數斗，先生不受，其人固請則固辭。時先生餓甚，宛轉辭謝，益困，遂仆于地，其人皇駭而去。先生良久始甦，笑曰：「其意可感，然適以困老子耳。」嘗展蕺山墓，徒步來往西陵。自是，里中子弟習知先生清節，亦有好事者，極意求爲繼粟、繼肉之舉，而莫敢前，以先生必不受也。潛齋歎曰：「生平於辭受一節，自謂不苟，然以視沈先生猶愧之。」以末世喪禮不講，重輯士喪禮説，薈萃先儒之言，定其可行者，以授弟子陸寅。又葺四子略、五子要言、家法論、升降編、言行録、居求編，疏通簡要，不涉殘明講學習氣。蕺山身後，弟子爭其宗旨，各有煩言，先生曰：「道在躬行，但騰口説，非師門所望於吾曹也。」疾革，門人問曰：「夫子今日之事何如？」先生曰：「心中並無一物，惟知誠敬而已。」夜半卒，年六十三，無以爲斂。潛齋經紀其喪，不知所出，涕泣不食，或問之，曰：「吾不敢輕受賻襚以玷先生也。」潛齋之徒姚生敬恒〔一〕趨前問曰：「如某可以斂先生乎？」潛齋曰：「子篤行，乃沈先生夙所許，殆可也。」于是姚生遂斂先生，而葬之于湖上之某原。子二，毅中、純中，皆承家學。惟先生與潛齋皆以淳心篤行，師表人倫，乃其風節尤爲殊絶。顧世或有知潛齋者，而先生沈冥更甚，百年以來，求其遺書，竟不可得。萬編修九沙〔二〕謂予曰：「沈先生墓上之石未立，杭人知學者少，斯吾子之責也。」予乃據所聞於前輩者，爲詮次而系之，銘曰：

三年食薇，餓死不悔。胡奴之米，麾之户外。蕺山高弟，心傳罔愧。千秋宰木，庇兹書帶。

〔一〕姚弘任，見卷廿六。

〔二〕萬經，卷十六有神道碑，斯大充宗子，錢廉東廬婿。

蜃園先生神道表〔一〕

蜃園先生歿七十有餘年，再絶世，遺文散佚，其從曾孫錫楨始裒其叢殘之作，合爲數卷，乞表章於當世。予惟先生之大節在天壤，無人不知，顧生平顛末，則未有詳述之者，異日國史隱逸傳將何所考，乃略爲摭拾，纂文一通，使表之墓。

〔一〕李天植，改名確。

先生〔一〕諱天植，字因仲，浙之平湖乍浦人也。曾祖某，祖某，父某。父有隱德。先生少而蕭散，其於世事泊如也，嘗曰：「無欲則心清，心清則識朗，識朗則力堅；無欲則心真，心真則情摯，情摯則氣厚。」時時以誨學者。亦頗躭清言。登崇禎癸酉鄉薦，浦上之以科名起者，自先生始。三上公車，癸未，其子諸生觀卒，自以爲有隱慝，痛自刻責，遂絶意仕進，改名確，字潛夫。彭仲謀作先生傳，以爲國難後始改名者，非也。

〔一〕「先生」下應補「姓李」二字。

既洊遭喪亂，遺妾遺婢殆盡，尚有田四十餘畝，宅一區，并家具，一切分界所後子震與其女。髡其髮，別其妻，逕入陳山。自是足不至城市，訓山中童子以自給，其自署曰村學究、老頭陀。居山十年，陳山之僧開堂，先生避喧，始返其蜃園，復與妻居，賣文取食，不足，則與其妻爲棕鞋、竹筥以佐之。時有好事者，約爲月給，供先生米，力辭不受。有司慕其高，訪之，踰垣而避。其所賦詩，皆弔甲申以來之殉節者。蜃園者，乍浦勝地，可以望見海市者也。又十年，先生益困，不復能保其園，乃復以妻委之婿家，而身寄食於僧寺。戚友憐之，相與贖蜃園而歸之。於是先生復與妻居，則年已七十矣。所後子震亦稟先生教，棄諸生，顧以謀食走四方。二老相對，時時絕食，歎曰：「吾本爲長往之謀，顧蠟屐未能，乘桴又未能，至於今日，悔之無及，待死而已。」有餽之食者，非其人終不受。或問以身後，曰：「楊王孫之葬，何必棺也。」又十年，屋園但存二楹。雙耳失聰，又苦下墜，終日仰卧。客至，以粉版相問答。魏凝叔自江西來，造其廬，相對而泣，臨別以銀五錢贈之，五反不受。凝叔固以請，曰：「此非盗跖物也。」乃納之。凝叔因屬曹侍郎倦圃糾同志復爲繼粟之舉，且謀其身後〔一〕。徐昭法聞之曰：「李先生〔二〕不食人食，聽其餓死可矣。」俄而使至，則言先生果堅拒不受。凝叔歎曰：「吾淺之乎爲丈夫也！」嗚呼！信夫凝叔之淺也，但知爲先生謀食，而不知爲先生謀施食之人。夫倦圃，新朝之貴人也，先生肯食其食，亦何待凝叔。故昭法之在吴中，能食之者，惟一退翁禪師，餘莫能也。昭法聞凝叔之舉，而卜先生之必不食，其可謂相知以心者矣。不數月，先生死。其時有鄭嬰垣者，亦乍浦人也，孤孑絕俗，與先生稱金石交，前數年凍死雪中，而先生亦竟以餓死。仲謀又言，先生能豫知死日，賦詩而逝，意以爲禪定之功也。予謂先生披緇而未嘗談空，蓋其靜極而明，何必從葱嶺得力乎？

〔一〕魏禧叔子。凝叔以此事託之周青士篔，有書與之，今在集中。

〔二〕始出「李」字。

先生生於萬曆十有九年九月二十八日，卒於康熙十有一年二月初九日，其年八十有二。娶黄氏。葬於牛橋之西。其所著蜃園集，自震死乏嗣，十不存一，惟續修乍浦九山志，世間尚有傳者。其銘曰：

餓死事小，失節事大！正叔之言，先生不愧。百年宰木，護兹遺蜕。

鷓鴣先生神道表〔一〕

姚江黄忠端公有子五，其受業蕺山劉忠正公之門者三：伯子即梨洲先生，其仲則所謂鷓鴣先生者也，叔子曰石田先生〔二〕。梨洲學最巨，先生稍好奇，而石田尤狷，天下以「三黄子」稱之。

〔一〕黄宗炎，續甬上詩卌九。

〔二〕黄宗會，續甬上詩四十。

鷓鴣先生諱宗炎，字晦木，一字立谿。崇禎中，以明經貢太學。其學術大略與伯子等，而奡岸幾有過之。己卯秋試不售，與叔子約，以閉關盡讀天下之書，而後出而問世。「畫江」之役，先生兄弟盡帥家丁，荷殳前驅，婦女執爨以餉之，步迎監國於蒿壩。伯子西下海昌，先生留龕山以治輜重，所謂世忠營者也。事敗，先生狂走。尋入四明山之道岩，參馮侍郎京第軍事，奔走諸寨間。庚寅，侍郎軍殲，先生亦被縛。侍郎之嫂，先生妻母也，匿於其家，又跡得之，待死牢户中。伯子東至鄞，謀以計活之。故人馮道濟，尚書鄴仙子也〔一〕，慨然獨任其責，高旦中等爲畫策〔二〕，而方僧木欲挺身爲請之幕府。道濟曰：「姑徐之，定無死法。」及行刑之日，旁晚始出，潛載死囚隨之，既至法場，忽滅火，暗中有突出負先生去者，不知何許人也。及火至，以囚代之。冥行十里，始息肩，忽入一室，則萬户部履安白雲莊也。負之者，即户部子斯程也。鄞之諸遺民畢至，爲先生解縛，置酒慰驚魂。先生陶然而醉，隔岸聞絃管聲，棹小舟往聽之，尋自取而調之，曰：「廣陵散幸無恙哉！」未幾，侍郎故部復合，先生復與共事，慈湖寨主沈爾緒又寄帑焉。伯叔二子交阻之，不得。丙申再遭名捕，伯子歎曰：「死矣！」故人朱湛侯、諸雅六救之而免。於是盡喪其資，提藥籠遊於海昌、石門之間以自給；不足，則以古篆爲人鐫花乳印石；又不足，則以李思訓、趙伯駒二家畫法爲人作畫；又不足，則爲人製硯。其賈值皆有定，世所傳賣藝文者，是也。其詞多玩世，然壬寅高元發之難，浙東震動，先生所以營護之者不遺餘力，不以前事怵，蓋其好奇如此。

〔一〕馮愷愈，元飈子。
〔二〕高斗魁。

先生兄弟於象緯、律吕、軌革、壬遁之學，皆有密授。既自放，乃著憂患學易以存遺經，著六書會通以正小學。雅不喜先天、太極之説，其辨先天八卦方位曰：「邵子引天地定位一章，造爲先天八卦方位，謂天地定位者，乾南坤北也；山澤通氣者，艮西北兑東南也；雷風相薄者，震東北巽西南也；水火不相射者，離東坎西也。夫所謂定位者，即天尊地卑而乾、坤定之義，何以見其爲南北也。山能灌澤成川，澤能蒸山作雲，是謂通氣，何以見其爲西北、東南也。雷宣陽，風盪陰，兩相逼薄而益盛，何以見其爲東北、西南也。水火燥濕違背，然又有和合之用，故曰不相射，何以見其爲東西也。蓋邵氏所謂乾南坤北者，實養生家之大旨。謂人身本具天地，但因水潤火炎，失其本體，是故損乾之中畫以爲離，塞坤之中畫以爲坎，乃後天也。今有取坎填離之法：浥坎水一畫之奇，歸離火一畫之偶，如所謂鍊精化氣、鍊氣化神者，益其所不足，而離復返爲乾；如所謂五色、五聲、五味，鑿竅喪魄者，損其所有餘，而坎復返爲坤；乃先天也。養生所重，專在水火，比之爲天地。既以南北置乾、坤，不得不移坎、離於東西，亦以日月之方在東西也。火中木、水中金之説，蓋取諸此。然而東南之兑，西北之艮，西南之巽，東北之震，直是無可差排，勉强位置。緣四卦者，在丹鼎爲備員，非要道也，奈何以此駕三聖人之易而上之乎？」其辨横圖曰：「八卦既立，因而重之，得三畫即成六畫，得八卦即成六十四卦。何曾有所謂四畫、五畫、十六卦、三十二卦者。四畫、五畫成何法象？十六卦、三十二卦，成何貞悔之體？何不以三乘三，以八加八〔二〕，直捷且神速乎？焦氏之易，傳數不傳理，其分爲四千九十六卦，實統諸六十四卦。是一卦具六十四卦之占，非别有四千九十六卦之畫也。兩間氣化，自有盈縮、陰陽，或互有多少，夫物之不齊，物之情也。造化之參差，義理之所由以立也。如邵子是一定之易也，非不可典要之易也。故曰邵子乃求爲焦、京而未逮者也。」其辨圓圖曰：「邵子以乾一、兑二、離三、震四爲已生之卦，數往，順天左旋。巽五、坎六、艮七、坤八爲未生之卦，知來，逆天右旋。鑿空立説，分卦背馳，數當以自一而下爲順，今反以四三二一爲順；以自八而上爲逆，今反以五六七八爲逆。」又曰：「易數由逆成，若逆知四時之謂。然則震、巽、兑、乾無當於易，是冗員也。易道非專爲曆法而設，曆法亦本無取乎卦。氣至日閉關，偶舉象之一節耳。今必以六十四卦配入二十四氣，則亦須一氣得二卦有奇，而後適均也。乃自冬至之後，閲頤、屯、益、震至臨，凡十七卦，始得二陽，已是卯半，爲春分矣。又閲損、節、中孚至泰，凡八卦，始得三陽，已是巳初，爲立夏矣。從此閲大畜、需、小畜，而爲大壯之四陽，是巳半爲小滿矣。乃閲大有，即爲五陽之夬，是午初之芒種，即比連爲六陽之乾，是午半之夏至。六陰亦然，何其不均也。邵子蓋欲取長男代父、長女代母之義，以震、巽居中，震順天左行，自復至乾三十二卦，遇姤而息；巽逆天右行，自姤至坤三十二卦，遇復而息。夫兩間氣運循環，其來也非突然而來，即其去，而來已豫徵；其去也非決然而去，即其來，而去已下伏。焉得分疆別界如此？」其辨方圖曰：「方圖之説曰：『天地定位，否、泰反類。山澤通氣，咸、損見意。雷風相薄，恒、益起意。水火相射，既濟、未濟。』蓋所謂十六事者，但取老長中少，陰陽正對，稍比諸圖可觀。然何不確守乾、坤一再三索之序，而演之爲勝也。且以西北置乾，東南置坤，又與先天卦位故武不同，何也？」其辨皇極經世曰：「邵子所云『日月星辰，水火土石，寒暑晝夜，風雨露雹，性情形體，草木飛走，耳目口鼻，聲色臭味，元會運世，歲月日辰，皇帝王霸，易、詩、書、春秋。』似校説卦爲詳，然不知愈詳而挂漏疏罔愈甚。」其辨太極圖説曰：「河上公作無極圖，魏伯陽得之以著參同者也。圖自下而上，其第一層曰『玄牝之門』，即太極圖之第五層也。其第二層曰『鍊精化氣，鍊氣化神』，即太極圖之第四層也。其第三層曰『五氣朝元』，即太極圖之第三層也。其第四層曰『取坎填離』，即太極圖之第二層也。其第五層曰『鍊神還虛，復歸無極』，即太極圖之第一層也。方士之秘，在逆而成丹，故自下而上。周子在順而成人，故自上而下。夫老莊以虛無爲宗，靜篤爲用。今方士之術，又其旁門。周子之圖，窮其本而返之老莊，可謂拾瓦礫而得精藴者矣，但遂以爲易之太極，則不可也。」自先天、太極之圖出，儒林疑之者亦多，然終以其出自大賢，不敢立異，即言之，嗛嗛莫敢盡也，至先生而悉排之。世雖未能深信，而亦莫能奪也。

〔一〕或云「乘」、「加」二字應互易。

先生酷嗜古玩，癸未遊於金陵，一日買漢唐銅印數百，市肆爲之一空。亂後散失殆盡，猶餘端石紅雲研一、宣銅乳鑪一，其後又得黄玉笛一，然終以貧不守，歎曰：「奪我希世珍，天真扼我！」然入其室，陶尊瓦缶，皆有古色。已而窮益甚，守之益堅。嘗繙澹歸遍行堂集，笑曰：「甚矣，此老之耄也。不爲雪庵之徒，而甘自墮落於沿門託鉢之堂頭，又盡書之於集，以當供狀，以貽不朽之辱。」

門人有問學者，曰：「諸君但收拾聰明，歸之有用一路足矣。」嘗解易離之三曰：「人至日昃，任達之士，託情物外，則自謂有觀化之樂，故鼓缶而歌。不然，憂生嗟老，戚戚寡歡。不彼則此，人間惟此二種，皆凶道也。君子任重道遠，死而後已，衛武公之所以賢也。」生平作詩幾萬首，沉冤淒結，令人不能終卷。晚更頹唐，大似誠齋。性極僻，雖伯子時有不滿其意者〔一〕。嘗曰：「束髮交賢豪長者不爲不多，下及屠狗之徒，亦或瀝心血相示。雖然，但有陸文虎、萬履安二人爲知我耳。」

〔一〕國粹學報第六年六十三期有蕭穆跋嚴修能評閲鮚埼亭集二首，可參考，亦見敬孚類稿七。

先生雖好奇字，然其論小學，謂揚雄但知識奇字，不知識常字，不知常字乃奇字所自出。三致意於六書會通，乃歎其奇而不詭於法也。

生於萬曆四十四年某月日，卒於康熙二十五年某月日。前孺人徐氏，後孺人馮氏，子二，葬於化安山先兆旁。

先生憂患學易一書，其目曰：周易象詞十九卷，尋門餘論二卷，圖學辨惑一卷，自故居被火不存。并六書會通及二晦、山栖諸集俱亡。從孫千人以予銘其大父梨洲先生之墓，爲能盡其平生之志，請更表先生之墓。惟是遺書既不可見，而耆老凋喪，亦更無人能言其奇節，乃略具本末，而詳載其論易諸篇之幸而未泯者，以付千人，使勒之墓上。或曰，先生晚年嘗作一石函，錮其所著述於中，懸之梁上，謂其子曰：「有急，則埋之化安山丙舍。」身後果有索之者，其子遂埋之，而今其子亦卒，莫知所在，非火也。予因令千人禱於先生之靈以求之。嗚呼！先生好奇，其獨不能使遺書復出以慰予耶？其銘曰：

逃劍鋋以亡命兮，保黄箭之餘生。啖野葛幾一尺兮，猶能據皋比以鏗鏗。我過剡上兮，如聞黄玉笛之哀鳴。嗟石函其竟安往兮？徒使人惆悵而屏營。

施石農先生墓誌銘〔一〕

石農先生姓施氏，諱相，字贊伯，杭之仁和湖墅人也。故明諸生。乙酉後，棄衣巾爲遺民。杭有幽勝之地曰河渚，四面皆水，所謂西谿者也。法華諸山臨之，古梅數萬本，夾峰相望。花時舟行其下，暗香疏影中，時聞欸乃。當宋時，爲洞霄宫輦道所經，顧未聞有名人居之。明嘉靖中，甬上萬都督鹿園丙舍在焉〔二〕，以故萬氏子孫多守墓於此。其後有鄒氏草堂，則鄒孝直避人處也，招集諸耆老觴詠其間，河渚之名始著。孝直卒，草堂客散。先生游其地，樂之，築谿居，自城北徙宅焉。徐先生狷石者〔三〕，故先生之學侶，來依以同居，而萬先生公擇亦自甬上來〔四〕。丙舍中，三人相得驩甚，于是谿上遂成講堂。公擇乃爲先生首賦谿居二十四絶，同志張止庵、秦開地〔五〕輩俱和之，世所稱谿居唱和詩者也。公擇嘗曰：「石農雖謝人事，然其中耿耿者未下，傷曹檜之不振，望西都之□□〔六〕，思深哉，非田園之音也。」

〔一〕施相。
〔二〕萬表。
〔三〕徐介。
〔四〕萬斯選。
〔五〕秦雲爽。
〔六〕空圍爲「復興」二字。

先生論學，不傍門户，不標宗旨。公擇之學出於姚江，而狷石以應潛齋〔一〕爲友，各有源流。然先生皆不相依泝，獨以所見，自成其是。狷石性孤梗，諤諤多所否，晚而於潛齋亦間有糾繩，顧獨推先生，故四十年相依如一日。先生有子雲蒸，亦賢，杜門養父。其事狷石如父，顧日益貧，先生乃拉狷石返其故居，父子迭出謀食，以養狷石。未幾狷石卒，先生父子適皆出，門人疑所殯。雲蒸之婦曰：「徐先生大故，焉有不於正寢者。」遂盡出簪珥以成禮。先生歸而喜曰：「不愧吾婦。」未幾先生亦卒，無以爲喪，故人或爲禾中守，或爲苕中令，各以百金來致襚。雲蒸再拜謝之曰：「是非吾先人意也。」使者感歎良久而去。嗚呼！即先生之子若婦觀之，而平日之立身可概見矣。

〔一〕應撝謙。

先生之没已再世，予屬金觀察江聲求其遺書〔二〕，既得之矣，觀察之家不戒于火，先生之集亦遭其厄，僅存遺詩一卷。年來幽居且三易主，萬氏丙舍僅餘一椽，并開地之暫栖閣，皆成陳迹。河渚木鐸消沈殆盡，予每過谿上，輒爲神傷者久之。吾友王瞿居湖墅，予令其訪先生之軼事，良久不得報。乃據所知爲文，令納先生之墓。瞿有事于杭之文獻，如先生者，豈可聽其脱落不傳乎？醇儒高士，任所位置，予文聊以充幽居之掌故焉。其銘曰：

匪風惻惻，下泉騷騷。志士夢周，亦復徒勞。花隖離離，柳泉滔滔，我歌一曲，以當大招。

〔一〕金志章。

祁六公子墓碣銘〔一〕

順治二年，江南内附，貝勒遣將東渡，駐營蕭然山下，遣使以貂參聘遺老，凡六人：其一爲故大學士膠州高文忠公，時方寓山陰也，其一爲故左都御史劉忠正公，其一爲故右僉都御史巡撫蘇松祁忠敏公，皆死節；其一爲故大理寺丞章公，求死不得，乃起兵，尋行遯去。而二人者竟降，亦卒不得用。於是別稱爲「四忠」。

〔一〕祁班孫。小腆紀傳十五本此。

祁六公子者，諱班孫，字奕喜，小字季郎，忠敏第二子也。其兄曰理孫，字奕慶。以大功兄弟次其行，故世皆呼曰祁五、祁六兩公子。初，忠敏夫人商氏嘗夢老衲入室，生公子。美姿容，白如瓠，而雙足重趼，頗惡劣，日堪行數百里。又時時喜踟趹。娶朱氏，故少師滇黔制府忠定公燮元女孫，都督後府都事兆宣女也。忠敏死未二旬，東江兵起，恩卹諸忠，而忠敏贈兵部尚書，理孫賜任。祁氏羣從之長曰鴻孫者，故嘗與忠敏同講學於蕺山，至是將兵江上，思以申忠敏之志，而公子兄弟罄家餉之。事去，公子之婦翁戒之曰：「勿更從事於焦原矣。」不聽。

祁氏自夷度先生以來，藏書甲於大江以南。其諸子尤豪，喜結客，講求食經，四方簪履望以爲膏粱之極選，不脛而集。及公子兄弟自任以故國之喬木，而屠沽市販之流亦兼收並蓄。家居山陰之梅墅，其園亭在寓山，柳車踵至，登其堂，複壁大隧，莫能詰也。慈谿布衣魏耕者，狂走四方，思得一當，以爲亳社之桑榆。公子兄弟則與之誓天稱莫逆。魏耕之談兵也有奇癖，非酒不甘，非妓不飲，禮法之士莫許也，公子兄弟獨以忠義故，曲奉之。時其至，則盛陳越酒，呼若耶谿娃以薦之。又發淡生堂壬遁劍術之書以示之，又遍約同里諸遺民如朱士稚、張宗道輩以疏附之。壬寅，或告變於浙之幕府，刊章四道捕魏耕，有首者曰：「苕上乃其婦家，而山陰之梅墅乃其死友所嘯聚。」大帥亟發兵，果得之，縛公子兄弟去〔一〕。既讞，兄弟爭承。祁氏之客謀曰：「二人并命，不更慘歟？」乃納賂而宥其兄。公子遣戍遼左。其後，理孫竟以痛弟鬱鬱而死，而祁氏爲之衰破。然君子則曰：「是固忠敏之子也。」

〔一〕壬寅，康元。卷八雪竇山人墳版作「癸卯」，康二。曝書亭集六康二年夢中遺祁六出關詩有「紅顔白髮雙愁汝，欲寄音書何處尋」之句。

當是時，禁網尚疏，寧古塔將軍得賂，則弛約束。丁巳公子脱身遯歸。已而里社中漸物色之，乃祝髮於吴之堯峰。尋主毗陵馬鞍山寺，所稱咒林明大師者也〔一〕。薦紳先生皆相傳曰：「是何浮屠，但喜議論古今，不談佛法。每及先朝，則掩面哭。」然終莫有知之者。嘗偶於曲籙座上，摩其足而歎曰：「使我困此間者，汝也。」癸丑十一月十一日〔二〕，忽沐浴，曳杖繞堂曰：「我將西歸。」入暮，跏趺垂眉久之，既又張目，久之始卒。發其篋，所著有東行風俗記、紫芝軒集，且得其遺教欲歸祔，乃知爲山陰祁公子，自關外來者。于是得歸葬。公子性終好奇，其東歸也，留一妾焉。及披緇時，亦累東游。東人或與之談禪，受其法，稱弟子。嘗曰：「寧古塔蘑菇足稱天下第一，吾妾所居籬下出者，又爲寧古塔第一，令人思之不置。」東人至今誦其風流。

〔一〕丁巳康十六，疑爲康六丁未之譌，「兕林明」應作「晝林運」。宗統編年康熙九年庚戌條云：晝林運和尚住夫山祥符。運，山陰祁中丞之子，幼隨其叔密庵老人季超居士學道有得，從儲和尚脱白。儲令承嗣密庵，庵嗣愚庵盂云云。季超祁彪佳，愚庵洞宗三宜盂也。康九已住院，則其脱白當在康六丁未。儲寂於康十一壬子。

〔二〕康十二。

孺人朱氏者，工詩，其來歸也，與君姑商夫人、姒張氏、小姑湘君時相唱和。商夫人字冢婦曰楚纕，字介婦曰趙璧，以志閨門之盛。公子被難，孺人尚盛年，朱氏哀其煢獨，以姪從之，遂撫爲女，孤燈緇帳，歷數十年未嘗一出廳屏也。其所撫之女，後歸杭之趙氏，是爲吾友谷林徵士之母。谷林兄弟聚書之精，其淵源頗得之外家。谷林之子一清，每爲予言，公子大節，有光於忠敏矣，而駱丞行遯之踪〔二〕，世多未諗，請爲文以表之。聊據所聞志之，使勒之墓前。嗚呼！自公子兄弟死，淡生堂書星散，豈特梅墅一門之衰，抑亦江東文獻大厄運也。其銘曰：

嗚呼！是爲鄧林之石，不磨不泐。杜鵑過之，有咮焉食。我歌大招，旌兹幽宅。

〔一〕駱賓王。

鮚埼亭集批注　前集卷十四

碑銘九

李駕部墓誌銘〔一〕

李駕部文纘，字昭武，一字夢公，鄞人也，學者稱爲礐樵先生。少以詩古文詞受知尊宿。天啟丁卯，年二十一，爲叔氏封若先生〔二〕作寒香閣賦，楊高唐南仲〔三〕見而驚曰：「軼齊梁而上矣！」兼工書畫，時稱三絶。

〔一〕李文纘，續甬上詩四七。
〔二〕李桐，續甬詩十七。
〔三〕楊德周。

錢忠介公起兵〔一〕，諸生最先從之者，先生也。授駕部郎，疏附奔走其間。已而事去，其中之悒悒，卒不可化。丁亥夏，由天台故道入翁洲，因謀從王於閩。翁洲諸公方倚先生以中土之事，勸其歸，於是連染「五君子」之難〔二〕。方難之初發，所獲帛書中人自分必死，降臣夫己氏〔三〕亦思一網盡之，賴華公過宜〔四〕獨承其事，而里中義士亦營救，大行金帛，故「五君子」外，多得免者。然諸公廷訊，不能不爲遜詞以求免，而先生獨强項，斬斬不撓。華公歎曰：「君故文弱諸生耳，不意骨力若此。」先生在囚中，日與同難楊公圓石〔五〕分賦雁字詩，一月之中，遂成卷帙。未幾，司獄者盡取諸囚分繫他所，而獨留華公，相傳以爲大吏將獨殺華公而釋其餘。先生獨自請留伴之，司獄者大駭，乃怵之曰：「汝不畏死耶？」先生笑曰：「白首同歸，吾亦何恨。」適評事倪公端木〔六〕亦以蓄髮被首下獄，三人共一狴户，相與歌傳奇中「木公不肯屈魔鬼」錦纏道諸闋〔七〕，以爲笑樂，聞者益驚，遂伴華公過冬。明年再訊，先生再被拷，終不屈，而華公力辨之，乃放歸。先生歎曰：「過宜生我，過宜之義，我之慚也。雖然，我不求生，過宜自成其義耳。嗚呼！過宜何曾死，我虛生矣。」已而楊公圓石亦死，先生以其子騶娶其女，因撫之，追踐囚中之諾也。

〔一〕錢肅樂。

〔二〕五君子見外十。

〔三〕謝三賓。
〔四〕華夏。
〔五〕楊文瓚。
〔六〕倪玄楷，附見卷八倪懋熹墓誌，續甬詩四九。
〔七〕「道」應作「頭」，據續甬詩四七。

己亥，蒼水長江之役，間道歸，至天台，先生遇之途中。時關津戒嚴，以死士衛之，得復入林門。亂定，遨遊四方以老，皆倣謝翺爲游録。臨終，其子問遺言，命取紙筆，則題曰：「衆人皆醒，非夫也！」瞋目而卒。

先生學極博，生平露抄雪纂，手録至三千餘卷，上自星緯、律曆、方輿、禮樂、名物，以至詩話、叢談，無不具，依稀宋儒王厚齋之風。及成公實慈〔一〕以戍來鄞，先生從之講學，益深造自得。又私淑高忠憲公〔二〕之學。難後入秦，尤與李中孚〔三〕相契。晚年尚作小楷，薈萃諸儒言。其所著，於三禮則有注疏、詮集，於易則有舌存，於春秋則有魯書，皆不肯苟同宋人之學。其詩古文詞，曰殖閣草，曰跪石吟，曰賜隱樓集〔四〕。緝耆諸編，有三峻聽雪，有石臼閑課，有鹿谿新語，有井中録。今皆散佚少傳者，惟鹿谿新語存。

〔一〕成勇，明史二五八。
〔二〕高攀龍。
〔三〕李顒。
〔四〕外集廿五有集序。

先生之墓在城東，其曾孫某乞銘，乃爲之詞曰：
是爲「五君子」之孑遺，忼慨對簿而無咿喔，天綱恢恢，以護周之餘黎。

天多老人墓石志〔一〕

天多老人姓楊氏，諱秉紘，字祁牧，浙之寧波府鄞縣人，太僕卿益美曾孫也。明楊氏自文懿、康簡公〔二〕以來，宅望爲鄞第一。老人於推官瑶仲兄弟〔三〕爲父行，國難時，共從戎江上。老人見事不可爲，不受官。及推官兄弟、娣姒六人仗節死，而老人以遺民力扶「汐社」，爲楊氏宗老。

〔一〕楊秉紘，續甬詩六七。
〔二〕守陳、守隨。

〔二〕瑶仲，楊文琦。外十有楊氏四忠雙烈合狀。

老人最多學，讀書不徇古人成見，尤精考索。里中後輩，遥望見老人曳杖來，輒雜遝迎之，聽其談故國事，滔滔汩汩，以爲異聞。先公嘗述老人言：「初年，聞項仲昭誤抹艾千子文不自愧〔一〕，反陷之停科；又抑陳大士而進李青〔二〕，妄以爲楊維斗〔三〕。及行賂於嘉定伯〔四〕，再入闈，求雪恥，而所得又爲陳名夏〔五〕，輒思唾其面。及項亡命至慈水，匿馮氏園，慈人捽其髮投諸水，復提而問之曰：『降賊者，汝耶？』如是者三而死，是生平一快事。」又言：「閻古古勸史道隣清君側〔六〕。然觀其所言兵事，尚不足望辛幼安〔七〕項背，即用之，亦未必能扶危疆。特其壯志則百死不折。」當是時，老人雒誦古古劄子，如河注海。又言：「近聞澹歸〔八〕晚節稍委蛇，諸公可爲我審之，如其果耶，則其人可絶；如其不然，莫妄言。」蓋先公所聞於老人者極多，晚年所記祇此，然皆榷史之助也。

〔一〕項煜、艾南英。
〔二〕陳際泰，甲戌進士；李青，甲戌會元。
〔三〕楊維樞。
〔四〕周奎，莊烈后父，明史三百。

〔五〕陳名夏，癸未會元。

〔六〕閻爾梅、史可法。

〔七〕辛棄疾。

〔八〕金堡。

老人自丙戌以後，頹然自放，所著書甚多，其浙江水利考，尤關於實用。顧早喪其子文麟，有孫如童烏，年十四而殤，忽忽不自得。踰八十，更遭大火，其書盡焚，偕其老妻匍匐烈燄中，勵免，歎曰：「我已無國無家，今又無書，是天多我也。」因自號天多老人。然神明尚不衰，常言苟得容膝之地，衣食粗足自贍，平生著述尚可一一記出。適有延之課子者，老人以爲如願，欣然而往。既適館，設崇筵于絳帳，含杯未飲而卒。嗚呼！老人之窮如此，遂無片詞隻字存於人間。然則鄭所南之沈井，其亦有見於此而豫裁之耶？謝皋羽之殉葬，幸免生前，而終憂其不保耶？是則大造之酷有不可解者。生於某年某月某日，卒於某年某月某日。娶某氏，葬於某鄉某原。今楊氏宗支衰落甚矣。予爲老人作志，蓋先公之意也。其銘曰：

世所希，天所多。書可爇，銘不磨。

錢東廬徵君墓表〔一〕

鄭高州寒村〔二〕之歿也，謂其子云：「吾有不了事二：其一則姚江黄先生墓文，其一則老友東廬錢丈墓文也。」歲在丙辰〔三〕，予爲黄先生箸神道碑，東廬先生仲子際盛〔四〕見而喜曰：「是足以畢高州之一憾矣。惟吾先子之志，子其并爲高州畢之。」予曰：「諾。」會連遭先人之變，不及爲，而際盛卒，然其病中尚惓惓以此爲屬。既除喪，先生伯子中盛〔五〕又以其亡弟之言來速，予曷敢辭。

〔一〕錢廉。

〔二〕鄭梁。

〔三〕乾元。

〔四〕錢際盛，中盛弟。

〔五〕錢中盛，號芍庭，卷廿二有錢芍庭誄。

先生諱廉，字稚廉，别號東廬，浙之寧波府鄞縣人也，明山東提學副使啟忠之子。副使以講學名於世，世所稱清谿先生者也。先生少孤，副使之卒，方三歲，其丁國難，方四歲。

當是時，先生之從兄太保忠介公舉義，已而航海，家被籍。太恭人挈先生避兵武林，依外家，遂從外家之姓爲高氏，事定始復姓。長而勵志讀書，以名節自任，不屑爲里巷曲謹之儒。副使之講學，在明儒中爲蔡雲怡、黄海岸、朱震青一派〔一〕，頗參以宗門之旨。及姚江黄先生講學於鄞，則申明蕺山之傳，錢氏子弟多從之游。而先生才氣横溢，思爲王霸有用之學以見於世，故自象數、兵法、地險無不推究，遥接同甫、稼軒一輩〔二〕，其於家學固爲轉手，其於黄門亦爲别派也。

〔一〕蔡懋德、黄端伯、朱天麟，學案五七。
〔二〕陳亮、辛棄疾。

聊城師相傅公〔一〕嘗欲薦爲中書舍人，不就。耿藩之亂，和碩康親王提軍至浙，鄞園李公〔二〕爲制府。鄞園固出副使門下，延先生問策。先生授以秘傳火攻之法，皆按壬遁支干行之，師遂有功。王命叙先生從征功，授官，先生以母老固辭不赴。鄞園亦欲薦之，先生中夜遁去。

〔一〕傅以漸。

〔二〕李之芳。

先生豁達伉爽，篤於友朋之誼，故鄭高州寒村曰：「管夷吾稱鮑叔推財，以我爲貧，吾於東廬見之。」性介特，姚江黄先生之卒，先生素車往弔，徑哭其墓，不見喪主而返。雅稱契家子萬承勳之才，其後忽有不可，斥之甚至，而承勳感先生之意愈厚。有姊適杭許觀察文岐爲子婦，觀察死難，姊寡居無子，先生迎養之終身。副使有妾葉氏，隨任江西，後爲尼，先生歸骨祔葬之。蓋自明萬曆以後，東臯錢氏一門，奇節偉行，靡所不有。而先生當喪亂之後，克溯流風，獨殿一軍。顧惜其以有用之才，不肯出而施之，而隱約於東廬以老。

先生生於明崇禎庚辰六月十二日，卒於康熙戊寅五月初八日。娶陳氏，副使紹英之女；繼翁氏，知縣叔朗之女；繼陳氏，經師同亮先生妹也。葬於太白山之吴公嶴。子三：中盛、際盛、德盛，皆能承其家風。際盛先卒。女二：一適萬編修經，一適黄户部廷銘。孫男十，孫女四。所著東廬集若干卷，又輯錢氏詩文在兹集若干卷，蓋紀善以來之文獻也。予文於高州無能爲役，顧以通家子弟之誼，頗悉先生之學術風節，是爲表。

南嶽和尚退翁第二碑〔一〕

南嶽和上退翁者，名洪儲〔二〕，字繼起，揚之興化縣人也，其姓李氏。早歲出家，師事三峰〔三〕爲高弟，其後十坐道場，而蘇之靈巖最久。

〔一〕目録在卷十六。
〔二〕本名弘儲，此避乾隆諱改。
〔三〕漢月法藏，南雷文案六有三峰禪師塔銘。

退翁父嘉兆，志士也。甲申之變，貽書其子曰：「吾始祖咎繇爲理官，子孫因氏理，其後以音同亦氏李。今先皇帝死社稷，而賊乃李氏，吾忍與賊同姓乎？吾子孫尚復姓理氏。」先是中州李𠎝和寒石耻與賊同姓，上書請改理氏，嘉兆未之知也，而適與之合，天下傳爲「二理」。退翁雖出家，然感其父之大節，時時思所以繼之。丙戌以後，東南之士，濡首没頂於焦原〔一〕，相尋無已，而吴中爲最衝，退翁皆相結納，從之者如市。

〔一〕「焦原」見後漢書張衡思玄賦注引尸子，並文選注引。

退翁才厚重不洩，其爲人排大難最多，世不盡知也。辛卯〔一〕，竟被連染，諸義士爭救之，久而得脱，好事如故。或以前事戒之，則曰：「吾苟自反無愧，即有意外風波，久當自定。」又曰：「道人家得力，正於不如意中求之。」又曰：「使憂患得其宜，湯火亦樂國。」吴中高士徐枋〔二〕歎曰：「是真以忠孝作佛事者也！」枋所居澗上草堂，正當靈巖之麓。生平少所可，寧耐寒餓，不肯納人一絲一粟之餽，顧獨於退翁有深契，自稱「白衣弟子」。退翁時其急而周之，無不受，嘗曰：「退翁是竺國中所謂大人者也。」故儀部郎周之璵亦吴之良也，臨終，脱然談笑而逝，退翁獨沉吟曰：「是恐非故國遺臣所宜。」聞者瞿然。禾人吴鉏〔三〕雅有大志，一見退翁，歎曰：「軍持中有此老，吾輩寧不愧死！」一日登堂説法，忽發問曰：「今日山河大地，又是一度否？」衆莫敢對，退翁潸然而下。

〔一〕順治八。
〔二〕徐枋，昭法，俟齋，有居易堂集。卷卅有澗上徐先生祠堂記。
〔三〕吴祖錫，號稽田，晚更名鉏，嘉興人。外十二有傳。

退翁既久居吴，明發之慕，老而不衰，乃築報慈堂於堯峰，以祀其父，同人爲上私謚曰孝敏。晚以南嶽之請，主講福嚴寺，吴人惟恐失之，復迎以歸。壬子卒於靈巖〔一〕，年六十九，其出家年四十。所著有靈巖樹泉集、孝經箋説。

〔一〕康熙十。

退翁之在沙門，闔暢宗風，篤好人物，大類三峰，海内皆能道之。而徐枋曰：「是非退翁心之精微，但觀其每年三月十九日，素服焚香，北面揮涕，二十八年如一日，是何爲者！」年來靈巖香火日微，吾友長洲陸錫疇〔一〕每爲予歎之，因請重爲之碑，以表其塔。文獻脱落弗能詳，然略爲言其大節，則瑣屑可置也。易姓之交，諸遺民多隱於浮屠，其人不肯以浮屠自待，宜也。退翁本國難以前之浮屠，而耿耿別有至性，遂爲浮屠中之遺民，以收拾殘山剩水之局，不亦奇乎？故予之爲斯文也，不言退翁之禪，而言其大節，仍附之諸遺民之後，以爲足比宋之杲公〔二〕，殆庶幾焉。

〔一〕卷廿有陸茶塢墓誌銘。

〔二〕大慧。

退翁法嗣滿天下，而最賢者，曰故大學士嘉魚熊公開元，從亡不遂，自蠻中歸，聞退翁名，往依之，爲執爨。退翁一見曰：「是非常人也。」既而有識之者，曰：「是熊公也。」其後居華山，名正志。曰故監司宣城沈公壽嶽子麟生，監司死節，深抱王裒之痛，依退翁説法。其後居姚江，名大瓠。曰歸安故諸生董説。經學極博，隱居潯溪。辛卯〔一〕之難，寺中星散，説獨負書杖策入山，以是尤爲時所重。其後居堯峰，名南潛。

〔一〕順治八。

鮚埼亭集批注　前集卷十五

碑銘十

太子少保兵部尚書兼都察院右都御史總督福建世襲輕車都尉會稽姚公神道第二碑銘〔一〕

康熙二十二年六月，閩督姚公用密計授水師提督施烺下臺灣，七日破之。詔封烺爲靖海侯，而公自陳無功，故賞亦不及。是年十有一月，公疽發背薨，歸葬於越。

〔一〕姚啓聖，名見十二頁。

嗚呼！蔿子馮爲楚畫平舒之策，及其身後，屈建成之，而曰「是先大夫蔿子之功也」，歸封邑於其子。羊叔子畫平吴之策於晉，及其身後，杜預、王濬成之，而武帝曰「是羊太傅之功也」，告之於其廟。古人旂常之公論，如此其覈也，唐裴晉公之平淮，則李涼公不免有慚德矣。然涼公之有憾於碑，非敢以擠晉公也，特欲軒之顏允、古通之上耳，且所爭亦不過在文字，而酬庸之典，則自晉公而下，顏允、古通固無不及也。今公以航海數千里之提封，濱海數百城之巨患，三世不賓之餘孽，累年籌運，一旦而廓清之，又並非蔦、羊二公不及其身者之比，而彤弓信圭移之別將，溘然長逝，并不蒙秬鬯黃腸之澤，雖在勞臣報國，豈敢有言，而彼偃然開五等之封者，吾不知其何以自安矣？（下略）

方施烺之叛成功而歸附也，世祖即以爲水師提督，駐海澄。成功没，烺以平臺自任，出兵不克，頗疑其貳，召入京不復用，而水師亦罷。公之以布政使奏軍事也，即薦用烺，不報。及爲總督，乃以萬正色任之。至是，請改正色爲陸路，仍以水師用烺，且曰：「臣願以百口保烺必無他。」天子始遣之。既至，厚資給之。是時閩人皆知鄭氏亡在漏刻。公之入臺，特過師枕席之上耳，其必用烺者，特以其爲成功故將，欲借之以爲先驅，而不虞烺之輒思攘功也。烺至，即密疏請以公駐厦門，而己獨以師進。時公已率師出海，見烺疏不懌，自陳請行。詔召公還厦門。二十一年五月，將由銅山出師下澎湖，公主乘北風以十月攻湖北，烺主乘南風及時攻湖南。公曰：「澎湖之南，可泊舟者，惟娘媽宫耳，使賊固守，未能猝下，我軍進退且失據。若其北，澳甚多，進退皆可依。澎湖下而臺灣潰矣。且盛夏多颶母，尤宜擇地。」諸大將吴英、林承、林賢、陳龍等皆曰：「姚公言是。」烺諾之，而頗不以爲然。是年不果出師。次年六月乙亥〔一〕，烺竟以師行，公又戒之如初。烺竟南行，國軒果守娘媽宫，不可入。丁丑〔二〕，颶風與潮俱發，我軍前鋒皆爲急流飄散。國軒以精兵二萬自牛心灣出，其將林陞以精兵萬自雞籠嶼出，夾攻我軍，集矢於烺之目，烺懼。時官兵泊八罩，其地甚惡，公遣使譙之曰：「不用吾言，竟何如矣。雖然，勝敗兵家之常，颶風亦當止，吾前所約諸賊將必有至者，汝速赴之。」烺得書，且慚且喜，而賊將吕韜等間使果至。烺復進澎湖，水亦驟長。癸未〔三〕，朱天貴先進，大敗國軒軍，其衆爭降，天貴亦死，而國軒由吼門逸去。公遣吏卒以大艍運金繒貨米，旁午來軍，且諭烺曰：「凡降卒皆大賚而遣之歸，以攜臺人之心。」烺如言行之。

〔一〕康廿二年六月壬申朔，四日乙亥。

〔二〕六日丁丑。

〔三〕十二日癸未。

先是，漳浦道士黄性震自臺來降，公以爲千户。性震自言能得國軒要領，公遣之。國軒曾以書密報公，然猶未肯遽降也。至是，性震故洩之。于是國軒君臣自相猜，既敗，欲更出鬭，其下莫爲用。大兵遂由鹿耳門平行而入。七月甲午〔一〕，國軒以鄭氏降，繳上成功所遺「延平郡王」、「漳國公」、「招討大將軍」、「忠孝伯」、「御營都督」等印信，除道出迎。八月癸亥〔二〕，大兵前歌後舞，悉入臺灣。

〔一〕七月庚午朔，廿五日甲午。
〔二〕八月庚子朔，廿四日癸亥。

自公以布政使隨征，即自膳部兵，不資國帑。及築修來館於漳浦，所捐招撫金三四十萬，及贖難民，所捐金亦如之，至是策動大賚，又十餘萬，而又未嘗絲毫取之百姓，莫知其經營所自出也。公笑曰：「臺灣則既平矣，然亦銷金一大鍋子矣。」

于是北風正利，烺乃遣其子弟由海道自津門先告捷，而後上露布於公。而公之告捷也，使者由驛道行，及至，則後烺已二十餘日。天子既得烺疏，大喜，軒之在平滇諸勳之上，而怪公疏之久而至也。閩士之仕乎京者，亦皆先入烺之説，莫有爲公言其故者。乃以首功封烺，將以次及公，公疏言：「此廟謨天定，微臣無力。」天子疑以爲有懟焉。未幾有召掌中樞之命，而公已不起。（下略）

鮚埼亭集批注　前集卷十六

碑銘十一

翰林院編修湛園姜先生墓表〔一〕

湛園姜先生卒四十年，其家零落。會有詔修國史，臨川李先生曰：「四明之合登文苑者，非先生乎？不可無行實以移館中。」予乃摭拾所聞而詮次之。而鄭義門曰：「先生墓前石表未具，曷即以此文爲之，而移其副於史局。」予從之。

〔一〕姜宸英。

先生諱宸英，字西溟，學者稱爲湛園先生，浙之寧波府慈谿縣人也。少工詩古文詞。其論文，以爲周、秦之際，莫衰於左傳，而盛於國策，聞者駴而莫之信也。及見其所作，洋洋灑灑，隨意出之，無不合於律度，始皆心折。寧都魏叔子謂，「侯朝宗肆而不醇，汪苕文醇而不肆，惟先生文兼乎醇肆之間」，蓋實録也。詩以少陵爲宗，而參之蘇氏以盡其變。

當是時，聖祖仁皇帝潤色鴻業，留心文學，先生之名，遂達宸聽，一日謂侍臣曰：「聞江南有三布衣，尚未仕耶？」三布衣者，秀水朱先生竹垞，無錫嚴先生藕漁及先生也。又嘗呼先生之字曰：「姜西溟古文，當今作者。」於是京師之人來求文者，户外恒滿。會徵博學鴻儒，東南人望，首及先生。掌院學士崑山葉公與長洲韓公相約連名上薦，而葉公適以宣召入禁中浹月，既出，則已無及矣。於是三布衣者取其二，而先生不豫。翰林新城王公歎曰：「其命也夫！」已而葉公總修明史，薦之入局，以翰林院纂修官，食七品俸，仍許與試，尋兼豫一統志事。凡先生入闈，同考官無不急欲得先生者，顧侻得侻失，而先生亦疏縱，累以醉後違科場格致斥。又嘗於謝表中，用義山「點竄堯典、舜典」二語，受卷官見而問曰：「是語甚麤，其有出乎？」先生曰：「義山詩未讀耶？」受卷官怒，高閣其卷，不復發謄。顧先生所以連蹇，正不止此。常熟翁尚書者，先生之故人也，最重先生。是時枋臣方排睢州湯文正公，而尚書爲祭酒，受枋臣旨，劾睢州爲僞學，枋臣因擢之副詹事，以逼睢州，以睢州故兼詹事也。先生以文頭責之，一日而其文遍傳京師，尚書恨甚。顧枋臣有長子，多才，求學於先生，枋臣以此頗欲援先生登朝。枋臣有幸僕曰安三，勢傾京師，内外官寮多事之，如舊史之萼山先生者〔一〕，欲先生一假借之而不得。枋臣之子乘間言於先生曰：「家君待先生厚，然而卒不得大有佽助，某以父子之間，亦不能爲力者，何也？蓋有人焉，願先生少施顏色，則事可立諧。某亦知斯言非可以加之先生，然念先生老，宜降意焉。」先生投盃而起曰：「吾以汝爲佳兒也，不料其無恥至此。」絕不與通〔二〕。於是枋臣之子，百計請罪於先生，始終執禮。而安三知之恨甚，枋臣遂與尚書同沮先生。

〔一〕嚴年。

〔二〕或言此爲查初白事，非西溟事。

崑山徐尚書罷官〔一〕，猶領一統志事，即家置局，先生從之南歸。時貴之搆崑山者，亦惡先生。顧崑山雖退居，其氣力尚健，惓惓爲先生通榜，卒不倦，則亦古人之遺也。康熙丁丑，年七十矣，先生入闈復違格，受卷官見之，歎曰：「此老今年不第，將絕望而歸耳。」爲改正之，遂成進士。及奉大對，聖祖識其手書，特拔置第三人，賜及第，授編修。先生以雄文碩學，困頓一生，姓名爲天子所知者二十年，至能鑒別其墨跡，雖有忌之者，而亦有大老吹噓，不遺餘力，乃篤老始登一第，其遭遇之奇，蓋世間所希。既登中秘，神明未衰，論者以爲當膺廟堂大著作之任，以昌其文，乃甫二年，而以己卯試事，同官〔二〕不飭簠簋，牽連下吏。

滿朝臣寮，皆知先生之無罪，顧以其事涇渭各具，當自白，而不意先生遽病死。新城方爲刑部，歎曰：「吾在西曹，顧使湛園以非罪死獄中，愧如何矣！」嗚呼！桑榆雖晚，爲霞尚足滿天，而奇禍臨之，是則大造之所以厄之者毒也。

〔一〕徐乾學。

〔二〕李蟠。

先生居家，孝友之行，粹然無間，與人交，悃愊不立城府。論文則娓娓不倦，書法尤入神，直追唐以前風格。生平無纖毫失德，故既死而惜之者，非徒以其文也。所著有湛園未定稿、葦間集，皆行世。先生之文最知名者，爲明史稿刑法志，極言明中葉厰衛之害，淋漓痛切，以爲後王殷鑒。一統志中諸論序，亦經世之文也。晚年尤嗜經學，始多説經之作，未及編入集中而卒。予生也晚，不及接先生之履絇，顧世人所知者但先生之文，而茫然於其大節。豈知常熟一事，則歐陽兗公之於高若訥不足奇也；枋臣一事，則陳少南之於秦熺殆有遜之。若始終不負崑山，則又其小焉者矣，區區徒以其文乎哉！其銘曰：

吾鄮文雄，樓宣獻公。誰其嗣之？剡源、清容。易世而起，有湛園翁。白頭一第，亦已僊涷。何辜於天，竟以凶終。茫茫黄土，冥冥太空。

提督貴州學政翰林院編修九沙萬公神道碑銘〔一〕

乾隆六年正月二十四日，前提督貴陽學使翰林九沙萬公卒於家。先是，公嘗自葺年譜，謙詞令身後不必求志表之文。至是，公之婦弟錢君中盛謂終不可廢也，長君承天屬予序次之。余於公爲十世通家子弟，少陪杖履，又叨同館後進，況生平知己之感，至深且重，其曷敢辭。但考之今制，墓道之禮，五品以上用碑，五品以下用碣，此唐宋以來故制，莫之易也。而館閣諸臣，自明以來，資望最隆，五品以上其儀視尚書，五品以下其儀視侍郎；而今制，直省學臣，其儀視督撫，稱三院，則其得用碑無可疑者，故予於公麗牲之石，特令準五品以上之儀。

〔一〕萬經，錢東廬墒，續甬上詩百十一。

按公諱經，字授一，別署九沙。先世爲鳳陽府定遠縣人。明初從龍功臣斌之後。斌之子鍾，以世襲，始爲寧波衛人。鍾子武，武弟文，相繼襲指揮，死王事，世所稱「四忠」者也。又四世而爲中府都督同知、淮安總兵表，以儒將私淑新建之學，世所稱鹿園先生者也。又二世而爲左府都督僉事、福建總兵邦孚，是爲公曾祖。生户部主事泰，是爲公祖，始喪其世職，爲寧波府鄞縣人。户部八子並有名，而殊尤者三人：其一爲公擇先生斯選，其一爲充宗先生斯大，其一爲季野先生斯同。公爲充宗先生子。初，鹿園先生二世葬於杭之西谿，及充宗先生開講於杭，遂以守墓定居，故公長於杭。少隨諸父讀書。南雷黄子方移證人書院於鄞，申明蕺山之學，公擇先生兄弟最稱高座，公劍負侍於席末〔一〕，豫聞格物傳心之教。諸父著書滿屋，公不假外求，耳濡目染，已成學海，一切世俗之佔畢，不得至前，此固非下户小生之所能望也。於是受三禮説數十萬言、春秋説數十萬言於充宗先生，又受三禮説數十萬言於季野先生，受易説數十萬言於世父正符先生斯禎，受尚書説數千言於從兄言，又受闢佛之説數萬言於公擇先生，此其經學也。受明史紀傳三百卷及列代史表數十種於季野先生，受明史綱目及崇禎長編於從兄言，此其史學也。而公又叩性理之學於應徵士嗣寅，求漢隸原委於鄭君谷口，參考通鑑地里箋釋於閻徵士百詩，其博且精也。（下略）

〔一〕負，謂致兒背上；劍，謂挾於脅下，如帶劍也。見曲禮上。今作「劍負」，明劍亦動詞，不作名詞用也。參廿四卷寧波府儒學進士題名碑。

鮚埼亭集批注　前集卷十七

碑銘十二

前侍郎桐城方公神道碑銘〔一〕

古今宿儒，有經術者或未必兼文章，有文章者或未必本經術，所以申、毛、服、鄭之於遷、固，各有溝澮。唯是經術文章之兼固難，而其用之足爲斯世斯民之重，則難之尤難者。前侍郎桐城方公，庶幾不愧於此。然世稱公之文章，萬口無異辭，而于經術已不過皮相之，若其惓惓爲斯世斯民之故，而不得一遂其志者，則非惟不足以知之，且從而掊擊之，其亦悕矣。

〔一〕方苞，乾十四卒。名見四頁。

公成進士七年〔一〕，以奉母未釋褐，已有盛名。會遭奇禍論死，安溪〔二〕方傾倒於公，力救之。幸荷聖祖如天之仁，宥死隸旗下，以白衣直禁廷，共豫校讎，令與諸皇子遊，自和碩誠親王下皆呼之曰「先生」。事出破格，固無復用世之望矣。然公雖朝不坐，燕不與，而密勿機務，多得聞之。當是時，安溪在閣，徐文靖公元夢以總憲兼院長，公時時以所見敷陳，某事當行，某事害於民當去，其説多見施行，雖或未能盡得之諸老，而能容之，故公之苦口不一而足，不自知其數也。或欲薦公，則曰：「僕本罪臣，不死已爲非望，公休矣。但有所見，必爲公言之，倘得行，拜賜多矣。」

〔一〕康四六。

〔二〕李光地，康五七卒。

世宗即位，首免公旗籍，尋欲用公爲司業，以老病力辭。九年，竟以爲中允，許扶杖上殿以優之。再遷爲侍讀學士。孫公嘉淦以刑部侍郎尹京兆兼祭酒〔一〕，勁挺不爲和碩果親王所喜〔二〕。有客自朱邸來，傳王意授公急奏，令劾之，當即以公代之。公拒不可，其人以禍怵之，公以死力辭。不數日，竟有應募上劾者，孫公下獄。公謂大學士鄂公〔三〕曰：「孫侍郎以非罪死，公亦何顔坐中書矣。」於是孫公卒得免，人多爲公危之，而王亦不以是有加於公也。尋遷内閣學士，公以不任行走爲辭。詔許免上直，有大議，得即家上之。公感激流涕，以爲不世之恩，當思所以爲不世之報，然日益不諧於衆矣。

〔一〕孫嘉淦，雍十刑侍。

〔二〕允禮，康熙第十七子。

〔三〕鄂爾泰，乾十年四月卒。

今上即位，有意大用公。時方議行三年之喪，禮部尚書魏公廷珍〔一〕，公石交也，以諮公。公平日最講喪禮，以此乃人倫之本，喪禮不行，世道人心所以日趨苟簡，諄諄爲學者言之。而是時皇上大孝，方欲追踐古禮，公因欲復古人以次變除之制，隨時降殺，定爲程度，内外臣工亦各分等差，以爲除服之期。此說本之桴亭陸氏，最爲有見。魏公上之，聞者大駴，共格其議，魏公亦以此不安其位。尋遷禮部侍郎，公又辭，詔許數日一赴部，平決大事。公雖不甚入部，而時奉獨對，一切大除授并大政，往往諮公，多所密陳，盈庭側目於公。

〔一〕魏廷珍，雍九至十禮尚。

初，公嘗董蒙養齋，河督高君〔一〕方在齋中，公頗言其必貴，故河督最向往公。及其違衆議開毛城舖，舉朝爭之不能得，外而督撫爭之亦不能得，而臺省二臣以是下獄〔二〕。公言於徐公元夢，令爲上言，不應以言罪諫官，上即日出之。于是公獨具疏力陳河督之愎，上頗心動。河督自請入面對，上以其平日素向往公也，以疏示之，河督大恨，亦思傾公。禮部共議薦一貲郎入曹，和碩履親王莅部，已許之矣。公以故事禮部必用甲科，不肯平署，王亦怒。會新拜泰安〔三〕爲輔臣，而召河間魏尚書爲總憲，朝廷爭相告曰：「是皆方侍郎所爲，若不共排之，將吾輩無地可置身矣。」是後，凡公有疏下部，九列皆合口梗之，雖以睢州湯文正公天下之人皆以爲當從祀者，以其議出於公，必阻之。公嘗陳酒誥之戒欲禁酒，而復古人大酺之制，以爲民節用；又言淡巴菰出外番，近日中原遍種之，耗沃土以資無益之産，宜禁之。其言頗近於迂闊，益爲九列中口實。于是河督言公有門生在河上，嘗以書託之，上稍不直公，而禮部中遂有挺身爲公難者。公自知孤立，密陳其狀，且以病爲請，許以原官致仕，仍涖書局。衆以上意未置公也，適庶常散館，又以公有所私發之，遂被削奪，仍在書局行走。而荆谿人吴紱者〔四〕，公所卵翼以入書局，至是遂與公爲抗，盡竄改公之所述，力加排詆，聞者駭之。然上終思公。一日吏部推用祭酒，上沉吟曰：「是官應使方苞爲之，方稱其任。」旁無應者。嗚呼！温公退居留臺，神宗方改官制，以爲御史大夫非光不可，其亦古今所同慨也夫。於是公自以精力倍衰，求解書局，許之，特賜侍講銜。歸里，杜門不接賓客。江督尹公〔五〕踵門求見，三至，以病辭。乾隆十有四年〔六〕八月十有八日卒，春秋八十有二。

〔一〕高斌。
〔二〕甄之璜、鍾衡。
〔三〕趙國麟。
〔四〕吴紱，方來。
〔五〕尹繼善。
〔六〕己巳。

公諱苞，字靈皋，學者稱爲望谿先生，江南安慶之桐城人。桐城方氏爲右族，自明初先斷事公以遜志〔一〕高弟與于革除之難，三百年中，世濟其美。明季密之先生〔二〕尤以博學稱。近始多居江寧者，公亦家焉。三世皆以公貴，贈閣學。公之成進士也，宗人方孝標者，故翰林，失職遊滇中，陷賊而歸，怨望，語多不遜。里人戴名世日記多采其言，姓而不名。事發，吏遂以爲公也，及訊，得知爲孝標。吏議以其已死，取其五服宗人將行房誅之刑，長繫公以待命，賴安溪而免難。故公自謂宦情素絶，非有心於仕進，每得一推擢必固辭，而三朝之遭遇，實爲殊絶，不得不求報稱，豈知勢有所不能也。伯兄舟以高才而不壽，公傷之，推恩其子道永，得官順天府通判。而道永之罷官，頗遭羅織，亦以公故。公又于故相〔三〕爲同籍，公子道章亦得罪於故相之子，故累上計車，卒不得一售。

〔一〕方孝孺。
〔二〕方以智。
〔三〕張廷玉。

公少而讀書，能見其大。及遊京師，吾鄉萬徵君季野最奇之，因告之曰：「勿讀無益之書，勿爲無益之文。」公終身誦以爲名言。自是一意窮經，其于通志堂徐氏所雕九經，凡三度芟薙之，取其粹言而會通之。不喜觀雜書，以爲徒費目力，玩物喪志，而無所得。其文尤峻潔，未第時，吾鄉姜編修湛園〔一〕見之曰：「此人吾輩當讓之出一頭地者也。」然公論文，最不喜班史、柳集，嘗條舉其所短而力詆之。世之人或以爲過，而公守其説彌篤。諸經之中，尤精者爲三禮，晚年七治儀禮，已登八秩，而日坐城北湄園中，屹屹不置；次之爲春秋，皆有成書。間讀諸子，於荀、管二家，别有删定本，皆行于世。其在京師，後進之士挾温卷以求見者，户外之履，昕夕恒滿。然公必扣以所治何經，所得何説，所學者誰氏之文，蓋有虚名甚盛，而答問之下舌橋口噤、汗流盈頰不能對一詞者，公輒愀然不樂，戒其徒事于馳騖。故不特同列惡公，即館閣年少以及場屋之徒，多不得志于公，百口謗之，是則古道所以不行於今日也。

〔一〕姜宸英。

公享名最早，立朝最晚，生平心知之契，自徐文靖公後，曰江陰楊文定公，曰漳浦蔡文勤公，曰西林鄂文端公，曰河間魏公，曰今相國海寧陳公，曰前直督臨川李公，曰今總憲宣城梅公，曰今河督顧公。其與臨川，每以議論不合有所爭，然退而未嘗不交相許也。雅稱太原孫尚書〔一〕曰：「殆今世第一流也。」及太原進冢臣，而公稍疑之，嘗歎曰：「知人之難，諒哉！」履邸〔二〕雖惡公，而知公未嘗不深。一日，鄂文端公侍坐，論近世人物，文端歎曰：「以陳尚書〔三〕之賢也，而自閩撫入京，聞其進羨餘金六萬，人固未易知也。」王曰：「其方侍郎乎？其强聒令人厭，然其堯舜君民之志，殊可原也。」而前此力扼睢州從祀之尚書〔四〕，垂死悔恨，自以爲疚心。嗚呼！大江以南，近日老成日謝，經術文章之望，公與臨川實尸之，雖高卧江鄉，猶爲天下之望。去年公卒，今年臨川繼之，蓋無復慭遺矣，豈不悲夫！

〔一〕孫嘉淦。
〔二〕允祹，康熙第十二子。
〔三〕陳大受，乾十一、十二年閩撫。
〔四〕翁叔元。

予之受知于公，猶公之受知於萬、姜二先生也。其後又與道章〔一〕爲同年，且重之以婚姻。予之罷官也，公豫見其兆，諷予以早去。及予歸，而公又以爲惜，欲留予，而不知公亦從此被撼矣。公之密章秘牘，世所未見，唯道章知之，而道章先公卒，故予亦不能舉其十一也。西州之痛，言不敢私，亦不敢諱，安得以銘爲辭。其銘曰：

經説在箱，文編在笥。雖登九列，依然賫志。强聒而言，何補於事。適招多口，成兹顛躓。懸知耿耿，百年長視。老成凋喪，嗣子又逝。孰知公者，青蠅僅至。墓門片石，秦淮之涘。

〔一〕道章號定思，卷廿有方定思墓銘。

翰林院編修贈學士長洲何公墓碑銘〔一〕

國初多稽古洽聞之士，至康熙中葉而衰，士之不欲以帖括自竟者，稍廓之爲詞章之學已耳。求其原原本本，確有所折衷而心得之者，未之有也。長洲何公，生於三吴聲氣之場，顧獨篤志於學。其讀書，繭絲牛毛，旁推而交通之，必審必覈。凡所持論，考之先正，無一語無根據。吴下多書估，公從之訪購宋、元舊槧，及故家抄本，細讎正之，一卷或積數十過，丹黄稠叠，而後知近世之書，脱漏譌謬，讀者沈迷於其中而終身未曉也。公少嘗選定坊社時文以行世，是以薄海之内，五尺童子皆道之，而不知其爲劉道原、洪野廬〔二〕一輩。及其晚歲，益有見於儒者之大原，嘗歎王厚齋雖魁宿，尚未洗盡詞科習氣爲可惜，而深自欲然，以爲特不賢者識小之徒，而公之所得自此益遠，則世固未之能盡知也。

〔一〕何焯，康六一卒。

〔二〕劉恕、洪邁。邁號景盧，又號野處。

顧公一生遭遇之蹇，則人世之所絶少者。公天性最耿介，取與尤廉，苟其胸中所不可，雖千金不屑，晨炊未具，不計也。每面斥人過，其一往厄窮，蓋由於此。初受知於崑山徐尚書〔一〕。崑山之門，舉世以爲青雲之藉，所以待公者甚沃，而爲忌者所中，失歡。戊辰校文之役，至訟之於大府，遂有下石欲殺之者。崑山謂：「何生狂士，不過欲少懲之耳，夫何甚！」事乃得解。已而常熟翁尚書〔二〕亦延致之。翁之子，妄人也，公又忤之，大爲所窘。及尚書受要人指，劾睢州湯文正公，滿朝憤之，莫敢訟言其罪，獨慈谿姜徵君西溟移文譏之，而公上書請削門生之籍，天下快焉。然公竟以是潦倒場屋，不得邀一薦，最後始爲安溪李相〔三〕所知，相與發明大義，脱落枝葉，醇如也。於是聖祖仁皇帝聞其姓名，召見，侍直南書房，尋特賜甲乙科，入翰林，兼侍直皇八子〔四〕府中。然忌者滋多，三年散館，置之下等而斥之，天下之人駭焉。尋得恩旨留，浮沉庶常間。洊歷内外艱，又十年始復以安谿薦，得召授編修，然不復直南書房。忌者終無已時，箕斗交搆，幾陷大禍，幸賴聖祖如天之仁，兼以知人之哲，得始終曲全，然亦悕矣。方事之殷，校尉縛公馬上，馳送獄，家人皇怖，公入獄，眠食如故。及所司盡籍其邸中書籍以進，聖祖乙夜覽之，曰：「是固讀書種子也。」而其中曾無失職觖望之語；又見其草稿，有辭吴縣令餽金札而異之，乃盡以其書還之，罪止解官，仍參書局。公出獄，即趨局校書如故。是時諸王皆右文，朱邸所聚册府，多資公校之。世宗憲皇帝在潛藩，亦以困學紀聞屬公箋疏。康熙六十一年六月九日，病卒。時聖祖方有用公之意，聞之軫悼，特贈超坊局諸階，爲侍讀學士。

〔一〕徐乾學。

〔二〕翁叔元。

〔三〕李光地。

〔四〕廉親王允禩，雍正改其名爲阿其那。

公之卒踰二十餘年，而其門人陸君錫疇謂予曰：「吾師遭遇之詳，子既熟知之矣，其身後之蹇，亦知之乎？」予曰：「未之聞也。」曰：「吾師最矜慎，不肯輕著書。苟有所得，再三詳定，以爲可者，則約言以記之，積久遂成道古録如干卷，蓋亦厚齋困學紀聞之流。乃同門有荷吾師噓拂之力而晚背之者，竊其書去，因乾没焉，今遂不可得，是一恨也。年來頗有嗜吾師之學者，兼金以購其所閲經史諸本，吴下估人多冒其跡以求售，於是有何氏僞書，而人莫之疑，又一恨也。吾師之殁時，值諸王多獲戾者，風波之下，麗牲之石未具，近幸得常熟陶稺中太常〔一〕許爲之，而太常遽死，又一恨也。子能爲補太常之一恨否？」予曰：「諾。」乃綜述其門人沈彤所爲行狀而序之。

〔一〕陶正靖。

公諱焯，字屺瞻，晚字茶仙，江南蘇州府長洲縣人也。先世曾以「義門」旌，學者因稱爲義門先生。康熙癸未進士。曾祖思佐，祖應登，父楝，皆諸生。娶王氏，卒年六十有二。子一，壽餘，諸生。葬於某鄉之某原。其所著惟困學紀聞箋行世，而書法尤爲時所傳云。公與桐城方侍郎望谿論文不甚合，望谿最惡□□之文〔一〕，而公頗右之，謂自□□後更無人矣。蓋公少學於邵僧彌，僧彌出自□□故也。望谿爭之力。然望谿有作必問其友曰：「義門見之否？如有言，乞以告我。義門能糾吾文之短者。」嗚呼！前輩直諒之風遠矣。其銘曰：

天子知之，宰相知之，而竟坎壈，以尼於時。穹窿山上，帶草絲絲。

〔一〕空圍爲「牧齋」二字，下同。

閣學臨川李公神道碑銘〔一〕

乾隆十有五年，閣學臨川李公卒於家。公以病退已十年，然海内士大夫猶時時探公起居，以爲斯道之重。公卒而東南之宿德盡矣。嗚呼！公揚歷三朝，負重望者四十餘年，以爲不遇，則亦嘗受特達之知，荷非常之寵，内而槐棘，外而節旄，至再至三，有具臣所不敢望者；以爲遇，則乍前而遽却，甫合而已離，磨蝎蒼蠅，旁午中之，何造物之顛倒斯人一至此也！累蹶累起，卒不得志，終於骯髒以没，是則可謂痛心者矣。

〔一〕李紱，乾十五卒。

公以己丑〔一〕進士入詞館，授編修，即受聖祖不次之擢，超五階爲庶子，自來詞館所未有也。主試滇中、浙中，凡再遷而至閣學，攝吏部侍郎兼副都，且大用矣，以辛丑〔二〕校士之役，被論罷官，視永定河工，蓋未及一年而已黜。世宗在潛藩雅知公，既嗣位，召還，盡復其官，時時賜獨對，參豫大議。時有密勿重臣二人〔三〕，禮絶百僚，親王亦折節致敬，而公平揖之。重臣言公賦性剛愎，難共事，乃解閣部二官，但領副都。尋復以爲兵部侍郎，直講筵。視漕歸，稱旨，旋令填撫廣西。重臣終心忌之，因作四巡撫論，皆加醜詆，以爲亂政之魁。四巡撫者，江撫楊文定公，時爲滇撫；今大學士海寧陳公，時爲東撫；其一則公；而蔡尚書爲川撫，亦豫焉〔四〕。重臣又令其私人污公以贓，卒不得。不二年，世宗思公，召爲直隸總督，盼睞倍隆。公力言河東總督田文鏡之殃民，既面奏之，漏三下猶未退，又連章糾之。河督亦劾公以朋黨，袒護屬吏之出自科第者，且舉動乖張。世宗始頗直公言，將斥河督，已而稍猶豫，于是封事狎至，公雖互有所持而不勝。當是時世宗方痛懲廟堂朋比之習，蔡尚書者，素負才而專己，顧獨傾心於公。會其失眷，忌公者因譖之，以爲是其死友，歷指其踪跡，公益詘。召入爲工部侍郎，其在事方九月也，則新任直督及廣撫交章劾公。初，公在廣撫任中，嘗安插一罪苗，至是逃去，新廣撫不自引咎，追劾公從前措置不善。詔使公隻身前往捕賊自贖，不得攜廣中一吏卒，人皆危之。公至而叛苗束身自歸，有司訊之，曰：「吾不可以負李公。」其事得解。時公已削奪官爵，既歸，下刑部聽訊。大臣議公罪應絞者十有七，應斬者六，共應得死罪二十有四，凡屬吏于官項有虧者，皆令公代賠。籍其家，取其夫人之簪釧，視之，皆銅器也。獄成，世益爲公危，顧公處之泰然，在囚中日讀書，晝飽啖，夜熟眠，若不知有憂患者。時故甘撫胡君期恒亦以事在繫，歎曰：「真鐵漢也！」内外諸臣方以全力羅織公，必欲置之死。世宗始終念公，特以其性剛，意欲痛有所摧折，而後湔洗之，而復用之，乃大召廷臣，并召公親詰責之。公正色無所撓，但言臣罪當誅，乞即正法，以爲人臣不忠之戒，無乞憐語。是日也，天威甚厲，近臣皆驚悸，汗出浹背，恐有大處分，而公自若。鄭侍講篔谷〔五〕在班中，最爲予詳言之。尋奉詔恩赦公，令纂修八旗志書。敝車羸馬，即日赴局，杜門不接賓客，重葺平生所著書，如是者八年。今上即位，召見，諭曰：「先帝固欲用汝。」即日授户部三庫侍郎，尋改左侍郎。時頗有阻公之起而不得者，顧不一年竟左遷詹事。

〔一〕康四八。

〔二〕康六十。

〔三〕隆科多、年羹堯。

〔四〕楊名時、陳世倌、蔡珽，皆雍元、二年事。

〔五〕鄭江。

公平生以行道濟時爲急，用世之心最殷，故三黜而其志未嘗少衰，而浩然之氣亦未嘗少減。然而霜雪侵尋，日以剥落，菁華亦漸耗矣。會以丁太夫人憂歸，服除，又左遷光禄，尋遷閣學。時方主試江寧，一旦忽大病，神氣遂支離，與人語健忘，一飯之頃，重述其言，絮絮數十度不止。扶疾還朝，詔在京調治，竟不痊。許以原官致仕，賜詩以寵其行。歸而稍愈，優游里社。曾一至黄山，蓋公先世自王父以上，皆休寧産也，然非復前此之伉壯矣。

嗚呼！公自釋褐時，新城王尚書稱其有萬夫之禀，及中年百鍊，芒彩愈出。豈知血肉之軀，終非金石，竟以是蕉萃殆盡。而要其耿耿賁志以終者，世人亦或未能盡知也。世之論公者，謂公之生平，良蹇於遇，顧亦頗咎公之不能善用其才。公以博聞强識之學，朝章國故，如肉貫弗，抵掌而談，如決潰隄而東注，不學之徒，已望風不敢前席。而公揚休山立，左顧右盼，千人皆廢，未嘗肯少接以温言。故不特同事者惡之，即班行中亦多畏之。嘗有中州一巨公〔一〕，自負能昌明朱子之學，一日謂公曰：「陸氏之學，非不岸然，特返之吾心，兀兀多未安者。以是知其於聖人之道未合也。」公曰：「君方總督倉場，而進羨餘，不知於心安否？是在陸門，五尺童子唾之矣。」其人失色而去，終身不復與公接。然其實公之虛懷善下，未嘗以我見自是。予以晚進，叨公宏奬。其在講座，每各持一説，與公力爭，有時公亦竟舍其説以從予。即其終不合者，亦曰：「各尊所聞可矣。」故累語客，賞予之不阿。而世方以閉眉合眼，喔咿嚅唲，伺察廟堂意旨，隨聲附和，是爲不傳之秘，則公之道宜其所往輒窮也。計公在九列共事者，曰年大將軍羹堯，曰隆太保科多，曰桐城、常熟二相公；及爲直督勷營田之役，曰和碩怡親王〔二〕，公皆一無所附麗，而卒困於河督。然其終得保全者，則聖天子有以呵護之也。西崦暮齒，尚遭側目，可悲也夫！

〔一〕張伯行。

〔二〕怡親王允祥，皇十三子。

公之好士，出自天性，故校士則蒙關節之謗，察吏則又遭鈎黨之誣。然而詞科之役，公方待罪書局，猶諄諄問予以天下才俊，各取其所長，登之簿録，是以丙辰復受薦舉過多之罰。偶取放翁詩題楹曰：「遠聞佳士輒心許，老見異書猶眼明。」蓋實録也。予之罷官也，徐相國〔一〕言于朝曰：「今日李詹事必大作惡。」或問之，張尚書〔二〕從旁荅曰：「此乃具體而微之李詹事也。」嗚呼！予亦何足以望公，而辱諸君之推轂乎？其經術皆足以經世務，指揮所至，迎刃而解。曾一出視漕，即爲清運丁積年之害，至今遵行。而惜其所至，皆未有三年淹也。生平學道宗旨，在先立乎其大者，陸子之教也。間謂予曰：「吾苟内省不疚，生死且不足動其心，何況禍福？禍福且不足動其心，何況得失？以此處境不難矣。」予於諸生請業，多述公此言以告之，則泰山巖巖之氣象，如在目前，一念及之，足使頑廉而懦立。今老成徂謝，後學其安所依歸乎？

〔一〕徐本。

〔二〕張廷玉。

公諱紱，字巨來，學者稱爲穆堂先生。其居臨川僅二世。少貧甚，讀書五行並下，落筆滚滚數千言，而無以爲生，嘗自其家徒步負襆被之徽，又之吴。吴人或異其才，然未能振也。或言之江撫郎君，一見曰：「非凡人也！」始資給之，遂魁其曹。三世皆以公貴，累贈户部侍郎。娶某氏，封夫人。子四：孝源、孝泳、孝游、孝洋，並登鄉薦，而孝源爲縣令。孫友棠，進士，翰林，今改御史。公春秋七十有八，葬於某山之某原。所著有穆堂類稿五十卷，續稿五十卷，別稿五十卷，春秋一是二十卷，陸子學譜二十卷，朱子晚年全論二十卷，陽明學録若干卷，八旗志書若干卷，皆行於世。

公于雍正癸丑之冬，見予文而許之，遂招予同居，時萬學士孺廬〔一〕亦寓焉。紫藤軒下，無日不奉明誨，諄諄于義利之戒。公以丁憂歸，予以罷官歸，學士亦以丁憂歸。是後，一見公于江寧，則公已病甚，猶惓惓以予出處爲念。既歸，不復相聞矣。公之歷官事迹，不能悉述，且亦有事秘不能直陳者。然而予苟不言，世且無知者，乃略陳其梗概，然終不能百一也。嘗謂公之生平盡得江西諸先正之裘冶，學術則文達、文安〔二〕，經術則盱江〔三〕，博物則道原、原父〔四〕，好賢下士則兗公，文章高處逼南豐，下亦不失爲道園〔五〕，而堯舜君民之志不下荆公，剛腸勁氣大類楊文節〔六〕，所謂大而非夸者，吾言是也。其銘曰：

用則大受，否則卷懷，曰亨曰屯，我何有哉！所可惜者，用世之才，困頓而死，志士所哀。名山大川，千古昭回；英靈之氣，長表券臺。

〔一〕萬承蒼。

〔二〕陸九齡，文達；陸九淵，文安。

〔三〕李覯，盱江。

〔四〕劉恕、劉敞。

〔五〕虞集。

〔六〕楊萬里。

鮚埼亭集批注　前集卷十八

碑銘十三

刑部侍郎管禮部侍郎事坦齋王公神道碑銘〔一〕

公諱蘭生，字振聲，别字坦齋，直隸河間府交河縣人。安谿相國督學畿輔，公時方試童子，安谿一見奇之，拔冠其曹，教以窮經。已而文貞〔二〕以吏部尚書兼撫直隸，檄公入保陽書院爲都講。及入正揆席，招公入京。安谿之學，留心律吕、曆算、音韻，有發前人所未及者，公皆得其傳。（下略）

〔一〕王蘭生。

〔二〕李光地。忽稱文貞，忽稱安谿，何也？

鄭侍讀篔谷先生墓碑銘〔一〕

篔谷先生鄭氏，諱江，字璣尺，浙之杭州府錢塘縣人。由康熙戊戌進士，改庶常，授檢討，同修明史，再參一統志局事，遷贊善，提督江安學政，遷侍讀，以足疾乞解官。

〔一〕鄭江。

先生讀書務心得，不從事於辭華。貌寢，又不喜事威儀，望之無足動人。然胸中粹然醇然，不設城府，待人以忠信，有一得之善，好之不啻自其口出。三館儲材之地，多皈依當路，以求速化，先生淡然無求，回翔書局者廿年，未嘗有積薪之憾見於詞色。門巷蕭然，客至烹茶相對而已。和碩果親王嘗欲延賓客，同官求之者如雲。桐城方學士望谿以先生薦，力辭不赴。及持節江介歸，方將進用，而蹇不任行，韓大夫之患墮車，蓋有命焉。初，先生官京師，嘗欲纂注春秋，至是遂成之，矻矻不舍。時扶杖出與諸故人爲詩社，倡酬極盛，不謂其遂卒也。

先生平日自視欿然，其在儕輩，似不能言者。故未嘗輕與人言學，然而知學者莫如先生，未嘗輕與人出其詩古文詞，然而知詩古文詞者莫若先生。嘗與予私論諸儒之學，謂「康節實出老、莊之緒餘，飾之以焦、京之術數，世特以二程推之，遂列之『六先生』之目，宋史登之道學，可一笑也。」謂「陸、王宗旨，豈可妄詆？世之擁戴朱子者攻之耳。東萊尚不敢斥陸。涇陽〔一〕非王，而未嘗不有取於王，而蚍蜉之撼何爲乎？不謂顧亭林亦蹈此習」。又謂「蔡虛齋〔二〕固善人，然惜其學之陋也。因文見道，已屬膚廓，豈有因帖括講章之文而見道者。使今世橫目二足之徒，挾兔園冊以論學，則蔡氏爲之厲也」。先生向從義門何公游，義門墨守朱學者，予意其不出師席之儲胥，不料其嶽嶽不肯苟同如此。其所作詩古文詞，稱情而出，一任時風衆勢之上下，確然莫能溷其本色。然細讀之，正不輕下一字，大類宋范正獻公淳夫〔三〕，而世之以險語僻文相尚者所弗知也。臨川學士穆堂嘗謂予曰：「今館閣人物渺然，如質谷者真正始之遺。」蓋確論也。予陪先生杖履之末幾二十年，辱待以忘年之契，嘗一日數過予，引爲畏友。及里居，貽書告予，約同事於春秋。辛酉〔四〕之秋，予至杭，開樽話舊，自是不復再見矣。

〔一〕顧憲成。

〔二〕蔡清。

〔三〕范祖禹。

〔四〕乾六。

生於康熙某年月日，卒於乾隆某年月日〔一〕。曾祖某，祖某，父某〔二〕，累贈贊善。宜人某氏。二子，長爲鄉貢進士。所著有篔谷詩集已行世。葬于西湖之某峰。予之爲斯文也，以所獨知於先生者序之，逝者如可作也，其許我乎？其銘曰：

予於同館前輩之交，方、李、謝、萬〔三〕暨先生而五。年來睽隔，强半老病，山河道阻。生者不可見，死者已矣，鬱鬱予懷，其誰與吐。

〔一〕生於康熙廿一年二月二十六日，卒於乾隆十年二月二十九日。

〔二〕應科、少南、茂坤。

〔三〕方苞，康四五；李紱，康四八；謝濟世，康五一；萬承蒼，康五二。

鮚埼亭集批注　前集卷十九

碑銘十四

鄭芷畦窆石志〔一〕

予少得見芷畦于萬編修九沙座上。其後，見蕭山毛西河集中，盛稱其治經，又見秀水朱竹垞所爲作石柱記箋序〔二〕，兼知其博物，益思見之。而芷畦以貧故，游幕府，家居之日少。其後病風而歸，不復出門，而予奔走南北，卒不得遂請益之志，未幾而芷畦死矣。

〔一〕鄭元慶。

〔二〕曝書亭集卅五，「箋」應作「釋」。

予從其族孫振銓求其遺書，知其子先亡，寡婦弱孫，甚可念。踰三年，始得其禮記緝注，蓋以續衛正叔之作也〔一〕；四禮參同，則集楊信齋〔二〕之緒者也；湖録，則苕中文獻之職志也。因歎芷畦之學如此，而一生連蹇，寄鼻息于高牙大纛之間，與所謂刑名錢穀之輩，旅進旅退，糊口代耕，視當世槐棘間人物，僅僅以數首制舉文字，弋獲功名，高坐危言，晏然自以爲千佛名經中尊宿，可爲慟哭。偶嘗與臨川李侍郎言而歎之，侍郎曰：「是也。吾于前二十年曾識其人，知其所學，而惜其不再入京也。」及詔求大科之士，侍郎輒歎曰：「如鄭君之博物，真其選也，而不幸死。」未幾，又有詔開禮局，侍郎又歎曰：「如鄭君之治經，真其選也，而不幸死。」但予聞前此中州張清恪公〔三〕亦雅重芷畦，欲薦之而未得，則又歎士生天地之間，求一二知己非易事；而所謂知己者，未必皆有引援之力；即有其力，又未必值其時；既值其時，而其人或不及待：斯其所以伏櫪鹽車，長鳴于日暮途遠之際，而無可訴也。

〔一〕衛湜禮記集說。
〔二〕楊復。
〔三〕張伯行。

振銓因言其將葬，乞予爲其幽宮之志。予方欲謀之有力者開雕君書而未能，即以窆石之文爲募疏焉，未知其克逮予志否也。芷畦生平著述，尚有行水金鑑，爲河道傅君所開雕盛行〔一〕，顧罕知其出于芷畦也，并附載于志中。詩文集若干卷，藏于家。芷畦諱元慶，湖之歸安人。其銘曰：

康成之邃密，漁仲之瑰奇。如此人才，而刀筆卑栖。誰爲司命，嗚呼噫嘻！

〔一〕四庫地理類二。傅澤洪。

周穆門墓誌銘〔一〕

穆門以詩名天下五十餘年，平生嘗遍歷秦、齊、晉、楚之墟，所至，巨公大卿皆爲倒屣，顧終于蹭蹬不遇而死。其人淵然湛然，莫能窺其涯涘，渾淪元氣，充積眉宇，蓋古黄叔度、陳仲弓之流也。士無賢不肖，皆曰周先生長者。乃其中則有確乎不可拔者，而不以形迹自見。大科之役，姚侍郎三辰〔二〕薦之，穆門力辭不得，應徵至京，徘徊公車門下數日，稱疾，卒不就試以歸，莫能測也。已而始服其高〔三〕。

〔一〕周京。

〔二〕姚三辰，康五二進士。

〔三〕「乃其中」至「自見」，「徘徊」至「卒不」，「莫能」至「其高」，乃姚椿文録六一所删。

杭之詩人爲社集，羣雅所萃，奉穆門爲職志。詩成，穆門以長箋寫之，醉墨淋漓，姿趣頽放，或弁數語於其端，得者以爲鴻寶。湖社風流，百年以來，於斯爲盛，皆穆門之所鼓動也。尤篤於人倫之誼，其娶婦也賢，而頗不得于其姑，穆門戒之曰：「黄涪翁之姊文城君困於洪氏，雖有三令子，莫能申也。汝其善事姑矣。」婦卒以是困悴而死。穆門事其母益孝，不敢有幾微見於顔色，然私憐其婦，終身不更娶以報之。有弟已析産，乘穆門之出遊而鬻其居，穆門歸，更僦屋，不以一語及之。故人王、袁、許三子者死，有女皆流落，穆門贖之歸，并其二從女皆撫之如女，擇壻而嫁之。以是晚景益窮，然其敦古道益摯。

穆門故鄞産，前明右副都御史莓崖先生相之後〔一〕，其遷杭五世。副都于先司空公〔二〕爲石交，副都之孫觀察〔三〕於先宗伯〔四〕爲婣家，故余于穆門尤相愛也。近副都之後居鄞者微不可問，穆門睠念大宗，形之寤寐。余嘗爲穆門言：「莓崖墓在太白山上，廿年以來，神道荒蕪，石馬眠草中，寒食麥飯，恐無舉者。」穆門泫然流涕曰：「吾當東歸買墓田，復置墓户以守之。」是後歲歲相見必及此，然詘于力，竟未能也。

〔一〕周相，嘉靖二年進士。
〔二〕全元立，南京工部侍郎。

〔三〕周汝觀，續甬詩一。
〔四〕全天叙，贈禮部右侍郎。參詩集六。

暮年，别自署東雙橋居士。東雙橋者，副都所居鄞城北坊第也。昨年予病於杭幾死，穆門昕夕訪視。予稍進食，穆門頻齎榼來過。次年，余在越中，而穆門吴淞之訃至矣。穆門死，湖社諸人一若失其憑依者，其爲人可想見也。

穆門姓周氏，諱京，字西穆，一字少穆。曾祖某，祖某，父某。娶某氏。生于某年某月某日，卒於某年某月某日〔一〕，得年七十有三。葬于湖上之某山。子宸望，諸生。

〔一〕乾十四。

穆門之卒也，吾友杭堇浦爲之傳〔一〕，序其事甚悉。厲樊榭、施竹田〔二〕論定其詩，山陰令舒堃畝〔三〕爲之開雕。而宸望又以幽室之文屬予，是不可以辭也，乃更爲之銘曰：

重湖黯然，喪我祭酒。白雲封之，其骨不朽。

〔一〕今道古堂集無此傳。

〔二〕施安。

〔三〕舒瞻，卷卌四。

前甘泉令明水龔君墓誌銘〔一〕

前甘泉令龔君，諱鑑，字齡上，又字碩果，一字明水，浙之杭州府錢塘縣人也。康熙之季，杭才彥最盛，而杭二堇浦與君爲尤。堇浦負奇氣，踔厲風發，君沉毅精實，各有所造。余時初出游，於諸才彥皆相善，而所最心知，亦莫如二人。顧不十年間，交友先後連茹成進士，登三館，而君以拔萃入成均，爲禄養計，就選入籍，世宗憲皇帝見而才之。時新析揚之江都爲甘泉，以君任之。

〔一〕龔鑑。道古堂文集卅四有龔鑑傳。外集卷七、卷十二有鑑叔父壙志及生傳。

邗溝故脂膏之地，吏罕得以節操自持者。君下車，卓然自矢。有故侍郎子舊嘗館君於京，至是以里人入謁，有所屬，而君拒之。又有同城官爲制府所昵，令之伺察屬吏者，方有挾而請，而君又拒之。又有巨室延飲，先期自都轉運使、太守以下皆固要君同往，而君又拒之。於是大江南北，盛傳甘泉令不近人情，而君益自刻苦，終歲無一絲一粟足稱長物。

縣有邵伯埭者，受高、寶諸湖之水，地卑下。君謂當於農隙時，運土築高埂，沿堤爲防，以徐議溝洫，堤上即植桑，以興蠶事。其西界地高，浹旬不雨，田即龜裂，宜每一里爲水塘以蓄之。如是則境内高下之田俱無患。大吏韙之，然不能行。而邵伯埭下有芒稻，河閘洩水尤要。雍正癸丑，大水泛溢，君冒雨親至其地，呼閘官洩之。閘官以鹽、漕爲言，不可。會河堤制府嵇公以視河至，君直陳之，厲聲呵閘官。嵇公動色，即啓閘，且斥閘官不職，立逐去。又用君言，定以鹽、漕二船過湖，需水不過六尺，若過六尺，即啟閘，無得以鹽、漕藉口實，多蓄水爲民田患，自是閘水疏通。然君終以築埂、開塘二事未得施行爲憾，有望于大吏之後來者，耿耿爲予言之。自君蒞任，每歲晏則江都之鰥寡孤獨多來入甘泉部中，以君有以卹之也。

世宗晚習禪悅，浮屠輩頗以此自放恣。杭之西湖聖因寺僧明慧者，前在内廷法會中，恩寵亞于元信。及出住湖上，干求遍于大江南北。一日，以書幣關白于君，君杖其使而遣之。其時制府亦君子人也，顧驟聞之，不能不愕眙，頗咎君，良久歎曰：「强項令應如此矣，吾愧之。」而其事竟流傳上聞，世宗召明慧還京，錮不許復出。當是時，甘泉令之吏聲雄於天下。凡君居官，皆以實心行實政，其事甚多，至今甘泉人能道之，余不悉述，述其大者。

於是報政以最入京，今上召見，欲久試之，復還任，先後凡六年，而以外艱去。中州撫軍尹君〔一〕，故揚守也，雅與君善。聞君無以爲葬而招之，欲使之主大梁書院事，得以脩脯助葬。君不自得，驟發心疾，思歸不得。君時年四十有六，又神明素强，不料其以是竟不起。初君喪偶，不再娶，及其以艱歸也，告於殯宮之前曰：「本爲寒士，典敝裘以何妨；有類枯禪，剔殘燈而獨旦。齋厨寂靜，旅館蕭條。囊莫名乎一錢，壙未封乎三板。幽冥相感，應共諒其無他；窘乏千端，亦祇還夫故我。」聞者哀之。

〔一〕尹會一，乾二年三月河南巡撫，四年十一月免。

君於經學最湛深，能摘先儒之誤，顧皆未有成書，其所成者毛詩疏説八卷，乃以簿書之暇得之。其報政至京，嘗以示予曰：「猶不至以風塵吏爲君所笑者，賴有此也。」索余序之，予逡巡未及，而君死矣。古文卓然可傳，顧多散失，幸存者曰龔甘泉集，特十一耳。

君之卒，二子皆幼，以故志幽之文未及備，其從弟鐸爲之行略一篇。又十年，其二子相繼爲諸生，始流涕請堇浦與予各爲文以表之。壬寅、癸卯間〔二〕，予寓杭，去君居不遠，昕夕相過從，每説經或不合，大聲爭之，驚其鄰舍兒。或相賞，亦復絶倒，相與醵錢百十文，覓魚酒爲樂。今君之墓木已拱，而余亦顛毛種種矣。

〔一〕康六一、雍元。

曾大父以庭，大父煜，父茂增。娶汪氏。子二：長謙，次邃。女一，壻柴景高。葬于某鄉之某原。其銘曰：

其學其仕，均未竟其志，而忽然以逝。宿草且十年，乃克銘其阡，是予之愆。

杭州海防草塘通判辛浦鮑君墓誌銘〔一〕

乾隆十三年閏七月十有八日，予在杭病甚，有急足以辛浦書至者，展視之，則彌留語也。其書曰：「日來一病，竟入膏肓，從此化爲異物，長辭左右，可爲歎息。一生偃蹇，豪無可録，祇操履粗堪自信，吟咏聊以自娱，而今已矣。寂寞身後，幸惟先生憐而念之。伏枕哀祈，泫然絶筆。」時予方進藥，不禁失聲哭，連日病爲之劇。稍差，念友朋垂殁之托，不可以疾故，令其耿耿猶視于地下，乃稍取其大略而次之。

〔一〕鮑鈐。

辛浦，姓鮑氏，諱鈖，字西岡，世籍雲中，今爲奉天正紅旗人。佐命大學士承先之曾孫，其三世傳見國史，有列于勳籍。辛浦年二十即知浙江之長興縣，幾十年，以病去官。尋再知長興，亦幾十年，其考最者累矣，而不得遷。最後大府以便宜擢之，爲鹽運嘉松分司通判，而部議又格之，於是三知長興。蓋其筮仕在聖祖仁皇帝四十六年，歷三世，至今上之七年，猶在長興。大府至者，皆爲稱屈，乃稍移之知嘉興，又移之海寧，尋擢爲草塘通判。草塘，在浙中倅廳之最貧者也，以故辛浦竟得之。辛浦之爲吏，不名一錢，而未嘗嗷嗷以廉自見；其任事尤精密，而未嘗以幹力先人；其接物和平無忤，而其中有介乎不可奪者。所以一官拓落，終身不得有力者之仗庇，而辛浦未嘗怨也。

彭城李敏達公〔一〕之督浙中也，治尚綜覈，百城畏之。而辛浦之癖在賦詩，每日升堂理訟獄畢，諸胥吏見其搓手注目，神采如有所得，輒私相語曰：「老子詩魔至矣。」須臾，取故牘尾題之殆遍。故其生平無日無詩。彭城一日謂湖守曰：「長興令日賦詩，吾且列之彈事矣。」湖守免冠謝董率不謹，曰：「當令改過而恕之。」退而戒辛浦曰：「獨不爲百口計乎？」賦詩於是辛浦黽勉束筆庋硯者三日，謂其客曰：「下官忍不可忍矣，惟大吏之所以罪之！」賦詩如故。然辛浦百事修舉，部民雅誦之，彭城徐察之而不復怒也。漕使常侍郎履坦改撫浙中，問於天門唐内翰赤子曰：「浙之屬吏，有足語風雅者否？」曰：「莫有過于長興令者矣，且其人非但辭客已也。」故辛浦雖旅見，其禮殊絶于羣吏，或留語移日。然辛浦落落穆穆，未嘗以此自昵，累以才謂不勝煩重爲辭，侍郎嘗語之曰：「少需之，吾當薦君爲方面。」辛浦終泊然，每入謁，所言不出于詩文。及侍郎有事于進奉，屬吏爭任之，以是卒招物議，天子遣大臣涖其獄，屬吏坐之株連者累累，而辛浦高枕自如，始共歎其爲不可及。尤好士，長興諸生王豫者〔二〕，通經，工詩古文詞，貧甚，辛浦雖刻苦，時時周之。豫以牽染之禍逮入京，辛浦爲之經理其家。其卒也，又爲之雕其集。蓋辛浦雖交遊滿天下，然其心知之契甚落落，及其投分也，則必篤于始終之誼，類如此。

〔一〕李衛。

〔二〕王豫，卷二十有壙志。

辛浦之詩，宗法新城，豐贍流麗，自然合度，隨手脱稾，即自書之以付雕工。或曰：「更無待于論定耶？」辛浦笑且歎曰：「吾老矣，而無子，漫爲之，亦漫存之耳。」或曰：「是定可以免長吉中表之累者也。」所著詩集四十卷，别有道腴堂文稾、亞谷叢書諸集，並行于世。病作，遽上箋，乞身于大府，不許，了然知必死，部署身後事，無一不整整。即其貽予訣別之書，已隱括生平，予文莫能有所增益也。嗚呼！昔人清真澹蕩之目，如吾辛浦者，其庶乎。辛浦以貽予書之次日即卒，享年五十有九。安人某氏，以其從子某爲後。初，辛浦在日，欲卜葬于杭之南山，曰：「他日湖社諸君雅集，當酹我墓。」今緣其雅意，窆之靈隱，因貯遺集于寺中，而予爲之銘。其詞曰：

嗟秋來之沉困兮，擬冥心以斷文字之緣。胡力疾而破戒兮，神傷于息壤之言。故人之銘無愧詞兮，長護君魂魄以綿綿。

趙谷林誄（一）

世宗憲皇帝修徵車故事，詔開大科，以充三館之選。時臨川李公方退閒，謂予曰：「大江南北人才，大率君所熟知，試爲我數之。」予因援筆奏記四十餘人，各列所長，甲精於經，乙通于史，丙工于古文或詩，或駢偶之學。臨川喟然歎曰：「使廟堂復前代通榜之列，君亦奚慚退之哉。」一日，過予齋頭，見有別集一卷，曰：「誰所爲也？」予曰：「即前所稱仁和趙君者也。」臨川把玩良久，袖之以歸。不閱月而今上特起爲户部三庫侍郎，其于予所稱四十餘人，多所展轉道地，而谷林則自薦之。未幾谷林之弟意林又被選，一時以爲盤洲、厚齋之家風也。臨川左降，谷林兄弟召試于廷，報罷，而予亦去官。臨川猶欲挽谷林共修三禮，谷林念其太孺人年高，謝歸。然竊謂以谷林之才，必尚有所以發其伏櫪之氣者，而不謂其連蹇十年，竟以病死。

〔一〕趙昱，類徵文藝十二。道古堂文集卅四有趙谷林傳。

谷林太孺人朱氏，山陰忠定公燮元曾孫女也〔一〕，其所自出爲祁氏，忠敏公外孫女也。壬寅、癸卯之間，忠敏子班孫以故國事謫瀋陽，少婦家居，朱氏以太孺人侍之，因撫爲女。谷林之尊人東白先生親迎，實在梅里，猶及見曠園東書堂之籤軸。及舉谷林兄弟，時時以外家之風流勉之。不二十年，谷林露抄雪購，小山堂插架之盛，遂與代興，爲吾浙河東西文獻大宗，同學之士雨聚笠，宵續燈，讀書其家，谷林解衣推食以鼓舞之。

〔一〕道古堂集趙谷林傳作「山陰總督尚書朱襄敏公之曾孫」。

自予洊丁荼苦，饑火交驅，學殖日以蕪落，近更重以健忘之病，嘗語諸朋好，願自改汝南之目，退列于九等之下中。而谷林語其長君一清，謂執友中所當嚴事者，莫如堇浦與予。陳同甫曰：「吕伯恭既死，誰爲知我？」予初哭谷林詩，謂其內行之醇備，問學之淵懿，而深悲其遭遇之厄窮，是固不僅以交情也。然即以吾二人之交情，又豈世俗之所可同年而語哉？

山陰金小郯〔一〕，詩人也，窮老無子，慈水老友鄭義門謂曰：「生于我乎？養。死于我乎？殯。」小郯已安之矣，俄而辭之遠行。谷林遇之江上，問將何之？曰：「之楚。」曰：「八十老人，盛暑爲二千里之行，非情也。」因留之止其家，半年而病，醫之藥之，死則殮之，呼其從子而歸其櫬以葬之。義門聞小郯之卒也，爲之慟，及聞谷林之竟其後事也，爲之流涕。

〔一〕金埴。

君諱昱，二十字功千，谷林其五十字也。先世宋宗子，居紹興之上虞，遷杭已五世。曾大父燮英，大父鶴，皆以從兄尚書貴，累贈至吏部侍郎。父汝旭，官象山教諭，所謂東白先生者也。配陳氏。子二：一清、式清，而一清能昌君之學。女五，孫七。葬于某鄉之某原，得年五十有九。所著有愛日堂集十六卷。一清請予誄其墓，義無所辭。年來臨川老病，未知能如水心之於滕宬，爲文以傳之否也。乃爲誄曰：

嗟乎谷林！軼羣之學，華國之才，天實爲之，其命不諧。有子不死，有文不朽，在爾曠然，浮雲何有。而我思舊，聞篴蒼涼，南華堂下，不減山陽。三十六鷗，自來自去，臯復不歸，故人延佇。「三十六鷗」，谷林亭名也，取姜白石詩中語。

右贊善崒山宋君墓誌銘〔一〕

予别崒山者十年，丙寅之冬，小住長洲，遊靈巖，遂入天平之麓，故人陸茶塢〔二〕招予于其園，聞崒山館在木瀆，村落近相接，乃訪之。崒山一見狂喜，留予飯罷，同過予。茶塢之水木明瑟園，清勝甲於吴中，崒山顧而樂之，而與茶塢傾倒如舊相識，烹魚沽酒，縱談于古藤架下。是夜清暉如晝，崒山謂予曰：「善哉子之不仕也，吾固知子非風塵中人也。然異哉子之不仕也，吾終疑子非槁項黄馘人也。」相與大笑。漏四下，止之宿，不可，竟去。相約以次年之春再會於是園，因爲洞庭西山之遊。及期，予未至，君亦歸，不數月而以病卒。

〔一〕宋楠，雍正十一年補殿試。崒音密。

〔二〕陸錫疇。

崒山爲人坦率而易直，顧其神明蕭灑，别有絶俗之韻，撓之不濁。其爲庶常也，一日院長集其儕而告之曰：「諸君甚清苦，有厭承明之廬者否？天子方求可以守襄陽者，吾當列上之。」峚山揜耳而走，曰：「斯言何爲至于我哉？」院長哂而弗咎也。及校書殿中，辰入酉出，落落自喜，不乞靈于要人之門。旋受宮坊之擢〔一〕，且駸駸進用，念其父年高，遂請歸養。既歸，而無以爲養，乃授徒于長洲。時下江撫軍陳可齋〔二〕，故同年同館也，峚山不一過之。撫軍聞其至，遣人通殷勤，峚山謝曰：「吾館去城三十里，俟有入城之便，當造謁。」然竟不入城也，吴人皆歎以爲不可及。

〔一〕太子左贊善。

〔二〕陳大受，乾六至十一任蘇撫。

峚山雖以甘旨之故，不能不出而授徒，然其晨昏之慕，形之夢寐。其課子也，每日授以經史之學，暇則使之習書，不令爲科舉之業，故年且二十而未應試，曰：「吾待其學成，則此小技者易易耳。莫使八識田中，先下稗花種子。」其論詩文最嚴，故矜慎不肯苟作。既成，必有邈然之致，不可以褻視者，然不輕以示人，而于予則有阿私之好云。

峚山姓宋氏，諱楠，其字曰丹林，浙之嚴州府建德縣人也。雍正癸丑進士，累官右春坊右贊善。曾祖某，祖某，父某，勑封翰林院檢討。娶某氏。峚山生于康熙某年某月某日，卒于乾隆某年某月某日，春秋五十有二。子某。埜山之死也，其子哀而毁，吞金幾斃，幸而甦，其父遂狂號而病以卒。嗚呼！埜山而有罪歟？天乎！吾知其無罪也。然則何以天之禍之酷也！乃爲文以哭而銘之。其辭曰：

引身以養父，乃不及終其天年。離經以課子，竟不及盡其薪傳。嗟三命之荼毒兮，抱九地之沉冤。質之粱父與亢父兮，亦曰莫知其然而然。

鮚埼亭集批注　前集卷二十

碑銘十五

王立甫壙志銘〔一〕

立甫，姓王氏，諱豫，字敬所，浙之長興縣人。娶姚氏，吾友薏田之姊也。立甫生負異稟，其骨相臞臞。就婚於姚氏，薏田與立甫爲同歲，其才相埒，唱酬時相厄。而薏田之姊，於十七史皆能背誦，亦頗欲鍼砭夫壻。立甫出則遇敵手，入則懼爲其婦所窘，益沉酣于學，大放厥辭。古文初學柳州，繼而歸於半山，詩則醇乎唐音也。

〔一〕王豫。

顧立甫有膏肓之疾，莫甚於好名。以其好名，故不慎於擇交，而連染之禍，至逮入京師〔一〕。立甫故孱瘦，神魂魄力不足以當大難，況家貧甚，鋃鐺就道，一無所資，長繫五年，其妻以望夫而死。迨事解得出，而芒角已摧困殆盡，不可復振矣。

〔一〕爲曾靜案展轉牽連下刑部獄在雍正七年。

癸丑〔一〕之夏，買舟南下，過予臥榻中，悵然言曰：「吾一往消索，不敢復與諸公爭宋、號之長。但願繼今以往，寂坐深山，窮經治史，稍於學有所得。東隅之失，或可藉手以見子。」予曰：「諾。」乃至任丘，故人爲之宿留。猶貽書於予，謂：「志氣奄奄，幾不可收束，寄聲吾友，願得良規以箴心疾，則成我者也。」未幾抵家，遂不通問。薏田以札來，謂其山居頗適，不料其死之遽也。

〔一〕雍十一。

立甫鋭意著書。其出獄也，杭堇浦方過予，而立甫至。堇浦問曰：「患難之中，所著多少？」立甫曰：「無有也。」堇浦愠曰：「古人遭患難，正可立言，何忽忽耶？」立甫謝之。嗚呼！豈知立甫雄心，已爲荼苦所盡，竟不能待五稔也。

立甫初哭其妻，謂予曰：「吾之負吾婦者，不可挽矣。薏田自當有文以傳其姊，然吾尚欲子之文以張之。」予逡巡未及踐約，而今乃以志立甫者及其妻，豈不恫哉！

遺文有孔堂小槀，長興令鮑辛浦爲梓以行世。立甫最善徵文獻，壬子〔一〕予將赴秋試，前一夕，立甫來視予，偶與談張尚書冰槎集中考證，傾耳聽之，神味津津。火盡，取所儲闈中樺燭焚之。雞三號，童僕盡起，席間燈火尚熒然。立甫乃曰：「吾過矣，子得無入闈而困耶？」

〔一〕雍十。

立甫生於某年月日，卒於某年月日〔一〕，其年四十有一。曾祖某，祖某，父某。無子。葬於某山之某原。銘曰：

蘭而摧，玉而折。欲問天，其何說？苕溪水，共嗚咽。有此文，倘不滅。

〔一〕乾隆三年正月。

姚薏田壙志銘〔一〕

通經學古之士，天每以阨窮加之，或曰「所以玉之於成也」，其信然乎？則所謂阨窮者，不過槁項黄馘，三旬九食，以畢其生，亦已足矣，而乃重之以疾病，甚之以患難，終之以孤煢，如是而曰「玉之于成」，莫之信也。天而無意於斯人乎，何故而於孤根薄植之中，屈沆瀣之精以篤其材？天而有意於斯人也，而所以玉之者，適足摧殘戕賊之以至於死，則司命者之權衡，不知安在？

〔一〕姚世鈺。

歸安姚薏田、長興王敬所，皆今世僅有之材也。二人者爲郎舅，其讀書能冥搜神會，真見古聖賢之心；其爲詩古文詞，清雋高潔，平視千古，一時推爲國器。然而皆一貧如洗，不克自贍其生。薏田尤疲羸，長年委頓，藥裹不去手，寒暑風雨，時若有鬼伯扤之。敬所遭奇禍，逮繫西曹者五載，薏田以其姊故，益在多凶多懼之中，終日涕洟。敬所解網而歸，不數年而死。薏田隻輪孤翼，漠然無所向，痼疾益甚，沉緜又十年，竟死。二人者皆無子。嗚呼！其可悲也。

薏田之操行，其視敬所爲更醇。敬所死，予銘其墓，不諱其生平疵纇，薏田垂淚讀之，已而相向噭然以哭，至失聲。長興令鮑辛浦在座，亦汍瀾而起。今吾銘薏田之墓，辛浦之死且三年矣，誰其讀吾文者？

薏田，姓姚氏，諱世鈺，字玉裁。曾祖某，江蘇按察使司。祖某，明經。父某，諸生。娶某氏。

薏田之爲諸生也，王提學蘭生、唐太守紹祖皆知之，欲爲之道地，然竟不果。未幾薏田亦病廢，更無意于人世矣。晚年益刊落枝葉，所得粹然，授徒江都，遂卒焉。吾友馬曰琯、曰璐、張四科爲之料理其身後，周卹其家，又爲之收拾其遺文，將開雕焉〔一〕，可謂行古之道者也。生于某年某月某日，卒於某年某月某日，得年五十有五。從子某爲之後。葬於某鄉之某原。所著有蓮花莊集四卷。莊，故松雪王孫之居也。其銘曰：

薏田之學，私淑義門，義門之徒，莫之或先。人亦有言，墨守太堅，薏田不信，禦侮兀然，每逢異幟，互有爭端。焦脣敝頰，各尊所聞，而今已矣，宿草陳根。悽愴哀詞，以當招魂。薏田嘗述義門之言，以爲厚齋不脱詞科中人習氣也。予諧之曰：「義門不脱紙尾之學習氣也。」薏田大愠。

〔一〕孱守齋遺稿詩、文各二卷，四科爲付梓。

沈果堂墓版文〔一〕

義門先生〔二〕之學，其稱高第弟子者，曰陳季方，曰陳少章〔三〕，年來俱已霣喪，而吴江沈君果堂爲之後勁。果堂爲人醇篤，盡洗中吴名士之習。讀書以窮經爲事，貫穿古人之異同，而求其至是。其爲文章，不務辭華，獨抒心得。顧闇淡自修，世無知之者，而果堂亦不甚求知于世。大科之役，有薦之者，始入京。方侍郎望谿、李侍郎穆堂皆稱之，予亦由二公以識君。君生平有所述作，最矜慎，不輕下筆，幾幾有含毫腐穎之風。予以爲非場屋之材，而君果以奏賦至夜半，不及成詩而出。遂南歸，兀兀著書。其論文足與二陳稱敵手，其窮經則二陳有所不逮也。予往來江、淮之上，道出中吴，必訪君，君亦必出所著，傾倒就予，互相證明。天子求明經之士，予以爲果堂足副其選，而竟未有薦之待詔公車門下者。寒氈一席，泊如也。

〔一〕沈彤，類徵儒行十五。

〔二〕何焯。

〔三〕陳景雲，經世文編十六有楊名時與陳季方論吏治書。

辛未之冬〔一〕，君著周官禄田考方就，予自邗上歸，吴之老友沈穎谷、陸茶塢、迮耕石〔二〕爭留予曰：「果堂正盼子，欲以周官禄田考有所商搉。」予迫于歲暮，懼諸公詩酒留連之阻歸棹也，是夜解維遽去，而寄聲於茶塢曰：「明春當與果堂爲對牀之語，并讀其所新著之書。」不料及春而予有嶺外之行，參辰相去，音問不接。李生師稷南來，告予曰：「沈先生歸道山矣。」嗚呼！大江南北相望二千餘里，高材之士不少，然心知之契，可以析疑義，資攻錯，而不徒以春華相馳逐者，則舍果堂之外，吾未之見。苟知君之將死，當棄百事而從之，亦安忍掉頭不顧，成此孤負，是則痛心者矣。

〔一〕乾十六。

〔二〕沈李巖，名見卷卅宋樞密蔣文穆公端硯記，陸錫疇，迮雲龍。

君諱彤，字冠雲，蘇之吴江縣人。家世高門，在明中葉，有一光禄稱直臣，甲申而後，有以兄弟殉國難者。曾大父某，大父某，父某〔一〕。君以吴江學諸生應徵。生於某年月日，卒於某年月日。無子，以其從子爲後。得年六十有四〔二〕，葬于吴江之某原。嘗纂吴江、震澤二縣志，震澤故吴江之分邑也。君于二志，經緯分合各有法，可以爲天下分邑修志者之式。

〔一〕沈自南，沈永智，徵士録作單名志，沈始樹。

〔二〕據松崖文鈔二墓誌作年六十五，此誤。

嗚呼！交游凋謝，歲歲作哀挽，撰志銘，老泪爲之枯竭。而予亦衰病日深，今年幾死嶺外，歲晏歸來，一哭樊榭，再哭果堂，何以爲情〔一〕，乃重之以些詞曰：

君於官禮，湛思精詣，待我論定，始以問世。昔我有言，幸防輸攻，墨守倘發，恐難抗鋒。感君之意，愧我爽約，序君之書，以懺前諾。

〔一〕姚椿文録六一，「情」下殿以「也」字，而删「乃」以下二行。

厲樊榭墓碣銘〔一〕

余自束髮出交天下之士，凡所謂工於語言者，蓋未嘗不識之，而有韻之文，莫如樊榭。樊榭少孤，家貧，其兄賣淡巴菰葉爲業以養之。將寄之僧寮，樊榭不可。讀書數年，即學爲詩，有佳句。是後遂於書無所不窺，所得皆用之于詩，故其詩多有異聞軼事，爲人所不及知。而最長于游山之什，冥搜象物，流連光景，清妙軼羣。又深於言情，故其擅長尤在詞，深入南宋諸家之勝。然其人孤瘦枯寒，於世事絶不諳，又卞急，不能隨人曲折，率意而行，畢生以覓句爲自得。

〔一〕厲鶚，類徵文藝十二。

其爲諸生也，李穆堂閣學主試事，闈中見其謝表而異之，曰：「是必詩人也。」因録之。計車北上，湯侍郎西崖大賞其詩，會報罷，侍郎遣人致意，欲授館焉。樊榭襆被潛出京，翌日侍郎迎之，已去矣。自是不復入長安。及以詞科薦，同人强之始出。穆堂閣學欲爲道地，又報罷。而樊榭亦且老矣，乃忽有宦情，會選部之期近，遂赴之。同人皆謂：「君非有簿書之才，何孟浪思一擲？」樊榭曰：「吾思以薄禄養母也。」然樊榭竟至津門，興盡而返。予諧之曰：「是不上竿之魚也。」嗚呼！以樊榭爲吏，固非所宜，而以其清材，使其行吟于荒江寂寞之間以死，則不可謂非天矣〔一〕。

〔一〕「穆堂」至「道地」，「乃忽」至此，姚椿文録六一删。

予交樊榭三十年，祁門馬嶰谷兄弟延樊榭于館，予每數年必過之。嶰谷詩社以樊榭爲職志，連牀刻燭，未嘗不相唱和。已而錢塘踵爲詩社，予亦豫焉。數年以來，二社之人，死亡相繼，樊榭每與予太息。今年予有粤游，槐塘〔一〕以書告樊榭之病，不意其遽不起也。嗚呼！風雅道散，方賴樊榭以主持之，今而後，江、淮之吟事衰矣。

〔一〕汪沆。

樊榭，姓厲氏，諱鶚，字太鴻，本吾鄉之慈谿縣人，今爲錢塘縣人。康熙庚子舉人，生於某年月日，卒於某年月日，享年六十有二。曾祖某，祖某，父某。娶某氏。無子，以弟之子爲之後。葬於湖上之某峰。所著有宋詩紀事一百卷，樊榭山房集二十卷，已行於世，又有遼史拾遺十卷。

樊榭以求子故，累買妾而卒不育。最後得一妾，頗昵之，乃不安其室而去，遂以怏怏失志死，是則詞人不聞道之過也。且王適不難謾婦翁以博一妻，而樊榭至不能安其妾，則其才之短又可歎也。嗚呼！樊榭屬予序其宋詩、遼史二種，忽忽十年，息壤在彼，而今隕涕而表其墓，悲夫！是爲銘，其詞曰：

沖恬如白傅兮，尚有不能忘情之吟。人情所不能割兮，賢哲固亦難禁。祇應尋碧湖之故檠兮，與握手以援琴。樊榭苕上之故姬也。

張南漪墓誌銘〔一〕

南漪讀書極博，其說經皆有根據，必折衷於至是，而尤熟於史。其権史也，尤精於地志，幾幾足以分國初胡、閻、黄、顧諸老之席。其古文最嗜羅存齋〔二〕，於近人則喜顧亭林，是其平生學術大略也。

〔一〕張熷。

〔二〕羅願，宋史三八〇。

浙有妄男子者〔一〕，客京師，其文皆造險語奇字以欺人，而中實索然無所有。或問之，則取漢、唐以來之亡書對，曰：「是出某本。」賦詩，則以用盡韻部之字爲工。方余在京師時，力爲人言其謬，故妄男子最恨予。及予歸，妄男子始猖狂，而吾友中好奇者亦多爲所蠱，莫之正。南漪入京師，見而唾曰：「嘻，是不足爲樊紹述、劉幾〔二〕作輿臺，何其無忌憚一至此也。」會妄男子正説經，南漪投以帖子，詰其經義數十條，妄男子噤不能答，遷延避去。

〔一〕胡天游。

〔二〕「劉幾」當作「劉蛻」。劉蛻，唐長沙人，有文泉子集一卷，四庫別集四。劉幾，宋鉛山人，有東歸集十卷，解題十七，又名煇。

南漪不喜爲場屋之文，故科舉累失利。甲子〔一〕，王侍郎晉川〔二〕見其對策，奇之，置之副車。丁卯〔三〕，竟薦之。天子詔求明經之士，梁尚書薌林〔四〕又與侍郎交登啟事，故南漪久留京師。會召對之期在明年，南漪乃有金谿之行，舟至三衢，暴病返棹，抵家五日而卒。

〔一〕乾九。

〔二〕王會汾。

〔三〕乾十二。

〔四〕梁詩正。

南漪之學固未見其止，即就其所已至者，亦自足以有傳。而其平日爲文最矜慎，不苟作，身後屏當其篋，不滿數十篇，皆非其底蘊之所在。惟讀史舉正一書〔一〕，亦未及十之五，草書散亂在故紙中，予爲科分而件繫之，闕其所不可識者，詮次得四卷，令其子抄而傳之〔二〕。不然，南漪幾不免有寂寞千秋之恨，是則可悲也。

〔一〕仰視千七百廿九鶴齋三集刻本八卷。
〔二〕道古堂集十一有遺集序。

南漪嗜酒，然易醉。其家與予寓隔一巷，嘗與施慎甫飲予齋，正酣暢，極口論文，慎甫傾耳聽之。俄而目直上視，旁皇四顧，大罵，不知其所罵者何人也。余命奚奴扶之以歸。南漪下階，踣于草間，慎甫救之亦踣，罵聲猶喃喃，觀者大笑。由今思之，不異山陽之笛也。

南漪姓張氏，諱熷，字曦亮，杭之仁和縣人。曾祖某，祖某，父某。娶某氏。生于某年月日，卒于某年月日，其年四十有七〔一〕。葬于湖上。子三：埏、堦、塽，埏爲諸生，屬銘于予，其銘曰：

文如鄂州，厥壽亦侔〔二〕。小泉翁志其幽，贈君私謚曰醉侯。

〔一〕據讀史舉正卷首載此誌，生康熙四四乙酉，卒乾十五庚午，年四十六。
〔二〕羅願知鄂州，祠岳廟，甫拜，遽卒於像前。

萬循初墓誌銘〔一〕

循初以乾隆改元之歲，入京應詞科之薦，年甫冠，時人盛稱其詩，然予不過以詞章之士目之。又十年，遇齊次風于淮上，次風爲予言，循初學精進，近人未見其比，予始心重之，然終未知其底裏也。今年循初卒，惋歎累日。已而汪生孟鋗來，出其彌留所寄柬，言病已不可爲，以遺書爲託，「平生所瓣香者雙韭之文，而雙韭知我未深，幸爲圖之」。予瞿然曰：「向來誠不甚知循初，然予安足以重循初，而循初以身後之文望予，亦何可負之。」

〔一〕萬光泰，類徵經學六。

乃取其遺書觀之，歎曰：是今世之學者也。其穿穴六藝，排比百家，如肉貫弗，而尤卓然獨絶者，則周髀之學也。自古學廢絶，西人獨擅其長，中原反宗之，唐荊川、顧箬溪、邢雲路欲會通焉，而尚未能。姚江黄梨洲出，始言周公、商高之術，中原失傳，而被篡於西人，試按其書以求之，汶陽之田可歸也。梨洲弟子半江南，而得其傳者，海寧陳言揚也。絶學將昌，同時杭人吴志伊、蘇人王寅旭、宣人梅定九，鼎足而出。三先生者，未嘗與姚江討論及此，而所見適合。然且姚江初出，正在異軍特起時，其説尚稍疏，至諸家而益密，定九尤集其成。乃定九晚年睠睠欲得高材生以受其書，竟無有。吾友朋中不乏好古之士，然罕有工此術者。姚江邵子晸，亦詞科同籍也，獨精之。子晸嘗欲予序其書，諾之而未果。子晸卒，欲即家抄其書，亦未能也。乃今得之循初，上自注疏，旁及諸史，以至明之三曆，呵龐喝利，布算了了，何其神也。循初之述作種種，皆有可稱，然即以是書傳，亦已足矣。蓋予今而後知循初也，詞章之士云乎哉。

梁少師薌林〔一〕續修通考，延循初以董其事。少師醇謹，少所可，獨醉心於循初。其病也，爲步至秦侍郎樹峰邸〔二〕，商其藥物。及歿，如失左右手。會以扈從南下，見予于杭，語及循初，唏噓久之。

〔一〕梁詩正。

〔二〕秦蕙田。

循初，姓萬氏，諱光泰，一字柘坡，嘉興秀水縣人。曾祖某，祖某，父某。娶曹氏。生於康熙壬辰年某月某日，卒于乾隆庚午年某月某日。乾隆丙辰舉人，其年三十有九。無子。甚矣其荼苦也！葬于某鄉之某原。其遺書皆藏汪氏。其銘曰：

殁而猶視，乞予之文。予文不稱，何以瞑君。人生如此，天道寧論！

河南禹州牧蘗齋施君墓誌銘〔一〕

蘗齋以拔萃入成均，奉大對，世宗憲皇帝命往廣東，揚歷知緊縣，以課最，得召見。今上知其有母，移之浙江，再試二大縣，前後共十五年，始由德清遷河南之禹州。尚未赴，爲前縣尉所誣，解官聽勘。蘗齋平生自好，驟遭毒噬，不勝其憤，大吏頗知之，深加慰藉，欲亟白其獄，而蘗齋已病不可爲，遂卒于杭之寓寮，君子哀之。

〔一〕施念曾。

蘗齋爲愚山先生之曾孫，學有宗傳，不愧其家兒。粤中巨豪，憑其城社，大吏莫能誰何，君杖而錮之。浙東奸民煽動，大吏欲勦之，君以靜填之而自息，其才諝有過人者。其令新會，嘗葺白沙先生祠，又嘗遇莊定山〔一〕後人于逆旅而周之，姚江爲黄忠端公〔二〕贖祭田：皆非今世俗吏所有也。愚山先生詩集，舊爲張尚書伯行、曹通政寅所開雕，而未及其文，蘗齋始盡板行之。又爲之年譜，乞予爲文以糾志狀之譌而補其脱。先世中明先生〔三〕，羅文恭〔四〕高弟也，蘖齋不遠千里，以學録寄予，表章孔亟。愚山先生與蔡士美茸宣城前輩詩爲宛雅，蘖齋續之〔五〕。予謂當稱「宛陵羣雅」，不當稱「宛雅」，蘖齋曰：「何謂也？」予曰：「恐無以别於南陽之宛與宛邱也。」蘖齋曰：「予子乃吾先子之功臣。」〔六〕其虚衷如此。所至聚書，雖在官衙，不廢稽古。嘗繙閲至夜分，風吹其燈，爇及長髯，左頰亦燔。次日予適過其署，相視而笑。

〔一〕莊杲，明史一七九，江浦人，學案四五。

〔二〕黄尊素，學案六一。

〔三〕施鴻猷。

〔四〕羅汝芳。

〔五〕蔡士美，名蓁春。宛雅十卷，梅鼎祚編。續宛雅八卷，蔡、施同編。宛雅三編廿四卷，施念曾、張汝霖同編。四庫總集存目三。

〔六〕參潛研堂文集卅一跋方望溪文。又穆堂别稿三九書方靈皋曾祖墓銘後。

夫以常理論之，以蘖齋之勤慎和平，愛民下士，善氣所萃，不應以凶終，而竟横罹憂患，年甫踰四十而死，無子。其開雕年譜之成，病已劇，讀予序僅一過〔一〕，竟未及覆視也。身後，大吏窮竟其事，皆無有，其尉反坐以去。然而歸裝蕭然，斥賣及書卷，平時賓客交游無至者，惟吾友杭堇浦一人，不替歲寒之誼。抵家，太宜人亦遂以哭子死，人倫之慘備矣。

〔一〕卷卅二。

明年，其兄〔一〕來乞予銘。嗚呼！蘗齋蓋嘗請予表其贈公隨村先生之墓，言之頻年，而怪其行略之不至也。叩之，則曰：「子淡泊衡門，而吾以先墓之文爲屬，可無以將意乎？然釜魚塵甑，尚有待也。」言猶在耳，而蘗齋之墓已隆然矣。

〔一〕施企曾。

蘗齋姓施氏，諱念曾，字得仍，寧國宣城縣人。世系見愚山先生年譜。生于康熙某年某月某日，卒於乾隆某年某月某日〔一〕，享年四十有二。雍正己酉選貢生，以詞科薦，皆於予爲同譜。娶梅氏。從子某，其後也。葬于某鄉之某原。其銘曰：

國狗之瘈〔二〕，于今已雪。其如逝者，不可復活。敬亭之山，以埋君骨。

〔一〕公車徵士録缺。詩集六有與蘗齋詩，蘗齋當卒於乾隆十二年後。

〔二〕國狗，左哀十二。

方定思墓誌銘〔一〕

定思，姓方氏，諱道章，字用安，江南之桐城縣人，今爲上元縣人，故侍郎望谿先生〔二〕之長子，其家世見予所作先生神道碑〔三〕。定思生于魁儒之門，顧少罹禍患，望谿先生以連染入旗籍，定思遂補八旗博士弟子。先生得改原籍，定思始入太學，舉秋試。

〔一〕方道章。

〔二〕方苞。

〔三〕卷十七。

其性落落不甚可人，苟不當其意，相對嘿然，令人廢沮。顧獨昵就予，所言多合，亦不知其所以然也。予叩望谿先生愛最篤，然侍坐説經時，或與先生不甚合，則爭之。定思在側，嘿而不語，退則竊語予曰：「子言是也。」望谿先生持古道，以此或爲少年飾貌者之所欺。定思每以見問，予曰：「是人未可信也。」定思輒攢眉曰：「吾故知之。」先生每有所行，亦未嘗不商之定思，或不相中，定思必來告，令予更向先生轉移之。蓋定思之在家庭，非但能承學業而已也。然先生既以直言得罪津要，不安其位，而定思亦復耿耿，爲諸公所畏忌，故相〔一〕尤惡之。于是以一孝廉待試公車，卒不得成進士。先生既放還，定思蕉萃里門，食指甚繁，終日米鹽之間，以至於死。

〔一〕張廷玉，乾十四致仕，廿年卒。類徵宰輔十四。

定思爲古文，雅有家法，然未嘗輕以示人。望谿先生八十，予過白下，定思飲予于湄園。不數日，予遽東歸。次年而定思卒，又次年先生始卒〔一〕。嗚呼！以定思之骨力，不肯隨時上下，其人非晚近所有，而一無所試而死。其所爲古文詞，以其不肯苟存，無一傳者。上之不得比於原父之仲馮，次之不得比于道原之羲仲〔二〕，遂將泯滅，其可慟也。

〔一〕望谿八十，乾十二；次年，乾十三；又次年，乾十四卒，年八二。
〔二〕劉敞，子奉世，宋史三一九；劉恕，子羲仲，宋史四四四。

定思不妄可人，人亦無知之者，但盛相傳譏其不近人情。知之者莫如予，安得不銘。

定思生于某年月日，卒于某年月日，春秋四十有六〔一〕。娶某氏。八子，長者已舉賢書，其第六子，予壻也〔二〕。方予别望谿于潭上，先生謂「吾老，未必久人間，篋中文未出者十之九，願異日與吾兒整頓之」，豈意定思先殁，而先生亦隨下世，而予奔走五千里外，未踐斯約，是則負疚者矣。其銘曰：

望谿之學，空負盛名，實罔知者，坎壈一生。君承家學，亦復骨鯁，固宜衆惡，咎兹獨醒。世道日衰，江河東下，可憐赤鯉〔三〕，萊甕所詫。故人有我，知君之心，作此銘詞，奏以素琴。

〔一〕定思長謝山二歲。

〔二〕惟和。此爲曹孺人乾二年所生女，見外集八先公墓文。

〔三〕赤鯉，非常魚也。

陸茶塢墓誌銘〔一〕

茶塢，姓陸氏，諱錫疇，字我田，吴人也，研北先生之子。

〔一〕陸錫疇。

吴中臺榭甲天下，而以水木明瑟園爲最，竹垞先生所爲作賦者也。其地當靈巖之上沙，經始于徐高士介白，而歸于陸氏。竹垞最與研北善，每游吴，必下榻于是園，故茶塢少而受教於諸尊宿，長而學於義門先生〔一〕。其人伉爽，卑視一切。義門之學縝密從事，于考據最精，而茶塢不求甚解，略觀大意，於師門爲轉手，然義門甚許之。性剛，苟所不可，直斥之如狗。及觀其詩，則又柔腸麗句，淵源西崑。予嘗諧之曰：「君爲人不肖其詩。」

〔一〕何焯。

性嗜客，尤豪于飲，而最講求食經。吴中故以飲饌誇四方，研北先生已盛有名，至茶塢而益上。每膳夫聞座客有茶塢，輒失魄，以其少可多否也。家居無日不召客。一登席，則窮晝繼夜，雖括頸相對不厭。予于酒户亦頗爲朋輩所推，然深畏茶塢之勾留，不五日即病，往往解維而遯。茶塢誚予曰：「是所謂以六千里而畏人者也。」坐是遂以好事落其家。家愈落，好事愈甚。年來世故局促，吴之富人多杜門謝酬應，無復昔時繁華之盛，而茶塢獨竭蹶持之。顧此猶茶塢之小者。生平篤於師友之誼。義門身後遺書星散，茶塢話及之，必痛心，其乞余爲之表墓也，流涕讀之。陶太常穉中〔一〕，茶塢之心友也，亦流涕而請其志幽之文。友朋急難，無不濡首滅趾以從之。特以力不能展其志，時時仰屋而吁，而亦竟以是蕉萃而殁。

〔一〕陶正靖。

予之交茶塢也以祁門馬嶰谷，一見即傾倒，嘗曰：「謝山無終老山林理。」不知其言之不驗也。予游嶺外，一病幾死〔一〕，病中夢過水木明瑟園，與君坐紫藤花下，啖蓴羹，君復以酒困予，予曰：「此伏波曳足壺頭時，不復與君抗也。」醒而異之，以爲徼幸生還，一踐此景。豈知茶塢已棄我而去乎？茶塢卒，其子尚少，吾懼明瑟之徑有塵，而竹林之罏且圮也。

〔一〕乾十七適粤，十八歸家。

茶塢年六十有四〔一〕，娶某氏，子一，某。其卒也於揚州，嶰谷爲之任其後事，葬于某鄉之某原。其銘曰：

四海論交，不愧孔融，「坐上客常滿，尊中酒不空」。一朝化去，誰其共蒿里之懽悰！

〔一〕何年卒？

鮚埼亭集批注　前集卷二十一

碑銘十六

五嶽遊人穿中柱文〔一〕

南雷黄氏之講學也，其高弟皆在吾甬上。再傳以來，緒言消歇，證人書院中子弟，不復能振其舊德。求其如北山之有光於朱，蒙齋、融堂、和仲之有光于陸者，吾未之見也。慈水鄭先生南谿，其庶幾乎？先生於黄氏之學，表章不遺餘力。南雷一水一火之後，卷籍散亂佚失，乃理而出之；故城賈氏顛倒明儒學案之次第，正其誤而重刊之。先是，尊府君高州〔二〕欲立祠于家以祀南雷而不果，先生成其志，築二老閣於所居東，以祀南雷及王父秦川觀察。春秋仲丁，祭以少牢，黄氏諸孫及同社子弟皆邀之與祭，使知香火之未墜也。又言於提學休寧汪公謀其墓田。

〔一〕鄭性。
〔二〕鄭梁。

初，南雷之卒也，託志文於高州而未就，至是先生以屬之予。四方學者或訪求南雷之學，不之黄氏而之鸛浦，即黄氏諸孫訪求簿録，亦反以先生爲大宗，蓋其報本之勤而篤也。顧或疑先生之學不盡合於南雷，以爲南雷當日雖與二氏多還往，而於其學則攻之甚嚴。今先生之喜禪，幾於決波倒瀾，無復隄限。南雷最斥潘氏用微〔一〕之學，嘗有書爲萬徵君季野駁之，凡數千言。而先生於用微「求仁」宗旨，許爲別具隻眼。南雷汰存録之作，言明史者皆宗之，而先生言其門户之見尚未盡化。予則以爲先生宿根實與葱嶺相近，故雖儒言儒行，而圓頂箬笠，居然竺先生氣象。亦嘗與之反覆其異同，而墨守卒不可化，此乃明人近谿、復所、海岸一輩。用微之學，予亦嘗舉其疵纇以相商榷，先生不以予爲非，而謂近世士不悦學，苦心如此人者，正自不可泯没，是固平情之論也。至疑南雷門户之見未化，則最足中明季諸公之病者。要之，先生講學，其泛濫諸家，不無軼出於黄氏範圍之外，而其孤標篤行，持力之嚴，則依舊師門之世嫡也。

〔一〕潘平格，慈溪人。

先生以友朋爲性命，然詩酒過從，以至書筒往復，無一不歸於學。萬編修九沙七秩，同人共祝之，先生揚觶而前曰：「吾祝公耄而益勤，不知老之將至，上以紹鹿園先生之學統，近以紹充宗先生之學統而已矣，他非所及也。」其祝陳南皋，亦以怡庭先生之薪火勉之。嘗勸李東門講學，東門謾譏之曰：「今世之講學者，特欺世以盜名耳，吾不屑爲也。」東門卒，先生哭之慟，曰：「聽君之放浪山水，而終無所得，是予之罪也夫。」萬磁州西郭被徵，先生謂曰：「按以古人出處之義，當辭之。」西郭不能從，中途而寄聲曰：「吾悔不用良友之言。」予在京師，先生歲必傳語曰：「長安聲利之場，陷溺人心不少，當時時提醒之。」西行訪求李二曲高弟，則友王豐川；北行求顏習齋高弟，則友李恕谷；浙中求明招、麗澤之傳，則友王鶴潭；而尤服膺二曲反身之教，每與予相見，未嘗不諄諄三致意焉。嗚呼！先生之學如此，夫豈葱嶺之徒所能收拾者乎？

家居祭祀皆依古禮，不參以世俗之俎豆，視牲告濯，無不躬親，未嘗見其稍倦。巫覡不得入其門，家人有爲非鬼之享者，舉而覆之于廁。西成所入，惠及三黨，竭歡盡忠，不以爲厭，蓋數十家待以舉火。有佃人負租，詢之，知爲慈湖先生之後也，盡捐之。守令有願見者，謝不往。以明經貢太學，應受籍于選部，亦不赴。

先生固用世才，其綜理庶務，幹力精悍，乃其於勢位則泊如也。自署曰五嶽遊人。其於五嶽已歷其四，獨衡山未至，曰：「留此有餘不足之精神，以還芒屩可也。」今春語余曰：「明年爲予八十，終當南行，以畢此志。」未幾而先生逝矣。

先生諱性，字義門，别號南谿，浙之慈谿縣鸛浦人也。以故按察副使溱爲祖，世所稱秦川先生者也。以故知高州府梁爲父，世所稱寒村先生者也。生於康熙乙巳十一月二十六日，卒於乾隆癸亥七月十日，其年七十有九。娶仇氏。子二：大節、中節，俱國子生。先生爲其尊人治喪，未嘗用世俗七七之期，至是二子守其家法。夫是説也，發之韓、李二文公，以闢佛也，而先生遵之，然則誠非葱嶺之所能收拾矣。所著有南谿偶存〔一〕。葬于高州墓旁。今而後，南雷黄氏之緒言，恐益衰矣。其銘曰：

孔耶釋耶雙探珠，鴻溝混合爲一區，學成五嶽恣所如。要其醇行老不渝，歸根復命在吾儒，我銘其幽非貢諛。

〔一〕南谿詩名夢寱者一卷，五十以前作；名瘖歌者二卷，五十以後作；文則曰南谿不文一卷，乾隆七年刻。總題曰南谿偶刊。

知平凉府蔣公墓表〔一〕

太史公作史記，特立循吏列傳。循吏，非廉之所能盡也，而必以廉爲本。周官「六計」之説，蓋有見于此。世風日下，其不爲盜泉所污者，蓋亦甚難。吾鄉平凉守蔣公，真循吏也，而其廉已甚。今公之殁未幾時，其子孫食貧，不能自支，廉吏果可爲耶？天子方修國史，如公者，一朝牧守之冠冕也，乃爲之墓表，以作史局立傳之底本。

〔一〕蔣兆龍。

公諱兆龍，字御六，浙之寧波府鄞縣人也。康熙辛未進士，釋褐知雲南浪穹縣，遷知直隸保安州，移知湖廣歸州，内遷刑部員外郎，改知陝西平凉府，罷官。公爲宋宣和閣學猷之後，自丹陽來鄞。明嘉靖中提舉洲，以書生受胡梅林尚書之辟，招降汪直，有大功，爲忌者所抑而罷，公族祖也。

公四歲而孤，依外家以成立。甫就塾，即循循有規矩，刻意厲行，非禮不言，非禮不履，放蕩之士見而迂之。嘗授徒會稽，其主人豪家也，孌童百輩，出入交錯，無甚防閑，而公正衿危坐，從無流視。侍兒歎曰：「真聖人耶。」又嘗授徒錢湖，主人相得甚驩。一日襆被竟歸，叩其故，不肯言，久之方知其因奔女也。

其爲政也，以學道愛人爲先務。民有以爭訟至者，呼來閤前，諭之以禮，勸之以情，絜語若家人之相戒。訟者多内愧，請不竟。其在保安，嘗有奸吏見公慈良，以爲易與，暮夜挾兼金求出人罪，公立予杖而褫之。于是胥吏輩驚相語：以爲使君煦煦易與耳，不料其難犯若此。揚歷南疆，谿峒苗蠻雜遝，及移畿輔，又勳貴莊户所在，公以至誠撫之，莫不帖然。西曹尤重民命，每逢訊期，反覆詳審。關節既絶，乃以貨請于公之子，無敢應者。而公署終歲如洗，典衣沽酒，書帖乞米，號寒啼飢，無日不有。是時朝廷久道化成，上下共爲博大之習，苞苴之禁不甚肅。京師游手之徒，爭求爲内外官僚執役，謂其餘潤可黷也，獨相約莫事蔣大夫。登公之堂，不過長頭奴數人，赤脚一婢，蕉萃其容，自相姍笑，以爲居官如此，徒苦我輩，而公油然自得其樂。

其至平涼，西陲方用兵，軍輸旁午，日不暇給，公悉心以應之。會大將軍過平涼，公供應簡淡，遂以買馬不稱被劾。平涼之民叩首于制府，乞留公，卒不能得，雨泣送之。公既免歸，尚令償馬直，卒無以給。日爲諸子講易，及卒，家無以治喪，聞者哀之。

公平生未嘗留心術數之學，頗能豫定屬纊時日，卒不爽。里中皆以爲怪，予謂此心氣清明可以前知耳。伊川謂董山人亦無甚秘學，顧豫知伊川見訪於一歲之前，蓋其虚靈有以致之，公之謂也。生平亦未嘗作詩，及臨終，口占一首，端坐而逝。

嗚呼！自官箴之既替，故近日之以清操自持者，如蓮之出淤泥中，愈增其芳。康熙中諸老，如廣海陳清端公〔一〕、河南張清恪公、湖湘陳恪勤公，稍後出者錢塘沈端恪公，皆以此得大用，而公獨回翔下吏，聲聞不得達黼座，一蹶不振，夫非命與？

〔一〕陳瓚。

公之分挍戊戌禮闈也，桐城張相國、錢唐徐尚書之子，並出其門，而人不以爲私，族子下第，而人不以爲矯，蓋其素行孚於人也。家居時，乘肩輿出衢巷間，適有貲郎得罪于諸生，誤認公輿以爲貲郎之輿，環而擊之，碎其蓋。公亟下問故，諸生惶恐，匍匐踵門謝過，公笑曰：「孔子貌似陽虎，匡人之圍，以爲陽虎也，非孔子也。諸君何尤焉。」揖之升堂，茶話而别，其雅量有如此者。

公之居官，無赫赫之名，其遺事多脱落，獨清望則五尺童子能言之。嗚呼！吴廣州〔一〕之流與？陽道州〔二〕之流與？

〔一〕吴隱之，晉書九十良吏傳。
〔二〕陽城，舊唐書一九二隱逸傳，新書一九四。

李東門墓表〔一〕

李太學暾，字寅伯，一字東門，鄞人，杲堂先生〔二〕子也。杲堂艱于得子，四十後始舉太學。初墮地，面上有如小耳者數十，爲繫去之。稍長，右頰有瘢作鵶青色，有相者見之，曰：「此海外阿羅漢化身也。」

〔一〕李暾，續甬詩百十六。
〔二〕李鄴嗣。

負才氣，頗任俠。杲堂讀書雅守繩墨，不肯少有疏略，而太學不耐章句之學，通其大意而已。杲堂文詞簡練，組織嚴于律度，而太學信筆立成。既冠，梨洲黄先生見其詩曰：「是能獨開生面者。」而鄭丈寒村〔一〕尤喜之。鄭南谿〔二〕、謝北溟〔三〕、萬西郭〔四〕爲四子之集，太學爲之長。性好遊，春則渡錢唐，探河渚，入姑蘇，遊鄧尉，直至花信更番告畢而歸。秋則觀曲江潮，徘回桐廬一帶，坐待霜葉盡脱始去。至于四明二百八十峰，則其屐齒所晨夕也。其遊録，每一年足爲一集。座上之客常滿。頗不善飲，而喜召客，其自監司、牧守、鎮將、薦紳先生、騷雅游客，以至劍俠術士、沙門道流，參錯旁午，不可究詰。四方之士至甬上，無不叩李氏，而太學傾筐倒庋待之，各以其差，無爽者。百函並發，半面不忘，自朝至暮，不以爲倦。善治具，其出門亦必挾客，挾客則其具連車兼舫：生者熟者，炙者酺者，醬者醃者，醢者蜜者，晨鳧夜鯉，春韭秋菘，莫不充牣。蓋自太學逝，而吾鄉遊人驟衰，風流頓盡。萬西郭曰：「東門本用世之才，遭時不遇，以致拓落江湖，放棄詩酒，然其瀟洒跌宕，要足以自豪矣。」尤留心甬上水利，時時爲當道言之。

〔一〕鄭梁。

〔二〕鄭性。

〔三〕謝緒章。

〔四〕萬承勳。

卒年七十有五。所著松梧閣集，其佳處時與寒村相近云。少時嘗豫證人之社，然不喜講學。或勸之，則曰：「今世之爲此者，特希世以盜名耳，吾不屑也。」語雖放誕，然亦未嘗不切中近人講學之病。三子：長世兼，次世法，次世言。而世法尤與予善，能承先志，開雕兩世未刻之集行世，且以十世通家之誼，屬予表墓，愧蕪文之荒率也。

陳丈孔塘壙志銘〔一〕

先君諸執友，所最心折以爲足追齊古昔者，莫如同里二陳。磊落英多，有志于孟、荀正學之統，其才力亦足以副之者，裕齋先生〔二〕是也；醇深縝密，力距詖淫，篤信所學而不變者，孔塘先生是也。乃二先生皆以窮死，將無古學之累人，遂爲造物所厄，不至于蕉萃殆盡不止，其信然耶？鳴呼！我無以知之矣。

〔一〕陳昌泗，續甬詩百十三。
〔二〕陳士良，本卷有墓版。

先生諱昌泗，字魯水，别號孔塘，浙之寧波府鄞縣人也。曾祖某，祖某，父某。裕齋少與先生同筆研，其所指歸在洛、閩，奮然思承其緒。裕齋才高，而先生心細，互相討論，以成水乳。讀書于城西之桃源書院，高視闊步，非禮不履，時時以正議扶末俗，村夫子以爲怪。顧窮甚，束修所入，不足以供八口之衣食，乃以京房易傳賣卜，巧發神中。至其持論如蜀莊，必依于孝弟忠信，不徒以禍福休咎動人。垂簾焚香，暇則賦詩自遣，累試於行省不見售，於是世人益笑其迂。友朋燕集，裕齋輒于酒後撫先生背歎曰：「若非老兄，不益令我茫茫孤另耶？」乃未幾而裕齋卒。先生詘于隻輪，杜門株守，鶉衣藿食。時或不給，則佐以岐黄之術，商歌出金石，忘其窮也。生平學力，本于一誠，故其造詣敦篤而純備，無不自體認中來。法言法行，造次不苟，蓋明儒康齋、莊渠之流〔一〕。晚年見予所作説經之文，驩然喜曰：「是深寧、東發一輩也，將來何以測其所止，但惜不令裕齋見之。」先生之於予，似有投分，遂成阿私之好，每見一紙，必連擊節，又申之以後望焉。豈料予三十年來之荒落，一至此也。

〔一〕吴與弼，學案一；魏校，學案三。

生于順治某年某月某日，卒于雍正某年某月某日，得年七十有四。娶鮑氏。子某，先生卒後不久亦死。有孫二人，尚幼。先生古文學朱子，詩亦似之，有孔塘集。葬于某鄉之某原。其銘曰：

先生語我，科舉之害，六百餘年。誰啟厲階？至今昏墊，其勢滔天。敗壞人材，極重難返，辱不可湔。所以志士，恥言歆羨，以成畔援。嗚呼先生！不見世上，賣藝闐闐。但得富貴，足以自豪，門户赫然。而乃老死，妻子窮餓，没世顛連。彼一抔土，稽古之力，荒草芊芊。

董次歐先生墓版文〔一〕

先師董子諱正國，字次歐，别署南岡，浙之寧波府鄞縣人也。明翰林改補四川監司樾之玄孫，諸生光臨之曾孫，高士非能先生士相之孫，湖上社老曉山先生劍鍔〔二〕之從子，徙山先生德鑣之子。非能先生於國難後，父子兄弟互以遺民之節相束修，詳見予所作曉山墓文中。

〔一〕董正國，續甬詩百十四。

〔二〕董劍鍔，外集六有墓文。

先生家世舊德，讀書有端緒，顧不事經生業。其父友錢侍郎退山〔一〕、宗徵君正庵〔二〕、舒學博後村皆契之，謂其詩古文詞可以名世。年二十，見儕輩有作制舉文者，請于父曰：「兒亦可從事于此乎？」父笑答曰：「試姑爲之。」先生援筆成文，浩汗四五千言，其中有若檀弓者，有若莊、列者，有若屈騷者，蕩然不諳格律，而筆力高絶于人，一堂見之皆驚。乃取世之所爲制舉文者而習之，則稍稍就繩墨，遂以此雄於世。然先生精力所注不在焉，故終身於場屋不利。古文高處似韓公，次之不失歐陽少師籬落。詩則風格䂂䂂，鉛華洗盡。而其治經之所長，尤在六書。蓋成于苦心孤詣，深造自得，而非世俗之學也，而窮老于諸生。講席所至，户屨恒滿，然不過以經生業授受，無能發先生之光氣者。於是頹然自放，著述亦日以散漫，不復收拾，晚年尤困悴。雍正某年某月某日卒于家，春秋七十有二。

〔一〕錢肅圖。

〔二〕宗誼。

董氏與吾家世好，先宫詹公于翰林，重之以婚姻。先生欲以女妻予，期有日矣，會予沉疾不果，未幾遂侍講席。予少無羈檢，酒後放言四出，多見罪于長者。先生最持崖岸，然予輒妄前爭論經史，先生獨優容之，曰：「吾門俊人也，惜吾老矣，不及見其大成也。」先生之所以愛予者如此，今歿二十年矣，門户衰落，諸孤輭弱，遺文僅存百一。當日後堂絳帳，更誰在彭宣、盧植之間。而予奔走風塵，無以報陶鑄之恩，愧何如矣。

先生娶某氏，再娶某氏。子三。葬于某鄉之某原。

陳裕齋先生墓版文〔一〕

嗚呼！昔王深甫之死，而荆公爲之銘，以爲深甫書足以致其言，言足以遂其志，志以聖人之道爲己任，蓋非至於命弗止。夫以生才之難，豈意其道不任於天，德不酧於人，而忽然以死〔二〕。

〔一〕陳士良，續甬詩百十三。
〔二〕王回，臨川集九三。

吾於陳先生裕齋，謂可移荆公之哀深甫者以哀之。先生之讀書也，磊落崢嶸，直取其大義微言之所在，而拔出乎一切。其於聖賢之言，一一欲取而見之施行，又非腐儒高談性命，狹隘空疏之比也。自其少時侍其親，皆按禮經所言以爲程度，而出之以至誠。其居喪，所謂顔色之戚，哭泣之哀，變除之節，無一不中乎禮。三年之服既除，而孺子之慕弗替，故雖里巷之門，亦皆斂容稱之，以爲真孝子也。友朋羣聚，先生岸然如嚴師，豪髮不少假借，而苦詞忠告，聞者雖未能盡從，要無不悚然。及講求宗法，即毅然欲取而行之，定爲大宗小宗，改易世俗之所稱宗長者，以行祭禮，其族人大譁而止。至隨意爲古文時文，落筆踔厲風發，皆有至理精氣行乎其間，其於近世作者，視之蔑如也。

以之自期。而充其才力，雖未必入其域而優爲之，要必大有可觀者，則似乎先生之得天，蓋非偶然。而豈知其阨窮潦倒，三十七歲而死。時先生館汝陽，疾作，亟歸，卒于逆旅，從者買棺殮之。悲夫！

嗚呼！當今世而求以孟、韓之徒自任，欲貫道與文而一之者，此絕無之人也，先生居然

先生諱士良，字宗獻，裕齋其別署也，浙之寧波府鄞縣人。其高伯祖爲副使槐，在明正德中守撫州，討寧藩有功者也。曾祖篁，諸生。祖邦訓，通判。父登，諸生。妻張氏，繼娶黃氏，吾中表姑也。生於康熙某年月日，卒於康熙某年月日。子培。

先生嘗讀書桃源書院，院中有佛像，其手指墮地，跳躍不止，見者皆失魄。先生取而踐之於足，踏碎之，投茶竈中，于是村落中傳語以爲陳秀才大物也。今不特先生之學未見其止，而其言亦未及立，身後遺文，草草廞數十首，使予不爲傳之，後之人其孰知先生之志之大與才之高者。乃爲之銘曰：

高視闊步，前無古人。鬼伯害之，埋諸秋墳。白楊淒風，助我酸辛。

翰林蓼厓蔣先生穿中柱文〔一〕

先舅蓼厓先生，姓蔣氏，諱拭之，字季眉，浙之寧波府鄞縣人也。蔣氏在寧有三宗：其一爲宋金紫光禄大夫浚明之裔，自天台遷奉化，再徙于鄞；其一爲宋尚書學士猷之裔，自丹楊遷；其一爲宋元祐黨人之奇諸子之裔，今慈水鳴鶴場之蔣也。而先生之所出自諸暨，乃宋給事中邦彦之後，明初始遷鄞。外曾大父諱維衛，外大父諱芬，皆以先生貴，贈如其官。

〔一〕蔣拭之，乾元進士，續甬詩百十五。

先生世爲清門，以讀書敦行，模範學序，顧累代隱德弗曜。曾大父以祭酒有名，諸生，早世，先生祇四歲，先太孺人祇二歲，家無負郭之産。外大母以女紅上奉耄舅，下撫穉孤，凡十有五年，而先生學行有成，太孺人亦稱淑女，人以爲苦節之報。吏部侍郎滄柱仇公〔一〕一見先生，以畏友待之。

〔一〕仇兆鰲。

先生少爲舉子業，所至輒冠其軍，因戲爲人代筆，其三人皆第一，其一人第二，遂以此獲譴于學使者曲阜顔公。然顔公惜其才，雖以功令褫巾服，而次年又召之試，復冠其軍。先生亦遂以此愈得名，十室之邑，五尺之童，莫不傳其制舉文字，以爲津梁〔一〕。顧先生所擅長者，其實不在此，特兔園中以此爲先生重耳。先生詩極似香山太傅，查田先生一見而心折焉。古文頗近張文潛，儷語亦得涪溪一輩家法。顧先生皆不肯輕作，乃蹭蹬于場屋，年幾五十，始見貢于布政司。公車累上，復不得售。有戶公方主文柄，招先生往一見，欲以關節授之，先生謝不往，曰：「世豈無張文隱公、余文敏公其人者〔二〕。」二公者，前明嘉靖中暗搜震川〔三〕之考官也。又十餘年，始見中于禮部，選入中秘。逾年詔歸選司補外，先生亦無意于功名之事，浩然而歸。家居三年而卒，得年七十有一。初娶柴氏，再娶裘氏，晚娶董氏。子四，女四，孫女三。葬于城西之浮石。

〔一〕目耕齋有先生八股。

〔二〕張治。余有丁，嘉靖四一年探花。

〔三〕歸有光，嘉靖十九年舉人，應天主考爲張治、龔用卿。四十四年進士，余有丁分校。

先生爲人坦率樂易，不立標格，不設城府，然有所不合，未嘗詭隨。分巡寧紹台道王某，市井人也，嘗延先生課子，力辭不獲，勉就之。解館而後，絶不復往還。性最孝，外大母病，自藥餌以至厠牏，無不身親。寡嬸無後，事之與所生同。羣從兄弟，友愛一體。友朋患難，傾束修所入以助之。故授徒幾五十年，羔雁稠叠，然隨手而盡，歿之日，諸子無以爲斂，其可哀也。

予之少也，最爲先生所喜。稍長而倔强，不甚帥教，先生頗有不釋然于中者。嘗與先太孺人微及之，先太孺人笑曰：「黄山谷之諸甥，無不禀其詩法，而徐師川〔一〕獨不謂然，其水濱濠上之答，可謂妄矣。山谷之詩豈師川所能及，然而師川亦自有其可傳者。李空同〔二〕晚年家居，大爲其甥曹仲禮所苦，亦不以此損空同也。兄其休矣。」先生爲之引滿而去。及予追隨三館，又同被左遷，或曰當事者惡予，因以及先生。乃予歸甫一歲，洊丁内外艱，方仗庇先生視予猶子，或垂憐荼苦，而先生又逝，棘人欒欒，其又何以自存耶？中表諸弟以穿中之柱徵文，爰再拜而志之。

〔一〕徐俯。

〔二〕李夢陽。

端孝李先生窆石銘〔一〕

端孝先生姓李氏，名景濂，字亦周，浙之寧波府鄞縣人也。曾祖某，祖某，父某。孝子生四歲，喪母，踰年其父再娶何氏，而父又死。家故貧，何年十九，欲守節，而媒氏輩欲奪之。孝子聞，潛偵其人于道，以錐擊之，馳歸母前，且拜且哭，自陳其故。母大慟，相與奉其父栗主于庭，誓相依終身。其被錐者亦内愧不敢至。

孝子自是刻苦勵行，事母務得其懽心。母性嚴，稍不怡，輒長跪泣請受杖。母性嗜酪，孝子日從市中求之，雙手端捧歸，如鳥趨翼，市人怪焉，久而訪知之，羣爲讓道。母患疾，孝子出則走諸神祠祈請，入則親滌中裙厠牏，七年如一日。母家亦貧，迎其舅養之，有死喪者，殯且埋之。母殁，孝子年已六十，廬墓三年，尚嗚嗚作孺子泣，于是里中無不稱孝子者。

先是，其母之誓以死守也，遂毁容垢面，親表無得見者。及將葬，親之壙所負土，哭聲振林木。既及格，遂以節得旌，至是而孝子亦得旌。論者謂孝子必不欲舉少年事以掩其

〔一〕李景濂，續甬詩百三。

親，當諱之。予謂非孝子不能以孝成母之節，非其母不能以節慰子之孝，所謂相得而彰也，于是作凱風說以示之〔一〕，而論者始息。

〔一〕凱風說見卷卅五。

孝子自年二十，即棄儒業治醫，里中人皆稱孝子良醫也。及予與孝子之子桐遊〔一〕，見孝子之詩甚工，乃問之曰：「尊先君何以棄儒？」桐不肯言，固叩之，則歎曰：「先君之棄儒，自丙戌〔二〕以後也。是時先君雖年少，驟遭易代，不知已日之孚，其命維新，而頗橫一故國之感於胸中，但欲屈身奉母而已。其時有孫先生斐公者，故諸生也，謂先君曰：『曷從我賣藥以奉甘旨乎？』先君欣然從之。其後先君年八十，語及此，未嘗不涕淚闌干也。」嗚呼！孝子之孝，不特吾里中人知之，而大吏亦知之，天子亦知之者也。而豈知孝子之不止于孝者，則固無一人知之者耶？往予嘗爲范孝子洪震作紀事〔三〕，歎其大節之秘而不傳，今又得之孝子，何吾鄉風俗之厚一至于斯耶！

〔一〕李桐，與封若同名。
〔二〕順治三。

〔三〕記范孝子事亦見卷卅五。

孝子生于明天啟某年月日，卒于康熙某年月日，得年八十六歲。娶高氏，繼室顧氏。葬于某鄉某原。子四：梓、柏、松、桐，而桐爲府學諸生，積學敦行有父風，與予善。端孝先生，則家君所爲定私謚也。乃爲之詩，詩曰：

凱風寒泉，實勞我心；有母聖善，不須苦吟；女貞之樹，在我堂襟。其一

乃遭喪亂，藥籠自晦；陟彼南陔，白華是溉；志潔行芳，布衣不害。其二

皇皇雙闕，再世烏頭；有母表閭，子可無尤；有子表閭，母又何求。其三

不見墓門，葱葱佳氣；上有靈禽，爰止爰憩；下有紫芝，遶兹階砌。其四

知永昌府董公墓表〔一〕

永昌董使君之中子曰弦，季子曰宿，皆于予爲吟社中好友，乞予表使君墓者五年矣，予荏苒未答也。及續修甬上耆舊詩，已爲使君立傳，詳述其鄖陽不肯妄闒草萊，及滇中爭礦局事，以爲古之循吏，蔑以過此。及録其傳，以告二子曰：「詞無可更設矣。昔温公序道原十國紀年則不復志其墓，使羲仲即以序勒石，置之壙中。是故事也。」顧二子猶頻年請不

置，惟金石文字之例所當具者，世系、生卒、孫子之詳，他文所弗能備也，則爲按其年譜而書以復之。

〔一〕董雩，卷廿八有傳。續甬詩百十。蔣學鏞鄞志稿作「舞雩」之「雩」。

董氏本出東漢孝子黯之後，累遷而復爲鄞人。明時簪紱最盛，有爲御史、給事中、翰林者，有爲兵部侍郎者。使君之大父應遵〔一〕，以素封著，乙酉閏六月，荷戈從太保錢忠介公瓜里幕府，毁家輸國，官大行。事去，逃禪大梅山中，師事法幢，與桐城方授〔二〕等爲世外交。使君之父德魏，敦行不怠，睦衈遍于里中，梨洲先生嘗志其墓〔三〕。善教子，故使君弱歲而講經史于萬八徵君季野，學文于范太守筆山，又得詩傳于婦翁謝公子莘野〔四〕，皆有原流。

〔一〕董應遵，續甬詩六四。
〔二〕方授，續甬詩五八。
〔三〕文定四集卷四。
〔四〕萬斯同、范光陽、謝爲衡。

使君之入仕也，其家門尚盛，田園連阡陌，奴婢過百口。及揚歷南北三十年，先世之膏粱日剥月削，以資薄宦，爨下絶粒，逋亡相繼，身後無以治墳墓，諸子依人作活，苟以世俗之情觀之，廉吏殆不可爲矣。夷考是時，當四方豐亨，薦紳衣冠極盛，久道化成，上下相安於惇大，苞苴之禁甚疏〔一〕，故凡監司而下，未有不稍沾餘潤以肥其家，而尚不至竟爲墨吏。乃使君洗手奉職，反並其資斧而喪之。清白者虚名，窮餓者實患，使君竟不以彼易此，可不謂賢乎？予嘗過城南鏡川，野老爲予言使君之營父墓，親臨畚築，必誠必信，不以貴而委之于人，蓋其孝也。鄭高州寒村〔二〕乃其姻家，而以師友行輩尊之，蓋其謙也。夫不負先人之舊德，雖憔悴其何傷哉！

〔一〕「久道化成」數語，參前文知平涼府蔣公墓表。

〔二〕鄭梁，鄭性之父。

使君生于順治己亥七月十七日，卒于雍正己酉九月初三日。前恭人謝氏，後恭人王氏。四子，今存者二；孫三；曾孫二。葬于鏡川先兆之旁。所著有救荒慎始録、隱學書屋吟稿。其大者，則續甬上耆舊傳具矣。

鮚埼亭集批注　前集卷二十二

碑銘十七

磁州牧西郭萬君墓表〔一〕

萬氏於明爲世將，而自鹿園先生以後，又克以講學世其家。乙酉以後，喪其世將之職，顧益講學，從梨洲黄子遊，爲當世魁儒，所稱公擇、充宗、季野三先生者也。三先生有從子曰言〔二〕，以古文著，所稱管村先生者，則西郭之父也。西郭家門既盛，而又爲梨洲女孫壻，肩隨諸老少，涵濡于問學，耳聞目見，總非凡近。故西郭之少也，進則思爲學者，退亦思爲文人，儒林、藝苑，以爲平行可造，而不知其厄于遇也。管村自修明史忤貴臣，出令五河，罷官論死。于是西郭狂走數千里，告急于父之諸執友，得金論贖，又爲惡少所賺以去，裒集再三，始得贖其父以歸。江湖之間，遂有萬孝子之目。然其生平所自許，則荒矣。家無一隴之植，奔走衣食且不給，年過五十，困甚。會有薦舉之例，浙之大吏以之充賦，其老友鄭義門〔三〕止之曰：「西郭欲行道耶？恐今之世未易言也。若但以博禄耶？且愧其家聲矣。況西郭荼苦一生，其資于有力者不少，一旦得官，不答則負恩，欲答則力必不副，進退失據，不特無以報國也。」于是西郭辭檄不得，竟入京，忽沐殊恩，用爲直隸磁州牧，感激流涕，思爲桑榆之補，以循吏少展其志力。然而年且六十，菁華亦既衰矣。涖事三年，大吏奏課，以最入覲。天子將用爲方面，西郭固辭，乃命之回任。故人索逋者未能一副，紛綸嗟怨。而其子死，其孫又死，其妻黄宜人亦死，皋某之聲，旁午相接。西郭亦遂灰心喪氣，咄咄不自得以殁，其所開雕管村文集，尚未畢也。

〔一〕萬承勳，續甬詩百十一。西郭乃九沙之姪，九沙，斯大子。
〔二〕萬言，斯年子。
〔三〕鄭性。

嗚呼！方西郭下帷，自負不下于古人，充其才氣，亦可以有所就，乃竟百不一遂，坎壈於患難之中，以消其壯盛之意氣。老得一官，亦或可以稍自表見，而死喪乘之。是則天之所以阨之者甚矣。

西郭，諱承勳，字開遠，生于康熙庚戌某月日，卒于雍正某年月日。子一，敷前先卒，以其從孫在茲爲後。所著有冰雪詩集六卷。

西郭之未通籍也，查田先生盛許其詩曰：「孟郊之流也。」西郭耻以詩人自域，掉頭不答。晚而自哂曰：「我并不復能唱渭城矣。」又十年，其壻張生之祜請予表其墓。西郭年長于予且倍，而以中表通家兄弟之誼，推轂于予甚至，嘗曰：「後乎吾而生，先乎吾而聞道者，子也。」嗚呼！予之濩落而無成，慚負西郭期許之意，而轉以惜西郭之浪博一官，齎志長逝也。蓋嘗與義門言之，至于流涕，故身後之文，無諱詞，無溢語，是爲表。

黄丈肖堂墓版文〔一〕

予家與黄氏通家凡八世，方致齋宗伯〔二〕以陽明之學講于里門，先司空公〔三〕往復最密。已而宗伯之從子觀察〔四〕，重以婚姻，故隨州〔五〕爲司空門壻。自是以還，兩家後人往還世好不替。甬上歲時最重先世影堂之禮。每春初，諸黄必過吾家，拜先司空以下數世影堂，吾家亦往拜答，因而剪韭高會。三十年以來，甬上之巨室淪落且盡，兩家亦禮廢不復舉。其猶行之者，吾家惟先君，黄氏惟肖堂先生。先君下世七年，肖堂隨之，黄氏之世好絶矣。

〔一〕黄之傳。
〔二〕黄宗明，學案十四。
〔三〕全元立。
〔四〕黄元恭，鄞志十六。
〔五〕黄子静，元恭子。

先生少負高才，下筆爲詩古文辭，吐棄一切，恣其所見，嘐嘐出之。不知者，聞其議論，掩耳而走，蓋古之所謂狂者也。所讀書，丹黄不一過，直筆不肯唯阿。少與先君同學，先君以愛弟視之。及予長，先生亦極愛予，有所作，輒見過，曰：「以待賢父子論定之。」然先生彈駁古人，往往已甚。而所苦未能遍讀天下之書，故或有古人已早及之，而先生尚以爲自得之説者；亦或古人行事别有本末，先生未及平反，遽欲登爰書者；亦有古人未定之説，而先生誤據以爲言者。予叨先生忘分忘年之契，時或指點及之，先生初或愕然不遽信，既而未嘗不涣然莫逆也。然先生所見到處，正自不磨。嘗與予讀明夷待訪録曰：「是經世之文也，然而猶有憾。夫箕子受武王之訪，不得已而應之耳。豈有艱貞蒙難之身，而存一待之見於胸中者，則麥秀之悯荒矣，作者亦偶有不照也。」予瞿然下拜曰：「是言也，南雷之忠臣，而天下萬世綱常之所寄也。」蓋先生之讜論，足以砭切古人，有如此者。

先生諱之傳，字築隱，一字肖堂，於隨州爲玄孫。曾祖某，祖某，父某。娶某氏。生於康熙某年月日，卒於乾隆某年月日。老而無子，故惑於堪輿之言，遷先兆以求子，予諫之不得，晚舉一子又殤，可謂窮矣。族人葬之先塋之次。念先生在日，里巷中夏課之徒〔六〕無知先生者，況身後乎？今而後，不特肖堂遺書不復可問，并致齋以來之學統，一旦墜地，巢梁之燕，升座之鱣，相率消沉，其能無泫然流涕也！

〔六〕國史補：進士退而肄業，謂之過夏；納素以出，謂之夏課。

郭芥子墓誌銘〔一〕

甬上向多醇心舊德之士。以予所聞於前哲，星火之交則有若汪先生洵園，其後有林先生西明、邵先生雲客，蓋東京黄叔度之流也，而予皆以晚出不得見。近始有郭先生芥子，庶幾汪、林之儔。顧先生教授里中五六十年，世但以爲制舉之師，而不知其爲人師也，蓋游其門者之負所教也，甚矣。先生下世，其二子乞銘于予，亦安敢辭。

〔一〕郭永麟。

先生諱永麟，字芥子，先世故滁人，以勳籍世襲于鄞，遂爲寧波衛人。至崇禎中，先生之大父振培，始以孝廉起家。乙酉、丙戌間，嘗以監察御史仕閩，死于兵，自是遂爲鄞人。先生精湛理學，貫穿儒先之言，而絶口未嘗講學。上下古今，詩古文家，皆能别白其源流門户，而不輕下筆與人角藝，粥粥若無能者，故户外之屨恒滿，而不知其中深藏，不可窮其窔奥。每登講席，未嘗不發其端，而夏課之徒，不特無中道之從，亦并少三隅之反，則帖括之陷人深也。顧尤有不可及者：同里史雪汀〔一〕，卞狷之士也，先生與之厚，會其婚，而以非罪之縲絏訟繫于官，先生代爲之受禁于吏者浹旬，事解乃去。然雪汀骯髒，易與友朋乖迕，卒以弓影之疑，告絶于先生，自是道中相見不復揖。先生之弟子憤甚，先生怡然不以介意。故先生與雪汀居僅隔一湖水，而三十年不通聞問。或有及其事者，先生輒以他語亂之。乃雪汀卒亦自悔，及先生卒，扶杖過臨其喪，撫棺長慟而去。嗚呼！交道之難，自古而然，凶終隙末，蓋未易以善處也。先生不大聲色，以太和消其拂戾，卒使倔强俱融，此衷大白，曠林之戈，不戰而屈，然後知道德之足以勝意氣也。

〔一〕史榮。

先生于予爲前輩，顧有忘年之契。嘗謂人曰：「謝山今之行秘監也，一代文獻之傳，其在是乎？」賀季真祠落成，予漫題數語于柱，先生過予，一一訪其所出，記之，置于袖中而去，蓋其嗜學如此。素無宦情，故以公車待詔南宫者一度，不復再赴。雅信堪輿之學，窮冬行雪霰中，長夏褦襶烈日下，以探流泉夕陽之説。予嘗援張宣公、吕成公諸緒論以明其不然，因言朱子所爲，亦有不可以訓後世者，先生笑而不答也。

享年八十有三，生于康熙辛亥三月二十日，卒于乾隆癸酉九月廿三日。娶章氏、王氏。葬于桓谿佈蘭山之南麓。子二：長曰景行，舉人；次景兆，諸生。其銘曰：

是爲有道先生之幽宫，手栽宰木，亦已葱葱。

陳南臯墓誌銘〔一〕

梨洲先生講學甬上，諸高弟皆帥其子姓以從，漢人所謂門生者也。相去七十餘年，諸高弟固無存，并其門生一輩，亦零落且盡。廑有鄭南谿、陳南臯二人，今亦相繼下世，證人書院之耆舊，不可見矣。近日後生年少，漸不知高曾之規矩，皆由於淵原之失墜，良可懼也。

〔一〕陳汝登。

南皋諱汝登，字山學，其先世出自后岡先生〔一〕。南皋爲太史怡庭先生〔二〕之從子，大理心齋先生〔三〕之從弟，其爲人粹然坦然，望而知其爲君子。生而爲怡庭所愛，故心齋待之如同産。心齋之貴也，力踐古人大功同財之義，一切恣南皋所用，不問多寡。而南皋篤於友朋之誼，見有高才而力不自贍者，傾筐倒庋以濟之，甚至展轉乞貸以徇之。于是士將之心齋者，必先之南皋。顧蹭蹬不遇，心齋卒，南皋驟困乏。故人疇昔有賴南皋之力以養父母，以畜妻子，以處患難，至是晚而宦達，任其三旬九食，漠然如路人，是則予最所髮指者，而南皋亦未嘗形之詞色也。

〔一〕陳東。
〔二〕陳錫嘏。
〔三〕陳汝咸。

予于南皋爲忘年之契，南皋謂予曰：「吾交遊多矣，其足以接武前輩而無慚者，莫若子。顧惜前輩如東海諸公，不及見子，而使子衣食奔走以不得遂于學。」及予罷官歸，南皋日益老益貧，予時時爲謀之有力者，稍資其朝夕之需，然世路局促，不能盡應也。南皋謂人曰：「吾垂老交謝山，以爲六十年中畏友所未有，豈知其所以待我者，亦六十年來所未有乎！」予續甬上耆舊詩，南皋不惜老眼，校讎兀兀。及爲心齋墓碑〔一〕，欣然謝曰：「吾乃有以報吾兄矣。」予偶有所作，南皋未嘗不知也。予援遺山谿南詩老之例以推南皋，則遜謝不皇，蓋其謙也。今春病不可支〔二〕，予適有邗上之役，舟行迂道過之而後出郭，南皋握手而泣曰：「自分不得再相見，然予不死于子里居之日，而死于子客遊之日，其命也夫！」予爲之流涕。及吴，而赴至矣。

〔一〕見卷十六。

〔二〕乾十一。

南皋最醞籍，閨門之内，雅多樂事，晝紙敲鍼，至老如一日。尤善觴政，酒闌燈灺，頹然白髮，神明不衰。故雖其暮景之濩落，有他人所不堪，而疇昔之風流固自若。

初，南皋聽講于黄氏，有證人講義；後聽於萬季埜先生之門，有續證人講録，又有竹湖日知録及二山老人集。生于康熙某年月日，卒于乾隆某年月日。三娶皆李氏。子本天。葬于某鄉之某原。其子奉遺言以求志，不腆予文，聊以補素車白馬之恨而已。爲之銘曰：

以義落其家，以道樂其天。古心篤行，不愧爲證人高弟之嫡傳。

史雪汀墓版文〔一〕

雪汀少即喜爲詩。當是時，鄞之細湖多詩人，大率出宗正庵〔二〕之門。正庵詩本師法竟陵，稍改其面目，而未洗故步也。雪汀稍悟其非，變而爲山谷；已而又稍嫌其生澁，又一變而爲玉川；晚乃信筆不復作意，遂爲誠齋，然其實學誠齋而失之者。蓋雪汀之詩凡四變，而遇益窮，才亦益落，悲夫！

〔一〕史榮。

〔二〕宗誼。

雪汀賦性狷，然失之怪。當其初年，高視一切。善書法，又善以篆雕花乳印石，矜貴過甚。里中黄户部又堂、張河内蕁山踵門求其篆及擘窠書，雪汀望望然不答，然其所許可，則傾倒受役使不厭，甚至藩溷之間，皆爲題署，下逮童僕，亦爲雕鐫。故雪汀不輕過人一飯，而亦有長日過從，留連滿志，乃并其人竟不自解何以得此于雪汀者。最任氣，一言不合，輒成觸忤，日益蕉萃，陷于非罪之縲紲者三，以此去其諸生。平生老友，大半凶終割席。自顧孤另之甚，乃忽托末契於年少，但有登其門者，無不極口稱之。里中昨暮兒，以雪汀故謌謌少所可，而今忽易與也，由是雪汀之門墻驟盛，一唱十和，丹黄無間于昕夕，其欣賞淋漓，真覺所遇皆作者。于是登其門者，謂人不必學，謂詩古文詞不必宗傳，謂流品不必裁量，方言里諺，皆供詩材，雪汀兀兀手鈔，爲同聲集四十卷。吾鄉吟社久替，至是忽爭傳雪汀之詩派，而雪汀之風格乃驟衰。

雖然，雪汀之生平，實有可傷者。雪汀雅精小學，喜讀注疏，不肯唯阿先儒之説。熟精十七史及文選，其謌謌少所可也，乃其本色，雖連蹇，要不失爲畸士。至于暮齒之頹唐，盡棄所學，殊非其意，是惟予爲能知之。雪汀頗憂予之非議之也，故頻年希過予門，間或傳其有後言者。然予客遊歸，或過省視之，雪汀往往握手相視，欷歔而無言。嗚呼！誰謂雪汀竟以垂老喪志哉？

雪汀所著有李長吉詩注，幾三尺許，其最自負者，予弗甚許也；風雅遺音，以訂正毛詩古韵，已行于世；并其竹東集：皆嘗索予序。予未之應，雪汀以是愠。予諧之曰：「論定蓋有待也。」及予自粤歸，而雪汀卒，乃志之。同甫之屬銘於水心也，曰：「一言不覈，吾當于虛空中擊子。」今讀水心之志，併所序龍川集，令人絶痛，然正不諱同甫之短。予文豈足望水心，雪汀亦非同甫比，然而東平西靡之樹，未必不待此文以瞑目，九原可作，尚據觚而聽之！

雪汀姓史氏，名榮，一名闕文，字漢桓，世爲鄞人，忠宣公〔一〕之裔也。曾祖某，祖某，父某。娶某氏。子某，諸生，先卒。孫某。葬于某鄉之某原，春秋七十有九。其銘曰：

鸞翮不可振，狼疾不可瘳。故人彈中聲，爲君一洗磊砢勃窣之牢愁。

〔一〕史彌堅。

尚書職方郎陳公墓碣銘〔一〕

先大父贈公自丙戌後，同里所還往者衹一二遺老。陳六息先生年長於大父，所稱兄事之友也。六息先生四子，職方居第三，先君亦嚴事之。職方諸子，其仲、叔二君，尤與予善，不幸早死。職方歿二十年，而其婿董生政乞余爲埏道之文，泫然者久之。

〔一〕陳時臨。

職方諱時臨，字二咸，一字責庵。少承家學，又以陳編修怡庭〔一〕爲師，得聞證人書院之教。甲寅三藩之變，周總制有德知其才，辟置幕府，有功。楊撫軍雍建薦之，叙功授湖南城步縣知縣，部下有紅苗最難撫，職方曲意安輯之。以六息先生喪，奉棺歸，廬墓三年，服除，知河南汝陽縣。職方之爲吏也，和平惇厚，簡易得民，深鄙世俗武健嚴酷之徒。汝陽喪亂之後，風俗大壞，民不知喪禮，職方爲斟酌古今所可通行者，而衰絰聚飲之風以息。陽埠有支河久淤，職方通之。庚寅，河北大水，職方遽以便宜開倉賑給，而後上聞，時謂有汲長孺之風。河北盡食蘆鹽，獨汝寧食淮鹽，蘆商欲爭而并之。職方謂：「蘆鹽計口而授，不問其所需之多寡，以額給之，是厲民也。吾不能爲河北盡革蘆鹽之害，而反徇蘆商之欲，以害境内乎？」力爭之。而汝寧諸縣皆蒙其庇。時徐文敬公潮撫河南，亟稱之，於是前後撫藩諸大吏皆以爲循吏，當令久任。報最者數矣，而數留之，遂在汝陽二十餘年，而職方之子諒，與民相安于無事者，亦二十餘年如一旦。

〔一〕陳錫嘏。

朱靜軒者，柳堂先生之子也，職方以世講，盡委以簿書錢穀之務，歲贈以千金。靜軒故有承平公孫之習，託身依人非其志，每見西風漸急，輒思其細君，治裝歸。及度歲過寒食，身爲任冗劇，一切不以爲忤。及其至也，亦日喜灌花賦詩，否則鬭葉子，直待漏下，始挑燈尚遲遲未肯出門。職方使至敦促，始不得已赴之，計其在幕中不過半年。職方於其曠廢，稍爲了案牘。職方黽勉危坐以待，左右多咄咄不以爲然，而主客始終無厭射。然遇有非僻，則未嘗不苦口相告。一日，聞靜軒歸，頗與里巷狎邪之徒飲博，千里貽書規之。靜軒作長歌謝過，且以志感。先君嘗聞而歎曰：「責庵之位未至奇章，靜軒之才遜於杜牧，然而其交道則無愧矣。」

職方嘗買秦人爲妾，至而詢之，則已有夫，乃移文至陝召其夫。其夫至，以無力償直，叩頭乞免。職方曰：「吾不責汝直，且當爲汝了姻事。」并贈以行李之資而去。戎大令心源之入都，應償公費以數千計，告急於職方，罄其積年俸糈之餘以助之。自職方筮仕以來，所得廩禄，歲以給宗族親友之貧者，死喪嫁娶無不向汝陽來請，皆量其差等而周之。故其入爲樞曹也，宦橐蕭寥，臨行之日，百姓攜老載弱，相送者數十里。逾年，以病請告，遂歸。歸而家日落，未幾時四壁枵然，然不改其樂。一日，太守來通謁，猝不能具襲衣，乃謝之。太守有所白，逕登其廳事，職方遣人四出假襲衣，良久乃得出見。嗚呼！自睦婣任卹之教既衰，有以骨肉至親不相顧者。當職方盛時，待以舉火者數十家，垂老不能自爲衣帛食肉之謀，至使傾身障簏之夫，竊議其前此之勤施爲過，是則可爲太息者矣。

職方之歸也，連喪其才子，即仲、叔二君也，於是晚景益蕉萃。雍正六年十月十八日卒，生于順治三年十二月九日，年八十有三。曾祖某，祖某，父六息先生某，贈如公官。配某氏，贈安人，繼某氏。子四，孫八，女一，即適董生者。葬于某山之某原。

自余年十四爲諸生，職方甫從京師歸，盛有所獎許。已而以奔走衣食，不得摳衣常拜牀下。方卒時，陳南皋〔一〕嘗屬予以銘，而逡巡未及。今重理舊聞而詮次之，不禁累唏於三世之交情也。其銘曰：

本仁心，成善政，暮年坎壈，訝天道之溟涬。苟可傳，何足病。

〔一〕陳汝登，本卷有墓誌。

錢芍庭誄〔一〕

甬勾最重故家，交游還往，非其世講勿溷。城東錢氏名位尚亞於楊、張〔二〕，而世德足與之比埒。蓋自大方伯〔三〕而後，十世綿綿。至於乙、丙以後，忠介兄弟四忠并命〔四〕，不愧喬木世臣之望，而諸遺老承其後，尤爲汐社之光〔五〕。予嘗論其家世，以爲忠孝其本根，風騷其花葉，非虛語也。迨退山先生〔六〕歿，錢氏之宿老告盡，其風流漸衰，支拄其間者，東廬先生〔七〕一人而已。東廬又歿，錢氏益替，門户之寄，歸於二子，是爲芍庭兄弟。未幾芍庭之弟春圃〔八〕又没，于是芍庭隻輪孤翼，塊然獨任其先世之文獻，而無所得將伯之助，顧其刻苦，不愧清門。

〔一〕錢中盛。
〔二〕甬上族望表。
〔三〕錢奂，廣西布政使。肅樂七世祖。
〔四〕錢肅樂，卷七；肅範，行五，卷八；肅遴，行七；肅典，行九。遴、典，外集六。
〔五〕方鳳撰謝臯羽行狀：會友之所名汐社，期晚而信，蓋取諸潮汐。宋遺民録二。
〔六〕錢肅圖，行四。
〔七〕錢廉，集十四有墓表。
〔八〕錢際盛，續甬詩百廿。

予續録甬上耆舊詩，芍庭日向諸故家中爲予訪求，得一集不翅拱璧。即其集不可得，而片詞隻句足以入選，使其人不朽，則大暑走烈日中，窮冬冒風雪，重趼不惜也。予約同志爲冰槎尚書〔一〕歲作隻雞之享，芍庭最虔其事。予罷官以來，頗從事於枌社〔二〕諸先正金石之文，芍庭老眼禿筆，爲予手抄，兀兀成編。而有關於錢氏者，又獨爲一集，秘之巾箱，伏臘則陳之影堂，焚香以酹其先公。予作忠介墓碑，詳述降臣大己氏〔三〕之逆狀，芍庭捧而泣曰：「是足以誅留、王之徒〔四〕於身後，而一雪虞淵之恨〔五〕矣。嗚呼！吾家子孫，其又何以報君。」春圃二女未嫁，芍庭精選士族以配之，不以世俗之門户動其心也。蓋芍庭於其高曾之規矩，可謂能慎守之者矣。

〔一〕張煌言，卷九墓碑。
〔二〕枌榆社，漢高祖豐沛故鄉之社，見史記封禪書。
〔三〕左文十四。謝三賓。
〔四〕留夢炎、王績翁。宋史四一八文天祥傳：王績翁欲會宋官請釋天祥爲道士，留夢炎不可，曰：天祥出，復號召江南，置吾人於何地？
〔五〕日至於虞淵，是爲黄昏：見淮南子。

予爲嶺外之遊，芍庭郵筒迢遞，念予良苦。及予扶病而歸，芍庭聞之大喜，亟來過予。見予病之甚也則憂，徘徊牀簀間。予見芍庭之亦有病容也，曰：「君休矣，其姑歸而養疴，待少間而視我。」芍庭歸，遂病，不能復起，綿延數旬，病篤尚咄咄曰：「吾竟不能更向雙韭山房一問訊也！嗟乎！」芍庭卒，從此城東踪跡殆將闃絶，而錢氏之澤，恐其自此而斬矣。

芍庭諱中盛，字又起，提學清谿先生〔一〕之孫，東廬先生之子也，太學生。娶倪氏。生於康熙某年月日，卒于乾隆某年月日〔二〕，春秋七十有三。所著有小集一卷，予所論定者。葬於東廬先生之墓傍。其誄曰：

數典而忘祖〔三〕，昔人所疚。乃敬承之，定克昌厥後。

〔一〕錢啓忠，卷六有墓表。

〔二〕康二十辛酉，乾十八癸酉。長謝山廿四歲，謝山乾廿卒。

〔三〕左昭十五，謂籍談。

陳卜年志〔一〕

同里萬徵君管村〔二〕之在史館也，性鯁直，不肯徇所干請。其時故國輔相家子弟多以賄入京，求史館諸總裁末減其先人之傳。而管村適主崇禎長編，力格之，坐是出知五河縣。史館恨之未已，又令大吏以事致其罪，論死。獄急，管村之子承勳〔三〕前往救父。時陝中開贖例，管村之故人裒金五千以與承勳，管村得贖免死。而承勳年少，陝中吏胥欺之，雖報額五千，侵蝕其半，未之上也。管村歸，而陝撫移咨浙撫追贖金之未足者，承勳大窘，計無所出。承勳之友陳卜年奮然曰：「達道有五，而君臣、父子居其二。今管村有君臣之厄，承勳有父子之厄，徒以無朋友，使大倫且俱滅，吾當偕之行。」然卜年亦貧甚，麻鞋布韈，即日束裝挾承勳去。又以盜，盡喪其裝，沿途乞食于所知者，得至陜中。又入京，再告急於管村之故人，皆義卜年所爲，復得金三千，卒事而歸。

〔一〕陳坊。

〔二〕萬言。

〔三〕萬承勳，西郭。續甬詩百十一，本卷有墓表。

方卜年在途，承勳有過，輒流涕而扑之，曰：「汝父當厄，汝敢若是！」然所以護其寒暑飢渴者，不翅如嬰兒。大理卿陳公汝咸素不識卜年，以其從弟汝登得知其事，曰：「今世有此人乎？」時大理方知漳浦，招之，厚贈賄焉，且廣爲之延譽于所知。卜年在漳浦得見石齋先生諸遺書，大喜。益自奮，講求王佐之學，乃未幾以病卒，得年四十有六，君子惜之。

卜年諱坊，世爲浙之寧波府鄞縣人。曾祖某，祖某，父某，皆以儒生業其家。卜年爲人慷慨磊落，負俠骨，卑視儕輩。家無十畝之田，晨炊不繼，夷然不以爲意。先君嘗曰：「吾讀前史，心愛東西京人物，重然諾，判生死，朋友急難，何其厚也。至唐而已衰，以柳易播之事，僅而見之，今乃遇之卜年。雖然，卜年以祭酒布衣死牖下，聲名安得立？行將泯泯與無聞者等，其可傷矣。」予聞先君之言，爲之淒然。會卜年族弟世培以其志請，予欣然答之。

方卜年挾承勳去，兩家婦子皆無所得糧，其爲之繼釜繼庾，傾十畝所入以供之者，即陳君汝登也。亦俠士，不愧於卜年者。

卜年娶某氏，一子，夭死，遂無後。嗚呼！此又天道無知之説所不能不令人長喟者也。

李次行墓版文〔一〕

次行姓李氏，名世法，字甘谷，鄞人也。鄞之砌街李氏爲世胄，而尤以風雅嬗其家。自賓父、子年〔二〕諸老後，封若先生〔三〕大之。已而昭武先生〔四〕繼起，其兄弟如内火、戒庵〔五〕諸老，皆迭主齊盟，而杲堂先生〔六〕集其成。

〔一〕李世法。
〔二〕李生寅、李德豐，甬詩廿三。
〔三〕李桐，續甬詩廿七。
〔四〕李文纘，續甬詩四七。
〔五〕李文爟，續甬詩卅一；李文純，續甬詩四六。

〔六〕李鄴嗣，續甬詩五三。

次行爲杲堂先生之孫，東門先生〔一〕之仲子。東門於詩别爲一家，不甚墨守杲堂之傳。次行亦由東門入手，以性靈從事於苦吟。吾鄉世冑子弟，百年以來日衰替，不能守其先代之風流，而次行獨持其舊德，克守高曾之規矩，花晨月夕，必與吾輩相留連，時時序其先人之文獻，以無忘明德。故予於通家兄弟中，獨善次行。

〔一〕李暾，續甬詩百十六。

次行乃善病，有子已冠矣，而死，是後不復舉，怏怏失志。其病數年一作，每作必費參朮至千金。故次行田園本豐贍，及大病者三，而家遂落。方欲開雕杲堂先生未出之遺書，以力絀未及，而次行死矣。嗚呼！次行死，吾通家兄弟中，無復雙柑斗酒之歡，而杲堂、東門之門庭，一旦掃地，其可哀也。孺人張氏，韞山先生〔一〕之女也，先卒。葬于東門墓傍。其銘曰：

杲堂於鄞，詩人所宗，百世不祧，以報其功。東門配之，亦復克世，畀于次行，一綫所繫。而今又死，裘冶蕩然，秖應他日，祔享詩壇。

〔一〕張錫璁，續甬詩百十二。

范沖一穿中柱文〔一〕

沖一生而惠，年十五補諸生，顧自視甚高，于世人無當其意者。其初來見也，予頗思所以裁量之，沖一知予意，遽折節，益矢力於古學。良久，屬其友致意於予，若惟恐不相梯接者。予亟延之，則其學已大進，而容貌詞氣，退然非復前者之比。自是，昕夕至予家相討論。

〔一〕范鵬。

甬上師友源流，自昔甲於吴、越，年來耆老凋喪，無復高曾之規矩。經史溝澮，俱成斷港，間有習爲聲韻者，亦不過街談巷語之伎兩，其中索然無有，而妄相夸大。其餘則奉場屋之文爲鴻寶，展轉相師，一望茅葦，封己自足，要皆原伯魯家子弟也。沖一求友於里中，城東小江里盧生配京〔二〕，年長於沖一七八歲，其資器相伯仲。二人相與淬厲，得一書則更迭讀之，間有所疑，則折衷於予〔二〕。學統之分合，經術之醇漓，史案之異同，文章之盛衰正變，無不了了。配京精悍，沖一濟之以縝密，皆五行並下，一日可盡數卷。里中之書不足供其漁獵，則請予借書於淮東馬氏小玲瓏山館、浙西趙氏小山堂，窮年兀兀。以予所見通家子弟，甬上最乏材，若江、淮後起之秀，不少奇特，然嗜學之深，罕有足與此二人抗手者。方私心竊喜，以爲甬上先正實佑啟之，以振枌社之積衰，即予之老病荒落，亦或得乞靈焉，以邀將伯之助。而豈意沖一年甫二十有三，一病而死。惟予素有憂於沖一者，以沖一之年，如出水芙渠耳，而其所爲詩，時時有敗葦枯楊之感，予切戒之曰：「是不祥之徵也，當痛改之。」沖一然予言，而不能自克。間嘗科頭而坐，視其髮種種然，禿翁也，益危之，然不謂其竟不及五稔也。

〔一〕盧鎬。
〔二〕經史問答卷六，范鵬問。

今年之春〔一〕，翠華南幸，予力疾迎於吳下。沖一亦至杭，見予喀血之厲也，愀然曰：「方今東南文獻之寄在先生，而比年稍覺就衰，願深自調護，勿過勞以傷生。」時杭堇浦方以漢書疏證令予覆審，沖一每見予所論定，以爲在劉原父、吳斗南〔二〕之上。及送駕於吳下，沖一別予河干，黯然東返。嗚呼！沖一方憂予之死，而反以身後之文累予。河干握手，遂成永訣，祝予之嗟，能無長慟！古人之負高材而不壽者多矣，以沖一較之，其殆王逢原〔三〕之流亞，邢敦夫〔四〕輩未能逮也。王、邢雖夭，幸賴有力者之口以傳，沖一之死，誰其傳之者？沖一尤篤於友朋之誼，殷勤急難，不惜竭力以濟人。天假之年，豈非有用之才。予自邗上歸，過哭之，其父哭於堂，其母哭於户内，慘然欲絶。而配京亦流涕向予，有隻輪孤翼之懼。嗚呼！孰謂斯人短折若此。

〔一〕乾十六。

〔二〕劉攽、吴仁傑。

〔三〕王令，臨川集九七有墓誌。

〔四〕邢居實，恕子，宋詩紀事卅四，極爲蘇、黄所稱。

沖一姓范氏，名鵬，一字冬齋，世爲鄞之白檀里人。五世祖億暨高伯祖洪震〔一〕皆以孝子旌。曾祖某，祖某，父某，諸生。娶孫氏，先沖一卒。無子，以再從子某爲後。生於某年某月某日，卒於某年某月某日，葬于某鄉之某原。沖一從予求樓宣獻公集、開慶四明志〔二〕暨宛谿讀史方輿紀要諸書者久矣，今年始從小玲瓏山館攜致之，而沖一已先卒矣，因令配京陳書櫬前以酹之，更爲之銘其幽。其詞曰：

二惠競爽，差慰寂寥，又弱一個，令我魂消。念兹草堂，君所横經，歲晏歸來，無君履聲。將行萬里，出門折軸，豈祇雙親，爲君痛哭。

〔一〕范洪震，卷卅五記事。

〔二〕「開慶」爲「寶興」之誤。

韭兒埋銘

兒初名昭德，字晁齋，其後改名樹德，字昭子。病肺困甚，欲予爲改字，予爲署曰謝郎，又字之曰小韭，又曰崧窗，先宗伯公之别業也，兒頗喜。雕鐫畢，猶强自支厲，取花箋試之，未及十日而歿。

先君自七十後，望孫眼穿不可得，爲予誦柳州之文以志痛〔一〕。張孺人既不育，曹孺人歸我。洊遭大故，又五年始舉兒，顧生而大病，慬而得生。乃予妄意兒必永年者。兒之生也，城東錢氏去予家且十里，未之知也。忽聞影堂中有言者，謝山得子可喜，二池〔二〕兄弟登影堂，跡其人，無有也，駴甚。趨至予家，而兒已生，相歎異。以爲殆忠介之神告之。

〔一〕似指柳集四一祭弟宗直文。

〔二〕錢濬恭。

及病既愈，終苦清弱，而星命家謂兒五行皆合格，不害。六歲就傅，予以其孱也，不甚加督責，兒亦以是怙愛，稍自寬假。然其嗜好不失爲王、謝家兒本色，研必以端谿，印石必以花乳，墨必以方、程，尤喜言史學，聽之津津。其所從爲范沖一、張瑶暉、黄回瀾，皆予通家，待兒不以羣弟子之禮。然兒於函丈間恭謹甚，其周旋長者旁無失禮，儼然成人也，而尤藹然於孝弟之良。嘗隨予爲張孺人展墓，徘徊松楸間。予戲問之曰：「汝誰也？」對曰：「兒母也。」予曰：「非也。」兒正色曰：「是何言與？爺調兒耳。」予爲之瞿然。予家自先侍御公至今二十四世，譜系散亂，兒手録一帙，能言其昭穆，雜試之，無誤者。苟遇烝嘗，能細詢禮之曲折而强記之。故予頗以兒篤於根本，謂其必有成立，而豈意其勵及中殤也。

兒甚畏予，每譙呵之則長跪，不命之起不敢起。然心知予之愛之。嘗有問之者曰：「家中愛汝者，誰也？得非曹孺人乎？」兒摇首曰：「非也。夫愛我者非罷罷莫與歸矣。」「罷罷」者，關東人呼其父之稱也〔二〕。既踰十歲，益漸近老成，尤深於愛敬。予在嶺外病幾死，以書告曹孺人，兒爲之旁皇流涕不下咽。及予歸，兒見蕉萃之狀，强作笑語，而私謂曹孺人曰：「爺不意一至於此。」自是以還，予病日甚，去冬尤劇。兒日侍牀簀間，宛轉勸加餐，予心憐之。自念死生天定，所難割者，兒年少，未能自支，殊耿耿耳。兒頗解意，每抃舞以慰予，而退有淚痕。

乃是時兒已得肺疾，且苦痞，治之不效。入春而甚，苦氣逆不能臥，長夜危坐。然燈下不廢繙書，時令侍者抄吴禮部國策注而手校之，以自消遣。甚倦，則伏于枕上。予自秋來苦耳聾，至是中夜必披衣起呼之，兒亦苦痞，大聲作答，猶恐予之不聞，輒連作點首。予問以疾狀，兒强令侍者告予曰：「稍可矣。」其實兒諱其困，而不使予知也。兒聞醫家言，大進紫團參，或可活，而憂予之力不給也，私聞曹孺人〔一〕制淚取參示之曰：「兒弗憂，參尚有餘也。」兒曰：「果爾，當與二人共之。」將立夏之先二日，醫家言其不起，兒尚向予索高安朱氏所定孝經，以其兼備古今文刊誤諸本也，又索西洋黄玻瓈淡巴菰瓶，予皆予之。及晨，呼侍者爲具湯沐，沐畢而逝。嗚呼！予之爲僇民也，不能慰先君于生前，并不能慰之於死後。桓谿墓道相去六十里，兒之從予展墓者再耳。今年兒在

〔一〕鄞人説關東語，以是知其母果爲旗人也。

病中，垂涕深以不能隨予祭掃爲恨。是皆由予之罪戾，上干鬼神之怒以至此也。

〔一〕文中六「曹」字，皆「春」字之誤。超案：援庵後在全謝山聯姻春氏文中云：「鮚埼亭集所謂曹孺人者，實旗籍。其所以稱爲曹氏者，吾始疑春、曹形近而譌，繼思索佳氏之呼爲曹，猶瓜爾佳氏之呼爲關，富察氏之呼爲傅也。」

兒生於乾隆癸亥五月十三日，逝于乙亥三月二十四日〔一〕，得年一十有三。葬於張孺人墓旁，凡兒所業經史、圖籍、碑版以及玩好之屬，皆以殉。其銘曰：

玉樹凋殘，香蘭夭折。厥咎誰歸，阿翁之孽。暮雨綿綿，杜鵑泣血。

〔一〕乙亥，乾廿年。七月，謝山卒。

鮚埼亭集批注　前集卷二十三

碑銘十八

遐追山二廟碑〔一〕

歐陽公以五代少全節之士，深爲歎恨。推原其故，謂自白馬清流之禍，士氣喪而人心壞〔二〕。吾以爲是時天下崩裂，文獻脱落，蓋亦或有其人，而世竟泯然未之知者。如唐自司空圖、韓偓、梁震、羅隱而外，尚有如許儒之不屈於梁，王居巖之不屈於吴，朱葆光、顔蕘、李濤之不屈於楚，孫郃之不屈於吴越，黄岳之不屈於閩，張鴻、梁昊之不屈於漢，皆不愧爲唐之貞士，而史臣失載，嘗欲合爲一卷，以補歐公之憾。且以閏漢之短祚，而劉昌嗣者完名衡嶽之下，志士之待表章者，可勝既乎。蓋天地間之正氣一日或息，則人道亦幾乎絶，故雖荆榛蕭艾彌望之中，而必有一二芳草生乎其間以搘拄之。然其得傳與否，則又必視其人之天幸爲何如。

〔一〕胡毅、劉韍。
〔二〕新五代史卅五唐六臣傳序。

吾鄉慈谿縣東之三十里，有遐追山，東西二峰對峙，其上各有廟。歲月既久，蒼鼯白鼠，縱横出没於楹桷，雖山中人亦莫能言神之本末。考明成化楊氏府志〔一〕引宋乾道張氏圖經曰：「五代末，有鮑侍郎約相錢氏，宋初勸以納土，胡毅、劉韍皆言不可。錢氏計定，胡、劉遊竄海上，錢氏使人追之不及，遂隱是山終老。其時錢氏以詩懷之曰：『東遐追兮西遐追，鮑約何如罷約歸。』海上人廟祀之。」吾於是知是山所以得名，蓋因茲二人之故。張氏圖經今猶有存，而殘斷不完，猶幸楊志載之。顧同時南山黄氏〔二〕作志則竟以爲祀鮑約，誤矣。夫以東西二廟觀之，其爲胡、劉無疑，一也。鮑約策已行，何須遊竄，二也。胡、劉高節，應爲明神，三也。黄氏蓋錯會錢王詩中語耳。

〔一〕楊實四明郡志。
〔二〕黄潤玉。

嗟乎！真人出而天下同。偏安下國，不得不聽命者，勢也。而士各爲其主，耿耿焉欲爲吾君保宗社之思，皇天后土，實鑒臨之，雖興王不得而强也。故論者比之夸父之逐日。錢氏歸朝而後，其子弟彬彬焉記其國事，以備東觀之采，獨二人之姓氏不豫焉，豈格於嫌諱而去之與？又何惑乎路振諸人之闕如也〔一〕。星移物换，吾里社中亦罕有識寓公之高節，而移而屬之識時務之人。僅僅乎空谷荒祠追遡而得之，其亦悕矣。

〔一〕九國志。

陳忠肅公祠堂碑銘〔一〕

四明之牧守，其得祠祀者甚多，而宋陳忠肅公嘗倅是州，獨無祠。忠肅著尊堯集於合浦，以闢新學，尚不慊意，追著之四明，始以爲無憾，則四明宜有祠。忠肅之爲倅，居南湖之南藍，而西湖十洲題咏最多，則湖上尤宜有祠。自予年二十即欲援城東船場祀晁公〔二〕之例，以祀忠肅，力弗能也，乃於逸老堂〔三〕之東，得一小廳以祀之。

〔一〕陳瓘，宋史三四五，學案卅五。

〔二〕晁説之景迂，見前篇。

〔三〕賀知章。

南藍者，即南湖延慶講寺，所稱「十六觀」者也〔一〕。碧波緑野，遊人以爲城中招提之冠，而忠肅來僑寓焉。史越公〔二〕言，是時忠肅窮甚，裘葛不足蔽體，簞瓢不足充口，而温然盛德之容，了無含愠，談笑舒愉，幽居甚樂。吾讀忠肅十洲諸作，則越公之言信然。嗚呼！是所謂大丈夫者耶？

〔一〕寺有觀堂，凡十六室，見鄞志。

〔二〕史詔，學案六。或以爲史浩，浩封魏公，追封越王，謚忠宣，學案四十，詔之孫。

其以周大夫鍔〔一〕合祀何也？曰：「忠肅之居湖上，以周氏也。」初，忠肅喪偶，京師之名人爭欲與婚〔二〕，而忠肅意皆不屬。陸陶山〔三〕尤惓惓，忠肅辭之。大夫固忠肅同年，方爲户曹，忠肅以其舉家好善，特求其妹，於家訊中詳叙其事，而朱子嘗爲之跋〔四〕。蓋大夫爲范文正公〔五〕外孫，自少即荷忠宣、右丞、待制三舅氏〔六〕之教。而其初娶也，婦翁爲胡右丞宗愈；其再娶也，婦翁爲王學士覿。胡氏之寮壻，則鄧考功忠臣。及端禮門立碑，范氏則忠宣兄弟三人，及忠宣子正平，實爲黨叢，若胡若王，皆其眉目，而大夫與考功並豫焉。

忠肅則以尊堯之作〔七〕爲黨魁，而其妹婿西山先生李深亦豫焉〔八〕。古今來之親表固多氣類相近者，然求其珠連璧合若此不可得，蓋元祐黨人中一佳話也。楊文元公作葉元吉志以忠肅嘗壻葉氏，爲其門闌之榮〔九〕，况有如周氏者哉！

〔一〕周鍔，外編卅四有書家傳後，學案六。

〔二〕長編紹聖四年四月條：上曰：章惇亦云陳瓘當作館閣，但議論乖僻。嘗欲以長女妻之，以其乖僻故止。見長編紀事本末百〇二。

〔三〕陸佃，宋史三四三。字農師，放翁祖父。

〔四〕朱文公集八一。

〔五〕范仲淹，希文，宋史三一四。

〔六〕范純仁，行二；范純禮，行三；范純粹，行四。

〔七〕四明尊堯集十一卷，四庫史評存目一。

〔八〕應云「其姊婿朝散郎李深亦豫焉」。朱文公集九十有西山先生李郁墓表，龜山門人，學案廿五，深之子也。深見學案十九，宋史翼五有傳。此誤以子之號稱其父。超案：參援庵書鮚埼亭集陳忠肅祠堂碑後。

〔九〕楊簡慈湖遺書五有葉元吉（祐之）妣張氏墓誌銘，言孺人二女，擇配甚嚴，曰是家故嘗有了齋陳公爲婿，不可使俗壞其素風。

大夫世居西湖，其歸田也，竹輿野榜，徜徉十洲，而忠肅適至，故館之南藍，相與悲憤極論，爲痛哭，爲流涕，爲太息，而尊堯集出焉。則夫南藍之有是祠，是祠之配以大夫，詎非文獻之適合，而典禮之攸宜者耶。蔣中奉璹兄弟〔一〕，則忠肅弟子也，亦於禮應得袝者。陳文介公之子，於忠肅同難，見宋史〔二〕，亦應祀。嗚呼！方新經之行，吾鄉莫有治其學者，忠肅尊堯之功爲多，更爲之歌，其辭曰：

忠肅生平，荆、舒是懲。得力之筆，歸吾四明。亦有門舊，合食崢嶸。如聞抵掌，共詈新經。

〔一〕蔣璹、蔣琉。參本卷蔣金紫園碑及外編四七答葛巽亭日湖故事問目。

〔二〕「之子」二字應删。陳文介公禾，宋史三六三。瓘子正彙，見瓘傳。此因禾傳而誤。

碧谿魏文節公祠堂碑銘〔一〕

四明東洞天七十二峰之水，其自樟村而下曰桓谿，即所謂大谿者也；桓谿而下曰光谿，即所謂小谿者也。光谿之支，其自石臼山而下曰碧谿。石臼山光，空靈蕭瑟，南接長錫千峰之秀，西度建嶴一帶，其水清越無際，瀏覽之餘，渺然有遺世之想，是爲宋丞相魏文節公之居。

〔一〕魏杞。

文節本家焦山，以受經於趙公庇民〔一〕，來鄞定居谿上。既退休，東閣之客最多。若張武子、王季彝之詩，葛天民之怪，柴張甫之俠，無所不集。谿上風流，於斯爲盛。其園亭之勝一十有八：曰夢庵，曰勤齋，曰妙用寮，曰玉照池，曰山房，曰喜老堂，曰禪窟，曰宴嘿居，曰隱仙巖，曰月林，曰碧谿庵，曰衆香堂，曰駐屐，曰積翠屏，曰霞外觀，曰澄漪，曰醉宜徑，曰聽松樓，當時酧唱極多，至今如史直翁鄮峰集中，尚有存者，又有野庵分咏詩卷。人代累更，志乘脱落，徵文徵獻，漸以無稽。遊人過之，一望林薄，纍纍然墟墓横陳，芋區瓜疇，錯綜雜遝。問執田夫野老，問以十八景故址，莫能知其一二。獨碧谿庵尚數椽，頽落不堪。庵僧出迎，叩其爲誰氏之遺，亦不知也。嗚呼！是亦掌故之羞也已。

〔一〕趙敦臨，龜山弟子，學案廿五。

文節於孝皇時最稱重臣，其使金不屈，卒正國書用敵國體，功尤大。秉鈞西府，惜乎未見其用，詳見宋史〔一〕。及投閒谿上，絶口不道時事，飄然人外，宏獎風流，不特吾鄉十八宰執之傑也。於今後裔即衰落，而故跡猶無恙，詎可委之恝然乎？乃與谿上諸耆老議，改是庵之前楹爲文節祠，仍以僧守之，使魏氏之子孫歲來致祭，且薄爲置田以贍其祀。雖鄭公之宅不存，是亦五畝之遺也。既爲碑，更系之以詩，詩曰：

十八景兮邱墟，山房集兮飽蠹魚，撫平泉兮唏嘘。幸佛燈兮未息，對谿流兮澄碧，撫先疇兮思舊德。相君之神兮來遊，驂鸞兮駕虬，喜清景兮長留。汲瀑泉兮致薦，存瓣香兮一綫，溯風流兮猶緬。

〔一〕卷三八五，作壽春人。

大愚呂忠公祠堂碑文〔一〕

忠公司庾〔二〕吾鄉，其至以淳熙壬寅，去以丁未，凡六年。時諸先生多里居：慈湖開講於碧沚，沈端憲公講於竹洲，絜齋則講於城南之樓氏精舍，惟舒文靖公以宦遊出〔三〕。忠公之來，其於諸講院無日不會也，甬上學者遂以忠公代文靖，亦稱爲「四先生」。而滕德粹〔四〕爲鄞尉，朱文公語之曰：「彼中有楊、袁、沈、呂，可與語也。」〔五〕蓋忠公之於吾鄉諸先生，同道合德有如此。

〔一〕吕祖儉，宋史四五五忠義傳。
〔二〕司庾，監倉也。
〔三〕楊簡，學案七四；沈焕，學案七六；袁燮，學案七五；舒璘，學案七六。
〔四〕滕璘，學案五一。
〔五〕語見朱文公集四九答滕德粹第十一書。

忠公之官爲司庾，故不得有所設施，但傳其屏去倉中淫祀一事，深寧志之四明七觀〔一〕。而是時正甬上奎婁光聚，正學大昌，忠公以明招山中父兄〔二〕中原文獻之傳，左右其間。其功無所見於官守，而見之講學。忠公之集雖不傳，然猶散見於永樂大典中，予欲抄其與諸先生論學之文而未得。

〔一〕七觀見深寧文鈔摭餘篇卷三。
〔二〕吕大器、吕祖謙。

顧讀忠公吾鄉之詩，弔景迂之祠，式清敏之里，求了翁寓齋之遺〔一〕，想見其一往情深。

乃自元訖明，以至於今，竟無有以谿毛薦及忠公者，是則甬上文獻之衰，可爲長太息者矣。禮於釋奠之制，必求之其鄉之先師，不然者，則有合也。有合者，謂其鄉無足以當先師之享，則合之他鄉之近而可溯者。今甬上之先師楊、袁、舒、沈，其人可謂盛矣，而愚謂當以忠公合之，以其同時講學於鄞久，並列於先師之座無歉也。

〔一〕晁説之、豐稷、陳瓘。

忠公之子喬年，端憲婿也，亦賢者，能守家學，應得從祀。於是諸生議於四先生之東，别築忠公祠堂，而乞予志其事於石。

蔣金紫園廟碑〔一〕

城南競渡湖之支流爲小湖，其西爲竹湖，有廟焉，蓋宋金紫光禄大夫蔣公浚明之園神，而後遂以爲里社之祀。故其巷曰蔣金紫巷，其水曰蔣家帶，其橋曰蔣家橋。其東有坊曰連桂，亦蔣氏物也。吾鄉里社之神，多出自前代巨室之甲第園亭，歲久遂享居民之祀：如握蘭坊廟以趙公善湘第中所奉坊神，寶奎廟以史公守之宸奎閣中之閣神，梅園廟以樓氏園中梅麓之園神，蓋不可指屈也。昆明歷劫，文獻脱落，遂有妄傳，而蔣園訛而爲茹園，以字相近也。茹園又訛而爲殳園，以音相同也。蓋自南山、東沙二志〔二〕，去古未遠，已有此失，於是橋名改爲殳家橋，而廟名則曰茹園廟。不知吾里中之世家，自宋以來歷然可考，並無茹氏、殳氏，猶幸蔣金紫巷、蔣家帶之名未泯，及自明中葉以後，始稱曰聚福。乾隆戊午，湖上賢者葛君木人留心考古，予爲據舊聞以告之。嗟夫，故國世臣，喬木蒼蒼，蔣氏之爲此里重者多矣，而里之人莫之知，則前此圖乘之失也。

〔一〕蔣浚明。

〔二〕黄潤玉、張時徹。

蔣氏自唐時，實由天台來居奉化，已而遷湖上〔一〕。金紫爲豐清敏〔二〕所薦士，官尚書金部員外郎，抗疏排新法被斥，將謫遠州，母老，清敏力爭之而免。金紫之子中奉大夫璿、宣奉大夫琉最有名。是時陳忠肅公〔三〕來鄞，金紫即遣二子事之，未幾成進士，忠肅爲書「連桂」二字以表其坊。中奉知江陰歸，猶及與潘公良貴倡和三江亭上，其詩至今存。而宣奉以忤蔡京自劾去，師傳家學，俱爲不負。蓋蔣園之取重於里中者正以此，不徒以踞重湖之勝也。嗣是以還，太學存誠爲慈湖先生〔四〕講學之友，聞歌有省，德性清明，金紫少子琚之後也。尚書峴以館閣重臣事穆陵，有弭變大功，雖其少年不無物議，而晚節可稱，宣奉之後也。將作主簿曉，鴻文博學，宋亡守柴桑之節，杜門不出，尚書之猶子也。其餘登甲科，列仕籍者，前後相望。故清容謂吾鄉士族之最先者有四，而蔣氏居其一。有三徑聯珠集，有續三徑聯珠集，七世志幽之文，盡出巨公之手，則當日園中過從之盛，可想見也。

〔一〕學案卅五。
〔二〕豐稷。
〔三〕陳瓘。
〔四〕楊簡。

然蔣氏先籍奉化，其科第之貫，守而不易，故圖乘亦皆列之奉化，而莫知其爲湖上之望。予讀慈湖所作太學墓誌，及清容將作墓誌，乃知蔣氏於湖上爲世居，是以其坊、其巷、其園咸在焉。園之築蓋在金紫歸田之後，故舒信道〔一〕嬾堂集中已有詩，或以爲始於將作，誤也。湖上之甲第園亭，如趙侍郎之水閣，高使君之竹墅，陳少師、樓幹院諸家，當時孰不連甍接瓦，去天尺五，今皆澌滅殆盡，而蔣氏尚存一椽，巋然如魯靈光無恙，七百年之舊德，實鑒臨之，其可以褻視哉。而奈何又移之于不知誰何之氏也。

〔一〕舒亶。

木人曰：「善。明年當重新是廟焉，子曷爲文以記之，以表章昔賢之遺。」予以爲明德如金紫，里中之典型也。古人制禮，必求其所自，以不忘其始。苟於廟中爲別室以祀金紫，亦禮意之不可闕者，更數百世而遥，無復訛傳之患矣。抑是禮也，推而行之，詎止蔣園廟爲然哉。因即詮次其語復之。

宋忠臣袁公祠堂碑銘〔一〕

少時從天一閣范氏得見袁尚寶公〔二〕所刻先進士忠義録，其中有蔣教授景高〔三〕所作傳，較詳於舊志。及自京師歸，求是書於范氏，則無有矣。近忽從董氏得之，驚喜。

〔一〕袁鏞，宋史翼卅二引蔣景高撰傳，見乾隆象山志十一。
〔二〕袁忠徹，明史二九九方技傳。
〔三〕蔣景高，乾隆象山志九。

嗚呼！袁公之死，蓋見賣於趙孟傳、謝昌元；而清容〔一〕作志，不立公傳，初意以爲五代史闕韓通〔二〕之例，出於嫌諱，歐公且然，又何怪乎清容。既而見其爲趙、謝二降臣有佳傳，乃知其黨於降元之徒也。蓋清容之父處州〔三〕亦降元，故清容之紀先友也，凡降元者皆多稱之，而且作哀幽蘭操〔四〕，以弔崖山降將吴浚〔五〕，可謂失其本心之言也已。夫抗元者不立傳，或有可原，降元者反傳之，豈非黨哉〔六〕。其所作詩，援陶潛而稱嵇紹，亦可歎矣。著書而以顛倒是非爲事，將謂隻手可以障天耶？吾讀清容之文未嘗不愛其才，而心竊薄之。

〔一〕袁桷。

〔二〕韓通，宋史四八四周三臣傳。

〔三〕袁洪，清容集三三有行述，外編卅四有跋。

〔四〕操見清容集二。

〔五〕吴爲文信國所斬，亦見先友記。

〔六〕徐一夔始豐稿十四有跋袁鏞傳後，云其同志已叛盟事敵，亦諱道其事，故遂至於無聞。

載考黄僉事南山集，謂清容於公有通譜不遂之讐〔一〕。林學士絅齋〔二〕疑之，考甬上三袁氏鼎足並盛，不必求依附，南山之説，未必然也。予觀宋之將亡，四明以賈氏摧折之餘，鮮豫於軍師國邑之寄，故殉難者寥寥，然亦尚有數人：知臨海縣孫璹〔三〕，前侍郎願質子，去官奉母，道梗，蹈難而死；憲司知事楊恕，不食數日，自沉菱塘；詩人皇甫明子〔四〕，佯狂，賦詩投海。兹數人者，皆不得見於清容志中。孫臨海補傳於至正志，楊知事補傳於成化志，皇甫見於谷音。又有林澤者〔五〕，字堅叔，一字梅逸，詩人也，著有瓦釜雷鳴集十卷，和陶詩一卷。喜卹人急，嘗築惠生道院，施人藥。元師之至，以祖父墓在青山，去城一舍，往守之，遊騎至，執脅之，大罵不屈而死。其子公輔〔六〕痛父死節，委家於弟，爲道士守父墓以終身。此事忘其所出之書〔七〕。而豐太平存芳〔八〕以清敏〔九〕裔，一門十八人同死，見於縉雲世譜。丹心碧血，憧而不泯，其亦危矣。是豈皆有通譜之讐而没之歟？抑亦醜正有素，而自託於爲親諱也。

〔一〕黄潤玉，明史一六一，學案四十五。外編十六有横溪南山書院記。蔣撰傳言，大德間袁清容求其家世，不與，銜之。比延祐修郡志，没其事不書。南山集殆因此而誤會。

〔二〕林環。

〔三〕孫璹，宋史翼卅二，至正四明續志二。

〔四〕皇甫明子，宋史翼卅五，杜本谷音下。

〔五〕林澤，宋史翼卅二引陳著撰林隱君祠堂記，見本堂集五十，即謝山忘其所出之書也。
〔六〕林公輔，本堂集四九清隱山房記。
〔七〕見本堂集。
〔八〕豐存芳，宋季忠義録八。
〔九〕豐稷。

嗚呼！千古之清議，夫豈一時之紀載所能持，其愚甚矣。吾湖上有廣福寺，即北宋壽聖院也，舊爲公祠。蓋袁氏自高祖尚書公子誠，有二女，嘗施田三頃餘於寺，以贍放生道場，故寺僧世奉袁氏爲檀越，而公祠亦建焉。明初，柳莊太常〔一〕以佐命起，祠祀中振。張尚書東沙〔二〕據寺爲宅，始遷祠於城西。至天啓中，而有司以河房之税爲公設祭。又百年，而予始爲之碑，且附之忠義録後。其銘曰：

可憐石頭城，寧爲袁粲死，不作褚淵生。誰爲袁粲傳？沈約沉吟顔有汗。

〔一〕袁珙，明史二九九，忠徹父。
〔二〕張時徹，嘉靖二年進士。甬上詩八，府志廿。

觀察半湖陳公祠堂第二碑銘〔一〕

半湖陳公諱槐，鄞人，以弘治乙丑進士累官湖廣按察副使。家居鬻脰湖上，嘗力爲湖民請減租，湖民德之，立祠祀焉。予謂公有大功於明，當享廟食於國者，不斸區區湖田之遺愛也。即世之稱功者，亦但以其勤王之舉，而豈知其當食報者正不止此。

〔一〕陳槐。

公之以寧藩獻俘也，武宗方留南京，命浙直進地圖，常州之惠山，蘇之太湖、虎丘，徽之黄山，杭之西湖，紹興之蘭亭，寧之補陀，皆將行幸焉。是蓋江彬輩導之，以爲沿途索賄計也。公從容謂張永曰：「傳聞聖躬已違和，而此曹戒行未已，六龍輕馳，無乃危乎？」永瞿然曰：「公言及此，國之幸也。」乃亟以告劉夫人，始决計還京。不然，將寧藩之禍甫息，而鼎湖在道，江彬之逆，幾有不可知者。雖有明宗社之靈，實陰相公之言，顧扈從諸大臣，愧入地矣。已而武宗抵京晏駕，楊閣學石齋欲留「四外家」邊兵彈壓皇城，部議亦將從之。張永以問公，公曰：「是皆江彬羽翼也，速驅之尚恐後，而反置之卧榻之旁乎？」永乃遽白太后，令速回邊衛。石齋聞而亦悟，即日遣之，越五日而禽彬矣。向使邊兵不去，禽彬之日，豈能帖然安靜無事。即令驅除如反手，而要不能無所夷傷。嗚呼！是皆所謂社稷之功也。古之鈞輔大臣有行之者，亦足勒名旂常，世享茅土，而公以奉使遠臣，借兹前箸，措天下於泰山之安，不必功名之歸己，不亦偉與！而惜乎明之不竟其用也。

初，公之由武昌移撫州也，力爲撫軍孫公〔一〕言，寧藩恣威厲而陵大臣，當豫爲之謀。孫公報以八月中出巡，應相見密計，不料其不逮八月也。公又請令各府選兵會操，巡道許公行之不密，寧藩覺而遏之。曲突徙薪，公之所防蚤矣。事既裂，公以素有儲備，前哨甫至，城已下。統兵官皆儒將，無紀律，城中煙火赫然，將軍中尉之府，均所不免，公亟斬部下前哨違禁者七人，始戢。故公勤王戰功，雖亞於伍、戴諸公，然其保護生靈則第一也。王公〔二〕迎駕，以公從，張永要之於路，宣旨索俘。公謂當予之，而輕騎朝行在，費閣學鵞湖亦然之，王公不聽。于是張忠輩之譖行，而王公卒不得獻俘。公料事之精如此。公既畫策以遺邊兵，楊閣學偉之，乃屬公草遺詔事宜。公具十事以進，其中有連勳衛及中官者，石齋不能用。而御史楊材以公舊吏有怨，遂誣劾之，桂閣學從中主之，公角巾歸第，口不言功。其卒也，遺田三十餘畝而已。

〔一〕孫燧。

〔二〕王守仁。

雍正甲辰，予拜謁崇德祠下〔一〕，讀東沙尚書碑，其于湖田之事備矣，而大者有未及。

陳氏裔孫環祠而居，以公之半湖日録示予，并乞第二碑文，予不敢辭。其銘曰：

昔明中葉，吴濞不戢，江楚岌岌。使君出守，綢繆户牖，倏尾荼口。鞠旅勤王，遏茲暴戕，其功洋洋。穆滿志荒，扶病以狂，誰促歸裝？逆奄負乘，待釁而逞，誰制死命？滿朝大臣，緘口不聞，乃賴使君。不動聲色，廟謨以植，奠安盤石。功高受謗，來歸湖上，浮雲得喪。句餘枌社，重征曷謝，息肩是藉。湖民報公，伐鼓考鐘，世世弗慵。嗟哉偉烈，宜銘石室，胡然遺佚。西郭之陽，山高水長，神旂央央。英爽猶存，祐茲湖民，并其耳孫。

重曰：

有安社稷臣，置之疏逖。匪徒遠之，又從下之石。誰秉國鈞？可爲太息。

〔一〕雍三，時謝山年二十。

象山姜忠肅公祠堂碑文〔一〕

姜忠肅公何以有祠於象山也？曰：忠肅四子：長圻，明經，其後仕江東，知象山縣者也；次埰，進士，禮科給事中，其後江東召爲兵部侍郎者也；次垓，進士，行人，其後仕江東爲考功郎者也；次坡，則諸生，同殉癸未之難，其後贈翰林院待詔者也〔二〕。萊陽之失守也，忠肅死之，而侍郎方以二十四氣之疏，思宗震怒，下詔獄，且不測。考功具疏請暫釋兄罪，使得奔喪，不許；請代入獄，暫釋兄奔喪，又不許；及爲忠肅請贈謚祠祀，亦不報。考功計無復之，泣血東歸。方城破時，姜氏惟長公被重創，得不死，從積骸中負其父尸而逃。至是始入京省獄事。甲申，侍郎奉遣戍之命，乃得暫還。遽有三月十九日之變，哭父畢，踉蹌下南都。禮臣方議追卹諸臣，忠肅得贈光禄寺卿，賜謚，立祠萊陽，以待詔配。姜氏婦女之同殉難者，象山妻王氏、考功妻孫氏、待詔妻左氏，及忠肅次女，皆得祔於祠之别室。

〔一〕姜瀉里，小腆紀傳五六。

〔二〕姜圻，長，象山。姜埰，兄，侍郎。姜垓，弟，考功。姜坡，四，待詔。

而萊陽道梗，南都亦没，畫江之舉，姜氏兄弟避兵天台。侍郎再被手詔，專使敦促，知事不可爲，竟不起。考功應召，參豫江上軍政，入掌銓事。方國安惡之，欲殺之，遂以奉使出。而長公方令象山，故禮臣議權爲忠肅立祠於其境内，賜祭，特遣大理寺右評事王家勤涖事，侍郎、考功皆來祠下，諸遺民多陪祭，北向慟哭，事在丙戌四月中。不踰時而越中又亡。先太常公〔一〕詩有云「鬼亦無鄉可受卹，人從萬死得偷存」者，蓋謂此也。象山爲令時，滋陽、陽信二王皆駐節焉。時江上亂兵蠭起，逢人即殺，二王亦惴惴，居民尤不聊生。象山上奉藩府，捍其牧圉，下撫罷氓，有如父子，宛轉周旋諸悍將間，雖匆匆甫一歲，而心血盡矣。世事既去，解組間行，形神俱索，僅得抵萊陽，竟以不起，則己丑歲也。諸遺民以其甘棠之蔭，爲私祔之於祠。

〔一〕全大程。

嗚呼！甚矣思陵之愎也。侍郎即有罪，其父能以一門報國，似亦可以贖之。即不足以贖之，亦不應并其父之卹典而格之，何其忍也。迨至銅駝已没，始邀一命於荒朝，不亦悲夫！

百年以來，文獻且盡，而象山尤遠在海隅，先賢祠祀，零落無復存者。顧忠肅祠得幸存，然後生晚輩莫知其建置之詳，近且以爲廣文之寓寮，而姜氏裔遠隔吴下，亦莫知江東之有先祠也。予乃以告象山諸君子，議爲重修之，而並配侍郎、考功於祠，以二公皆嘗有寓公之愛也。又以告姜氏後人之居吴下者，使來存省，且告之曰：今吴下固有忠肅公祠，撫軍商邱宋公所立也。海隅之荒僻，不敢望吴下宫牆之盛。然而考典禮於敗亡之餘，固依然先朝之所勅賜也。吾謂忠肅父子魂魄，應當戀此。又況象山之効命危疆，賚志以死，其大節不愧於家門，而後人亦鮮知之者。

常熟□□□〔一〕志忠肅事，謂思陵之世已贈光禄，予任子，此殆欲諱其卹典之出於赧王，而不知其誣妄。蕭山毛奇齡撰吳下祠堂記，乃言長公於癸未圍城下被創，不久即死，其謬益甚矣。是不可不表而出之。且爲之銘，其詞曰：

横流在辰，尚崇忠節。東齊殊天，寄食東越。羈鬼承恩，遊魂泣血。孤臣孤兒，墨衰在列。水在地中，諒無不之。而況王命，堂堂在斯。此數椽者，漢鼎所支。我譜神絃，兼志去思。

〔一〕空圍爲「錢謙益」三字。

鮚埼亭集批注　前集卷二十四

碑銘十九

明太保倪文正公祠堂碑銘〔一〕

尚書贈太保倪文正公，本上虞人，而居會稽。今有司致祀，皆就近涖事於會稽，而上虞反闕焉。然會稽亦未嘗有特祠。乾隆戊辰，知府揚人杜君〔二〕謂當建祠于上虞，而苦經費無所出。時予方主越中講席，語君以上虞故有書院，何不即其中重新兩楹以祀公。古之釋奠，必於其國之先師，公豈非上虞之先師也與，是甚合禮意。杜君曰「善」，因捐俸鳩工，特具栗主以入祠，而屬予銘之。

〔一〕倪元璐。

〔二〕杜甲。

因國〔一〕之季，天下所稱大儒蕺山劉公、漳海黄公，而公實參之。蕺山爲公同里，然其初人尚未盡知其學，公與之語而歎曰：「劉先生今之朱元晦也。」每見學者輒語之曰：「勿坐失此大儒。」故年譜亦推原「證人」之學，得公始光。漳海爲公同年，其在三館，最相傾倒。甲申之難，漳海哭之曰：「鴻寶死，天下莫能宗予也夫。」顧蕺山之學不甚合於漳海，而公則與漳海之學相近。乃其於蕺山絶無間言，遣其弟朗齋從事證人之社，而長子無功，受業黄氏，去短集長，不名一師，斯其所以爲大儒也與？

〔一〕禮王制：天子諸侯祭因國之在其地而無主後者。穀梁莊卅，桓内無因國。

公之學尤邃於易，然所傳兒易内儀，尚非完書，特其儀中之一種，所云易以者也。尚有易之，亦成書而未出。其曰「以」者，取象傳；曰「之」者，取變卦也。然又别有目云易像，云易崇，云易迭，云易知，云易趨，云易成，云易定，云易歷，云易律，云易見，云易統，云易序，云易配，一如内儀之分列者。其書皆已起例削草而未及卒業。予曾求之其家，得其易之二卷手稿，殘斷不完，爲之太息。蓋公説易，大都在理數之間，天門地户，淺學未能窺其藩也。公之直節在朝廷，精忠在天壤，不特明史書之，抑且五尺之童皆能道之。獨是蘋蘩蕰藻之祀，乃在講堂，則所當言者，乃公之學。且公之學，即公之直節精忠所自出也。諸生其能讀公之書，引申其墜緒，而得公不傳之旨，以見之力行者乎？是則公之所望也。乃若蕺山，官爲總憲，其清苦刻厲，有布衣所不堪者，漳海亦然。而公則頗極園亭池榭之勝，衣雲閣之風流，當時所豔稱。蓋公先世故膏粱，尊人四歷二千石，亦行乎其素耳。試觀其立朝死國，何者不同，然後知三先生之趨一也。

今天下士習之污極矣。諸生遊公之祠，予請誦公易之之說以相厲，易之有云：「兑之朋友講習，乾道也。乾愓及夕，志潛於習，氣躍於講，志氣交發，文明日見，是故作朋求友者，天子之事也。以五見二，乃曰：『利見大人。』利見者，此朋友也。人有大人之德，則可以朋友天子，天子不敢亢大人，而臣所受教，此飛龍所以无悔，而乾之同人即二之變也。」是言也，自孟子以來未有言之如此巖巖者，殆當公爲講官之時乎？顧公之言所以諷天子，而吾引之即以勵學者。夫必有大人之德而後可語此，其亦宜知所興起，日夕講習，自拔於犬馬草芥之中，以雪江河日下之恥也已。

公之弟元瓚，即朗齋，嘗仕閩中爲太子賓客；子會鼎，即無功，嘗官職方，參漳海軍；其後皆爲遺民，有高節，應得祔祀。予於公之主入祠，既已爲之迎神、送神之曲，至是爲之銘以復杜君，其詞曰：

在昔元公，晚徙廬山。亦有朱子，不返新安。故鄉香火，永矢勿諼。大儒所生，足重山川。始寧巖岫，色正芒寒。三菁仙草，以當蘋蘩。文正騎鯨，來往其間。諸生敬哉，玩兹微言。

子劉子祠堂配享碑〔一〕

子劉子正命踰百年，有祀典而無特祠。大府方宜田〔二〕涖浙以爲言，時予方主蕺山講席，謂是故子劉子學舍也，其生前嘗自稱「蕺山長」，則祠之莫良於此，且合乎古之祭於先師者。乃重新其堂，奉栗主焉。祠成，帥諸生行釋菜禮，因議配享諸高弟子。顧其弟子之見於遺書者甚多，蓋殘明講學，即以爲聲氣之藉，未必皆真儒，勿敢濫也。若其後人所稱爲弟子者，又多不審，如劉公理順、熊公汝霖皆非受業者，而濫列之。乃諦定其學行之不愧師門者三十五人，再傳弟子一人，或反不甚爲世所知者。乃甫三月而予去。

〔一〕劉宗周。
〔二〕方觀承，乾十三浙撫。

先是宜田欲予校定子劉子諸遺書，因并撰蕺山講堂小誌，至是不果，則竟因予之去，妄芟去其中數人者，諸生以爲恨，請予志之石以存之。乃仿家語弟子行之例，撮其大略，爲文一通，存之祠中，以志見知之統。

三十五人者：曰海鹽吴先生麟徵，字磊齋，甲申殉難忠臣也，詳見明史。初，磊齋未識子劉子，一夕夢中聞其誦文信公「山河破碎」之句，醒而訝之。及見子劉子講學都門，因問業。磊齋死國，諸弟子私相語曰：「妖夢得無及先生乎？盍請先生志墓以禳之。」子劉子流涕曰：「固應及耳，何禳之有。」不一年難作。

曰順天金先生鉉，字伯玉，甲申殉難忠臣也，詳見明史。伯玉之學頗近禪宗，雖累論學於子劉子，不甚合也。而子劉子以其人雅重之。

曰山陰祁先生彪佳，字虎子，乙酉殉難忠臣，詳見明史。祁氏世爲巨室，藏書甲浙中，寓山園亭之盛甲越中。虎子，少年豪士也，自從子劉子，折節心性之學。乙酉子劉子絕食，會名王聘六遺臣，則子劉子暨虎子並豫焉。虎子死，子劉子已困不能語，聞而張目頷之。

曰海鹽彭先生期生，字觀我，丙戌贛州殉難忠臣也。

曰會稽章先生正宸，字格庵，詳見明史。子劉子夫人之姪，首從學偁山。格庵崇尚氣節，不甚講學，力行者不在口説也。六遺臣之聘，格庵豫焉，逃去；起兵，事敗，行遯爲僧。

曰潤州葉先生庭秀，字潤山，詳見明史。子劉子長京兆時，方爲推官，因問學。丙戌，官闖中，至侍郎，事敗爲僧，以憂死。

曰山陰何先生弘仁，字書臺，在證人講社中最深造，予今求其書，未得見也。丙戌以後，行遯如格庵，然實令終。而江右魏禧志其事，以爲死節，譌也。書臺以故侍御入桃源，完節而終，何必死乃足重。予別有辨。

曰闗右董先生標，馮恭定公弟子也。晚官兵馬司使，始從子劉子受業。讀其問答，醇如也，甲申前卒。

以上八先生，皆執弟子之禮，而子劉子則但以朋輩待之者，如蔡季通例，故有疑祁虎子、章格庵非受業者，譌也。

曰山陰陳先生堯年，字敬伯；會稽章先生明德，字晉侯；山陰朱先生昌祚，字綿之：服勤於子劉子最久者也。敬伯居石家池，在蕺山右，子劉子開講，首在其塾。黨禍之烈也，子劉子子貞孝君汋尚少，託之敬伯，曰：「子，吾之王成也。」而明德爲格庵羣從，白馬山房之會，陶石梁〔一〕弟子多異説，明德闢之力。綿之居即在蕺山下，其解吟軒，子劉子講堂也，朝夕不離杖履，所造甚邃。今軒爲比邱尼所據，予傷之，欲贖之歸書院中，不果。

〔一〕陶奭齡。

曰餘姚王先生業洵，字士美，陽明先生之宗也。梨洲黄氏嘗言：「子劉子開講，石梁之徒三及吾門，欲摇其説。左右師席者，士美、玄趾與予三數人。」則士美亦證人之功臣也。四先生皆以甲申前卒。

曰海寧祝先生淵，字開美，乙酉殉難義士也，詳見明史。開美受業歸即死難，贈檢討。

曰會稽王先生毓蓍，字玄趾，乙酉殉難義士也，詳見明史。贈檢討。玄趾先嘗學於倪文正公。

曰山陰潘先生集，字子翔，乙酉殉難義士也。

曰諸暨傅先生日炯，字中黄，丙戌殉難義士也。

曰武進惲先生日初，字遜庵，嘗上書申救子劉子，其風節近開美。丙戌以後，累至山陰哭祭，爲之行狀，幾十萬言，獨於子劉子所言「意爲心之所存」有未然者，故行狀中略之，嘗爲梨洲黄氏詰難〔一〕。晚披緇，頗以嗣法靈隱爲世所譏，然其人終屬志士也。

〔一〕外編卅題惲氏劉忠正公行實後。

曰西安葉先生敦艮，字静遠，篤行君子也。予嘗謂三衢學者徐逸平稱楊龜山大弟子，是程學；徐徑畈稱湯晦靜大弟子，是陸學；而靜遠則子劉子大弟子，堪鼎足。既棄諸生，能昌子劉子之教於里塾。

曰慈谿劉先生應期，字瑞當，子劉子稱其靜密。丙戌後以憤死。

曰山陰張先生應鰲，字奠夫，服勤於子劉子最久者也。南都匆匆，宵人尚赫奕邸舍，作承平態，子劉子署獨蕭然，奠夫一人侍之。其人篤實自修之士也，在南都作中興金鑑，欲上之不果，丙戌後嘗嗣講山中。

曰會稽董先生瑒，字无休，故倪文正公弟子也。有高行，晚披緇，然有託而逃，稍與惲遜庵不同，老壽，手輯子劉子遺書。

曰山陰戴先生易，字南枝，遺民中之奇者。其葬吴人徐枋事，最爲世所稱，然莫知其爲子劉子門人也。予晚始知之，乃表而出之。

曰鄞華先生夏，字吉甫；王先生家勤，字卣一，皆由敬伯來講堂，歸而築鶴山講舍，以昌明子劉子之教。吉甫通樂律，卣一精於禮，卓然不與先儒苟同。乙酉起兵參江上事，戊子，二先生謀再舉，不克，同死之。

曰餘姚張先生應煜。乙酉之夏，子劉子絶食，應煜勸以擁諸藩起兵，子劉子謝以事不可爲。曰：「然則是降城，亦非先生死所也。」子劉子瞿然曰：「子言是也。」遽出城。予過姚江，求所謂張先生後人，莫有知者。然即此一言，不愧爲子劉子之徒矣。

曰會稽趙先生甸，字禹功。少極貧，學業以養親，藝絶工，時稱爲趙孝子。長而游子劉子之門，得其學。丙戌後，有高節，隱於緇，時賣畫以自給，世所稱「壁林高士畫」者也。晚講學偁山，子劉子少讀書地也。

曰慈谿張先生成義，字能信，有異材。丙戌後，起兵不克，行遯，畢生不返，莫知所終。

曰蕭山徐先生芳聲，字徽之，通兵法。其論學，則亦微於師門有轉手者。

曰仁和沈先生昀〔一〕，字甸華，獨行之士。

〔一〕卷十三有墓碣。

曰海寧陳先生確，字乾初，畸士也，説經尤諤諤，詳見梨洲黄氏所作墓誌。

曰山陰周先生之璿，字敬可。世勳籍。證人之會，或以敬可爲右班官子弟忽之，不知其苦節過人也。子劉子殉節，敬可負其遺書與貞孝同避兵，中途累爲邏者所厄。敬可流離播遷，謂貞孝曰：「死則俱死，不負吾師以生。」而貞孝護髮未薙，敬可曰：「事急矣！」詭與貞孝披緇於興福寺。事定歸家，則田宅盡爲人所奪，遂無一廛。或勸訟諸官，敬可曰：「吾不忠不孝，投死他鄉，何顔復搆獄於官府，與惡少共對簿？」遂寄食於貞孝家以死，無子。子劉子深知之。

曰諸暨陳先生洪綬，字章侯。其人以畫名，且以酒色自晦，而其中有卓然者，子劉子深知之。蕺山弟子，玄趾與章侯最爲畸士，不肯帖帖就繩墨。玄趾死，章侯不死，然其大節則未嘗有愧於玄趾。故予定諸弟子中，其有負盛名而不得豫配享，而獨於章侯有取焉，詳見予所作傳。

以上二十三先生，皆卓然可傳於後者。若餘姚三黄先生宗羲、宗炎、宗會，同受業子劉子之門，其所造各殊。而長公梨洲最大，予爲作墓碑甚詳；次公晦木，予亦有墓表；澤望則見予所作縮齋集序。而梨洲之徒，有曰鄞萬先生斯選字公擇。其父户部郎泰，故嘗游子劉子之門。公擇兄弟並從黄氏稱私淑，其最有功於子劉子之遺書，偕梨洲而左右之者，曰公擇。純篤邃密，故吾於子劉子之再傳，不能遍及，而獨舉公擇者，以遺書也。若子劉子之子遯齋〔一〕，即所謂貞孝君者也，則梨洲所作墓誌備矣。

雖然，諸高弟之死不過六十年，而山中講堂，其誰爲誠意三關之學？則亦無有乎爾矣。

〔一〕劉汋。

諸生登其堂，能無汗出浹背也耶？

舟山宮井碑文

舟山〔一〕何以有宮，蓋明亡以後，監國魯王一旅居焉，故自稱曰「宮」也。宮之井何以傳，志監國元妃陳氏死節地也。井以宮洌，宮亦以井尊也。

〔一〕舟山，即今之定海縣。縣東有翁山，一名翁洲，即甬東。

予考甲申北都之難，熹廟、烈廟二后死之。其時文武殉難諸家，新樂侯劉公眷屬最多，而劉文正公，馬文忠公，汪文烈公，陳忠愍公，成、金兩忠毅公，其母若妻若妾，皆有死者。其家居聞赴自裁，則王節愍公妻。說者皆以爲中宮陰教之隆致之也。然是猶澗槃，逵葛之所聚。舟山彈丸一區耳，辛卯之役，元妃死之。其文武殉難諸家，亦有若定西侯張公眷屬最多，而閣部張公、尚書李公、朱公、兵曹李公、都閫吴公之家，死者不一；其家居聞赴自裁，則給事董公妻。夫孰非笄珈大節所感召與？抑何其先後相合若符節也。

元妃爲吾寧之鄞縣人，世居鄭丞相府大池之北，其女兄歸于吾家僉事府君。監國次於會稽，張妃主宮政，而妃以丙戌春入宮。會西陵失守，監國自江入海，保定伯毛有倫扈宮眷自蛟關出，期會於舟山，道逢張國柱亂兵殺掠，擁張妃去〔一〕。妃在副舟中，急令舟人鼓棹突前，追兵不及，伏荒島數日，飄泊至舟山，監國已入閩，旁皇無所歸。吏部尚書張肯堂遣人護之，得達長垣，監國見之流涕，始進册爲元妃。己丑，黄斌卿伏誅，始復入舟山。先是張妃在會稽，其父張國俊頗豫事，元妃歎曰：「是何國家，是何勳戚，而尚欲爾爾乎？」至是親族有至者，悉遣之。

〔一〕參監國紀年。

辛卯，大兵三道入海，監國以蛟關未能猝渡，親帥師擣松江，以牽其勢。蕩湖伯阮進居守，敗死，大兵直抵城下。安洋將軍劉世勳議分兵先送宮眷，然後背城一戰。元妃傳諭辭曰：「將軍意良厚，然蠣灘鯨背之間，懼爲奸人所賣，則張妃之續也。願得死此淨土。」乃止。城陷，元妃整簪服，北向拜謝，投井而死。義陽王妃杜氏、宮娥張氏從焉。錦衣指揮王相、内臣劉朝共掌宮事，歎曰：「真國母也！豈可使其遺骸爲亂兵所窺。」相與舁巨石填井平之，即共刎其旁而死。董户部守諭爲作宮井篇哭之。乙未，英義伯阮駿再下舟山，訪得妃死狀，即其井封之，立碑致祭，而表言於監國，加謚貞妃。

丙申，舟山又陷，其碑被仆。嗚呼！天下之善惡一也，景陽之辱，高熲正法於青谿，不可以爲暴；則舟山之烈，雖經易代而表章，不可以爲嫌。當妃未死，嘗遣間使至中土，寄書訊其女兄，歷叙蛟關之掠，長垣之困，琅琦之潰，健跳之圍，操尺組而待命者不知凡幾。鬼火以當庭燎，黄虀以充葛藟，猿鳴龍嘯，以擬晨雞，苟延餘息，荼苦六稔，然到頭終擬一死，以完皎然之軀，其節素定如此。向使當時史局諸臣，達之興王之前，豈有不動色矜歎，附之二后傳中者，奈何并此不食之泥，湮没恐後，是皆不知聖朝旌厲幽冥之盛者也。嗚呼！惟翁洲即前宋之厓山也，況元妃爲鄞産，是尤吾鄉所最有光者。宫可亡，井不可没矣。乃議爲勒石而附董户部之詩，以當些辭。

碧沚龍神廟碑銘

明道先生行狀云：「上元之茅山有龍池，其龍如蜥蜴而五色。祥符間，命中使取二龍，至中途，中使奏一龍飛空而去。自昔嚴奉以爲神物，先生嘗捕而脯之，使人不惑。」及朱文公之高弟滕達道爲鄞尉，文公嘗叩以天井山五龍靈跡之果否。則文公亦疑之，而未敢遽以爲妄。若吕忠公來鄞，力詆阿育王山龍井之誕，蓋大程子之緒言也。

愚考唐白香山新樂府黑龍潭詩極言祀龍之謬，已出大程子之先。雖然，龍之爲靈昭昭也，其在經則見於易，其在傳則見於春秋繁露諸書，作雲施雨，不可以爲誣妄，而造物之變化，亦有不容盡以儒言斥之者〔一〕，此類是也。夫陰陽愆伏而爲旱，陰陽和而爲雲雨，以常理推之，其故皆由於二氣，藐兹庶物，何能操其權。然而詩人之嗟旱也，則歸其咎於魃。魃果何物，遂能致旱。及考之圖譜，誠有所謂魃者，非虚假之言也。謂魃尚能致旱，而龍不能致雲雨，則固矣。夫感天和，卹民隱，苟實有如成湯者，豈畏乎魃，亦豈藉乎龍。然有中和位育之功，則盡人性以盡物性，不祥之魃退聽，而至靈之龍效命，正不必謂其無也。不然，則古人雩禱之禮皆可廢，而詩所云「靡神不舉」者，不亦謬耶？特愚民惑於此，而妄以徼福，則有如白氏之所譏者。或曰：然則其得取而脯之者何耶？曰：天下無不靈之龍，而未嘗不爲人所豢，故亦未嘗不爲人所醢，古有之矣。然因此而謂龍之非靈，則不可也。即以吾鄉天井之龍言之，有求於山者，或得蛇，或得蜥蜴，或得蛙，皆能有驗。顧前明太守林夢官祈得蛙，不雨，手刃之而雨，是殆即變置社稷之説，而究之得雨，則未可謂其于旱潦無豫也。

〔一〕然則二氏又可斥乎？

碧沚龍祠，即阿育王龍神之行館。浮屠以爲護塔之神，此妄言也。若其靈之著足以庇民，則見於舊碑多矣。顧予家在祠右，每入祠，見座中衣冠像設，殊爲不根。天下亦豈有龍而人者，乃與里社諸公議以木主代之〔一〕，而爲之銘，其詞曰：

南湖白龍，輕去其鄉兮。西湖靈蝘，來洋洋兮。寓公涖止，城中有光兮。育王、金沙，時擕將兮。五龍更番，降神幢兮。作雲施雨，嘉惠敢忘兮。伐鼓考鐘，十洲滄茫兮。南湖白龍，輕去其鄉兮。曷歸乎來，同翺翔兮。不見淵靈，香火未央兮。

〔一〕木主與像設，五十步與百步耳。

宋蘭亭石柱銘

姚江黃子〔一〕曰：「古蘭亭在崇山下，其去今亭二里而遙，皆爲農人墾之成田。顧流觴之跡，隱隱猶存。明萬曆中，徐貞明〔二〕立石柱以表之。」余因黃子之言，歎曰：是亭之遷徙多矣！水經注之所志，初在湖口，繼移水中，已而移於天柱山上。山在湖南，百年之中，三易其地。而自劉宋以至趙宋，其興廢不知又幾度，顧不可考。若以天柱山之道按之，其去今亭三十里，而唐人蘭亭聯句詩，已明言非故址。然則是石柱者宋蘭亭，非古蘭亭也。

〔一〕黄宗羲。
〔二〕徐貞明，隆慶五年進士。著潞水客談一卷，四庫地理存目四。粤雅堂二集。明史二二三有傳。

蓋自天水諸君嗜翰墨，始有天章寺以護此亭。開慶以後，吾家三世連戚畹，一慈憲夫人，一福王妃，終之以仁安皇后〔一〕。而先太師徐公之薨，賜葬於斯，故邀恩命，以天章寺旁地盡賜先少師〔二〕，蓋嘗苞亭而有之。

〔一〕仁安皇太后尊號乃景炎元年五月上，見宋季三朝政要六。
〔二〕清夫。

至元甲午，東平王俁按越，以爲是乃永和修禊之地，而反闃然，欲於其地築祠以祀右軍。其時先少師託瘖疾，杜門已久，王俁以書來，先少師命其子即以亭址入官。乃置書院，設山長，以招諸生〔一〕。河南狄甲〔二〕繼俁至，其肖右軍之像，適成於三月之元巳，遂修曲水故事，人探一韻，剡源戴氏爲作游蘭亭序者也。其後，楚人湯垕爲山長，復修其祠，并爲疏山麓之淤水，重摹石本蘭亭於壁，而浚墨池焉，剡源爲作臨池亭記者也〔三〕。蓋是時亦皆誤以爲古蘭亭。嗣是以還，暨於明之嘉靖，且二百年，而宋蘭亭又被遷。其遷也，視昔爲近，而崇山之址，已莽爲蔓草之場，斜日荒煙，樵牧之徒，躑躅其間，僅此石柱兀然無恙，蓋陳迹之消沉者多矣。

〔一〕蘭亭兩王俣，見癸辛雜識續集下，以爲全楚卿捨天章寺旁庵田爲蘭亭書院。

〔二〕甲，某也。

〔三〕參卷卅三冬青義士祠祭議三與紹守杜君。

抑聞宋之初亡也，戊寅六陵之難，遺民鬼戰，嗚咽流泉，護雙經於竺國，在斯寺也〔一〕。其時先泉翁尚未遷杭，其於唐、林諸公，固吟伴也〔二〕，冬青之地主，即在吾家，而今總莫之能徵矣。泉翁乃少師之從弟。然則過斯柱也，不知者徒屏營太息，追溯右軍之高風而不去，而余則又加以先業之感懷焉，是不可以無述也。乃勒其詞於柱，更爲詩以系之。其詞曰：

永和暮春，山南九日。祓水潭潭，相與嗚咽。白日可爛，吾銘不滅。

〔一〕至元十五，戊寅。參同上注。

〔二〕「一抔未築珠宮土，雙匣親傳竺國經。水到蘭亭更嗚咽，不知真帖落誰家。」羅雲卿撰唐義士珏傳以爲唐義士句。

見宋遺民録六。鄭元祐撰林義士景曦事跡，以爲林義士句。見宋遺民録十四。

寧波府儒學進士題名碑

寧波府學宫重修之歲，觀察使者西涼孫公〔一〕諦考歷科進士，以備題名，蓋以昭甲科之盛事，將使觀光者鼓動其志氣也。

〔一〕孫詔，外集七有誄。

予既徧覽其間，作而言曰：夫近世取士之法，不逮於古，而士亦忘其所貴於己者，三復朱子建昌軍進士題名記〔一〕，可爲太息者也。是以琴山傅氏〔二〕嘗奉大對，葛郯公〔三〕期以首選而不果。琴山曰：「場屋之得失，窮達不與焉；終身之窮達，賢否不與焉。」郯公歎爲名言。

〔一〕朱文公集八十。

〔二〕傅子雲，學案七七，史翼三六。

〔三〕葛郯。

吾鄉由南宋以暨於今，掄大魁者不一，流傳既久，即其子孫，或不知爲何等之人，若後輩則已有昧其姓氏者。彼其生前榮進之階，幾如飄風好鳥之過，雖欲藉此以望九品之下中，或不可得。而七百餘年以來，獨廣微先生〔一〕長在人耳目，雖三家邨老學究，罔不斂容肅拜，以爲是淳熙正學之宗子，嘉定之人師也。蓋自有進士一科，其以理學大儒膺此選者，横浦、玉川〔二〕與廣微而三，屹然相望於三江千里之間〔三〕，而吾鄉獲居其一，斯則枌榆之嘉話也。若夫省元則有習庵〔四〕，詞科則有厚齋〔五〕，庶幾角立焉。

〔一〕袁甫，字廣微，號蒙齋，燮之子。宋史四〇五，學案七五。
〔二〕横浦，張九成，學案四十，錢唐人。「玉川」爲「玉山」之誤，汪應辰，學案四六，信州玉山人。
〔三〕三江，吴松、錢唐、浦陽。
〔四〕陳塤。
〔五〕王應麟。

吾讀東發〔一〕兩朝政要，有爲宋史之所未備者〔二〕，言廣微最荷理宗之眷，而所值時相皆鄉人，前後無一語阿私者。其於史彌遠言其老當還政，於鄭清之言其履畝害民，於史嵩之言其不可爲相。嘗因邊遽,條指時務,無不切當。李宗勉〔三〕薦其可以大用,理宗方欲相之,會以病終。習庵與廣微同朝,亦阨於史氏,厚齋則更非其時矣。然而所造,不以窮達與也,况彼科名何加焉。

〔一〕黄震。
〔二〕語見古今紀要逸編崔與之條。
〔三〕李宗勉,宋史四〇五。

廣微少沐過庭之教〔一〕,辟咡劍負之時〔二〕,已有會於本心之旨。乃其成進士也,慈湖尚以其年少,瞿然告以千里生民之業,是則父兄之教克先,必不至爲時風衆勢所局,有如朱子之云者,是又希風先正者所當留意者也。

〔一〕袁燮。
〔二〕曲禮上:負劍辟咡詔之,則掩口而對。口旁曰咡,挾於脅下曰劍,致於背上曰負。

總之,士不聞道,即不免爲浮名所動。故宋人津津及第之榮,以爲將兵十萬,克復幽、薊，凱歌勞還，獻捷太廟，無以相過。而同甫〔一〕晚年不惜枉道以求合〔二〕，又惡知魏科大第，固自有以人重者乎？

〔一〕陳亮，學案五六。卷廿九有陳同甫論。

〔二〕指對策有「豈徒一月四朝，爲京邑之美觀」句。

觀察曰：「是言也，今世所希聞也。抑亦吾曹爲有司者所當共知，曷筆而記之，吾將勒諸石。」因次其語以呈之。

鮚埼亭集批注　前集卷二十六

狀略二

明太常寺卿晉秩右副都御史繭庵林公逸事狀〔一〕

柳先生作段太尉逸事狀，蓋以補其前狀所不備也。若陳了齋作豐尚書狀，但叙歷官，而不及一事，又別成一格。前太常繭庵林公之卒，其狀蓋用了齋之例。訖今人代漸遠，有不勵如太尉之脱落者。予惟公之名德，新舊兩朝所並重，故爲之捃摭剩餘，粗備首尾，蓋不得不以逸名。嗚呼！桑海諸公，其以用世之才，而槁項黄馘，齎志以死，庸耳淺目，誰爲收拾，其逸多矣。

〔一〕林時對，續甬上詩卅五。

公諱時對，字殿颺，學者稱爲藹庵先生，浙之寧波府鄞縣人，宋名臣特進保之後。曾祖某，祖某，父某。公以崇禎己卯、庚辰連薦成進士，時年十八，授行人司行人。踰年，以使淮藩出。又踰年而居制。又踰二年而北都亡。赧王起南中，以吏科都給事中召。又踰年，南都亡，踉蹌歸里，從戎江干，累遷太常寺卿，晉都察院右副都御史。踰年，事去，杜門不出，又十有八年而終〔一〕。

〔一〕甲申公年廿二，其卒當在康熙三十年後，「十有八年」誤。

公之少也，伯兄荔堂先生喜言名節，公與上下其議論，荔堂引爲畏友。執經倪文正公門，既釋褐，施忠介公、徐忠襄公皆重之，多所指授。常熟□侍郎□□〔一〕聞公名，招致之，公不往。于同官最與劉公中藻、陸公培、沈公宸荃相暱。或問之曰：「冷官索莫，何以自遣？」公曰：「苟不愛錢，原無熱地。」時人歎爲名言。其居制歸里也，陳恭愍公、錢忠介公一見亦契之。

〔一〕空圍爲「錢」、「謙益」三字。

及在科中，時局正恣其昏狂，公以輪對上三摺，言：「史督相可法之軍江北，所以藩衛江南者也，不當使之掣肘。至於進戰退守，當假以便宜。」「左都御史劉宗周四朝老臣，天下山斗，當置左右。」「翰林檢討方以智忠孝世家，間關南來，不當誣以傳聞之説。」並留中不下。當是時臺省混沓，邪黨過半，獨掌科熊公汝霖，掌道章公正宸，清望謇謇，顧皆引公爲助。阮大鋮深惡之，乃嗾方國安以東林遺孽糾之，遂與同里沈公履祥偕去。

「截江」之役，孫公嘉績故公庚辰房師，挽以共事。熊公、章公、錢公、沈公，交章上薦，起佐孫公幕務，每有封事，多遭阻格。中樞余公煌歎息語公，以不能力持爲愧。前御史姜公埰兄弟避地天台，公以人望請召之，御史不至，其弟赴軍。公力主渡江，熊公之下海寧，公實贊之。蓋自喪亂以來，公之所見，其可紀者祇此而已。

諸方既定，亳社終墟，而公年尚未四十。一腔熱血，旁魄無寄，轉徙山海。及歸，家門破碎，乃博訪國難事，上自巨公元夫，下至老兵退卒，隨所聞見，折衷而論定之，斜日荒江，以此自消其磊塊。已而徽車四出，公名亦豫其中，以病力辭。有同年來訪出處者，公答之曰：「此事寧容商諸人耶？吾志自定，爲君謀寧有殊。」同年愧公之言而止。公論人物，不少假借。同里錢光繡嘗講學石齋黄公之門，其於翰林張溥、儀部周鑣皆嘗師之，而學詩於□□〔一〕。公曰：「婁東朝華耳，金沙羊質而虎皮者也，皆不足師；□□〔二〕晚節如此，又豈可師？子師石齋先生，而更名他師乎？」光繡謝之。未幾，咸淳諸老，凋落殆盡，而公獨年踰大耋，幅巾深衣，躑躅行吟，莫可與語。于是悒悒彌甚，乃令小胥舁籃輿遍行坊市，遇有場演劇，輒駐輿視之。凡公之至，五尺童子俱爲讓道。一日，至湖上聖功寺巷中，公眼已花，不辨場上所演何曲，但見有冕旒而前者，或曰：「此流賊破京師也。」公即狂號，自籃輿撞身下，踣地暈絶，流血滿面，伶人亦共流涕。觀者迸散，是日爲之罷劇。嗣是公不復出，摒闢咄咄而已。

〔一〕空圍爲「謙益」。
〔二〕空圍爲「虞山」。

及卒，遺命柳棺布衣，不許以狀請志墓之文，故皆闕焉。先公嘗曰：「吾年十五，隨汝祖往拜公牀下，自是嘗摳衣請益，間問漳海黄公遺事。公所舉自東厓所作行狀外，別傳、哀誄、輓詩、祭文及雜録諸遺事，幾百餘家，其餘所聞，最少者亦不下數十家，恨不能强記。又語予：野史之難信者有二：彭仲謀流寇志譌錯，十五出於傳聞，是君子之過；鄒流漪則有心淆亂黑白，是小人之過。其餘可以類推。」先公問曰：「然則公何不著爲一家，以存信史。」公笑不答，蓋是時公方有所著，而諱之。然自公殁後，所謂藺庵逸史者，闕不完，其詩史共四卷，今歸於予。

娶某氏，子四，葬於天井山之陽。謹狀。

陽曲傅先生事略〔一〕

朱衣道人者，陽曲傅山先生也。初字青竹，尋改字青主，或別署曰公之它，亦曰石道人，又字嗇廬。家世以學行師表晉中。先生六歲啖黃精，不樂穀食，強之乃復飯。少讀書，上口數過即成誦。（下略）

〔一〕傅山，類徵隱逸十三。

顧亭林之稱先生曰「蕭然物外，自得天機」，予則以爲是特先生晚年之踪跡，而尚非其真性所在。卓爾堪曰：「青主蓋時時懷翟義之志者〔一〕。」可謂知先生者矣。（下略）

〔一〕翟義，漢書八四。王莽時起兵復漢者。

邵得魯先生事略〔一〕

先生姓邵氏，諱以貫，字得魯，浙之餘姚縣人也。邵氏於姚江族望中，爲孫、謝、王、陳亞，門材最盛。先生少與其兄以發齊名，而先生尤狷潔。當是時，陶文覺公〔二〕石梁之學盛行姚中，沈求如、史子虛、蘇存方其高弟也，顧頗參以密雲悟之禪。先生亦從之遊，而獨事躬行，講求有用之學。時遭飢饉，先生與同里鄭奠維諸人爲義倉，桑梓中德之。

〔一〕邵以貫。
〔二〕陶奭齡。

已而國難大作，先生欲死，以其母在，不得，遂削髮爲頭陀，狂走入雪竇山中。妙高臺僧道巖者〔一〕，故鄞廣文張廷賓，亦姚產，而沈、史講會中人也。先生依之，苦身持力，不與人接〔二〕。鄞故都御史高公斗樞物色得之，曰「異人也」，遣其二弟與之游。周公囊雲亦以僧服居臼坑，時時過從。

〔一〕行恂。

〔二〕見詩集八。

已而以省母返居潭上園，黃忠端第三子澤望〔一〕，志節夙與先生近，至是來同居園中，相與夜讀謝皋羽遊録而慕之，曰：「方今豺虎滿天下，五嶽之志，不可期矣。四明二百八十峰，近在臥榻，當使峰峰有吾二人屐齒。」于是始遍走山中。然山寨方不靖，所在亦多邏卒，而二人者冠服奇古，躑躅其間，頻遭詰難，顧不以爲苦。一日忽入絶谷，不知所向，方茫然求故道不可得，俄而峰回路轉，松梧桐竹甚盛，有雞犬聲。趨就之，祇一家，中有幅巾者出，曰：「客從何來？」則語之以宅里。笑曰：「吾亦姚人也。避世居此，不虞君之涉吾地也。」乃止宿。則告曰：「是石屋山也。僕故孫公碩膚〔二〕監軍陳從之者也。孫公死海上，吾無所依，來此山中，未嘗與世上人接也。」因相顧而歎曰：「是真桃源矣。」澤望嘗曰：「得魯自甲申後，輔頰間無日不有淚痕，其稍開笑口者，則遊山耳。」未幾澤望卒，先生孑然無所向，自是益卞隘，遂棄家投四明山中之楊庵。先生時尚有一妾，不忍判先生去，亦爲尼於庵中。一日之中，晨昏各上堂禮佛，此外雖茗粥不相通。久之，皆卒於庵。

〔一〕黃尊素、黃宗會。
〔二〕孫嘉績，外集四。

先生所爲詩文極多，顧身後散佚，無一存者。而先生之兄以發老壽，顧於先生之大節，絶不一及，若有所諱。即族人邵廷采作明遺民所知傳，亦不及先生一語。咄咄怪事，不可曉也。

嗚呼！先生嘗與王父贈公〔一〕言及陳從之事，絶肖桃源，而恐其無傳之者。如先生之大節，亦何減所南、聖予〔二〕，而身後竟闃然，况從之乎？予因序先生事，并及從之，先生或一笑於九原也。

〔一〕全吾騏。

〔二〕鄭思肖、龔開。

姚敬恒先生事略〔一〕

李二曲集中別輯前代講學諸君，有出於農工商賈之中者，共爲一卷，以勉學者。以予近所聞，近日應潛齋〔二〕高弟有曰凌嘉印、沈文則〔三〕、姚敬恒，皆拔起孤露之中，能成儒者。凌、沈之名尤重，見於沈端恪公〔四〕所爲傳，而敬恒躬行與相鼎足，顧未有知之者。

〔一〕姚弘任。
〔二〕應撝謙，卷十二有應先生神道碑。
〔三〕應神道碑作「沈士則」。
〔四〕沈近思。

敬恒，諱宏任，別字思誠，杭之錢塘人也。姚氏故杭之右姓。敬恒少孤，其母賢婦也。敬恒不應科舉，隱於市廛，稍營十一之息以養家。其母一日見敬恒貿絲，銀色下劣，愠甚，曰：「汝亦爲此惡行乎？吾無望矣。」敬恒皇恐長跪謝，願得改行。乃受業於應先生潛齋，每日朗誦大學一過，潛齋雅愛之，一言一行，服膺師説，泊然自晦，凡事必歸於厚。沈甸華〔一〕之卒也，潛齋不食二日，敬恒問曰：「朋友之喪而若此，無乃過歟？」潛齋喟然歎曰：「爲其無以爲喪也。」敬恒曰：「請爲先生任之。」殯葬皆出其手。潛齋不肯輕受人物，惟於敬恒之餽不辭，曰：「吾知其非不義中來也。」然敬恒不敢多有所將，每時其乏而致之，終其身無倦。潛齋之歿，敬恒執喪如古師弟子之禮。姚江黄先生晦木〔二〕於人鮮可其意者，獨見敬恒而許之，曰：「是獨行傳中人物也。」

〔一〕沈蘭先，見卷十三。

〔二〕黃宗炎。

嘗遊於閩，閩督姚公〔一〕盛延之，訪以海上事。敬恒對曰：「遊魂不日底定矣。但閩中民力已竭，公當何以培之。」閩督肅然頷之。然敬恒以學道故，所營十一之息無甚增益，而勤施漸不可支，遂以此落其家。

〔一〕姚啓聖。

晚年以非罪陷縲絏，憲使閱囚入獄，敬恒方朗誦大學，憲使異之，入其室，見其案上皆程、張之書也，呼與坐而語之，大驚，即日釋之。然敬恒卒以貧死。其平生但事躬行，不著書，故鮮知者。予既附志於潛齋墓表中，復摭拾其事以傳之，以配凌、沈二君，且以待後世有二曲其人者。惜訪其母姓竟不可得。

明遼督熊襄愍公軼事略〔一〕

始寧倪生安世嘗爲予言，其尊人曾從里中倉橋陳氏見其先世秋曹日録一書。其人在明熹廟時爲獄官，凡魏奄所殺君子，不下東廠而下刑部者，皆載其獄中事甚悉。而熊襄愍

公最怪。（下略）

〔一〕熊廷弼。

其説荒誕不可信，然而大造中無所不有，則亦未敢盡謂其無，顔魯公其最著者也。魯公平生好神仙，襄愍則未之聞也。且以彼剛腸，宜不足豫於此道，而不知其深夜中默默爲之，至於臨刑日顧〔一〕忽示其奇，中散之琴，遜其幻矣。卒之隻履空存，雙劍亦化，足以奪奸人之魄而短其氣，不已神乎！英雄人固不可測，其信然耶？長夏咯血，因口授諸生紀之。

〔一〕「日顧」當作「顧日」，用嵇康事。

鮚埼亭集批注　前集卷二十七

傳一

周思南傳〔一〕

星移物换之際，逃於西竺者多矣。然當其始也，容身無所，有所激而逃之，及其久而忘之，登堂説法，漸且失其故吾。梨洲先生有云：「不甘爲異姓之臣，乃甘爲異姓之子者也。」獨吾鄉浮石周氏披緇者三：通城徉狂以死，所謂「顛和尚」者也〔二〕；思南沉湎以死，所謂「醉和尚」者也；順德苦身持力，不入城市以死，所謂「野和尚」者也〔三〕。是三公者，真所謂有託以逃者耶？其在和尚中當爲唐子，然而不愧孤臣矣。其志節之奇，尤莫若思南。（下略）

〔一〕周元懋，續甬上詩十六。

〔二〕周昌會。
〔三〕周齊曾。

沈太僕傳〔一〕

沈太僕光文，字文開，一字斯庵，鄞人也。或以爲文恭公〔二〕之後，非也。或曰布政司九疇之後。以明經貢太學。乙酉，豫于「畫江」之師，授太常博士。丙戌，浮海至長垣，再豫琅江諸軍事，晉工部郎。戊子，閩師潰而北，扈從不及，聞粵中方舉事，乃走肇慶。累遷太僕寺卿。

〔一〕沈光文，類徵隱逸十四，續甬上詩十五，本集卅一詩集序。
〔二〕沈一貫。

辛卯，由潮陽航海至金門，閩督李率泰方招來故國遺臣，密遣使以書幣招之。公焚其書，返其幣。時粵事不可支，公遂留閩，思卜居於泉之海口，挈家浮舟過圍頭洋口，颶風大作，舟人失維，飄泊至臺灣。時鄭成功尚未至，而臺灣爲荷蘭所據，公從之，受一廛以居，極旅人之困，不卹也。遂與中土隔絕音耗，海上亦無知公之生死者。辛丑〔一〕，成功克臺灣，知公在，大喜，以客禮見。時海上諸遺老多依成功入臺，亦以得見公爲喜，握手勞苦。成功令麾下致餼，且以田宅贍公，公稍振。已而成功卒，子經嗣，頗改父之臣與父之政，軍亦日削。公作賦有所諷，乃爲愛憎所白，幾至不測。公變服爲浮屠，逃入臺之北鄙，結茅於羅漢門山中以居。或以好言解之於經，得免。山旁有曰加溜灣者，番社也，公於其間教授生徒，不足則濟以醫，歎曰：「吾廿載飄零絶島，棄墳墓不顧者，不過欲完髮以見先皇帝於地下，而卒不克，其命也夫！」已而經卒，諸鄭復禮公如故。

〔一〕辛丑，順十八。

癸丑〔一〕，大兵下臺灣，諸遺臣皆物故，公亦老矣，閩督姚啟聖招公，辭之。啟聖貽書訊曰：「管寧無恙？」因許遣人送公歸鄞，公亦頗有故鄉之思，會啟聖卒，不果。而諸羅令李麟光，賢者也，爲之繼肉繼粟，旬日一候門下。時耆宿已少，而寓公漸集，乃與宛陵韓文琦，關中趙行可，無錫華衮、鄭延桂，榕城林奕丹、吳蕖輪，山陽宗城，螺陽王際慧結社，所稱「福臺新咏」者也。尋卒於諸羅，葬於縣之善化里東堡。

〔一〕癸丑，康十二。

公居臺三十餘年，及見延平三世盛衰。前此諸公述作，多以兵火散佚，而公得保天年于承平之後，海東文獻，推爲初祖。所著花木雜記、臺灣賦、東海賦、檨賦、桐花賦、芳草賦、古今體詩，今之志臺灣者，皆取資焉。嗚呼！在公自以爲不幸，不得早死，復見滄海之爲桑田，而予則以爲不幸中之有幸者。咸淳人物，蓋天將留之以啟窮徼之文明，故爲强藩悍帥所不能害。且使公如蔡子英之在漠北，終依依故國，其死良足瞑目。然以子英之才，豈無述作，委棄於氈毳，亦未嘗不深後人之痛惜。公之巋然不死，得以其集重見於世，爲臺人破荒，其足稍慰虞淵之恨矣。公之後人遂居諸羅，今繁衍成族。會鄞人有遊臺者，予令訪公集，竟得之以歸，凡十卷，遂録入甬上耆舊詩〔一〕。

〔一〕卷十五。

貞愍李先生傳〔一〕

貞愍先生李桐，字封若，鄞人也，學者稱爲侗庵先生，光禄監德繼之子。生三歲而孤，事其適母董孺人、生母王孺人，皆至孝，而於適母禮節更加隆。及適母卒，而所以事生母者亦如之，時人服其知禮。讀書通大義，不屑數行墨，肆力於詩古文詞，尤思通當世之故，講明忠孝節行，諤諤難犯，一時多非笑之。而前輩董文敏公玄宰、曹文忠公石倉暨徐興公〔二〕、林六長、何无咎、陳仲醇〔三〕諸名士，深器重之。

〔一〕李桐，續甬上詩十七。

〔二〕董其昌、曹學佺、徐渤。

〔三〕何白、陳繼儒。

甲申三月十九日之變，先生於大臨所，抗言國恩不可不報，請發義旅次於江干，以待撫臣勤王之舉。監司盧公牧舟是之，未能應也。先生乃日號咷當事馬前，並詰責諸鄉老，遂遭嗔怒，且有欲除之者。尚書鄞儇馮公曰：「諸公即自謂力薄，不能報國仇，奈何更殺義士？」乃邀先生至其邸，呵護之。牧舟亦慰勞之，以是得免。南都昏濁，先生悒悒不得志，遁入白鷗莊，呼天涕泗，作悲憤詩，遂成沈疾。逾年而有五月十一日之變〔一〕，昕夕呼祝宗有所請，疾遂篤。

〔一〕乙酉，弘光出走。

會浙東兵起，錢忠介公登壇，歎曰：「宜急令侗庵知之。」遣使以告，先生病中霍然起，稍稍進食，乃遣長子文杲從軍，忠介疏授兵部主事。自江干立國〔一〕，侗庵之病稍愈。已而事漸不支，侗庵復申前請，疾復篤。六月初一日之變〔二〕，侗庵曰：「吾今定死矣。」果以是月十九日卒。説者以爲祈死而得死。年四十九。忠介時在翁洲，哭之慟。門人私謚曰貞愍。文杲哭謂其弟文昱曰：「汝知而父所以死乎？」葬畢，相與墨衰赴海上，崎嶇軍事。文昱亦授户部主事。辛亥，翁洲失守〔三〕，扈王而出。九月二十六日，兄弟同日覆舟溺於海中。少子文暹曰：「吾今不可以妄出。」杜門養母，其純孝一稟先生家法云。

〔一〕監國駐紹興。
〔二〕丙戌六月，清兵渡錢塘江，監國航海。
〔三〕應爲辛卯，順八。

嗚呼！桑海之際，吾鄉號稱節義之區，顧所稱「六狂生」、「五君子」，多出自學校韋布之徒，其薦紳巨公出而同之者，錢、莊、沈、馮數人而已。而耽耽其旁，必殺之而後喜可知者，即與先生爲難之薦紳也。卒之，「六狂生」輩竟敗于此賣國老姦之手，可爲痛哭。豈彼反得託于順天之義以存，而劫運所厄，莫可逃耶？如先生者，實開「六狂生」輩之先，天祐其要領而全歸之者也〔一〕。年來文獻脱落，雖有奇節，不能自振於忌諱沈淪之下，遂與亳社聲靈同歸寂滅。予每爲梓里前輩罔羅散失，「六狂生」輩之行實，漸以表章。而溯厥前茅，先生爲首，又況文杲兄弟，以忠作孝，文暹屈節事親，皆先生之教也。而叩之諸李，莫有知者，其亦可痛也夫！

〔一〕自「而耽耽其旁」至此，據續甬上詩十七補。

先生嘗與楊尚寶南仲、陳御史平若、陸舍人敬身〔一〕，詮次同里前輩詩曰甬東詩括，又手輯先世詩文曰衣德集，其自著曰侗庵集。嗣後先生族子鄴嗣，因詩括遂爲甬上耆舊詩，因衣德集遂爲硎里文獻録，則皆先河之力也。

〔一〕楊德周，續甬詩十七；陳朝輔，續甬詩四十五；陸寶，續甬詩十七。

先生三子，惟文昱有子允錫，撫於其叔，娶婦，然卒以無子絶祀。其所居長松館，自文杲兄弟死國，二婦入道，捨爲梵宇，即所謂薜蘿庵者也。余每過而傷之。

毛户部傳〔一〕

毛户部聚奎，字象來，一字文垣，鄞人也，都給事中宏之後。爲人慷直剛果，有節概，少與其弟聚璧並有聲，時稱爲「西皋雙鳳」。

〔一〕毛聚奎，續甬上詩廿九，「六狂生」之一。

乙酉，豫於「六狂生」之列，幾爲降臣謝三賓所害，幸而不死。行營將士，爭□〔一〕求識所謂「六狂生」者。先生笑語之曰：「夫狂者，不量力之謂也。量力則愛身，愛身則君父不足言矣，夫己氏是也。」尋參瓜里幕府，以明經授户部郎司餉。事去，奔走山海之間，累遭名捕，行遯得免，而其家遂以此落，晚年始歸。

〔一〕誤空白。

初，先生於庚寅、辛卯間〔一〕，與吴于蕃、管道復、汪伯徵、倪端木、邗上周雪山爲社，已而亡命。及其歸也，死亡星散，竟以沈冥而卒，所著有呑月子集。「六狂生」之幸得終牖下

者，先生一人而已，而亦無後，君子哀之。（下略）

〔一〕順七、八。

先生嘗自題其集曰：「吾不得見之行事，不得不託之空言。」嗚呼！豈知並此空言，而幾于不得其傳也乎〔一〕。

〔一〕呑月子集三卷，今四明叢書二集有刻本，凡文七十五篇。

鮚埼亭集批注　前集卷二十八

傳二

萬貞文先生傳〔一〕

貞文先生萬斯同，字季野，學者稱爲石園先生，鄞人也，户部郎泰第八子。少不馴，弗肯帖帖隨諸兄，所過多殘滅，諸兄亦忽之。户部思寄之僧舍，已而以其頑，閉之空室中。先生竊視架上有明史料數十册，讀之甚喜，數日而畢。又見有經學諸書，皆盡之。既出，因時時隨諸兄後，聽其議論。一日伯兄斯年家課，先生欲豫焉。伯兄笑曰：「汝何知。」先生答曰：「觀諸兄所造，亦易與耳。」伯兄驟聞而駴之，曰：「然則吾將試汝。」因雜出經義目試之，汗漫千言，俄頃而就。伯兄大驚，持之而泣，以告户部曰：「幾失吾弟。」户部亦愕然曰：「幾失吾子。」是日始爲先生新衣履，送入塾讀書。逾年，遣請業於梨洲先生，則置之絳帳中高坐。

〔一〕萬斯同，續甬詩七十八，類徵經學一。

先生讀書，五行並下，如決海堤。然嘗守先儒之戒，以爲無益之書不必觀，無益之文不必爲也，故於書無所不讀，而識其大者。

康熙戊午〔一〕，詔徵博學鴻儒，浙江巡道許鴻勳以先生薦，力辭得免。明年開局修明史，崑山徐學士元文延先生往。時史局中徵士，許以七品俸，稱翰林院纂修官，學士欲援其例以授之。先生請以布衣參史局，不署銜，不受俸，總裁許之。諸纂修官以稿至，皆送先生覆審。先生閱畢，謂侍者曰：取某書，某卷某葉有某事，當補入；取某書，某卷某葉，某事當參校。侍者如言而至，無爽者。明史稿五百卷皆先生手定，雖其後不盡仍先生之舊，而要其底本足以自爲一書者也。

〔一〕康十七，先生年卅六。

先生之初至京也，時議意其專長在史。及崑山徐侍郎乾學居憂，先生與之語喪禮，侍郎因請先生纂讀禮通考一書，上自國卹，以訖家禮，十四經之箋疏，廿一史之志傳，漢、唐、宋諸儒之文集、説部，無或遺者。又以其餘爲喪禮辨疑四卷，廟制折衷二卷，乃知先生之深於經。侍郎因請先生遍成五禮之書，二百餘卷。當時京師才彦霧會，各以所長自見，而先生最闇淡，然自王公以至下士，無不呼曰萬先生。而先生與人還往，其自署祇曰「布衣萬斯同」，未嘗有他稱也。安溪李厚庵最少許可，曰：「吾生平所見不過數子，顧寧人、萬季野、閻百詩，斯真足以備石渠顧問之選者也。」

先生爲人，和平大雅，而其中介然。故督師〔一〕之姻人，方居要津，乞史館於督師少爲寬假，先生歷數其罪以告之。有運餉官以棄運走，道死，其孫以賂乞入死事之列，先生斥而退之。錢忠介公嗣子困甚，先生爲之營一衿者累矣，卒不能得，而先生未嘗倦也。父友馮侍郎躋仲諸子没入勳衛家，先生贖而歸之。不矜意氣，不事聲援。尤喜獎引後進，惟恐失之，於講會中，惓惓三致意焉，蓋躬行君子也。卒後〔二〕，門人私謚曰貞文。

〔一〕楊嗣昌。

〔二〕潛研堂集卅八有先生傳，言康熙四十一年壬午卒，年六十。

所著有：補歷代史表六十四卷，紀元會考四卷，宋季忠義録十六卷，南宋六陵遺事二卷，庚申君遺事一卷，河源考四卷，儒林宗派八卷，石鼓文考四卷，文集八卷。而明史稿五百卷，讀禮通考一百六十卷，別爲書。今其後人式微，多散佚不存者。先生在京邸，攜書數十萬卷，及卒，旁無親屬，錢翰林名世以弟子故，衰絰爲喪主，取其書去，論者薄之。予入京師，方侍郎靈皋謂予曰：「萬先生真古人，予所見前輩諄諄教人爲有用之學者，惟萬先生耳。」自先生之卒，蕺山、證人之緒，不可復振，而吾鄉五百餘年攻媿、厚齋文獻之傳，亦復中絶，是則可爲太息者矣。

先生之志，姚人黄百家、閩人劉坊、吴人楊无咎皆爲之，黄志最覈〔一〕。其後方侍郎爲之表〔二〕，則尤失考據〔三〕，至謂先生卒於浙東。斯言不見本表，而見於梅定九墓文中。則是侍郎身在京師〔四〕，乃不知先生之卒于王尚書史局中〔五〕，而曰「欲弔之而無由」，其言大可怪。侍郎生平於人之里居、世系，多不留心，自以爲史遷、退之適傳皆如此，乃大疏忽處也。又謂先生與梅定九同時，而惜先生不如定九得邀日月之光，以爲泯没，則尤大謬。先生辭徵者再，東海徐尚書亦具啟欲令以翰林院纂修官領史局，而以死辭之。蓋先生欲以遺民自居，而即以任故國之史事報故國，較之遺山，其意相同，而所以潔其身者，則非遺山所及，況定九乎？侍郎自謂知先生，而爲此言，何其疏也。先生嘗言遺山入元不能堅持苦節爲可惜。

〔一〕鄭禹梅有跛翁傳。

〔二〕望溪集十二。

〔三〕應添「其撰梅定九徵君墓表」九字。

〔四〕先生卒時，方不在京。

〔五〕據方所撰墓表言：「余歸踰年而季野竟客死。」所謂客死，即卒於京師也。

劉繼莊傳〔一〕

劉繼莊者，名獻廷，字君賢，順天大興縣人也。先世本吴人，以官太醫，遂家順天。繼莊年十九，復寓吴中，其後居吴江者三十年。晚更遊楚，尋復至吴，垂老始北歸，竟反吴卒焉。（下略）

〔一〕劉獻廷，類徵經學二。

近者吴江徵士沈彤獨爲繼莊立傳〔一〕。蓋繼莊僑居吴江之壽聖院最久，諸沈皆從之遊。及其子死無後，即以沈氏子爲後。然其所後子，今亦亡矣。故彤所爲傳，亦不甚詳〔二〕。若其謂繼莊卒年四十八，亦恐非也。繼莊弱冠居吴歷三十年，又之楚之燕，卒死於吴，在壬申以後，則其年多矣。蓋其人踪跡非尋常遊士所閲歷，故似有所諱而不令人知。

彤蓋得之家庭諸老之傳，以爲博物者流，而未知其人。予則雖揣其人之不凡，而終未能悉其生平行事，乃即據廣陽雜記出於宗夏所輯者，略求得其讀書、著書之概，因爲撮拾而傳之，以俟異日更有所聞而續序之。（下略）

〔一〕今果堂集不見此傳。

〔二〕王源居業堂集十八有劉處士繼莊墓表。

董永昌傳〔一〕

董永昌雱，字山雲，一字復齋，諸生應遵孫也。由太學生知房縣，累官知永昌府，致仕。子弦，嘗請予表其墓。竊歎其歷官所至，有古循吏風，然不特進取未遂，且以此罷官，不特天下之人莫有知之者，并吾鄉之人亦不知。世無孫可之，彼何易于輩固應沉屈。茲録隱學書屋詩，乃撮其大節于左：

〔一〕董雱，本集廿一有墓表，續甬詩百十。秉純之祖也。蔣學鏞鄞志稿十作「雩」。

永昌之知房縣也，房在鄖之萬山中，「十三家」餘孽，安集未久，井竈蕭然。先是房之田分三等，其賦以是爲差。及亂後，阡陌荒蕪，有司招民以墾。其時民所墾者上中二等之田，而所報者下等之賦，牧守志在勞來，不加詰也。至是有詔令長吏募民墾荒，其能盡地力者，得書上考。荆、襄、鄖、郢之間〔一〕，有司各踊躍從事，而房縣獨闃然。牧守疑之，以問永昌，則對曰：「小民貪一時之利，不顧後來之患。今房之所未墾者，下等磽瘠石田耳。墾之所入甚少，而其賦額之在藩司者，皆上等課也，且將不償所出。下官已召耆老，戒無妄動矣。孟子以闢草萊爲有罪者，此類是也。」牧守不以爲然，笑曰：「吾儕居官，傳舍耳。但得書上考以去，何鰓鰓過慮爲！」而永昌終力持之得止。嗚呼！由此後三十年持節開府大臣河東王士俊、廣西金鉷所爲觀之，櫌鋤遍于境内之沙礫，其强民以田也，如驅之出兵者然，卒爲中州、南土之大患。一民報墾，竭其故田之所入，以充其新田之賦，尚爲不足，而新田終于不毛，然後知永昌之所見者早。惜其僅持之彈丸之地，不得以此論聞之當宁也。

〔一〕房縣湖北鄖陽府。

荆門大盗誣房民以與謀，及密訪之，則荆門之吏役私令其多所連染，以爲羅織計，而房民實不豫。然已聞之憲司，非所能抗，乃遣房吏衛之行。既出境，醉荆門之吏而遣之，其人遂挈家十餘口入蜀避之。其仁心惠政，有出於成例之外，多如此。

其同知永昌也，遮放、猛卯二土司爭界，制府檄往訊之。瘴氣方盛，雖本土吏胥皆請稍緩之，土官亦意使者之必不遽至也。永昌謂事久或成變，王陽爲孝子，王尊爲忠臣，勢難畏縮，遂慨然而行，卒亦無恙，前此所未有也。

其同知萊州也，昌邑素困大水，乃濬其河，捐資築長堤于縣南以捍之，遂絶水患。及去，萊人老幼祖送，不絶于道〔一〕。

〔一〕忽插入山東萊州事，何也？

其知永昌也，僅七月而解組。是時制府議開孟迺銀山，下其檄于府。永昌謂孟迺乃土司，若開山則勢必遣大衆，既遣大衆，勢必凌蠻户，而金刀所在，漢人與蠻户必有互相攘竊之事，且成亂階，以書力爭。制府頗不喜。會六月市中米價驟涌，民多死者，金齒文移至行省，往返需六旬，歎曰：「吾不能待請而行矣。」乃以便宜發倉平糶，并借施甸之穀以給之，而飛騎請擅行之罪於制府，果遭嚴譴。然無過可指，乃以年近七十，年老不及去官，蓋猶以前議也。既而制府亦頗知孟迺之不可輕入，稍悔之，得中止，且深歎歉仄，而天子亦有原官致仕之命。論者謂其時制府固賢者，非竟屬時風衆勢齷齪之徒也。開礦爲明神廟時厲政，不可行于中土者，何况番部。至於便宜施賑，乃汲長孺所以見知于武皇，而今以之罹咎，不亦可爲太息乎？然永昌雖以此去官，而卒能感悟制府，遏其議而不行，是則身雖去而言得用，亦可以無恨矣。

永昌少隨萬徵君季野遊，得聞證人之教，所謂儒者之得力，蓋在此乎？其詩不事修飾，稱情而出。仲子弦，季子宿，皆與予善。永昌之殁，去今不十餘年，諸子貧甚，其清操又可知也。

鮚埼亭集批注　前集卷二十九

論

劉揚優劣論

晉史范喬列傳〔一〕：「其與人論劉向、揚雄才學優劣，以爲向定一代之書，正羣編之籍，使雄當之，故非所長。」予謂向之優於雄，固也，喬之所以定其優則非。方雄待詔承明、未央之廷，未嘗有校定秘書之命，固未可懸揣其不能。況向之優於雄者，在其忠貞大節，而不在區區著述之間。若喬所言，非特向能之，即歆亦能之也，可謂向優於雄，是亦可謂歆優於雄也。夫譙周之通知五經，何如王平之僅識數字〔二〕。使向僅以讎正羣籍畢其生平，則其優於雄者亦僅矣。

〔一〕卷九四隱逸范粲傳。粲子。

〔二〕譙周，蜀志十二；王平，蜀志十三。

凡後世之議向者有三，其實皆不足以累向。謂其嘗以淮南鴻寶之術得罪耶？此特向少年信道未篤之過。後世大儒亦有泛濫於異端，而其後翻然知所轉移者，何得於向獨以此概其終身也。其以洪範傳五行也，尚書大傳五行之説固多踳駁，然漢大儒如董仲舒亦時言之。蓋伏氏之説雖不醇，而其意則欲人君建皇極以撫辰，使愆伏不聞，而機祥可泯，借此以爲廟堂監戒，其與緯候之言天道，正懸殊也。夏侯勝以洪範諫海昏，則霍光爲之動色，是固格君者所不棄也。向仕於成、哀昏亂之世，文母〔一〕之孽已成，高廟衣冠殆將不守。三朝宗室，心切於維城之寄，而力不能扶，欲以傳經之學感悟其君，良亦苦矣。生其後者執成説以律之，何其固也。故予嘗謂洪範之説，因事進規，其志存乎彌縫匡救，其視孟子與齊王説詩，斷章取義，將順而掖之於善者實同。又或謂其所著新序、説苑，記事多不足據，則誠有之。此乃秦火之後，舊籍無稽，據傳聞之異詞而筆之書，非學術之疵也。夫是三者既皆不足以累向，則向之所學甚正，所操甚偉，西京儒者自董仲舒外，莫之逮也。其閎通博雅，特餘事耳。且向以新都之禍，作五行傳；以王、趙、丁、傅之禍，作列女傳；是皆所謂以經術經世務者也。

〔一〕成帝太后，爲王莽姑。

雄以艱深文其淺陋，且自比於周公、孔子，而實則摹擬相如而未能，可謂妄矣。乃世之論者反推雄爲大醇，其甚者，擬之箕子之明夷，而反於向嘵嘵焉，果何説與？喬能知向之優，而不知其所以優，則甚矣論定九等人物而是非不謬於聖人之難也。

楊文公論〔一〕

真廟一代名臣多矣，乃以寇萊公之雄視一時，獨惓惓欲引楊文公以共事。予初謂文公乃詞章之士，何以得此於萊公。及反覆其遺事，而後知文公之勁節，鮮有其倫。

〔一〕楊億。

文公當日回翔館閣之間，最受當宁寵眷，而卒不登二府，蓋其百折不回，岸然自立，故羣小竭力以排之也。真宗時之羣小，莫如王欽若、丁謂。文公嘗與欽若同修册府元龜，每至館中，未嘗接席而坐。欽若去朝，百官皆以詩送，文公獨無有。欽若請之真廟，傳宣索詩，而文公竟不作。謂亦遣人求昏，拒之甚峻。可謂浩然之氣，直養無害者已。故其大者，如當草明肅后詔而力辭之，曰：「如此富貴，不願也。」其小者，如草制偶遭「糞壤」之誚，而即辭官。蓋宋初詞臣，前之如王學士元之〔一〕，同時如劉學士子儀〔二〕，皆以風節自見，而文公尤爲錚錚。

〔一〕王禹偁，宋史二九三。
〔二〕劉筠，宋史三〇五。

乃若澶淵之役，百寮震慴，而萊公獨與文公飲博自如，其所養有素矣。朱子乃譏其溺於釋氏，故當萊公被禍之時，宣召文公至省，便液污地，以爲未嘗聞道之戒。是何其言之過歟。文公之佞佛，特其學術之疵，而不害其風節。至於便液污地之説，此當日小人謗之。五鬼之惡，不過貝錦；株連之禍，不過渡海；其視澶淵之危急爲何如也。且以文公之倔强，其可以得罪者多矣。前此之風節何如，謂其垂老而喪之，百鍊之剛，忽成繞指，無是理也。

東坡謂人之所恃者氣，正氣所恃，非威武所能屈，故因太白之不禮高力士，而知其必不見脇於永王，且信其爲王佐之才，可謂善論人者。吾於文公亦云。

鮚埼亭集批注　前集卷三十

記

浦陽江記

浦陽江水發源義烏，分於諸暨，是爲曹娥、錢清二江。其自義烏山南而出者，道由蒿壩，所謂東小江者也，下流斯爲曹娥。其自山北而出者，道由義橋，所謂西小江者也，下流斯爲錢清。曹娥之水，由諸暨紆而東，至嵊，至餘姚，則已折而北，始至上虞，遂由會稽入海。錢清之水，由諸暨竟西下至蕭山，反東向山陰入海。一曲一直，源流不同。然六朝皆以浦陽之名概之。（下略）

山陰令舒樹田〔一〕同舟過梁湖，語及此，故記之。

〔一〕舒瞻。卷卅四有論水道札。

宋樞密蔣文穆公端研記〔一〕

山陰蔡生紹基之父，遨遊諸幕府，得端研一區，細潤吐青花，其陰有鸜鵒眼十雙，雕之爲星，旁皆作雲氣護之，雕工之精，非後世所能也。其陽有眼二，其居中者作蕉葉色，其旁以小楷字志曰：「曾大父魏公〔二〕在禁林日，以此研賜從祖待制〔三〕。後六十有六年〔四〕，芾蒙恩寓直，季父〔五〕復以歸於芾。子子孫孫，其世寶之。乾道改元二月八日，芾書〔六〕。」其陰志以草字曰：「玉堂揮翰，穎書。」而不知所謂芾者爲誰，所謂曾大父魏公爲誰，所謂穎者爲誰也。

〔一〕蔣之奇，宋史三四三，宋詩紀事廿一，東都事略九七，宋史新編一一六。
〔二〕之奇封魏公，亦見於洪、陳二家所述，本傳不載，故四譜亦闕載。
〔三〕蔣璨，鴻慶居士集三七。
〔四〕乾道改元前六十六年，當爲元符二年，西一〇九九。
〔五〕蔣志祖，瑎子。蔣瑎，名見之奇傳末。浮溪集廿七。
〔六〕蔣芾，宋史三八四。

予長蕺山，蔡生持是研來問於予，予曰：是元祐樞密蔣文穆公之奇物也。文穆封於魏，其曾孫則丞相芾也。文穆在熙寧、元祐、崇寧〔一〕，推爲博聞强識之儒，曾在禁林，記諸典章文物之舊曰逸史〔二〕，至數百卷。兵火後盡失之，丞相爲捃摭遺稾，勵得二十卷，將以奏御，以其副上之太史，且板行之，已而不果。洪文敏公記之，馬竹村通考尚載其目。是研也，正屬蔣氏禁林世直之物。當日花磚視景，如椽之筆，前光後輝，研其豫有力焉。靖康之變，汴都之球璧弓刀，已與文穆之書，不可復問，而硯尚存於其家。德祐之變至今幾同於蓬萊之三淺〔三〕，丞相之書不可復問，而研尚得留落人間，可不謂幸歟？其所謂潁者，殆工部尚書章公也〔四〕，與丞相同時。文穆名在元祐黨籍，章公亦名在慶元黨籍，其人均足爲是研重也。

〔一〕神、哲、徽三朝。
〔二〕今本解題卷五，雜史類。通考一九七傳記類引陳氏作漢史。容齋四筆九亦作逸史。通考二〇一故事類引洪氏，重出之。
〔三〕蓬萊水淺，東海三爲桑田。見神仙傳。
〔四〕章潁，周密外大父，宋史四〇四。之奇字潁叔，安知此「潁」非潁叔自謂耶？且宋人以「潁」名者何止一章潁也，章潁同卷即有一劉潁。林之奇亦字少潁。

其旁别有志，曰「天籟閣真賞」，曰「墨林家藏」，曰「項氏子京秘用」，乃知明時在禾中，蓋墨林之法物甲於天下，而今日亦寥寥，蔡生其寶之矣。

文穆於北宋時，固名臣也，惜其受歐公之知而好不終，竟至於劾之，「薦禰之墨，射羿之弓」〔一〕，至今讀之，有餘恫焉。是則文穆平生一大玷也。東坡謂褚文忠公〔二〕之書以大節重，而惜其有劉洎一事〔三〕，予於文穆亦以爲然。所幸者，晚節牴牾新法，卒得以風概見。七百餘年，摩挲故物，尚不免論及生平，君子可不慎歟。

〔一〕二語見歐公集九三亳州謝上表。

〔二〕褚遂良，舊八十、新一〇五。褚文忠之謚見唐會要八十，兩唐書本傳不載。

〔三〕劉洎，舊七四，新九九。東坡語見經進東坡集六十，書唐六家書後。

吾友中吴寶研居士沈君李巖，其人雅有研癖，所酷嗜者尤在古研，其藏弆最富，惜不得與共賞之，乃以是記郵寄之〔一〕。

〔一〕春明退朝録上（學津本十四集）、揮麈後録五（學津本十八集）、宋史考異十錢若水傳條，均載宋人謚法而不載之奇謚文穆。汪藻浮溪集廿七有蔣瑎墓誌，芾之本祖也。孫覿鴻慶居士集卅七有蔣璨墓誌，芾之從祖也。一子名志祖，芾之季父也。

宋婺女倅廳舊本記 有跋

宋人婺女蘭亭本有三，桑澤卿〔一〕曰：其一在倅廳，自第十三行至末横裂而上，又自二十八行直裂處五行，詢之耆老，云其石碎已百年，王自牧家有未經刓闕時本，庶幾定武典刑也。其一在南澗家，南澗爲韓公无咎，東萊先生之婦翁。其一爲貞觀八年褚文忠公摹本，叙首無「永」字，雖古未善。去年余友仁和趙君谷林之子小林歸自京師，得婺女本，爲明故晉藩所藏，審其横裂、直裂之行，既與澤卿相符，而元跋云得之婺倅廷平趙健，則其爲本廳物無疑也。旁有趙孟林私印。予考宋理宗蘭亭十集，其丁集中亦有婺女一本，但係府治中物，蓋即文忠所摹者，非倅廳物。據澤卿言，則府治書法在倅廳下。倅廳之刻，當澤卿時，碎已百年，是元豐、元祐之間，即不完矣。又追溯其上石之年，雖無可稽，大略當在真、仁之際，即用定武初出本上石者，故澤卿以王自牧家完本爲庶幾。去今又六百餘年，即孟林刓闕之遺，何可多覯，況又屬理宗十集中所未有乎？理宗蘭亭分十集，賈秋壑多至八百匣，而是匣亦分甲乙諸帙，想見當時自天子至諸臣，各以此夸其風雅。

〔一〕桑世昌，陸放翁之甥。蘭亭考十二卷，四庫目録類二。

考天水諸孟所藏，孟籲有王順伯本，後亦歸孟頫，孟堅落水本後歸秋壑，皆不損本也；孟頫後有陳直齋本，與此本皆損本也；而獨孟林本得完於歷劫之餘，復歸小山，以爲天水宗器，幸矣。婺本尚有東萊先生族弟祖志摹刻一通，乃定武肥本，亦損本，其前鈐以「中國後裔」私印，予曾見之，是又澤卿所未及也。谷林父子乞予爲記，因詮次之。

穆陵十集，有舊梅花本、新梅花本，又有婺州倅廳本，初以爲各是一種，今是帖元跋則即以倅廳本爲梅花本，故李太常輩皆疑之，予前此作記，亦未能有所證也。粤三年重繙劉潛夫集云：婺州倅廳本初裂爲三，後裂爲五，一名梅花本，乃悟舊梅花本者，初裂本也；新梅花本者，後裂本也。其謂之「梅花」者，蓋以其裂文似之，疑竇一旦可釋矣〔一〕。然是帖乃舊梅花本也。二十年前，潛夫之集二百卷〔二〕，皆能舉其本末，未老而衰，以健忘致瞶瞶，其亦可慨也夫。

〔一〕劉克莊後村集五十卷，四庫別集類十六。語見叢刊本一〇二卷。「釋」下有「然」字。

〔一一〕叢刊本後村大全集一百九十六卷。

先侍郎府君生辰記〔一〕

弘治十年戊午閏十月三十日〔二〕，先侍郎府君生辰也。閏既希逢於歲杪，而晦更多闕，故遇之甚難。至五十八歲爲嘉靖乙卯，置閏于是月而無晦〔三〕。又二年丁巳，六十，適以生辰下掌院學士之命，九卿同館，慶府君於柯亭，有詩二卷，曰玉堂倡和集。又八年己丑〔四〕，六十八歲，謝世。又九年爲隆慶甲戌，置閏於是月，亦無晦〔五〕。長公宗正府君，次公贈宫詹府君，少公和州府君，追和柯亭元韻，以志杯棬之痛〔六〕。又九年爲萬曆癸未，置閏于是月，亦無晦〔七〕，宗正府君兄弟再和。又十年爲萬曆癸巳，置閏于是月，亦無晦〔八〕，宗正府君兄弟三和詩。又十九年爲萬曆壬子，蓋一百一十五年，甲子幾再周，而始遇閏又遇晦〔九〕。時宗正府君家居，稱慶于影堂；和州府君在江上，稱慶于官舍：皆有追和詩。而贈宫詹府君先卒。宫詹府君在館，爲位于柯亭，亦有追和詩，羣從子孫家居者皆和之，曰續玉堂倡和集。又十九年爲崇禎辛未，置閏于是月，亦無晦〔十〕。時宗正、和州二老尚無恙，而玉牒之子〔十一〕都事府君，和州之子應山府君，□□□□〔十二〕，宫詹之子中翰府君俱逝。國運將衰，世卿之門户亦隨之。二老感傷今昔，悄然見於追和之章。又十一年則崇禎之壬午，又八年則順治之庚寅，皆置閏於是月而無晦〔十三〕，然喪亂倥傯，篇什俱散佚，不可求矣。

〔一〕謝山之六世祖也，名元立，嘉靖十四年乙未進士，工部右侍郎。
〔二〕應作「弘治十一年戊午閏十一月」，月大。
〔三〕嘉靖卅四年乙卯，閏十一月小。
〔四〕應作「乙丑」，嘉靖四十四年。
〔五〕「隆慶」爲「萬曆」之誤。萬曆二年甲戌，閏十二月大。非閏十一月。
〔六〕不遇閏而和詩，未爲不可，因第一次玉堂詩亦非遇閏也。玉藻：母没而杯棬不能飲。
〔七〕萬曆十一年癸未，閏二月小。非閏十一月。
〔八〕萬曆廿一年癸巳，閏十一月小。
〔九〕萬曆四十年壬子，閏十一月大。
〔十〕崇禎四年辛未，閏十一月小。
〔十一〕玉牒即宗正。
〔十二〕空圍爲「宮詹府君」四字。
〔十三〕崇禎十五年壬午，閏十一月小。永曆四年庚寅，閏十一月小。順治閏明年之二月，大。

和州府君嘗曰：「古禮不祭生辰，今世之祭之者非也。故吾家列祖之祀，皆不及焉。

惟府君令節，生前尚難遇之，則後此若不期而值，子孫能無永慕？故苟遇閏而不遇晦，薦以特羊；若并遇晦，薦一豕爲少牢，世世無得有失，以準事生事存之義。」此和州之命也。乃自弘治戊午至順治庚寅一百五十三年，而九遇閏，再遇晦；自順治辛卯至今年，爲乾隆癸亥〔一〕，九十三年而竟寂然不一遇之，豈非置閏之失乎？顧安得師曠諸公精于甲子者，推二首六身之考證，以正曆學之疏。夫曆既有失，則亦時而疏，時而密，後此必有數十年而頻遇之者，吾日望之〔二〕。

〔一〕乾八癸亥。

〔二〕凡六百卅一字。

侍郎——宗正——都事
侍郎——贈宮詹——宮詹——中翰
侍郎——和州——應山

和州，少微，和州在安徽。應山，天授，應山在湖北。宮詹，天叙，萬曆十四年進士。中翰，大訓。超案：參援庵書全謝山先侍郎府君生辰記後。

蕺山相韓舊塾記

予既主蕺山講席，諸生請爲署其齋，予以「相韓舊塾」題之。諸生曰：「何謂也？」曰：今蕺山之名于天下，以念臺少師也〔一〕。然亦嘗知先河後海之義乎？是山之學統，自宋乾道間韓氏始也。建炎南渡，忠獻〔二〕之裔，散之四方，而東來者則文定公忠彦子治之後〔三〕。治知和州〔四〕，其子爲兩浙提刑膚胄，次直秘閣膺胄，始居越。提刑之孫曰冠卿，知饒州，所謂貫道先生者也，受業清江劉公子澄〔五〕之門。清江之學於晦翁、南軒、東萊如水乳，其教貫道〔六〕也，以一「實」字，蓋即司馬公教元城〔七〕以「誠」字之説也。饒州〔八〕之子曰燮，字仲和，知滁州，能傳其學。秘閣之孫曰埜卿，瑞昌令，其子曰境〔九〕，字仲容，史館秘閣，亦能傳清江之學，與滁州稱「二仲」。而饒州弟宜卿有子曰度〔十〕，字百洪，隱居講學，旁參慈湖之説，風節尤高，世以蕺山先生稱之。當是時，韓以后族貴盛，而四先生者，力以肩正學爲事。又一傳而爲翼甫〔十一〕，字恂齋，大理簿，慶源輔氏弟子〔十二〕，其子即莊節先生也〔十三〕。莊節與其兄忼〔十四〕，字義行，並有名，而莊節最著。忼官婺州學録。蓋安陽之後，講學於山中者五世。乃自文獻脱落，遺言盡喪，并慈湖所作饒州墓誌，俱不可得〔十五〕。故饒州父子兄弟，僅一見於吴禮部師道集〔十六〕，義行僅一見於徐大年集〔十七〕，不特山中蘋藻不及，而其姓氏且將淪於狐貉之口，叩之其後人，亦茫然也。少師立尹和靖祠，以里中先正四人配之，祇及莊節而已〔十八〕。即莊節之集，予但從永樂大典中見之，而世上無有。予續南雷宋儒學案，旁搜不遺餘力，蓋有六百年來儒林所不及知，而予表而出之者，韓氏亦其一也。諸生雖不得見其遺書，然而蒼然者喬木，森然者帶草，豈可以莫之知乎？追而泝之，亦即少師以莊節配尹氏之意也。

〔一〕劉宗周。
〔二〕韓琦。
〔三〕韓忠彦、治，均見宋史三一二。忠彦傳不言謚文定，見揮麈後録五。
〔四〕宋史三一二治附忠彦傳，作知相州。
〔五〕劉清之，學案五九。
〔六〕韓冠卿。
〔七〕劉安世。
〔八〕冠卿。
〔九〕韓境，全芳備祖集有寶祐元年安陽老圃韓境序。
〔十〕韓度，學案五九。
〔十一〕韓翼甫，學案六四，性父。

〔十二〕輔廣，潛庵，學案六四。輔氏弟子説見道南源委四陳普傳。

〔十三〕韓性，字明善，學案六四。集曰五雲漫稿。元史一九〇儒學傳，傳本黄金華集卅二安陽韓明善墓誌。

〔十四〕韓忼，學案五九以爲性從兄。

〔十五〕鶴山集六五有題慈湖所書韓貫道墓銘後。

〔十六〕應作杜範清獻集。卷十七有跋韓仲和尊人墓銘。同治九年吴縣孫氏刻本，嘉靖本。清獻集何以能誤爲師道集，蓋因師道與韓性在元史儒學傳同卷耶？

〔十七〕「徐大年」爲「徐大章」之譌。大年，名尊生，明史二八五附趙壎傳，豫修元史。大章，徐一夔，明史二八五。始豐稿九有韓謂墓誌，義行之孫也。

〔十八〕劉子文編十古小學尹和靖先生從祀論。四人：石墪、俞浙、韓性、潘府。

諸生曰：然則何以謂之「相韓」也？曰：宋之二韓並盛：其一爲南陽桐木之韓，則持國父子兄弟是也〔一〕；其一爲相韓，則忠獻父子是也。相以地稱，桐木以樹稱，各從其望言之也。桐木之韓，至南澗先生〔二〕，亦以講學著于信州〔三〕。

〔一〕韓維，持國。揮麈前録二云：廷有桐木，都人以桐樹目之，以別「相韓」焉。

〔二〕韓元吉，字无咎，號南澗，滮之父，學案二七。

〔三〕超案：參援庵蕺山相韓舊塾記考釋。

澗上徐先生祠堂記〔一〕

俟齋先生〔二〕丁國難，乙酉避地汾湖，已而遷蘆區。丁亥、戊子在金墅。癸巳以後來往靈巖、支硎間。己亥居積翠，及定卜澗上，遂老焉〔三〕。先生故不入城，及老于澗上，并不入市。長年禁足，唯達官貴人訪之，則避去，莫知所之。既卒，門人即以草堂爲祠。澗上居天平之麓，其地平遠清勝，靈巖一帶，俱在望中，吾友陸茶塢〔四〕之水木明瑟園，僅隔一水。予過明瑟，未嘗不肅拜先生之祠，茶塢因屬予爲記。

〔一〕外三十有題徐俟齋傳後。
〔二〕徐枋，類徵隱逸十八，小腆紀傳五八，汧子。汧，紀傳十七。
〔三〕乙酉，順二。丁亥、戊子，順四、五。癸巳，順十。己亥，順十六。
〔四〕陸錫疇，卷廿有墓誌。

先生風節之高，具見於諸家志傳，不待予之文而著〔一〕。而予得一言以蔽之者，以爲昔人處此，雖陶公尚應拜先生之下風，非過也。今吴下好事賢者，方議裒資新此，并買祭田，以綿春蘭秋菊之澤，其意甚善。而予竊欲增置栗主，合食于先生者，得三人焉：其一曰南嶽大師儲公〔二〕，其一曰山陰戴先生南枝〔三〕，其一曰嘉善吴先生稽田〔四〕。蓋先生之得安於澗上也，皆儲公之力，其身後則皆南枝之力也。是時以開府湯文正公〔五〕之賢，欲致一絲一粟于先生且不可得，而儲公獨能飲之食之；以漫堂宋公〔六〕之風雅，致賻襚于先生，其子以先生遺命不受，而南枝獨能殯之葬之：則二公之爲先生素心也亦已篤矣。儲公之賢，先生集中，言之不一而足，而南枝未有及焉，吾故欲引而齊之，使並食於一堂，亦舊史之例也。

〔一〕集名居易堂集。
〔二〕釋弘儲，卷十四有碑。
〔三〕戴易，道古堂集十八有傳。
〔四〕吴鉏，初名祖錫，更名鉏。小腆紀傳五七，又外十二有吴職方傳。
〔五〕湯斌。
〔六〕宋犖。

乃若稽田，其生平踪跡，頗與先生相反，而實爲同德，蓋二公故郎舅也〔一〕。稽田抱劉琨、祖逖之志，而又欲雪其王褒之恥〔二〕，故終身冥行，不返家園，而先生終身不出庭户，其道交相成也。是以先生之初避地于汾湖，于蘆區，以依稽田；及于金墅，則稽田依先生，因共往來靈巖、支硎間；已而又同居於積翠。及定居澗上，稽田每自北來，但過先生而不入其家。先生集中呼遠公者，皆稽田也〔三〕。稽田一生逐日，奔走中原，不得稍洩其志，死葬膠東，以明其蹈海之憤，以白不願首邱之恨，是非大招、廣招之所能致也。而吾以爲先生之祠，依然首陽一片淨土，可以歸其魂。使起先生而告之，必以爲然，且由是而知先生之高蹈，非石隱者流也。

〔一〕吴郎，徐舅，姊壻。

〔二〕「王褒」爲「王裒」之誤，晉書八八孝友傳。稽田父昌時，見明史三〇八周延儒傳。崇禎十六年以罪棄市。

〔三〕稽田初字佩遠。

茶塢曰：「善哉！子之言也。吾當偕同志諸君，舉而行之。」爰即詮次其語而題之壁。

訪寒匡草堂記

寒匡草堂在鄞南湖上，所謂小江里者，故職方駱先生〔一〕精舍也，其地蓋已累易主。乾隆辛未〔二〕，諸生盧鎬假館授徒于其地，予歎曰：「三十年以來，求職方之子孫以訪其軼事而不可得；則求其詩文，而又不可得；則求其邱墓而表之，而又不可得。年運而往，里中之知職方者希矣，今過其草堂，其安可嘿然而已。况其石闌花時，風流宛在，是固東籬之遺也。」乃爲之記。

〔一〕駱國挺，續甬詩六四。
〔二〕謝山時四十七。

職方諱國挺，字天植，寒厓其五十字。故諸暨人也，居鄞甬二世，有殊材。當是時，其東隣李氏方貴盛，忠毅公〔一〕鎮三藩，一門子弟多雋士，而職方以諸生崛起，名甚盛，里人引而齊之曰「李駱」，不以勢位甲乙也。鄞士尚節義，職方所與爲素心者，曰華公夏、王公家勤、陸公宇爀、高公宇泰，風格相伯仲。而東江事起，左右錢忠介公〔二〕，破家輸餉，遂爲「六狂生」〔三〕之亞，降紳夫己氏〔四〕欲殺之，亦與「六狂生」等。忠介浮海，戊子，又有「五君子」之難〔五〕，夫己氏欲株連先生，而帛書中無其名，乃散流言，謂待翻城之後，盡籍諸薦紳家以賞軍，蓋激衆怒以害之。華公聞而歎曰：「如此，則國人皆曰可殺矣。天植之肉其足食乎？」竟被逮訊，久之得脱，而家遂中落。于是柴門土室，不接一客，蕉萃三十餘年以卒。然每年五月初二日，必致祭于石傘山房，爲華公也〔六〕，而配以楊、屠、董諸公。六月二十日，致祭于石雁山房，爲王公也，而配以施、杜諸公〔七〕。西臺東臺，嗚咽之聲相接，邏舟雖過，不怵也。嘗夜宿草堂，慟哭驚四隣，門人皆起，先生尚未寤，旦而問之，則曰：「夢見蒼水〔八〕，相語于荒亭木末之間，不覺失聲。」因作寒厓紀夢詩。所著有寒厓草堂集。駱氏本自諸暨來，無族屬，一子傳之一孫，秘其集不肯出，以多嫌諱也。乃未幾而其子卒，其孫又卒，駱氏遂無後，其集竟不知所之。嗚呼！其可痛也。職方之惓惓于華、王諸公如此，今孰爲職方念及者乎？百年以來，諸公之或死或生，不必盡同，而其趨則一，吾鄉遂以成鄒、魯之俗，其功大矣，是非世俗之所知也。此予之所以過草堂，低徊留連，不能自已也。

〔一〕李檽，砌街李氏。
〔二〕錢肅樂。
〔三〕王家勤、華夏、張夢錫、董志寧、陸宇爀、毛聚奎，右六狂生，乙酉。
〔四〕謝三賓。
〔五〕楊文琦、屠獻宸、董德欽，右五君子，連王、華也，戊子。
〔六〕本在戊子。
〔七〕施宗炌、杜懋俊。集八有管江杜秀才窆石志，施附見焉。
〔八〕張煌言。

鮚埼亭集批注　前集卷三十一

序一

古文篆韻題詞

夏英公集〔一〕，予曾於永樂大典中見之，至其古文篆韻〔二〕，但見於晁子止讀書志，而後此著録家皆無有，意以爲亡矣。范氏天一閣有之，乃借抄焉。據晉陵許端夫所爲序，蓋紹興乙丑浮屠寶達重刊於齊安郡學，許爲郡守，因序之。寶達者，劉景文之孫也。景文與東坡善，而寶達精於古文篆，親爲摹寫，其亦南嶽夢英一流矣。至於北宋所雕本，當有前序，而今失之。

〔一〕夏竦，宋史二八三。文莊集三十六卷，四庫別集類五。

〔二〕古文四聲韻五卷，四庫小學二。

然予觀是書所引遺編八十八家，以校郭氏汗簡，未嘗多一種，其實即取汗簡而分韻録之，無他長也。蓋汗簡之部居一本説文，而是書則本廣韻，乃絶無增減異同于汗簡，則是書雖不作可也。

但考宋史經籍志及玉海，其時有宗室善繼者，豫于汴京石經之役，亦嘗進古文篆韻一書，不知其於英公所作如何，而惜乎今不可考。

范氏又載有吾衍續古文篆韻一卷，予取視之，實不過周、秦古篆遺字，非續韻也。

程氏春秋分記序

南軒先生講學湘中，蜀人多從之，而范文叔、宇文正甫最著。眉人程克齋〔一〕兄弟並游於宇文之門，而克齋春秋之學最醇。克齋所著春秋分記九十卷〔二〕、左氏始終三十六卷、通例二十卷、比事十卷，又纂輯諸儒説爲春秋精義，未成而卒。别有詩古文詞二十卷、語録二卷、士訓一卷、程氏大宗譜十二卷，弗盡傳也。獨分記則其弟滄洲〔三〕閣學曾上之秘府，而又開雕於宜春，故行于世。

〔一〕程公説，學案七二。

〔二〕四庫春秋類二著録。

〔三〕程公許，字季愈，宋史四一五。四庫別集十五有滄洲塵缶編十四卷。

予初求分記不得見，及讀草廬先生纂言，多引其説，益求之。踰二十年，而仁和趙兄谷林得之，蓋故明文淵閣藏本，其後入於蘭谿趙少師〔一〕書庫者也。時予方自江都歸，大雪不克東渡，坐谷林西樓中，撥寒灰讀之，徹十日夜而畢。其爲例倣太史公史記，有年表，有譜，有書，有世本，間附以諸儒之説，用功既核，取材又博。前此諸儒亦有倣史記以修是經者，鄧名世則爲年表、世譜之學，鄭漁仲則爲列傳之學，沈存中兼之，顧皆弗克若克齋之精。

〔一〕趙用賢。

克齋官邛州教授，方爲此書，未卒業，聞吳曦以蜀叛，毀車馬，棄衣冠，抱經逃歸，奉其父入山。時其次弟仲遜亦掌教益昌，誓不屈賊，而克齋悒悒尤甚，遂病，病中急就其所著，幸得成編而卒，年尚未四十也〔一〕。臨終謂其子曰：「吾爲是書，始於成周，終於肅慎。肅慎，□人所自□也〔二〕，讀是書者，其無忘之。」嗚呼！其可悲也。予讀宋史至吳曦時，蜀中士大夫忠義甚多，顧獨失去克齋姓氏不載，蓋其漏也。

〔一〕年僅三十七。
〔二〕兩空圍爲「北」、「出」兩字。

克齋是書，游忠公之子毅堂〔一〕及滄洲皆爲之序。若劉文節公〔二〕銘墓之文，謂克齋乃青城山人後身，臨死了了，其後見夢於從弟，則稍失之誕。克齋儒者，其棄官野死有大節，神爽不殁，固應有之，然不至如二氏所言，南軒門牆中無此學也。

〔一〕游仲鴻，宋史四百；游似，宋史四一七。
〔二〕劉光祖。

卷首有云「大德十有一年，中書劄付行省，下浙江儒學提舉印上國子監修書籍者」，其後列官吏等名。因歎元時中書尚能留心搜訪，以佐成均文治如此。今是書在世間絶少矣，幸谷林父子百計購得之，安得有力者重雕之。

靜遠閣周禮解序

余嘗上下歷代藝文諸志，其以仗節死義之士，有著述於經苑者，不少概見：唐林慎思之續孟子，流傳於今，然亦非卓然成家之作；宋有郭兼山、吕圭叔〔一〕，元有鄭師山、佘青陽〔二〕，斯亦可謂忠節而兼經師者矣；有明之季，蕺山、鴻寶、石齋〔三〕，尤其著也。夫當三辰晦蝕之日，文武之道墜地，而有不墜者存，不可謂非聖學之大幸矣。

〔一〕郭志孝、吕大圭。

〔二〕鄭玉、佘闕。

〔三〕劉宗周、倪元璐、黄道周。

吾鄉華職方默農〔一〕、王評事石雁〔二〕，並以瑰瓌不羈之材，負氣概於啟、禎間，嘗登蕺山之門，生平踪跡約略同趨。職方精於樂，嘗言得不傳之妙，其在難中，尚以所定操縵安弦譜致之高中丞元若，屬其傳之身後。中丞父子卒後，遺書盡散，不可問矣。評事精于禮，其於三經俱有論輯，子孫式微，亦多佚不存者。而周禮歸于同里吕生書架中，予狂喜而讀之。評事之言曰：周禮五官非闕也，而不知者以爲闕。考工非補也，而不知者誤以爲補。五官之文直而正，考工之文曲而奇，似乎裁於兩手，而不知其一手也。出於一手，然各爲一書。五官固非聖人之作，而考工亦非漢人能爲，蓋六國時仿古而著之者，故其書頗似内政。其云周禮，非成周之「周」也，蓋以五德循環周流之旨言之。論六虚者，謂天西北傾，故爲不周之風，故是書以天始而虚冬，藏冬於地以象坎之隣乾，而以不周爲周，故其五官之員已具足，而歸其奇零於考工，非以考工爲冬官也。考工之爲記，猶之儀禮喪服之有記也。何以知其爲六國時人之書？試以地官之員言之，其多至萬餘，此固必不可行。而大宗伯之官，言鬼者大半。秋官之爲職，至於草木蟲蟻之類，莫不有消磨厭勝之術。其非聖人之書明也。然其作者，亦非漢以後人所能及。朱子篤於好古，而不解心悟：解易則膚淺無當，説詩則輕改古序，其割周禮以附二禮，尤爲無謂。蓋其所言之大旨如此，爲自來經師所未有，雖未可奉爲定論，然亦奇矣。

〔一〕華夏。
〔二〕王家勤，外集十，續甬詩十一。

書中累經竄定，多以片紙割裂牽粘，硃墨間雜，芒彩猶存。萇宏之血，藏三年而化爲碧，況其畢生之精力所凝結而成耶？曾南豐序孔司户事，追溯其易學之貫穿，以徵其所立非一時之偶然。然則但謂書當以人重者，其所見尚未盡也。吕生其寶之矣。方今三館正修明史，搜羅典籍，不必盡皆四庫著録之書，則蕺山諸公所撰，例得同登甲部之志，因爲識其大略，或使廣七略之聞者，於余言有所稽也。

漢隸字原校本序

漢隸字原校本者，淮人張函齋先生〔一〕所手定也。先生深於小學，其會通自篆而隸，自隸而楷，能得其所以遞變、遞省之故，而詳其譌誤之所由。故其言曰：「自隸變篆以就省，而碑版各家，可以隨意增減點畫，改易偏旁，好異尚奇，貽誤後學。今謹準之說文，於漢隸字原每字中取一正體，以朱筆標出之；或破體而不背正體者，亦標出之；其雖無當於正體而近是者，亦點出之；其全譌者，則據說文駁正之。庶可鑒別信從。其本碑不誤，而字原抄變致錯者，亦校正之。始於康熙甲子之冬，至庚午春乃畢。」春朝冬夜，字字考定，其用功亦勤矣哉。

〔一〕張弨，字力臣。詩集卷九作「亟齋」，續甬詩四三，錢肅圖數與亟齋唱和，作「函」誤。

予讀是書，而歎斯人識字之難也。凡先生之說，分列諸部中，一屈一曲皆有意，予不能悉述，試略舉其積溷而世人之所不曉者，乃知今本六經三史，皆爲漢人隸書所誤，不特碑版而已，而是書之所關者重也。漢隸之失，大都合數字以歸一字，間有分一字爲二字者，如「槊」之與

「盤」，「咢」之與「噩」，「幹」之與「榦」是也。然分者少，不敵合者之多。又或舍本字而就他字，甚者竟代以俗字，沿襲既久，莫知其故。先生之論「辭」字曰：（下略）〔一〕

〔一〕漢學師承記一張弨條全本此而稍删節之。

嗚呼！自古學既絶，考文之治不可復，唐家三百年，李陽冰而外，無繼者，張參輩非其倫也。宋之將興，先有吴之徐鉉兄弟，蜀之林罕，楚之夢英，中州之郭忠恕，其學雖有淺深之不同，而能從事於説文以正其本則同也。自是終宋之世，張謙仲、虞仲房、李巽巖輩，代興不絶。元人尚有吾衍。自漢以後，説文之學爲盛，明世從事於帖括，士習益以陋劣，三百年來力足以紹諸先正者無聞焉。先生庶幾徐、郭、張、虞一輩，使得進於廟堂，考定石經，其亦足以光文明之盛，而隱約終身，自顧亭林没後，知之者亦希矣，可勝歎哉。

是書也，嘗歸於王吏部篛林〔一〕，後歸於吾友施愼甫，今歸於予，爰序之，而使諸生分抄以廣其傳。

〔一〕王澍。

北窗炙輠題詞〔一〕

持正先生顛末，略見於竹垞檢討之跋〔二〕，然未足以發是書之藴也。是書卮言叢語，若出自不經意所爲，乃其於伊、洛再傳弟子微言，多所收拾，讀者未可以説部目之也。

〔一〕施德操，四庫小説二著録。
〔二〕曝書亭集五二有書後。

如周正夫者，謝上蔡之弟子，其人姓氏廑一見於横浦之集，而是書載其言甚富，皆能發明正學〔一〕。陳長方者，王信伯之弟子，所附見於信伯語録亦無多，而是書所引，堪相疏證。陸子正者，尹和靖之弟子，林艾軒之師，其學别傳於紅泉、雙井之間，百年以後，尚有薪火。乃宋史於艾軒傳中，但載其字，而失其名，求之和靖之集又無有，微是書，則吴下源流將安所遡乎？他如樊侍御光遠乃龜山弟子，施庭先者亦信伯弟子，皆於此稍得其緒論。

〔一〕學案四十。

予續修宋儒學案，是書引用獨多，因歎持正若不以病廢，其所造不止此也。持正與橫浦爲心交，顧橫浦墮入妙喜之學，而持正獨否，則尤卓然不滓者矣。

明故太僕斯庵沈公詩集序〔一〕

太僕居海外者四十餘年，竟卒於島，吾里中知之者少矣，況有求其詩者乎？吾友張侍御柳漁〔二〕持節東寧，其歸也，爲予言太僕之後人頗盛，其集完好無恙，予乃有意求之。適里中李生昌潮客於東寧，乃以太僕詩集爲屬，則果鈔以來，予大喜，爲南向酹於太僕之靈。嗚呼！陳宜中、蔡子英之遺文〔三〕，尚有歸於上國者乎？是不可謂非意外之寶也。

〔一〕沈光文，有傳，見本集廿七。續甬詩十五。
〔二〕張湄。
〔三〕陳宜中，宋史四一八。蔡子英，明史百廿四附廓擴帖木兒傳。

太僕之詩，稱情而出，不屑屑求工於詞句之間，而要之原本忠孝，其所重原不衹在詩，即以詩言，亦多關於舊史。

今明史魯王傳曰：「王不爲鄭成功所禮，漸不能平，會將之南澳，成功使人沉之海中。」

是言也，如楊陸榮輩向嘗載之野史，而予竊疑之。蓋成功之卒也在壬寅。張蒼水有與盧牧舟書，以成功既卒，海上諸臣議復奉王監國，是成功卒於王之前也。成功既卒，二島爲大兵所取，則南澳道斷，王之不得薨於南澳明矣。阮夕陽集則謂王薨於金門，歲在庚子，尤屬傳聞之謬。庚子乃成功自江寧歸之次年，又一年始入東寧，又一年而成功始卒。以蒼水之集證之，庚子之謬，不待言也〔一〕。及太僕之集至，而後了然。太僕有挽王之詩，其序曰：「王薨於壬寅冬十一月」，是其在成功之後明矣。成功卒，諸臣欲奉王監國，而王亦遽薨，牧舟諸臣之舉所以不果也。詩言王之墓前有大湖，蓋王本與成功同入東寧，故即葬焉。是不特其薨有年有月，而且其葬有地，焉可誣也。予再證之蒼水集中，更有祭王之文，其中有「十九年旄節」之語，由乙酉起兵數之，至癸卯恰十九年。蓋王薨以壬寅之冬，蒼水在浙，至次年始遣祭，正合十九年之目也。考成功之於王，修唐、魯頒詔之隙，故不肯執臣禮，蓋信有之。其後蒼水與太僕諸公調停其間，言歸于好，故雖不稱臣，而修寓公之敬矣。讀太僕集中，王在東寧，頗多唱和，宗藩則寧靖，遺臣則太僕，雖不復行監國之儀，而已可以安其身。中土傳聞，因成功前者有差池，而加以此事，不亦冤乎。

〔一〕參監國紀年及舟山紀略。

大兵入東寧，王之子隨衆出降，安置中州，若王以非命死，則覆巢無完卵，不得尚有遺胤也。然非太僕之集，何從而考得其詳，此詩史之所以可貴也。予既録太僕之詩入續甬上耆舊録中〔一〕，復爲序之。

〔一〕卷十五。

姜貞文先生集序〔一〕

萊陽二姜先生之集，貞毅〔二〕所著，久已開雕行世，雖非足本，然即敬亭一集，亦見崖略；貞文所著，其家嘗鳩工矣，以嫌諱未果，沈埋且九十餘年。乾隆丙寅，予至姑蘇求之，其孫本渭欣然曰：「是先人未遂之志也。」盡出所藏，請爲論定。予詮次得詩七百餘首，釐爲八卷，附以文一卷，年譜、墓誌之屬一卷，今本渭繕寫成編，予得副墨焉。

〔一〕姜垓，弟，小腆紀傳五十六。

〔二〕姜埰，兄。

予於前輩之負大節者，樂觀其遺文，蓋欲從其語言，以想見其生平風格。以所聞二姜先生之爲人也，貞毅敦重樸誠，嚴凝不苟，交遊亦落落，所得北方剛毅之氣爲多；而貞文才調横生，少年跌宕，文史遍於白下、吴下，嘗與孫武子、方密之〔一〕諸公來往坊院間，傾筐倒庋，以爲娱樂。貞毅沈静淵嘿，泊然思深；而貞文劇喜事，其視閉眉合眼之徒，若將浼焉。蓋其性一静一動，其才一愿一敏，即其遺文，宛然如遇。是以貞毅自甲申而後，頹然不復與世事，江東嘗再以兵部侍郎手詔起之，竟不赴；而貞文應召而出，奔走姚江相公〔二〕幕中，幾爲方國安所殺。貞毅自戊子而後，沈冥尤甚；而貞文尚時時探五嶺消息，見之歌哭。要其根柢忠孝，造次顛沛，百折不撓，以歸潔其身者，是則同。貞毅文勝於詩，其所爲奏疏記序，筆力甚高，不從東京以後入手，尤愛其沈給事傳，雖班固無以過；貞文詩勝於文，其信手所之，如怒蛟，如渴驥，非復繩墨所可檢束，及其諧聲按律，又無不合昔人者。予嘗讀林都御史蘜庵〔三〕之哭貞文也，曰：「子犯〔四〕歸黄土，重耳未還時。」嗚呼！讀是集者，能無泫然流涕也哉。

〔一〕方以智。

〔二〕孫嘉績，外集四有碑。

〔三〕林時對。

〔四〕子犯即狐偃，晉文公舅，僖廿三。

當貞文在世時，論定其詩者，曰杜茶村，曰張稚恭，曰余淡心，曰彭大賓，曰葉聖野〔一〕，本渭頗以爲未盡，故更以屬予，且使爲之序。予維二姜先生避地吾鄉時，先太常公〔二〕父子實昕夕過從，而東丹山有先生尊人忠肅公〔三〕之祠，以是時哲昴〔四〕作令於此，江東所勅建也。予方議爲重修，而以先生兄弟配享，且勒其在吾鄉詩於石，爰附記於序末。

〔一〕杜濬、張恂、余懷、彭賓、葉襄。彭見遺民詩二，葉見十五。
〔二〕全大程。
〔三〕瀉里。
〔四〕「昴」通作「昆」。

西漢節義傳題詞

往者吾鄉宋大儒深寧王公，嘗以班史不叙殺身成仁之美，欲補撰西漢節義傳而不果，但發其略于困學紀聞。近世長洲何氏義門，頗爲班史佞臣，反言史臣表節義，亦不在立傳與否。果爾，則史臣所當立傳者，是何等人也？

吾鄉杲堂李丈〔一〕，取其中四十二人爲一十五傳，又附以二十二人爲五傳，每傳爲一論，淋漓悲慟，足令百世而下張目。赤符殘燄，不覺爲之生色。其論龔勝傳末載父老語，是不知志士天年，自足千古，非木石輩之壽。翟義傳末載黄鵠詞以昭天道，是豈史筆所忍書，今易之以「黄犢」之謡。於孔子建傳，大書先聖累世子孫高節，不使見辱於褒成。於郭欽蔣詡傳必以其倫，不使見辱於紀、唐一輩。此等正議，即令班史復生，無所申其三尺之喙。若其于東郡同義諸公，幸其潛竄，不盡遭虎口；期門同義諸公，惜其姓氏之不傳，而尤喟然於公孫禄之晚節：斯僅爲西漢人言之耶？嗚呼！論其世以逆其志，斯其可爲太息流涕者也。

〔一〕李鄴嗣，外集十一，續甬詩五三。

先生仲孫世法開雕是書，予爲之題詞。顧尚有爲是書請益者：夫既以王章爲首，而附以力訟章冤之梅福爲一傳；又次之以劉向，又次之以朱雲，各爲一傳。則次之者，尚有棄三公以避莽之彭宣、王崇，應爲一傳。然後次之以不附莽被殺之何武、鮑宣、王安、辛氏兄弟父子族屬，附之以彭偉、杜公子、許紺，而尚有漁陽太守彭宏同死是難，見其子彭寵傳，應合爲一傳。何、鮑、王、辛之禍，由于吴章，其欲以災異脅莽，事雖未善，志則忠矣，應次之以吴章，附之以吕寬爲一傳。然後次之以避莽死節之龔勝，而合之以龔舍、邴漢爲一傳。其時尚有少不附莽之毋將隆，應爲一傳。又有不頌莽功德被斥之孫寶，應爲一傳。然後次之以不獻莽祥瑞被殺之公孫閎，而附之以班穉爲一傳。然後次之以避莽之孔休爲一傳。然後次之以討莽避莽之安衆侯劉崇兄弟，而合之以張紹，而尚有宗室劉禮，見其子劉隆傳，應合爲一傳。然後次之以討莽之嚴鄉侯劉信兄弟父子，而合之以翟義，而附之以劉宇、陳豐、王孫慶、蘇隆、皋丹、王翁爲一傳。又次之以趙萌、霍鴻爲一傳。其時宗室討莽者，尚有陵鄉侯曾、扶恩侯貴，見莽詔書中，應與徐鄉侯快合爲一傳。然後次之以討莽之張充，而尚有劉都、馬適求應爲一傳。然後次之以不仕莽之郭欽、蔣詡、薛方、逢萌，附之以向平、禽慶、栗融、蘇章、曹竟、周黨，而尚有王君公、李子雲、徐房、譚賢、殷謨應爲一傳。然後次之以孔子建爲一傳。然後次之以陳咸、楊寶、蔡勳、戴遵，而尚有高容，見其子高詡傳，郭堅、郭游君，見其孫郭賀傳，胡剛，見其六世孫胡廣傳，應爲一傳。然後次之以避莽死節〔一〕之李業、譙玄、王嘉、王皓，而附之以任永、馮信、費貽爲一傳。於是以龍邱萇終焉。

不知先生何以於彭宣、王崇、孫寶、吴章、劉都之徒，有略而弗收者。夫是書固日月爭

〔一〕「節」一本作「述」，是。死述者，因避莽而死於公孫述也。

光之文也，予以晚出，未得侍當日履約之末，以備商確，斯爲恨事。爰牽連及之，并載諸困學紀聞注中，庶以成深寧之志也夫。

是書祇據班、范二史，不旁采，若更求之，如酈道元水經注，有豫章太守賈萌，討莽而死〔一〕；陳留風俗傳有淮陽高固，不附莽而死；令狐德棻北周書及唐史宰相世系表有建威將軍令狐邁，豫於東郡之難而死：均可附入者。

〔一〕外編四九有拾漢豫章太守賈萌事。

梨洲先生思舊録序〔一〕

予嘗謂文章之事，不特藉山川之助，亦賴一時人物以玉成之。蔡侍郎梁村〔二〕因數古人享此遇者，莫如歐陽兗公。蓋其當有宋極盛之時，揚歷真、仁、英、神四朝，一時名流皆極九等人表之最，而兗公盡收之於文字間，是不特昌黎、柳州所無，即東坡、南豐亦稍遜之。梨洲先生産于百六之際〔三〕，其生平磨蝎之宫〔四〕，野葛之餉〔五〕，有爲世人所不堪者，而百年中閱歷人物，視兗公有過之而無不及，斯又一奇也。

〔一〕黃宗羲，本集十一，外集廿五，續甬詩卅八。

〔二〕蔡世遠，康四八與李紱同年進士，有二希堂文集。

〔三〕「一百六歲，當陽九之厄」，見漢書廿一律曆志。

〔四〕東坡志林一。

〔五〕舊唐書九十一及通鑑二〇八，周利貞逼袁恕己使飲野葛汁，盡數升不死。

先生以忠端公〔一〕爲之父，以蕺山先生〔二〕爲之師，當髫鬌時，所追隨稱父執者，莫非膺、滂、蕃、武之徒。稍長，遊證人書院，私淑者洛、閩之門庭，見知者楊、袁之宗派〔三〕，或告以中原文獻之傳，或語以累朝經制之略，耳濡目染，總不入第二流品目。會廟堂興紹述之論〔四〕，祭酒諸生，俱掛黨人之籍，父不肯帝，子不肯王〔五〕，以禁錮之碑，爲通家之譜。苟有范温、陸棠之徒〔六〕，隳家世而喪師傳者，望塵自遯，不敢復前。蓋先生之學問氣節，得於天者，固有不同，要其淵源之自，則相半焉。

〔一〕黃遵素。

〔二〕劉宗周。

〔三〕楊簡、袁燮。

〔四〕推翻元祐諸臣，紹述神宗新法。

〔五〕後漢書九三，李固子燮。

〔六〕范温，祖禹子，與蔡京子絛最契，鐵圍山叢談三、四；陸棠，楊龜山弟子，見朱子語類一三三，外集四四奉臨川先生帖子四，胡寅斐然集卅有陸棠傳，千七百言。

至于三辰〔一〕易運，從亡不遂如鄧光薦，從戎不遂如干炎午〔二〕，蠣灘鰲背，呼文、陸，謁張、陳〔三〕，相與吞聲而泣血，又一時也。風波既定，家居奉母，則嘗〔四〕以講經自給，東維〔五〕以論文爲生，靈光巋然，長謝鶴書，河汾弟子多出而爲巖廊之器，而先生亦已老矣。

〔一〕三辰，日月星。

〔二〕鄧光薦、王炎午，均見宋史翼卅四，宋季忠義録十、十一。

〔三〕陳宜中，宋史四一八。

〔四〕「則嘗」當作「則堂」，家鉉翁，宋史四二一。

〔五〕東維，楊維楨，明史二八五。

先生碑版、傳狀文字最多，其思舊録則其追懷朋好，雜録見聞，腸斷於甘陵之部〔一〕，神傷于漳水之湄〔二〕，纏綿惻愴，託之卮言小品以傳者也。以先生之譔述言之，學案、文案，如山如河，是録其渺焉者。然先生百年閲歷，取精多而用物宏，于此約略見之。在他人則分先生之一節，皆足以豪。究公當其盛，故哆兮者如春；先生當其衰，故噫兮者如秋〔三〕。世有讀先生之書者，方信予言之非夸也。

〔一〕甘陵，見後漢書九七黨錮傳序。

〔二〕劉楨詩：「余瘻沈痼疾，竄身清漳濱。」貫休詩：「巴山憶杜甫，漳水憶劉楨。」然此實用西臺慟哭記「别公漳水湄」之語，漳水指漳州。

〔三〕「哆」、「噫」皆發出之聲。

鮚埼亭集批注　前集卷三十二

序二

錢侍御東村集序

錢子濬恭捧其本生父退山侍御〔一〕東村全集，乞余銘墓及序。予於錢氏世德，望之如峨眉天半，嘗以相公〔二〕麗牲之石，出於菊潭劉公〔三〕手者未能該備，爲作神道第二碑銘〔四〕，又嘗編次相公前後諸集而爲之序〔五〕，又嘗記其畫像〔六〕，又嘗作檢討、樞曹、推官三公墓文〔七〕。百年來通家子弟能言錢氏之文獻者，予不敢多讓，則侍御家國大節，寧可以嘿而已。惟是司馬温文正公未及作劉道原墓誌，而即以十國紀年序令其家上石〔八〕，則今即以東村集序納之墓中，大儒成例，未爲不可。爰參考野史，合之侍御所作自傳，爲序一通以歸之。

〔一〕錢肅圖，行四。康卅一壬申卒，年七六。耆舊詩四三。外集五有墓文。
〔二〕錢肅樂，順五戊子六月卒。
〔三〕劉沂春，福州長樂人，崇七進士。
〔四〕卷七。
〔五〕外廿五。
〔六〕卷卅。
〔七〕錢肅範，行五，順六己丑四月卒，卷八。錢肅遴，行七，順十六己亥卒，外五。錢肅典，行九，順十三丙申七月卒，外五。
〔八〕范太史集卅八有劉君墓碣，黄豫章文集廿二復有道原墓誌，蓋遷葬誌也。

嗚呼！侍御甫爲諸生，即隨相公倡義，監國授以推官，而相公固辭不受。及入閩，庶寮乏職，乃以諸公之薦授臺員。風帆浪楫，悍帥秉成，侍御無所展其風裁，而拮据卒瘏〔一〕，爲相公召募義勇，聯絡山海營寨。相公不禄，侍御尚與檢討同入福安圍城中，久之始去。而檢討死，侍御與樞曹以下諸弟姪，同從亡翁洲。而相公之子尚賓〔二〕又死，翁洲再失，樞曹、推官相繼死〔三〕，侍御自此始爲宗祀之計。而家門蕩然，戒心未泯，消歲月於亡命之中。蓋此十年來，固不暇爲詩文之事，亦不忍爲詩文之事，即間有所作，要歸於波濤兵火之中，而不得存。迨驚魂稍定，葺草廬三楹，爲東村農舍，欲謝絶人世，而以衣食之故，不得不出而索游，委蛇韜鈐之中，用晦而明，以全其不降不辱之面目。於是五十九歲復舉三子，以長者承相公之祀，即濬恭也。乃濡筆作家傳，以補史闕。閒情所寄，或泣或歌，故侍御之生平，較之古來遺民爲最苦，而其神明所藴結，足以扶宇宙之元氣，而歷劫不可磨滅者，亦正於此得之。

〔一〕「予手拮据，予口卒瘏」，豳風鴟鴞。
〔二〕錢兆恭，順七庚寅卒。
〔三〕推官典先卒三年。

嗚呼！相公忠義之盛，萃於一門，諸弟鼎撐角立，前光後輝，生死殊途，而其趨則一，故國世臣，寧復有二。濬恭其以吾文納諸幽宫〔一〕，微特侍御以爲足盡其生平，即相公諸昆季聞之，亦當笑而頷之矣。

〔一〕後以生卒年月未備，補作墓石蓋文，見外編卷五。

董高士曉山墨陽集序〔一〕

吾鄉故國遺民之作，大率皆有内外二集，其内集，則秘不以示人者也。轉盼百年，消磨於鼠牙魚腹之中，雖外集亦什九不傳，况内集乎？董先生曉山，湖上七子之一也。七子之後人，大率皆夷落，不復得列於清流，獨先生三世以來，門户詩書之澤未絶。予求得其墨陽集而論次之，然内集亦不可得見矣。

〔一〕董劍鍔，續甬耆舊詩五六。外集六有墓版。

予讀周即墨證山〔一〕之序曰：「君子讀書，明於古今之故，遭時自斥，一無所表暴，以窮以老，所恃以見其意者，詩若文耳。而又祇此破帽芒屨、舟車風雨之際，一二蕉萃之士，往來贈答，覽山川之陳跡，風物之變幻，悄然以思，儻然以賦，而生平之意固不在焉，斯亦僅得其粗者矣。今世且無知之者，又安望他日讀其書而諒其不言之意邪？雖然，曉山亦自存其意耳，固未嘗蘄後世之知之也。使蘄後世之知之，則又曉山所不取也。」即墨之文，可謂善言先生之意者，予固無以益之。但就其言繹之，則知即墨雖與先生至契，顧當時亦似未得内集而讀之者。使其得見之，「黍離」、「麥秀」之音，足以感天地而泣鬼神者，吾知非此序之所能盡也。

〔一〕周斯盛，續甬詩八二。

嗚呼！志士之精魄，終古不朽，而莫爲賫之，使冥行於太虚而人莫得見，則後死者之恨也。當是時，吾鄉詩人極盛，論者謂鄮山以才勝，其力雄〔一〕；杲堂以學勝，其詞贍〔二〕；而配之以巽子〔三〕，以爲諸家之魁。林都御史繭庵〔四〕獨沉吟曰：「巽子尚踏省門，不在遺民之列，尚未足儕於二家。」良久曰：「曉山以韻勝，其格超。」時人以爲知言，而亦因見吾鄉前輩論人之嚴。先生大節，詳見於予志墓之文，故此不復備。世有以不得見先生之内集爲憾者乎？但觀予志墓之文，以及此序，其亦可以想像而大略得之矣。

〔一〕周容，續甬詩六十。
〔二〕李鄴嗣，續甬詩五三。
〔三〕董道權，續甬詩九一。守諭之子，諸生。
〔四〕林時對，續甬詩三五。

愛日堂吟稿序〔一〕

予與谷林定交且二十年，江湖之郵寄，京洛之追尋，家園之止宿，分題刻燭，良亦多矣。妄不自揣，以爲當在地醜德齊之間。及其下世，始盡取其集讀之，其氣穆然以清，其神油然以瑩，其取材浩乎莫窮其町，其別裁蓋非一師一家之可名也〔二〕。乃喟然自愧，以爲曩者特管中之窺，不料其所造一至於此。

〔一〕趙昱。道古堂文集九亦有序。

〔二〕有韻。

昔人之論詩者：梅聖俞主於勤，吕居仁主於悟，楊廷秀主於變。夫不勤何以能悟，不悟何以能變，其歸一也，三家之言可包舉也。而予更有進於此者，詩固三百篇之遺也，苟其無豫於人倫之旨，則雖百計求工，要不過世俗之詩。谷林之爲人也，事親以孝，待兄弟以友恭，御下以慈，接友朋姻戚以厚，可謂有得於温柔敦厚之教者矣。時與命乖，徵車之役，不得待詔承明、未央之廷，臨川詹事〔一〕將處以三禮書局一席，谷林睠懷寢門，拂衣竟返。放翁有云「外物不移方是學」者〔二〕，斯其人矣。晚年稍爲客所負，家事漸絀，顧怡然不以掛胸，日益聚書矻矻，可謂和平之極致矣。所居小山堂，池館之勝，甲於錢唐，竟日游息其間，巖壑之流止，花草之菀枯，澄觀嘿驗，不必遠窮屐齒，而化機已畢具於胸中。然則谷林之詩之日進而上，蓋有由然，而區區薈萃之富，澄汰之嚴，淵源之邃，與夫諸老先生之所詩爲秘傳者，猶其末焉者也。而予也何足以望之，乃爲之序其端。

〔一〕李紱。

〔二〕「俗人猶愛未爲詩」。

寶甎集序

竹町居士陳授衣〔一〕以詩名大江南北者幾三十年，而不遇。其遇益蹇，其詩愈工。顧竹町之詩愈工，而其心愈歉然有所不足。余謂其心之歉然有所不足者，此其詩之所以工也。

〔一〕陳章。

請言竹町之爲人也，古心而篤行，方嚴醇雅，造次不苟，有儒者氣象。故其爲詩亦絶無險詖之習，夸誕靡曼之音，狹隘僻陋之腸，破碎之句，而一出之以和平温厚。取材自漢、魏以至宋、元無不到，而歸宿於中唐。年逾五十，手不停披，含毫渺然，會心自遠。吾疑其胸中所造，殆有得於學道者，故其詩之工如此。而竹町遜謝曰：「吾未能也。」

予每客揚州，館於馬嶰谷齋中，則與竹町晨夕。竹町居東頭，予居西頭，余方修宋儒學案，而竹町終日苦吟，時各互呈其所得。因念世之操論者，每言學人不入詩派，詩人不入學派，吾友杭堇浦亦力主之。余獨以爲是言也蓋爲宋人發也，而殊不然。張芸叟之學出於横渠，晁景迂之學出於涑水，汪青谿、謝無逸之學出於滎陽呂侍講，而山谷之學出於孫莘老，心折於范正獻公醇夫，此以詩人而入學派者也。楊、尹之門而有呂紫薇之詩，胡文定公之門而有曾茶山之詩，湍石之門而有尤遂初之詩，清節先生之門而有楊誠齋之詩，此以學人而入詩派者也。章泉、澗泉〔一〕之師爲清江〔二〕，栗齋〔三〕之師爲東萊，西麓〔四〕之師爲慈湖，詩派之兼學派者也。放翁、千巖得之茶山，永嘉四靈得之葉忠定公水心，學派之中，但分其詩派者也。安得以後世之詩歧而二之，遂使三百篇之遺教，自外於儒林乎？「賦詩日工，去道日遠」，昔人所以箴後山者，謂其溺於詩也，非遂謂詩之有害於道也。

〔一〕趙蕃、韓淲。
〔二〕劉子澄。
〔三〕鞏豐。
〔四〕陳允平。

竹町之詩既工，而其胸中所造有近乎道，其欿然不自足也，殆將有更進而致精焉者。

曾氏之瑟未希，而顏子之卓如有立矣。吾知其不僅僅以詩人終也。竹町屬余爲序者且十年矣，今冬又話別於揚，江空歲晚，暮雲落葉，滿目皆詩材也。而余叨叨於道術之分合，得無笑其迂乎？

愚山施先生年譜序〔一〕

年譜之學，別爲一家，要以巨公魁儒事跡繁多，大而國史，小而家傳墓文，容不能無舛繆，所藉年譜以正之。宣城施愚山先生曾孫念曾，詮次先生年譜二卷，屬予弁其首。

〔一〕施閏章。今愚山年譜有乾十二杭世駿序，無此序。

先生之墓誌，出於西河之筆〔一〕，其文極工，然所序馬太宜人事〔二〕，實在舉賢書時，而墓誌以爲在歷仕得覃恩之後。西河依先生幕最久且密，不知何以有此誤也。此事有關人倫，異日國史必采入先生傳中，不可忽也。先生之分守江西〔三〕，政聲藉甚，公議以爲不日當晉開府，忽遭柬閣，蓋安邱相公當先生持節山左時，有所干請不遂，至是修怨焉〔四〕。西河或有所諱而不書，然年譜不必復爲之巽詞，蓋是乃先生不畏强禦之大節，不可没也。

〔一〕墓誌，湯斌撰。墓表，西河撰。類徵詞臣四。下文「墓誌」亦應作「墓表」。
〔二〕君母馬，不得於姑，大歸而卒。
〔三〕「江西」應作「湖西」。湖西所轄，吉、臨、袁三府。
〔四〕劉正宗，貳臣傳九有劉傳。順治十七年已革職，分守湖西歸在康熙六年。

先生之家學，本於王父中明先生〔一〕，實爲新建、盱江之傳〔二〕，而又嘗從沈公耕巖〔三〕得聞漳浦〔四〕之學，故其和齊斟酌，不名一家，是乃先生學術源流之所在，國史當采入傳，而墓誌尚未盡其詳，年譜中所當悉也。

〔一〕施鴻猷。
〔二〕王守仁、羅汝芳近溪。羅，南城人。南城別名盱江，故李覯泰伯亦號盱江。
〔三〕沈壽民。
〔四〕黄道周。

先生之造詣，其與蔚州魏敏果公、睢州湯文正公、平湖陸清獻公〔一〕同道同德，不相上下。魏、湯二尚書雖未竟其用，然尚揚歷槐棘，多所發舒，清獻則以遭摧挫而愈顯。先生於其中最爲闇淡，又以工於詩古文詞，世人反用是掩其學問之大原。倘有如李巽巖李文簡公〔二〕合作韓、范、文、富、歐、馬六公〔三〕年譜者，其必班先生而齊之也夫。

〔一〕魏象樞、湯斌、陸隴其。
〔二〕李燾，字巽巖，謚文簡。
〔三〕韓琦、范仲淹、文彦博、富弼、歐陽修、司馬光。

贈趙東潛校水經序〔一〕

安定〔二〕之注水經，雖其於禹貢之故道，不能一一追溯，而漢、晉以後，原委畢悉，尤詳於陂塘堤堰之屬，固有用之書也。乃以過於嗜奇，稱繁引博，反失之龐，讀者眩焉。要其纏絡，未嘗不釐然可按也。所苦唐以後無完書，據崇文總目，則館閣所儲本亦祇三十五卷，據元祐無名氏跋，則蜀本且祇三十卷，是以歐陽兖公尚未見四十卷之著録〔三〕。及何聖從本幸復其舊，然已云篇帙不無小失，而以太平寰宇記諸書校之，則逸文之不見於今本者，不下數百條。説者以謂原本當有弱、黑、涇、洛、虖沱諸篇，而今不可得見矣，是豈止小失乎哉。然即其所幸存者，脱文譌字，展轉沿襲，蔡正甫〔四〕所謂蜀板遷就之失，令人撫卷茫然，難以津逮，雖有好學如柳大中、謝耳伯、趙清常、朱鬱儀、孫潛夫之徒〔五〕，再四讎定，不過正其十之三，如盤洲石柱之疑，而于其大者，未之能及也。

〔一〕趙一清。外集卅二皆校水經，四十五復有九帖。
〔二〕酈道元。
〔三〕新唐志酈道元注水經四十卷。
〔四〕蔡珪，宋人。
〔五〕柳僉、謝兆申、趙琦美、朱謀㙔、孫潛。

百年以來，乃有專門之學，顧亭林、顧宛谿、黄子鴻、胡東樵、閻百詩五君子〔一〕，慨然於蔡正甫補亡之不可得見，合羣籍而通之，購舊槧以校之，竭精思以審之，是書始漸見天日。同時劉繼莊自燕中來，亦地學之雄也，欲因麗澤之益，薈萃爲是書之疏，而惜其不果。

〔一〕顧炎武、顧祖禹、黄儀、胡渭、閻若璩。

然而諸家所論定，或以洮水爲澆水，東樵。或以滎水爲濉水，宛谿。或以漯水有二，百詩。或以礫谿有南、北二渠，東樵。或指九江在洞庭，而託於許叔重之説，東樵，宛谿。斯其過皆不少，甚矣稽古之難也。

杭有趙君東潛者，吾友谷林徵士〔一〕之子也，藏書數十萬卷，甲於東南。禀其家庭之密授，讀書從事於根柢之學，一時詞章之士莫能抗手，爰有箋釋之作，拾遺糾繆，旁推交通，裒然成編。五君子及繼莊之薪火，喜有代興，而諸家之毛舉屑屑者，俛首下風。安定至是始有功臣，而正甫之書雖謂其不亡可也。

〔一〕趙昱，乾十二卒，年五十九。卷十九有趙谷林誄。長謝山十六歲。

予家自先司空公、先宗伯公、先贈公三世〔一〕皆於是書有校本，故予年二十以後，雅有志於是書。始也衣食奔走，近者衰病侵尋，雙韭山房手校之本，更是迭非，卒未得畢業，睠懷世學，不勝慚赧。而東潛奪纛而登，囊括一切，猶以予爲卑耳之馬，不棄其鞅絆，豈知羽毛齒革，君之餘也。其聊舉先世之遺聞以益君，則庶幾焉。

〔一〕全元立、全天叙、全吾騏。

贈錢公子二池展墓入閩中序〔一〕

前太保督相錢忠介公嗣子二池，明年爲七秩，猶思裹糧躡屩度閩中以展忠介之墓，請予爲作神道第二碑銘，將勒之黄蘗，蓋其孝也。二池之子懿蕖，乃謀以今年豫爲阿翁祝，而又懼非阿翁之意，亦乞言于予，以予苟有言，則二池必弗之拒，可謂克肖其父之孝者也。於是二池果來告曰：「古無慶年之禮，况孤孽如僕者，其尤不可以當此諗矣。雖然，若能爲僕寫孤孽之狀，以長歌當一慟，即以贈僕之行，則當拜而受之。」予曰：「諾。」

〔一〕錢濬恭。乾十作。

嗚呼！太保之殉於琅琦也，父子夫婦相繼并命，又一年而第五弟檢討〔一〕殉於福建，又七年而第九弟推官〔二〕殉於鄞，又一年而第七弟職方〔三〕亡命佯狂，卒於崑山。一門先後死國，其可傷矣。而前此太保尚有一子尚賓〔四〕，已短折於翁洲。四忠皆無後，尤可爲痛心者也。又二十餘年，而第三弟侍御〔五〕始舉二池，亟行告祭之禮，以爲忠介後。天之延一綫於忠介，以篤遺澤於二池者，豈不重哉。

〔一〕錢肅範，前集八。
〔二〕錢肅典，外集五。
〔三〕錢肅遴，外集五。

〔四〕錢兆恭。

〔五〕錢肅圖。前集七忠介神道第二碑作「第四弟」。

然而桑海波沉，家門蕩盡，侍御困守皋羽、所南之節，以舌耕教二池，三旬九食，十年一冠，故國公相家之子弟，豈敢望繡衣肉食，而零丁寒餓，出門輒礙，不得不委蛇於塵俗之中，寓清於濁，寓醒於醉，皇天后土，可以諒其艱貞之志。在昔竹垞先生之論獨漉山人〔一〕也，以爲降志辱身，終當登之逸民之列，予嘗三復其言而傷之。獨漉之門資地望，與二池無不同，然獨漉之聲華氣力，非二池所能逮，故蒙難餘生，二池有校獨漉爲更困者。

〔一〕陳恭尹。

二池年已老矣，猶日抄忠介遺集，校讎譌舛，向予家搜索野史中所載忠介事以補家傳之所未及，每飯不忘其先人。予既作忠介神道第二碑銘，又屬撰忠介遺集序，并葺年譜、記畫像，又屬撰侍御墓文，與東村集序，又遍求檢討、職方、推官誄銘。從父蟄庵徵士〔一〕遺集，流落他人，二池購而歸之。檢討以下，三公皆未置後，二池歲時修其祭祀，以一身兼承諸父焉，可不謂之孝歟？而懿蕖善養父志，醇心篤行，力耕供職，惟二池爲有子，惟忠介兄弟爲有孫，惟故國故家爲有光寵，一綫之延，遺澤其未有艾也。二池其行矣！七十孤兒，杖履無恙，猶能千里唧哀，省松楸於墓下，亦足慰先公之望，其爲我問隱元、獨耀、碧居諸長老遺文，尚有存焉者否？

〔一〕錢光繡。

鮚埼亭集批注　前集卷三十三

議

冬青義士祠祭議與紹守杜君〔一〕

六陵之事，尚有所商〔二〕。蓋唐、林故祠在攢宫旁，季彭山以爲尚應有王修竹，乃本之張孟兼，則多其一。黄梨洲以爲尚應有鄭樸翁、謝皋羽，則又多其二。萬季野續考之，以爲尚應有癸辛雜志之陵使羅銑，則又多其一。羅事雖似不與唐、林宿相謀，而其義則同，不可謂非一體也。況公謹言羅殮孟后時，一老翁得后釵，皋羽明有古釵歎以紀其事，則固非不相謀者矣，是固前人所未及之證佐也，故當合而稱之曰「六義士祠」。若章祖程引崖山志，以爲尚有余則亮，乃無稽之言。余則亮者，政和人余應也〔三〕，明洪武中曾官留守司知事，即賦皇宋第十六飛龍以志庚申君遺事者也。其人在政和蓋稱宿儒，圖經中有傳可考，而相去八十餘年，隔絕三朝，其時不與唐、林接，則於六陵事定無豫。且祖程引崖山志以爲據，是書予家有之，然並無此語，故益見其誣也。今執事但增修竹以下三人，而未及陵使，愚尚以爲闕也。當時同事自尚多人，以趙東山之語可想見也。今其幸傳於世者，不當失之。

〔一〕杜甲。

〔二〕外編四三有論六陵遺事三帖子。

〔三〕余應，福建建寧府政和縣。

若其祠址既不復在攢宫，愚以爲可移之天章。蓋天章冬青之跡，亦久湮没，寺僧甚陋，幾莫知爲鳳巢龍穴之所在矣。故宜立穹碑以表之，而祀六義士於寺中，以存其地，不當在城内也。聞執事欲移六陵祀典於天章，而大吏格之，是在黄未史固嘗早有此言，然大吏亦未爲非也。蓋國家命祀，祇據正史，不以稗野之言改移，是乃定例。况穆陵遺顱，明祖返之攢宫，則固未可改置矣。故不若移六義士之祠，則兩得之耳。

其中又有宜論定者，宋之蘭亭在天章，王厚齋之言可據也。今之蘭亭亦在天章，然而宋蘭亭非今蘭亭，相去幾二里，則今之天章亦非宋之天章也。蓋天章在元末爲火燬，明永樂六年，浮屠智謙始重建之，其遷地當在是時。然則前此唐、林之舉，其在舊址無疑也。故祠或不得已而寄於今之天章，若碑則當立於舊址。姚江黄耒史物色冬青於今之天章不得，而痛心於浮屠之剗其踪跡，甬上萬西郭亦主其説，所謂刻舟而求劍者矣。

冬青義士祠祭議三與紹守杜君

弟前作宋蘭亭石柱銘〔一〕，其中言度宗曾以天章寺地賜吾家，易代之後始以爲書院，事在至元甲午，此勵見於吾家世譜，史志固未之載也〔二〕。然剡源遊蘭亭序，其於書院之役，謂以全氏廬爲之〔三〕，則其説非無徵者矣。

〔一〕卷廿四。

〔二〕參癸辛雜識續集下。

〔三〕「全氏廬」句見剡源集一臨池亭記，而卷十遊蘭亭詩序無之。

天章自宋時屬吾家，迨至元甲午乃輸官，則宋亡之次年，唐、林義舉，謂非吾家共任其事，不可也。蓋先泉翁固遺民，其於修竹爲同志，故是役也，不於他所而於吾家。閒嘗謂修竹爲謀主，羅陵使則攢宫之地主，泉翁則山南之地主，唐、林、鄭則身主其事，而皋羽則特聞其事，而歌咏以發之者也。蓋攢宫無地主，則事且立洩；山南無地主，則亦無以妥七戰之驚魂也。是蓋必萃羣力而始成，而乃以各懷忌諱，故雖唐、林二君尚且彼此傳聞不合，況其餘乎。弟非敢爲先世强附此事，但考索所及，固不可得而晦也。

然竊以爲六義士當崇祀，而泉翁則可以不必，是又何也？吾家固宋室之世戚也，三王四公，重圭疊組，先太尉位在二府矣。國亡事去不能救，是所疚心，豈敢以此爲功，而望後世之報哉。且是天章者，故先太師徐公之墓道所在也。其因墓而以寺爲香火之院，固宋室之所賚予也，一抔之土，其又何辭。如或因畏禍而有難色，則厲之不如矣，故泉翁之共任此事，不足奇也，特其地之所屬，則不可不著明耳。

先泉翁，諱璧，字君復，太尉永堅之從父也，宋時曾官秘閣，晚年遷居於杭之城東，所稱孤山社遯初子者也，世亦稱爲城東處士。其詩見皋羽月泉吟社中，尤與剡源善。

嗚呼！故國之文獻消沉，羣言迭出，五百年來旁搜審覈而後略具首尾，悲夫！

改正成仁祠祀典議示定海令

成仁祠之祀，在翁洲爲莫大掌故，其與明初祀余闕、福壽之禮同也。顧其事行於前令，意則善而失之不學，妄採里巷誣誕之言，以録其人，故其事僞，其官爵僞，其姓名無一不僞，居然登之翁洲志中，而祠爲謬祠，志爲穢志，大決横水洋之清流，未足以洗其玷也。

其所以致此者，蓋由於黄斌卿之私人欲厠斌卿於祠，以毁定西〔一〕。其時遺老且盡，竃言得而持之，故今祠中遂以斌卿爲首，歸然居張相國〔二〕之上，而莫有先之者，寃矣。斌卿既入，於是翁之聞風而起者，妄以長平之國殤，相繼闌入。尸其事者不察，遂至盈庭冒濫，行之幾七八十年，後生年少雖有疑之者而不敢言。予則謂斌卿之不當入祠也，博採諸野史之言，而可以了然。諸不知名者之妄入也，據天子所修明史以黜之，而無所置其喙矣。

〔一〕張名振。

〔二〕張肯堂。

爰爲議一通，以告明府，并聞於定之君子。

附明史翁洲死難目録：

太傅大學士華亭張公肯堂。

太子少保禮部尚書武進吴公鍾巒〔一〕。

兵部尚書鍾祥李公向中。

吏部侍郎上海朱公永佑。
通政使會稽鄭公遵儉。
兵科都給事中鄞董公志寧。
禮科給事、兵部郎中江陰朱公養時。明史但作「兵部」，今據吴少保海外遺集。
户部主事福建林公瑛〔二〕。
吴縣江公用楫。
禮部主事會稽董公玄。
吴江蘇公兆人。
兵部主事福建朱公萬年。
長洲顧公珍。
臨山李公開國。
工部主事長洲顧公宗堯。
工部所正鄞戴公仲明〔三〕。
定西參謀順天顧公明楫。
諸生福建林公世英。

錦衣衛指揮王公朝相。
内官監太監劉公朝。
安洋將軍劉公世勳。
左都督張公名揚。
蕩湖伯阮公進〔四〕。

〔一〕參舟山紀略，己丑加太傅。
〔二〕監國紀年作「林之瑛」。
〔三〕紀年作「明仲」。
〔四〕據紀年尚可補十人，據紀略尚可補三十九人。

鮚埼亭集批注　前集卷三十四

簡帖

論適孫嗣統帖子答姚薏田〔一〕

與足下相别十有餘年，不知佳壻董生〔二〕所造一至于此，甚爲欣慰。來示經説數首，考索甚覈，獨其適孫嗣統一篇，愚以爲未當。董生謂周制，適子死，則立適孫。但如周桓王之繼平王，太子洩未立而死，平、桓相繼，則祖昭孫穆不入廟數。況洩之死，平王已爲服斬，不應死不從祀。當援喪小記，殤與無後者從祖祔食之例，祔于幽王之廟，祝曰：孝子某致祭於皇考故太子某甫。如此，則既不至如後世追尊之徒，陷于以子爵父之失，而其祭平王得仍稱孝孫，又不至如世之所云以孫禰祖者。

〔一〕姚世鈺。

〔二〕董豐垣，納夫之子。

愚思此一節禮文所關甚大，而古人未嘗及之，今一旦得爲講明，良足補遺經之軼。然天子諸侯之廟，所以觀德，豈可以未踐阼之人而闌入之。且其慮祖昭孫穆不入廟數，則即入令取太子洩而祔祀之，而平仍應以桓爲穆，不能使廟數之有所增也。七世之廟，親盡則祧，如謂可以祔祀，則當其入祧之日，祔祭之主，寧亦牽連而入乎？吾恐祧廟之中，列祖以次而坐，必無可旁置一席者，如不入祧，則將安所置之。故祔祀之説，不問而知其非也。適同里張生之祜在旁曰：「洩而祔幽廟，設令從祧，則將先其父而入世室矣。豈有此禮。」愚甚善其言。天子、諸侯，其所承者，專以嗣統爲重。所謂重者，社稷人民，而宗廟亦其一也。未承宗廟之重，安得享其祀。是不得因其父之服斬而遂可援大夫家殤與無後之例也。故別立宮以祀之則可，祔廟則必不可也。

至於以孫禰祖之説，原出于朱子論衛輒之謁。古來嗣統之禮，不特適子死當立適孫，即適子廢疾亦立適孫，而皆不得謂之以孫禰祖。何也？嗣統，非嗣世也。故謂以孫禰祖固謬，即謂仍稱孝孫亦非。夫使嗣統者必依其本稱，則苟有以庶叔嗣統，當自稱爲孝叔矣；有以庶兄嗣者，當自稱爲孝兄矣：此其必不可通者也。

若謂以叔禰姪，以兄禰弟，無所不可，而獨不可以孫禰祖，則何說也？夫庶叔、庶兄，當其未嗣統之日，已曾爲臣，豈得尚有叔父兄弟之稱。故先儒以爲雖爲子，亦無害也〔一〕。

〔一〕段若膺論明世宗當奉武宗爲父，其説可與此書互考。

然而天子、諸侯雖絶宗，究之，天定之族屬，亦不可泯。曲禮之文「内事曰孝王某」，不聞其加以「孝子」二字，此固以嗣統爲重，亦因其序之有時難通也。故「爲人後者爲之子」，愚以此爲昭穆相當者言之。而不然者，但持爲後之服，而不得竟稱子，此所謂嗣統非嗣世也。不特天子諸侯之嗣統，即大夫之嗣爵，亦有昭穆不能相當，而以尊行繼之者矣。故爲後即爲子，亦不可以概言。喪禮本無天子諸侯之制，故難考耳。此愚之臆説也。若嗣統非嗣世，則西河嘗言之矣。敢以質之足下，其與董生更相討論以示我。

奉答臨川先生序三湯學統源流札子

陸文安公弟子在江南西道中，最大者有鄱陽湯氏〔一〕。此閣下鄉里文獻，而向來無知之者。

〔一〕學案八四。

按鄱陽三湯子並起，至東澗先生文清公〔一〕而益著。東澗在宋史有傳，而不詳其學術師友，且誤志其世系。三湯子者，其長曰息庵先生千，官郡守；其次曰晦靜先生巾，官提領；其少曰存齋先生中，官司諫，乃東澗之從父也，而宋史以爲兄，謬矣。三湯子之學，並出於柴憲敏公中行，固朱學也，其後又並事真文忠公，亦朱學。乃晚年則息、存二老仍主朱學，稱大、小湯，而晦靜別主陸學。東澗之學，肩隨三從父而出，師友皆同，而晚亦獨得於晦靜。是時朱、陸二家之學並行，而湯氏一門四魁儒，中分朱、陸，各得其二。

〔一〕湯漢，宋史四三八儒林傳。

方虛谷主張朱學，力詆東澗，以爲見包恢入政府，方守陸學，遂爲所脅，舍而從之。此乃門户黨伐、入主出奴之説，不足信。晦靜之以陸學名，乃在包氏未登宰執之時，不自東澗始也。按袁清容集亦言晦靜始會同朱、陸之説，至東澗而益闡明之。是二湯之書，殆在趙東山之前，而先儒皆未之及，不可謂非一大罣漏也。

晦靜之學傳者〔一〕，其一爲東澗，其一爲三衢徐公徑畈〔二〕，當咸淳之際開講，尤大有名，而宋史本傳亦不詳其師友。大抵宋史排陸學，凡爲陸學者皆不詳，故虚谷之力詆徑畈雖不足信，然非虚谷集，亦莫知其所自出也。徑畈之弟子曰謝文節公叠山，乃忠臣；曰徐古爲，乃遺民，有詩，見天地間集。而謝、徐論學宗旨不可得而聞。其一曰曾子良〔三〕，亦閣下鄉里前輩，所謂平山先生者也，著録及門者頗多。蓋二湯之源流已滅没；而愚從五百年之後，爬梳而得其一二，稍足爲朱、陸門牆補亡拾佚，以正宋史之謬。楊、袁、舒、沈之外，湯氏固一大支也。閣下爲文安學譜，竟失去未及序，則脱漏之大者。

〔一〕學案八四。
〔二〕徐霖，宋史四二五。
〔三〕學案八四。

嗟乎！東澗固季宋文章巨手也，向使其集存，必有可以考見諸老之緒言者，而今并其學統幾無可溯，其亦慬矣。草廬弟子尚有余公廷心，精忠大節，亦足爲師友生色者，皆願閣下補列之。

辨吾家啟東〔一〕墓誌世系與厲樊榭

志乃陳怡庵〔二〕所作，其序世系曰：「太師和王昭孫之後；和王生太尉保信軍節度使永堅；太尉生養高處士柏壽；處士生綿竹令璧〔三〕；綿竹生晟，字啟東。世家盩厔，隨宋南遷，居會稽。養高處士始徙于蘇。」

〔一〕全晟。
〔二〕陳繼。
〔三〕月泉吟社第九名，全泉翁，名璧，字君玉，號遯初子。

怡庵在洪、永間以多學稱，文名亦東里〔一〕之亞，其集至今尚傳。乃讀是志，頗類不學人所爲，可怪也。大家作人碑板，其於世系，必有考證，不肯妄信其家子弟所述，以其家子弟所述，或出附會也。吾家係宋兩朝戚畹，非聊爾氏族比。況去怡庵僅百年，人代不甚遠也，吴越又接壤也，何以荒誕一至于此。

〔一〕楊士奇。

吾家自西漢時出京兆，至東漢之季，已居錢唐。由是而三國，而六朝，史傳可考；而唐，而五代，稍隱約；然皆居錢唐，非盩厔也。先侍御公〔一〕始由錢唐遷甬上，其弟〔二〕始由甬上分居山陰，在太平興國間，非隨南渡也，亦非由錢塘竟遷會稽也。山陰之支，六世先太保唐公安民〔三〕之長子曰儔，是生思正。思正之子曰璧，月泉吟社所稱泉翁者也。思正之弟曰思敬，是生太師和王昭孫。泉翁于和王，蓋同祖兄弟也，而以爲曾孫，舛矣。太保之次子曰太傅越王份，是生太師申王大中。申王無子，故和王爲之後。和王生太尉〔四〕。太尉四子，其一曰壽老，所謂柏壽，殆因壽老而譌也。泉翁之於壽老，乃族祖，且泉翁在宋直秘閣，其後自稱遯初子，與謝皋羽相唱和，亦何嘗仕元，而忽加以綿竹令之官乎？蓋自德祐丙子，太尉扈三宮入燕，見於元史〔五〕，其子孫皆北徙，不聞南歸，安得遽有養高處士者居吳下乎？若泉翁自宋亡後遷杭，剡源稱爲城東處士〔六〕，是則確然可考者，又何嘗居吳也。

〔一〕全權。
〔二〕全興。
〔三〕卷卅六告身跋言太保爲侍御七世孫。
〔四〕永堅。
〔五〕德祐二年丙子，即至元十三年，據元史，至元廿三年永堅始入質。三宮，謂帝及太皇太后並太后也。

〔六〕參外集卅三跋戴剡源與先泉翁唱和詩。

怡庵所述，無一是者。吾故疑吴下一支之冒託，未必出於和王也。若果出自和王，不應不知其世系矣。近來吾家越中譜已散失，猶幸甬上譜附志小宗，以質之劉後村集所撰制詞，無不合者。然所載僅十世而止，故自壽老以下不及焉。賴有此十世者，和王與泉翁之爲兄弟昭然也。

厲徵君樊榭方葺宋詩，已録泉翁于遺民矣，及讀怡庵集而深疑之，貽書于予，爰序次大略以答之。

董徵君〔一〕祠堂志帖子答鈍軒〔二〕

徵君祠右麗牲之石，出於先宗伯公〔三〕之筆，今僕又得忝豫訂志事，盍勝幸忭。惟是祠志之所當摭拾者在文獻，此不過多緐前輩遺集，便足生色，而開卷可訝者，乃在東京二詔書。

〔一〕董永。
〔二〕董弘。

〔三〕全天敘。

徵君事，本不見於范、袁二史，但見之會稽典録。范、袁及典録未載之詔書，而忽出於家乘，已自可疑，然尚未有以指其依託之實也。僕校其文，固不類東京人所作，而以司馬氏百官志質之，則其謬始大著。詔書云：「召爲諫議郎，不就。」按東京有諫議大夫，非郎也；有議郎，非諫官也。嬾堂、攻媿諸公〔一〕，皆言和帝召拜郎中，本未嘗言其爲何郎，而東京郎署，大抵皆爲光禄勳之所屬：曰五官中郎將，曰羽林中郎將，曰虎賁中郎將，其下皆有中郎、侍郎，以至郎中；曰謁者僕射，其下亦有郎中，皆轄於光禄勳者也。其尚書令之所屬，則初試者守尚書郎中，歲滿爲郎，又遷爲侍郎；其諫議大夫與議郎，雖亦皆轄於光禄勳，而並非郎中，不可以牽合也。造斯詔者，未嘗通漢家官制，妄意諫議之即爲議郎，議郎之即爲郎中，溷而一之，以追贈徵君，而不知世有原甫、貢甫其人者〔二〕，尚欲上糾范、袁之謬，況其質之范、袁而絶無據者。其云「遣考功郎邱霖爲使者」，亦同此謬。「考功」二字，始見于京房傳，然非郎名也。選曹在西京，本名常侍，曹尚書，世祖改名吏曹，而郎署尚未有分職之名。郎之以「考功」等名也，自曹魏始也，而謂和帝時已有之，太鹵莽矣。以嬾堂之詩證之，則是時所遣者乃御史，非郎也。若云「延光三年，安帝封爲孝子」，則又謬也。東京之制，孝子、貞士、節婦之倫，下詔風厲，甚而至於圖畫百城，此其例也。若孝子，非爵名也，何封之有。況舊志如乾道、開慶、延祐諸傳，亦並不言安帝有此舉，是皆不學之徒，妄有炫飾而爲之者。唯孝子之師表人倫，本不籍此種掌故以爲重，而因譌襲謬之志，則不可以不更正。但恐君家子弟驟聞僕言而未之信也，敬陳之。

〔一〕舒亶、樓鑰。

〔二〕劉敞、劉攽。

答樊榭

宋詩紀事中譌舛，前已約略呈上數十條，昨又偶考及王亘始末〔一〕。按王亘有二：其一爲北宋元祐間之王亘，乃四明十洲倡和詩之一也。但不知其何所人，亦不知其何官爵。蓋十洲倡和凡四家，一爲太守劉珵，一爲倅陳公了翁〔二〕，一爲里人舒中丞信道〔三〕，而一則亘也。四明圖經但紀其詩，而不詳其人。了翁大儒名德，信道亦詩中宿老，亘參其間，殆非聊爾人必矣，而竟泯然無可踪跡，弟考之久矣，未有得也。其一爲南宋乾道間之王亘，乃閩人，嘗仕於粵之南恩州，故粵中亦有其詩。其人猶及交胡公澹庵者〔四〕。

〔一〕紀事五十六，王亘二詩，一採延祐四明志，一採肇慶府志。
〔二〕陳瓘。
〔三〕舒亶。
〔四〕胡銓。

足下所載王亘，其詩則元祐之詩，而系以乾道之世，誤矣〔一〕。乾道之王亘，安得簪筆於陳、舒之間也。謂當兩存而疏晰之，敢告。

〔一〕參日知録廿二王亘條。南宋之王亘，一統志又誤作「王旦」。

答山陰令舒樹田水道札〔一〕

大江以南，「三江」之望不一。有禹貢之「三江」，郭氏以錢唐當其一；有春秋外傳之「三江」，韋氏以錢唐及浦陽當其二；其越中之「三江」，則以錢塘及曹娥及錢清列之爲三。春秋外傳之「三江」已不可當禹貢之「三江」矣，而況廝廝越中者乎？是不辨而明者也。蓋浦陽本錢唐之支水，曹娥與錢清又浦陽之支水。方浦陽既東出益大，越人以諸暨江目之，自是分爲二：其自南道出者走蒿壩，其自北道出者走義橋。蒿壩而下，所謂東小江者也，下流斯爲曹娥。今越人斷東小江於曹娥，別爲一水，非古水道也。義橋而下，所謂西小江者也，下流斯爲錢清。然曹娥僅達乎會稽之境輒止，而錢清則深入山陰之域。

〔一〕舒瞻，正白旗滿洲人。乾四進士，十四年任，十七年遷。

愚讀酈道元注水經，其云浦陽江者，本專指曹娥，而後又以蕭山之潘水當之，是又屬錢清。蓋其疏晰未精，不知曹娥、錢清之爲二，而但以浦陽溷而舉之。嘉泰志辨之，而亦不了了，已見愚所呈浦陽江記中〔一〕。（下略）

〔一〕記見前卷三十。

與同館某君札

楊生永鈺〔一〕相從精舍，執事吹噓之，甚盛意也。然永鈺幸得遨賢者之盼，益宜從事實學，以報知己，不當夸誕放廢，陷於遊談無根之習。近見永鈺自以爲是，讜言無忌，其勢日甚，願執事有以誨之。

〔一〕或言永鈺字善真。

執事爲其父作墓誌，其文工矣，然其中據永鈺所自述，如世系、師傳之謬，有不敢不陳之執事者。永鈺自附於鏡川楊氏之裔，而並不知其詳。鏡川兄弟，一爲文懿公守陳，累官吏部侍郎，贈禮部尚書，明史有傳；一爲碧川先生守阯，亦累官吏部侍郎，致仕，加本部尚書，甲申後補謚文肅，明史附之文懿傳中；一爲康簡公守隨，累官工部尚書，行大理寺卿事，明史有傳。三公者，文懿乃醇德大儒；碧川亦有文名，居官以伉直著；康簡則力爭逆瑾八臣之一也。永鈺乃曰「守陳官至工部尚書，謚莊簡」，則可駴矣。明史非僻書，以永鈺之博雅，乃未能見此。若鄞志及甬上耆舊傳，則不應不一考及也。然且文懿之貴在宣宗時，其先無達者，世系明見其集中。而永鈺稱其爲明觀察使厚之九世孫，則强取文懿以爲己祖，又强取人以爲文懿之祖，而盡改其官與謚，乃曰其父曾重雕文懿之集，誣而愚矣。天下豈遂無見文懿之集者乎？執事一一信而筆之，則世或不知其出於永鈺之謬，而以爲賢者之疏，亦足玷也。

永鈺之先，本出於吾鄉城西之鷶脰湖。有布衣欽者〔一〕，嘗以爭湖田稅重得減，至今湖人附祀之閭莊簡祠，亦義士也。永鈺以其爲布衣不足宗，故依託鏡川，而又不肯巽心以覈之，願執事之更定而正之也。吾鄉楊氏之達者三：鏡川最大，其外尚有南里草堂之楊，安成先生之後也，而方伯以下無聞。又有忠諫坊之楊，后江先生之後也，今絶世。是二楊者，尚不與鏡川通譜，何況其他。

〔一〕楊欽，見卷卅五廣德湖田租考。

永鈺又言其父及侍萬八先生季野，其同遊者曰蔣太史蓼崖、胡京兆鹿亭、袁孝廉眉少，則益可駴矣。蓼厓，僕之舅氏也，未嘗從季野游。京兆則年雖少於季野，而以早貴，稱昆弟交，且京兆乃詩人，不講學。眉少則未嘗一識季野。永鈺不知何見，援此三人以入萬氏之門，將以爲萬氏重耶？抑以爲其父重耶？願執事一問之。

有問於永鈺者曰：「聞君不取杜甫之詩，然則四唐中誰最當君意者？」永鈺正襟而告之曰李穆。客爲之茫然，退而考之，則劉文房〔一〕壻也，其人傳詩祗一首。年來後生氣習，日以浮蕩，如永鈺者，漸不可長，并恐爲執事之累，故不敢默而已也。

〔一〕劉長卿。

鮚埼亭集批注　前集卷三十五

雜辨

辨大夫種非鄞産〔一〕

自昔圖經地志，莫不扳援古人以爲桑梓生色。予謂不覈其實，則徒使其書之不足取信於世。吾浙河以東人物，莫備於會稽典録，其於鄞人，自大里黄公始。南宋王尚書深寧〔二〕、黄提刑東發始據高誘吕覽注〔三〕，以大夫種爲鄞産。因謂范蠡與種同功一體，蠡可去而種不可去者，以父母之邦也。兩先生之言善矣，而以予覈之，則有疑焉。

〔一〕潛研堂文集十九有鄞縣志辯證文種非鄞人一條。

〔二〕深寧有越大夫贊。

〔三〕卷四尊師篇。

越絶書外傳曰：「范蠡始居楚，内視若盲，反聽若聾。大夫種入其縣，知有賢者，得蠡大悦，俱見霸兆出於東南，相要而往，偕止於吴。吴任子胥，于是去吴之越。」又曰：「范蠡要種入越，越大夫石買曰：『客歷諸侯，渡河津，無由自致，殆非真賢。』」然則種非鄞人矣。吴越春秋内傳曰：「勾踐還自吴，范蠡謂種曰：『子可去矣。』種不然之。其後内憂不朝，謂妻曰：『吾王雪耻於吴，我悉徙宅，自投死亡之地，悔不隨范蠡之謀。』」又曰：「勾踐賜以屬鏤之劍，歎曰：『南陽之宰，而爲越王之禽。』」然則由種將死之言考之，益非鄞人矣。夫越絶書雖非出於子贛之手，然固西京之筆。吴越春秋雖係皇甫〔一〕摭拾之書，要亦自東京以來傳之。

〔一〕皇甫遵。

兩先生據高氏之一言，而盡棄諸左證，恐不其然。予又考吴越春秋注中亦引高注〔一〕，則曰：「大夫文種，字會，楚鄒人。」然後恍然曰，「鄒」與「鄞」字皆從邑，或相近而譌也。以深寧、東發之博且覈也，而一言之失，遂貽枌社千古之誤，可不審乎？

〔一〕吴越春秋，趙曄撰，徐天祐注。天祐，景定三年進士，見元詩選癸之甲。與胡身之同爲宋遺民。注撰於大德十年。

文選四六豪士賦序注引吴越春秋曰：「文種者，本楚南郢人也。姓文，字少禽。」吕覽二當染篇注，作「字禽，楚之鄒人」。即吴越春秋注所引。史記六六伍子胥傳，正義引高誘注作郢人。

辨錢尚書爭孟子事

秀水朱檢討彝尊嘗以錢尚書〔一〕爭孟子事爲虚，特懸疑太祖不至武斷如此而已。同里萬隱君斯選考之，則更密矣。

〔一〕錢唐。

萬氏之言曰：「南太常寺志及翰林故牘，載洪武五年國子監將丁祭，上曰：『孟子不必配享。』其年臘月，上曰：『孟子有功先聖，今後仍復之。』是孟子固嘗罷享，然不因公言而復，一疑也。典故輯遺載：『上讀孟子，怪其對君不遜，怒曰：「使此老在今日，寧得免耶？」時將丁祭，遂命罷配享。明日，司天奏文星暗，上曰：「殆孟子故耶？」命復之。』是孟子幾至罷享，亦不因公言而復，二疑也。實録命修孟子節文，在洪武二十七年，嘉靖寧波府志載之二十三年，即果如府志之年，而公以四年卒於壽州，亦不及修節文之事，三疑也。成化府志不載，至嘉靖府志始見之，四疑也。」萬氏所疑如此，則尚書事宜若不足信者。然是説也，成化楊氏之志不載，而天順黄氏〔一〕之志則載之，謂南山僉事。黄氏集中且有詩以紀其烈，故其孫作閒中今古録亦載之。黄氏生洪武，是猶去尚書不遠，且成化府志雖不特載公傳，而未嘗不載黄氏之詩，則亦自可互見。李氏四明文獻志亦載之，是皆出於嘉靖張氏志之前，未可盡以爲誣也。

〔一〕黄潤玉。

以吾考之，罷配享與修節文，原屬兩事。罷配享在二年，臥棺絶粒以爭之者，公也。修節文在二十七年，力詆劉三吾爲佞臣以爭之者，連江孫芝也。天順黄氏之志，系公事於二年，是已。而并修節文亦連舉之，是混後事於前事；嘉靖志則以罷配享屬之二十三年，是混前事於後事：不知兩案之爲兩人也。太常志諸書以二十年〔一〕爲五年，猶嘉靖志以二十七年爲二十三年也。諸書不載公諫，猶孫芝之事，亦僅見於國史惟疑〔二〕，而他書不載也。蓋史事固有當參考而始完者，若竟以爲無有，則黄氏非欺人者。至若太祖之武斷，則不必諱，亦非後人所能諱也。近見錢氏家傳謂公卒於二十七年，意欲與實録相應，則又誤矣。

〔一〕或本作「二年」，無「十」字。

〔二〕黄景昉。外集廿九有跋。

公棠辨

剡源有九曲，而公棠爲殿。説者以爲孫興公來山中，嘗植棠，因以得名。姚江黄先生疑之曰：「二百八十峰以興公得名者，爲梨洲。爾雅『赤棠爲梨』，則有梨不應復有棠，是以一事而附會之於兩地也。」

予考之寶慶四明志，本作公塘，蓋九曲之水會於晦谿，而置堰於公塘。未成堰之前，先有塘以瀦水，故呼之曰公塘。乾道四明志述形勝，亦祇及興公之梨洲，而無樹棠之説。開慶四明志，吴制使於公塘置寨防盜，則在當時爲要地，不應并其名而有誤也。以「塘」爲「棠」，始於至正四明志，蓋好事者爲之。姚江但疑其雷同，而未審其訛轉之自耳。

予初作剡源九曲辭，亦循傳聞之説，貽誤藝苑，山靈有知，當爲齒冷〔一〕。因是正之，以補失言之羞。

〔一〕九曲辭見卷五，已改正。

知廣西府楊公傳糾謬〔一〕

鄞之甲姓有四，楊、張、屠、陸，而楊最盛。禮部尚書文懿公守陳以魁儒，暨其弟吏部尚書文肅公守阯、工部尚書康簡公守隨，並爲景泰以後名臣。文懿公二子，刑部侍郎茂元、四川按察使茂仁，皆名臣也。顧於文懿公孫廣西公大節，鮮知之者。

〔一〕楊美璜。

公諱美璜，字以和，刑部子也。以文懿公恩蔭，補國子生。文懿公家法最醇，其教子孫以正學，未嘗因貴盛墜其家風。初任左軍都督府都事，尋改南京，遷中軍都督府經歷。正德己卯，寧藩倡亂，武宗南下，車駕至留京，其時江彬勢張甚，扈從諸臣皆聽指麾，南中諸寮，迎奉尤惕息。一日夜漏將丙，彬忽傳宣從中府取京城門鑰，不知其何所爲也。公以祖宗定制不許夜啟，却之。彬怒，再遣人以危詞恐嚇，不得不已，公拒之益厲。及晨，彬詐傳旨逮之下獄。南樞臣喬宇〔一〕盛氣責公，意欲公引罪而請之彬，公抗詞不屈。其時行在大臣雖心重公，且明知下獄之出於矯旨，顧畏彬，莫敢奏者。已而有旨釋諸囚，南理臣猶畏彬，羈公以待命，衆以爲必死。幸武宗雖幸彬，而英明未替，彬雖擅命，不敢私有殺害。及北還，竟釋之。彬誅，世宗聞公事，嘉歎，遷工部虞衡郎，出爲廣南、廣西二府知府，皆有惠政。

〔一〕喬宇，明史一九四。

吾讀焦澹園〔一〕獻徵録，極言孟尚書〔二〕之守正，上遊牛首山，夜抵聚寶門，尚書堅閉不納，上遂宿報恩寺中。以此事觀之，則皆妄言也。明史則言江彬即索門鑰於宇，而宇力拒之，殆即移公之事以屬之宇〔三〕。嗚呼！是時江彬逆謀雖未成，然視京城若私家門户，其威福任意，危矣。以參贊重臣，坐視其矯傳以繫命吏而不敢違，而公能當之，是賁、育之勇也。抑亦文懿公〔四〕以來之教澤，所謂不愧世臣者乎。然而諸重臣愧死矣。諸重臣之所不能，而小臣能之，乃仍掠小臣之名以歸之重臣，可爲太息者矣。郅惲當東漢之時，拒關不納，漢史書之，若以比公，則惲易而公難。蓋明主可以執官守，而逆臣之怒難嬰也。

〔一〕焦竑。

〔二〕「孟尚書」爲「喬尚書」之誤。

〔三〕長興丁元薦西山日記，此事亦屬之喬公。
〔四〕楊守陳。

明人重甲科，故其以任子有名于史者甚少，雖賢不得登大寮，向使起李衛公于是時，所不平也。大節如公，得爲重臣，豈非坐談而落淮南之膽者。世宗既知之矣，而仍聽其浮沉夷徼以老，不亦棄才如草芥乎？

明史不載公事，嘉靖府志謂公不附彬謀逆被繫，彬誅始釋，則又屬妄言。予所本者，爲半湖陳公日録〔一〕，陳公時以獻俘隨張永在南中，又同入都，及見此事。爰采之以補史，并正諸家之謬。

〔一〕陳槐，外集卅四有跋陳半湖聞見漫録。四明叢書四集本卷上。

節愍趙先生傳糾謬

節愍趙先生〔一〕之死，世傳之者皆謬。予從華公嘿農、高公隱學二集中考得之。世無歐陽公，孰爲王彦章核實者乎？作糾謬。

〔一〕趙景麟，續甬詩十四。

丙戌六月，江上失守，先生題詩案上曰：「書生不律難驅敵，何處秦庭可借兵，只有東津橋下水，西流直接汨羅清。」誓死不食，其家多方解慰不能得。顧先生以曾借友人金未償爲愧，委曲措置得之。次日晨起，袖所作歷試經義，納衣巾於文廟，詣友人家返金。友人熟知其貧，訝其返之速，叩之，先生笑不答，即往城東，躍入江水。漁舟驚集救之，江流湍急，浮尸竟去，力追僅得及焉。其家故知其以祈死出，遣人四輩跡之。及之江上，漁人輩詢其故感歎，乃共以酒灌之，盪其喉，扼其胸，使出水，探其袖中，紙累累，而友人亦至，爲之驚泣。良久得醒，舁之還家，膚孔間血涔涔然，張目不語，仍不食。其家計無所出。先生故授經太白山中，與其徒徐生相得。至是聞先生事，來視之，因强舆先生入山，欲令食，不可，則爲謬語以慰之：或曰李侍郎長祥克紹興矣，或曰翁洲大將黄斌卿奉監國來恢復矣，或曰石浦大將張名振奇捷矣，或曰四明山寨下慈谿矣。先生聞之即進食，如是者半年，謬語漸窮，而先生病亦稍愈，間出山中，問樵子輩以近事，則循髮示之曰：「天下大定，更何問焉。」先生大慟踣地，更不復食，至冬盡困甚，氣息奄忽而逝。蓋先生殉節顛末如此。今所傳乃謂先生投水即死，死而莫知其由，途人過之，有及見其哭文廟中者，乃得其故。不知其絶命詞蓋已出矣，又由死而生，復延半年，則謂其投水即死者，尤誤也。

予觀志士之死，亦各有其地與其時，文山、叠山，其前事也。有明之季，蕺山先生不死於絶粒而死於水；漳浦先生〔一〕絶粒者再不死，而死於刑；寒山先生〔二〕投水、投繯者四，不死，興兵一年而卒死於水；鄭御史爲虹不死于自刎，而死于刑：均之死也，而不遽死，不如此不足以顯其節之奇也。惟是先生以朝不坐、燕不與之身，可以無死，而乃要之于必死，則更奇矣。先生私謚節愍，亦華、高二公所定云。

〔一〕黄道周。

〔二〕陳函煇。

記范孝子事

吾鄉范孝子洪震〔一〕，百年以來人無間言，而不知孝子之大節，固有不盡以孝者，則雖其家傳亦略焉。偶讀董處士劍鍔〔二〕集得其事，爲節略之。

〔一〕范洪震，續甬詩七十。

〔二〕董劍鍔，外集六有墓版，續甬詩五六。

管江杜秀才〔一〕之死節也，陸處士宇燝〔二〕取其遺孤育之。其孤多病，處士一日與買藥，過孝子，則問曰：「是何人也，而爲之藥？」處士以告，孝子瞿然起曰：「乃杜郎耶！尊公吾同學，兼以同歲，又同志也。吾于尊公之死，哭之者幾日，時時從湖東來者，問其孤，莫有復者。今乃以買藥遇，天也，豈可使陸丈獨爲君子？」處士因言其三喪未舉，孝子曰：「不特死者當于我葬，杜郎未娶，我當娶之。有匱乏，以告我。」卒爲杜氏窆其三喪，而并置田墓以贍之，且助之娶焉。

〔一〕杜懋俊，集八，續甬詩十四。

〔二〕陸宇燝，外集六有阡表，續甬詩五四。

嗚呼！吾聞孝子晚年病噎，凡其爲齋戒，爲壇，爲卜，以至丙夜百叩，靡神不舉者，皆其平日所振之人，故至今無不以長者誦孝子。但好義固人所難，而如杜氏之孤，則畏禍者所遠避而不前者也，是不得僅以長者目之矣。

董處士曰：「孝子喜飲酒，醉則狂呼累舞，側弁跣足，凡諸嬉戲，窮晝極夜，無所不爲，世或以此怪之，不知其有所託而逃耶。」

嗚呼！孝子生平精于醫，而乃以醉戕其軀，不爲尊生，而爲祁死，斯豈漫然而忘守身之戒者乎？吾于是而深悲之。

周璧堂事辨誣

徐都御史心水〔一〕之被拘于海上也，璧堂〔二〕以知己之感，挺身救之，請代拘，而遣心水以餉贖。心水既歸，所許餉不償諾，璧堂以是受拷，足爲之躄，有爲之釋言者，始得脱。心水深慚負於璧堂，及相見，璧堂無怨言。踰年心水死，璧堂以詩挽之極哀，君子以是歎爲不可及。

〔一〕徐殿臣，續甬詩四四。

〔二〕周容，外集六，續甬詩六十。

吴農祥妄言爲璧堂以受拷故凶終于心水，是未讀璧堂之詩者也。農祥自居于璧堂生死之交，謂當璧堂臨没時，親呵護其集以歸其家，而謬戾至此。且璧堂以戊子〔一〕救心水，事畢即歸，而農祥謂在辛卯〔二〕翁洲破後者，尤非也。

〔一〕順五。
〔二〕順八。

農祥所作擬史諸傳，如朱孩未、章格庵、張蒼水事〔一〕，大半舛錯，全無考證，然猶可曰：此皆前輩巨公，故不免耳視而目聽。若甓堂則既冒託於生死之交，而亦從而誣之，郢書燕説，不幸而傳，則文獻之禍也已。

〔一〕朱大典；章正宸，文定前集九；張煌言。

凱風説示李桐〔一〕

在昔南雷黄公嘗疑凱風親之過小，不當如詩序、詩傳所言。蓋使七子之母不安其室，則家門風化所關，過亦不小，非可以怨爲過。其後閻徵君百詩據孔疏解之，謂七子作詩自責，其母遂終不嫁。予因是歎七子有諭親于道之功，而其母亦不失爲賢母，蓋能遷善而自新者也。詩人不特美七子，即于其母亦有取焉矣。

〔一〕李桐，與貞愍先生同名，見續甬詩十七。

同里李秀才桐，其尊公端孝先生〔一〕，五歲而孤，後母何太孺人于歸甫一歲，李氏家無一隴一瓦之資，何氏親黨頗有欲奪其志者。先生聞之，潛偵其人于道，以錐擊之，歸而跪於太孺人前，流涕自陳。太孺人亟抱之，相與奉其父栗主於庭慟哭，誓相依終身，遂毁容垢面，以女紅課子，親黨罕得一見。

〔一〕李景濂，集廿一有窆銘。

先生稍長，念家貧，因於讀書之暇兼習醫，束脩所不足，取藥籠之入以佐之，承歡備至。太孺人晚年，嘗于忌日流涕謂諸孫曰：「吾之得以完節見汝祖于地下者，汝父力也。」既及格，有司備得其狀，請于朝，太孺人以節，先生以孝，並得旌。

近者秀才多求四方文士爲先世作傳，欲諱此事，殆懼掩太孺人之美，而傷先生之心。予曰不然，人誰無過，能改之，則聖人不以爲非。不然，凱風之詩，聖人亦必周旋七子而去之矣，其不去也，則七子之母，固亦名教之所許也。矧太孺人之所處，固非七子之母所可比，事固以從其實爲可信也。予見夫婦人之爽行者矣。區區「寒泉」、「棘心」之言，蓋不足以動之也。作凱風説以示之。

予又嘗讀江村鹿氏魏童子傳：其母他適，童子傭于人間，聞而急往追之，爲奪者所持不能脱，踣地呼天，聲竭泣血。俄而怪風驟起，震盪衝激，昏霾閉日，咫尺不辨，其母亦不能前，童子得復及之，哀號不止，其母感悟而歸。端孝先生之志與童子同，而其事不必如童子之危，則以太孺人本賢，風雷之助可無庸也。更附之前説之尾。

詞科緣起

唐人所云「博學宏詞」，蓋特以試選人耳，非大科也。其大科之以詞學舉者，蓋歲易其制而不一其名，如所云「藻思清萃」、「文藝優長」、「博學通議」之流皆是。而選人所試，反不與焉。但其名雖多，而大率不離詞章，至憲宗始定爲四科，其一則曰「博通墳典，達于教化」，蓋稍足以語古人有體有用之學，故北宋大儒所議十科取焉。紹聖以後，章惇改制，始復專取詞章，而以唐之試選人者名之，不知者遂謂宋制即唐制，非也。詞學指南序文亦云，皆失于考證。

嗚呼！唐人重詞章，而晚年尚知于詞章之中，貫墳典而通教化。荆公重實學，而語紹述者，反驅之于詞章，可謂相背而馳矣。故南宋以後，由詞科以取功名最易，而醇儒或不屑應此科，誠有慨也。金人亦舉詞科，而見于中州集者，寥寥而已。

乃取唐人詞學一科，其見於册府元龜及唐書者録之，使與浚儀王氏詞學指南相接，而因以見陸、裴、柳、劉諸公所舉者，非宋人之科也。浚儀由詞學起，尚考之不甚詳，予故著之〔一〕。（下略）

〔一〕當參徐松登科記考。

説鰣

鰣魚之名，不登爾雅。按釋魚曰：「鮥，當魱。」郭氏曰：「海魚，似鯿而大，鱗肥美，多鯁，江東呼其長三尺者爲當魱。」是其爲鰣審矣。以是知晉時尚未有鰣魚之名也，廣韻始有鰣名矣。但考粵東人説〔一〕，相傳鰣乃鰽白所化，在海爲鰽白，在江爲鰣。鰽白於春，鰣于夏，其味皆美。此在□〔二〕氏不過得之近人之口，而其實未有所據。予觀集韻曰：「鰽即鮥也，似鯿而大，鱗肥多鯁。」乃恍然于□□〔三〕之説。以是知宋初雖有鰣名，而尚未甚著，故唐人不見之於詩。然則鰣魚在古曰鮥，讀爲舅聲；在後曰鰽，囚聲；而當魱，其別字也。鄞人呼曰箭魚，意在嫌其多骨，見於開慶慶元府志。

〔一〕「粤東人説」原文爲「屈大均曰」，因屈大均著述被禁，付梓時所改。
〔二〕空圍原爲「屈」字。
〔三〕空圍原爲「大均」。

獨粤人呼爲三鯠，不知其説。按三鯠一作三鰲，諺曰「三鰲不上銅鼓灘」，謂粤鰣不過潯州也。鯠、鰲，古音本通，然其實爾雅釋魚原有鰲、鯠，而郭氏曰「未詳」，向非粤諺，不知其即鰣也。足以補五雅箋疏之遺矣。若埤蒼以鯠爲魾，廣韻以鯠爲鰻，皆屬謬語。按爾雅，則魾者，鱯也，鱯與鮔同音，埤蒼殆由此而謁。

今吴、越間不貴鱒，獨貴鰣，唯粤之陽江多鱒，而其土人亦貴之。予亦因入粤而證明鰆之即鱒，鱒之即鰣，惜不得遍粤人〔一〕而告之，因記之以示諸生，他日或爲嶠南圖經、文獻之資也夫。

〔一〕「遍粤人」原文爲「起大均」。

鮚埼亭集批注　前集卷三十六

題跋一　先世告身十通〔一〕

〔一〕附女七通，共十七通。

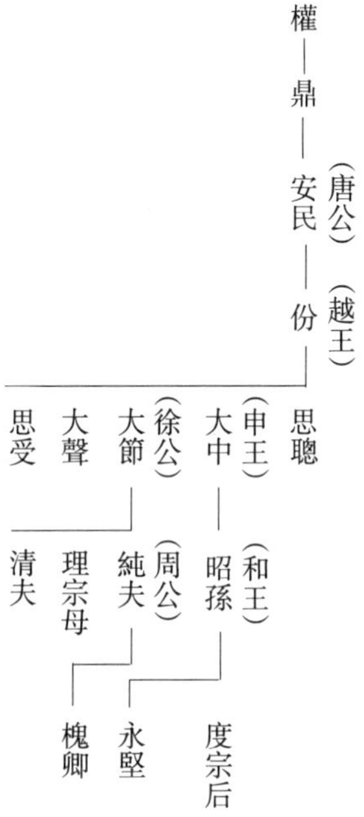

先太保唐公〔一〕告身跋

朕加厚友恭，有懷慈憲。恩施左戚，既鍾慶于一門；貴極上公，又追榮其三世。具官全安民，遊心墳典，屏迹邱園。爲善恐人知，信矣耳鳴之諭；陰德有陽報，甚于響應之如。爰及孫曾，實生賢媛。朕察鴒原之念母，喜鶴禁之冊妃。方隆慈孝之至情，豈限褒崇之常典。噫！周列太保，立面槐之班；唐有冀方，錫分茅之壤。是爲殊渥，庸闡幽光。可特贈太保，追封唐國公。

〔一〕全安民，理宗母之曾祖。參癸辛雜識續集上下。外集十四有祠堂碑文二。

儲極好逑，既遡慶源于慈憲；曾門加惠，并褒内則之淑賢。乃出絲綸，以光窀穸。邊氏勤生苦澹，勵志静專，有伯鸞婦之風，肯爲隱髻；有於陵妻之操，靡厭辟纑。竟能遂夫子之高，不及覩女孫之貴。鶴禁甫諧于佳耦，魚軒宜賁于外姻。噫！揭阡表于南陽，恩徽尤異；疏沐封于東武，伉儷俱榮。可特贈唐國夫人。

祖望按：先太保以下告身一十七道，見劉後村大全集中〔二〕。每讀宋人文集，兩制文字最多，或疑其無益，不知有補于世家之文獻非淺也。太保爲先侍御公七世孫，侍御由太平興國間進士，累官侍御史，出知青州。晚年自錢唐遷甬上，弟興又自甬上遷居山陰，而無嗣，故侍御以子俎爲之後。今越中東浦一支，蓋甬上之小宗也。理宗之母慈憲夫人，出自吾家。及度宗居東宫，册妃，是爲慈憲之姪〔二〕，因推恩慈憲之三世，而太保以下俱開五等之封。以宗乘考之，國爵皆合。予所見後村集十數本，皆非二百卷之全者，惟同里范侍郎天一閣所藏爲足本，詞頭碑版俱在焉，喜而鈔之，令東浦影堂勒之石。太保墓，即在東浦賜府之西。

〔一〕卷七三。得十五道。

〔二〕宋史二四三度宗全后傳作「慈憲姪孫」，誤。參宋史考異九。

先太師越王告身跋〔一〕

朕友于朱邸，施及青宫。慈愛最隆，睠外家而尤厚；哀榮兩盡，豈王父之可遺。贈武翼郎全份，温恭德人，寬厚長者。款段下澤，清貧不改于儒臞；文駟雕軒，貴盛實基于祖德。屬儲妃之封拜，宜世廟之褒崇。噫！太傅周官，面槐陰之峻；豫州荆地，協松夢之祥。冥漠有知，對揚無憾。可特贈太傅，追封豫國公。

〔一〕全份，理宗母之祖。題從後稱，故與文不合。

慈顔已遠於崇藩，慶鍾猶子；公爵既加于祖廟，媲合從夫。贈恭人單氏，秉性幽閒，奉身沖約。素勵龐嫂萊妻之操，安于清貧；曾有許負唐舉之倫，異其風骨。果孫枝之貴盛，嗟宰木之老蒼。屬皇家舉稀闊之儀，於戚畹厚褒崇之典。賜枌田于大國，品極魚軒；燎黄誥於寒原，光生馬鬣。既驗異人之奇中，永爲外氏之美談。可特贈豫國夫人。

祖望按：越王爲慈憲夫人之大父，仁安皇后之曾大父〔一〕。是時推恩慈憲之三世，故晉贈太傅豫公。其後度宗推恩仁安之三世，又晉贈太師越王。其單夫人詞中所云唐、許奇中之説，良足以補吾家譜系中掌故，惜其詳不可得聞矣。太師墓在盛塘。

〔一〕慈憲，理宗母；仁安，度宗后。

先太師徐公告身跋[一]

儲妃選慈憲之宗，親親之意也；禰廟峻公師之爵，貴貴之義焉。乃賜恩言，以旌潛德。贈慶遠軍節度使全大節，信道最篤，好善甚優。平昔旦評，著美名于里閈；一朝天定，鍾餘慶于門楣。玆作娩于元良，亦柬賢于華族。既諧吉禮，追奬義方。噫！建節封侯，鶴表之題已久；分茅胙土，鷹揚之拜維新。焘爾後人，欽予休命。可特贈太師，追封徐國公。

[一]全大節，理宗母父。人見宋史四一九余天錫傳，名不見宋史。

顧復甚勤，報德之心罔極；幽明雖異，榮親之意則同。爰侈國封，以光泉穸。南陽郡夫人王氏儉慈是寶，禮法自閑。孝敬著于閨房，長厚聞于州里。攻苦食淡，蓋隱君子之令妻；隤阯發祥，實王夫人之賢母。竝全四德，胡不百年。然一門貴住于天朝，而奕葉聯姻于帝室。屬者儲君選儷，猶子來嬪。端由世積而然，咸曰母儀之力。噫！彭城湯沐，增拓于户租；防墓封崇，有光于宿草。可贈徐國夫人。

祖望按：太師爲慈憲之父，而穆陵〔一〕兄弟育于其家，宋史所稱「保長」者也〔二〕。潛藩之功，非尋常戚畹可比。夷考是時，其一門雖貴盛，前不蹈平原之覆車，後不類秋壑之怙寵〔三〕，夷然在史、鄭謗議之外，可謂賢矣。太師墓在蘭渚，而夫人仍葬盛塘先墓之次。穆陵即賜天章寺以奉香火，故蘭亭常屬吾家。予過天章，未嘗不低回流連也。

〔一〕穆陵，理宗。
〔二〕宋史四一九余天錫傳，稱全保長。
〔三〕平原，韓侂胄，寧宗后季父；秋壑，賈似道，理宗妃弟：均宋史四七四。

先觀察告身跋〔一〕

王者無私之言，豈非公論？聖人盡倫之至，必用吾情。贈忠訓郎全思聰，前輩典刑，逸民標致。求之耆舊，惟龐德公近之；稱爲善人，如馬少游足矣。有賢猶子，實王夫人〔二〕。屬重締于國姻，并追榮其尊行。昔加勇爵，殊未慰于九原；今陟廉車，蓋視儀于兩禁。可贈潭州觀察使。

〔一〕全思聰。

〔二〕理宗母伯父。

朕睠棣華之外氏，重締國姻；考彤管之內言，載嘉世母。肆加殊渥，追獎徽音。贈安人王氏，禮法自持，功言咸備。毋以貧故，少隳舉案之恭；教之義方，微示斷機之意。芝生庭户，玉映閨房。兹選立于儲妃，乃褒崇其尊行。始占吉夢，允符女子之祥；終錫嘉名，無愧碩人之詠。可贈碩人。

祖望按：觀察爲越王長子，其次弟則申王大中，仁安之大父也。又次則徐公大節，慈憲父也。又次曰大聲，尚縣主，奉嶽祠。是時以慈憲故追贈徐公，以仁安故追贈申王，而又推恩及于家督，甚矣恩之沃也。尚有少弟曰思受，字大用，以詩人稱。其詠海棠曰：「少陵不賦海棠詩，留待風流相國詞。聞種錦窩三百本，春風纔起蜀人思。」惜乎不詳其生平也。

先太師申王告身跋〔一〕

朕于私親，靡不用情而加厚；爾其伯父〔二〕，固宜越格以追榮。贈宣教郎全大中，書蟠胸中，志抗事外。郡國無舉孝興廉之詔，徒修于家；山林有游仙招隱之詩，乃遯于野。逮儲妃之貴盛，歎族老之凋零。噫！金紫惟亞一階，足彰尊寵；燎黄以後二品，聊發幽潛。可贈金紫光禄大夫。

〔一〕全大中。此題亦從後稱。

〔二〕理宗母伯父。

冊拜儲妃，甚矣慶源之遠；封加世母，旌其尊行之賢。贈安人陳氏，謙柄力持，禮防自守。辟纑織屨，相安衡泌之貧；服冕乘軒，不見門閭之大。兹來嬪于元子，亦遴選于華宗。溥錫恩徽，寧分存没。秩高銀信，宜從夫子之階；詔侈金花，追賁小君之號。可贈高平郡夫人。

祖望按：太師乃仁安之大父。是時推恩以慈憲爲主，故徐公列于五等，而太師尚止金紫。及仁安正位，贈申王。太師無嗣，以再從子昭孫爲後，是生仁安。太師墓亦在盛塘先兆之次。近日吾家東浦譜系散失，姚江學究邵廷采妄叙次之，以申王爲和王，以和王爲昌王，以申王之父份爲義，皆與甬上宗乘不合。幸賴後村集所録，與甬上同，得以斥邵氏之妄，而正東浦之謬。

先少師周公告身跋〔一〕

朕友于同氣，若爲慰念母之心；遠矣慈顔，猶仰體愛兄之意〔二〕。乃疏殊渥，以賁重泉。贈和州防禦使全純夫，廉甚取名，勇于求志。短檠細字，積勤不偶于生前；叠組重圭，餘慶徐觀于身後。介弟篤舅甥之誼，儲妃續姑姪之姻。玆爲爾家希闊之榮，可限有司褒崇之典。噫！出綸告墓，徒悲風木于瀧岡；授鉞登壇，尚應星躔于寶婺。諒爾精爽，歆此寵光。可贈保寧軍節度使。

朕念介弟之孝思，恩其自出；擇儲妃于望族，誼亦因親。爰出綸言，以旌壼範。爾贈令人趙氏，荆練性淡，巾帨禮嚴。族稱邱嫂之賢，睦于妯娌；天厚善人之報，宜爾子孫。諧吉禮于春宫，分寵光于夜壤。噫！管彤垂世，何慚列女之盡書；燎黄告阡，誰語若人之不淑。可贈淑人。

〔一〕全純夫。題從後稱。

〔二〕理宗母之兄。

祖望按：周公爲徐公長子，慈憲夫人之兄也，尚縣主，累晉少師。周公夫人亦封周國夫人；續娶崔氏，感義郡夫人，太府槐卿其子也。周公墓亦在盛塘。

先太師和王告身跋〔一〕

慈憲篤友恭之誼，恩寧厚于弟昆；元良諧窈窕之逑，情莫親于父子。出綸告第，施澤漏泉。爾武翼郎全昭孫，博雅好修，精明練事。久儀上閤，兩牧專城。所至有甘棠之成陰，其歸雖薏苡而不載。家無甔石，初靡求于人知；女作門楣，亦可觀于天定。甫成吉禮，追獎義方。噫！金紫之穹，遂超遷于二品；燎黄以白，猶照映于九原。可贈金紫光禄大夫。

〔一〕全昭孫，度宗后父，理宗母之堂弟，名見宋史。題從後稱。

朕孔懷王邸，敢遺外氏之姻；擇配儲宫，樂得高門之女。恪共婦職，追獎母儀。爾孺人趙氏，挺秀宗姬，來嬪儒族。以女公事慈憲，自牧謙卑；從夫子出蕃宣，備嘗險阻。篤生賢媛，實儷元良。誰獨無錫爾類之心，世安有遺其親之理。噫！鶴禁鳳輦，方以三朝而問安；象服魚軒，胡不百年而介福。宜歆殊渥，永播徽音。可贈新興郡夫人。

祖望按：太師尚縣主，嘗官湖湘之間，勤事而死。故穆陵一見仁安曰：「汝父可念。」而仁安曰：「故父可念，湖湘之民，尤可念也。」〔一〕穆陵大奇其對，遂册爲東宮妃。先是丁大全議納知臨安府顧巖女，太后不甚許之。至是聞仁安之語，亦大喜。國命雖去，然仁安則固有「保民而王」之母儀，不可没也。正位之後，追贈太師和王，葬于上竈。〔二〕

〔一〕語見宋史二四三度宗全后傳，又見卷四十五理宗紀景定二年條。

〔二〕以上七道皆死後追贈，以下三道皆生前所封。

先少師節度使告身跋〔一〕

民歌牧守，方憩于棠陰；國重親賢，靡需于瓜熟。宜擇朱幡之寄，徑躋紫槖之聯。具官全清夫，宣慈而惠和，辨智而閎達。惜陰書案，甚于孤寒士之勤；得雋詞場，豈若恩澤侯之易。在中朝吉士之目，有西京循吏之風。既至九卿而入承明，復把一麾而去江海。方且賦中和之政，不當奪慈惠之師。屬以儲闈，正人倫之始；選諸戚畹，得邦媛之賢。如卿尊行，蓋主婚禮。輟宣城之半竹，面奎閣之四松。兹外族之殊榮，亦我家之曠典。名爲燕閑，實可論思。噫！東人欲留，出既宣于美化；西清候對，入尚告于嘉猷。可寶章閣待制，提舉佑神觀，仍奉朝請。

〔一〕全清夫，理宗母之弟，度宗后叔父。宋史全后傳作后弟，誤。又見卷四六度宗紀咸淳三年、五年條，亦作弟，均誤。參宋史考異九。此跋見後村集六五，但七三另有親屬王氏特贈淑人一道。

祖望按：穆陵之時，吾家避遠權勢，唯少師以科甲起，累官至平江軍節度使，判湖州〔一〕，然終未嘗攀援入津要也。丙子〔二〕而後，太尉身在二府，遂挾百口扈三宫以北，而少師已老，得託痁疾，杜門以終。生平貴而不驕，山陰唐氏嘗以山售于少師，其先墓在焉。少師售其山，而不絶其展墓之道，其後唐氏上書于少師，願贖其山。少師慨然歸之，并不受其直〔三〕。當事欲建蘭亭書院，時故址以徐公所賜葬，屬于少師丙舍，即還之官。剡源𨚗有文記其事。以上告身共十五道〔四〕，皆在景定元年〔五〕。

〔一〕宋史四六，咸淳三年四月，全清夫特授清遠軍承宣使、提舉佑神觀，仍奉朝請；四七瀛國紀，咸淳十年八月，以全清夫爲昭信軍節度使。

〔二〕丙子，景炎元年。

〔三〕參外集四九記先少師事並剡源集五。

〔四〕男八道，女七道。

〔五〕「元年」應作「二年」。景定二年十二月始册全氏爲皇太子妃。理、度二宗紀同。

先太府承宣告身跋〔一〕

古之用人，左賢右戚，未嘗限畛域，分流品，惟其才而已。爾具官全槐卿，仁厚而有智略，儒雅而通世務。居中補外，資望寖高。周旋數郡，不巧取豪奪而用足，無疾聲大呼而事成。遺愛在人，去而見思，所謂慈惠之師，廉平之吏。朝方急士，其可使之需次東郡乎？外府事簡，九卿班峻。非特掌有司出納之吝，蓋將爲法從論思之儲。可太府卿。

〔一〕全槐卿。此見後村集六六。

祖望按：太府爲徐公次孫，周公子，官終承宣使。夫人謝氏，太皇太后之羣從也。

先太尉參政告身跋〔一〕

朕爲儲宫選適妃，既告廷，且成禮矣。加惠于妃之同産，親親之義也。爾全永堅早孤而嗜學，與女兄昔同其憂，今同其樂，不亦宜乎？初補而直中秘，不試而擢幕賓，是惟推恩，益勉進修，以基遠大。可補承務郎，直秘閣。

〔一〕全永堅，度宗后弟。德祐元年二月檢校少保，二年正月浙東撫諭使，旋加太尉。題中「參政」二字應删。此見後村集六六。

祖望按：太尉爲和王子，累官保信軍節度使，知臨安府，參知政事，見宋史宰執拜罷表〔一〕。其受任也，在國事既去之後，盡室扈三宫入北平，遂野死。其後吴下有全氏自稱太尉之後，見于陳怡庵集。按元史，則太尉蓋未嘗南還，恐出于冒託，予别有文辨之〔二〕。

〔一〕宋史四七瀛國紀：德祐二年正月己卯加全永堅太尉，參知政事常楙遁。「參知政事」屬下讀，參宋史考異八。

〔二〕見卷卅四。

族祖息耘先生詩卷跋〔一〕

予家先世以詩人著者泉翁〔二〕。當宋之亡，謝皋羽、戴剡源與相唱和，今世所傳月泉吟社載其詩。其後息耘叟當明之初，楊孟載〔三〕諸公與相唱和，所稱「全王孫」者也，而息耘之詩不可得。乾隆壬申〔四〕，杭人丁敬示予淡娱生詩卷，其中息耘之詩在焉，爲之驚喜。

〔一〕全斯立。

〔二〕全璧，字君玉，號遯初子，又號泉翁。

〔三〕楊基，明史二八五附文苑高放傳，四庫别集廿二有眉庵集十二卷。

〔四〕乾十七。

按息耘諱斯立，一字同古生，其于泉翁，不知世系若何，大抵當是孫行。家錢唐，遭亂隱居不仕。淡娱生者，蓋亦杭之隱君子，不知其姓氏。

息耘之詩曰：「志凝知澹境，幽趣將自怡。珍重菜根旨，銖輕世味滋。酌泉有餘樂，煮石從取奇。衣飡聊自適，安公復奚疑。」卷中自瞿宗吉而下凡十五人，惜當時竹垞、秀野録元詩，未及見也。予宗人之在杭者微矣，然予家之詩，祖泉翁而宗息耘，則皆杭之寓公也。

卷中尚有四明延慶寺僧正彌詩，予并取之，以補高僧詩録之遺。

族祖真志先生墓石本跋〔一〕

真志先生諱謙孫，爲先侍御公〔二〕之十世孫，「義田六老」之一也。「義田六老」者，先生之父菽和府君，諱汝梅，四子：長爲本然府君，諱鼎孫；次爲真志府君，諱謙孫；次爲本心府君，諱晉孫；而正養先生頤孫其季；本然府君之子諱耆，亦其一也。三世置義田以贍吾宗。本然府君兄弟皆學于陳侍郎和仲〔三〕之門，爲陸文安公、楊文元公〔四〕私淑高弟，其再傳爲黄公南山〔五〕，明初大儒也。明儒學案中失去其源流，但爲南山立傳，今補其世系于此。

〔一〕全謙孫，外集八有蓋文，廿一有義田記。
〔二〕全權。
〔三〕陳塤，宋史四二三，慈湖弟子。
〔四〕陸九淵，象山；楊簡，慈湖，象山弟子：宋元學案七四。
〔五〕黄潤玉，明學案四十五。

再跋真志先生志石〔一〕

真志先生志石文，有可以補金石之例所不備者：其書其生也，曰生于大宋景定七年〔二〕；其書其卒也，曰卒于元泰定□年〔三〕。一曰大宋，一則但曰元而已。此雖變古人甲子之例，而抑揚之間，殆有過之，後世莫之敢也。

〔一〕全謙孫。

〔二〕景定止五年。

〔三〕外集八謂泰定四年。蔣本作「七年」，謬，泰定止四年。

三跋真志先生墓石

真志先生墓在城東小白山，其旁有真志庵，奉香火，今亡矣。先司空公集中〔一〕，有過真志墓詩，不知其石何以出于人間。舊藏先儀部〔二〕家，予少搨一本。三十年後訪其石，則已爲竈下礪石，其字剥落殆盡。幸搨本之猶存也，乃取故石，重摹上之〔三〕。

〔一〕全元立。府志卅五藝文著録全天叙鐵庵焚餘稿，而司空公集不著録。
〔二〕謂天叙之孫美樟。見外集八穆翁全先生墓誌，江上授禮部主事。
〔三〕見外集八。

先司空公女墓石跋〔一〕

先司空公〔二〕女許字屠辰州田叔矣〔三〕，未嫁而卒，祔于王父檢討公〔四〕墓旁，地當崇法寺岡之南。荆公葬女于此，集中所謂「鄞女墓」者也〔五〕。其後，爲魏王妃墓〔六〕，見于謝臯父詩〔七〕。至是而司空女又葬于此，亦異事。

〔一〕「司空」，後一首稱「檢討」。
〔二〕全元立。
〔三〕屠本畯，甬詩廿。
〔四〕全政，以元立貴封檢討也。
〔五〕卷卅四，詩，别鄞女，誌見卷百。參外集四五題王半山鄞女志。
〔六〕魏王愷，孝宗子，宋史二四六。
〔七〕卷四及五。

先簡討公告身跋〔一〕

明莊烈皇帝御諱是「檢」字，故改檢討爲簡討。先檢討公之告身在世宗時，故仍是「檢」字。及崇禎以後盡改之。先贈公〔二〕曰：「涿州□□□〔三〕，入相新朝，特請仍改簡討爲檢討，以洩其□，其□如此。吾家祝版，當世世仍用簡字，以追體先人避諱之意。」〔四〕其語載家乘中。

〔一〕全元立，乾府志二十。世宗嘉靖十四進士，授檢討。天啓名由校，崇禎名由檢。諸文非一時作，故稱謂不一。編者以類從。

〔二〕全吾騏。

〔三〕原文爲「馮銓怨故君」。

〔四〕兩空圍爲「忿」、「逆」二字，參續甬詩卅五林時對傳。

先司空公諭祭章跋

先司空公〔一〕以不肯草青詞，願改南院，遂失揆蓆，而袁文榮公〔二〕因之得進。此事所關甚大，□□〔三〕不能爲之表章，真闕事也。諭祭文中略及之，曰：「羽儀雅峻于先朝，介石彌堅于晚節。」蓋指此，當以王文肅公墓銘〔四〕爲證。

〔一〕全元立，南工部右侍郎，名見明史袁煒傳。

〔二〕袁煒，明史一九三附嚴訥傳。慈溪人，府志廿一。

〔三〕空圍爲「明史」二字。

〔四〕「王文肅公」下應添「所撰」二字。王錫爵。

先宗伯公諭祭章跋〔一〕

先宗伯公頗受沈文恭公〔二〕鄉里之嫌，遂與周文穆公〔三〕同爲言路所指。然其實宗伯最與江夏郭公〔四〕厚，其在東宮，有保護之勞，故文恭未嘗援之，累推不用，身後贈典，乃光宗之命，至熹宗時始行下耳〔五〕。

〔一〕全天叙，元立孫，萬曆十四進士，乾府志二十。卷三十稱宮詹府君。

〔二〕沈一貫，明史二百十八。

〔三〕周應賓，史無傳，甬詩廿六，鄞志十六。

〔四〕郭正域，明史二二六，萬曆十四進士。

〔五〕天啓元年贈禮部右侍郎，賜祭葬，蔭一子。

鮚埼亭集批注　前集卷三十七

題跋二

漢魯靈光殿釣魚池甎跋〔一〕

是甎之出在金明昌中，高刺史曼卿跋之甚詳。其甎字三行，前二行皆四字，末行多一字者，舊刻也。不知何時重摹，直作一行，則失之矣。今重摹本在曲阜孔廟中前殿東壁。其曰「五鳳二年，魯卅四年」，足見漢世藩侯之禮，奉朝廷正朔，仍各自紀元之證。

〔一〕此實石刻，竹垞誤謂甎本，謝山亦承之。

魏公卿上尊號碑跋

四十六佐命之中，而華歆爲之首，昔龍而今蛇矣。雖然，歆當牽出伏后時，早爲曹氏私人矣，惜是奏之不早耳。陳氏蜀志大書成都勸進諸臣之疏，而是奏不登于魏志〔一〕。竹垞謂其有春秋之微意焉。然當勒石時，彼四十六佐命者，亦豈復知人間有羞耻事，祇應遼東皂帽翁攢眉一爲故人太息耳。

〔一〕此與史料之多少有關係。

北齊胡長仁重修郭巨碑跋〔一〕

胡長仁者，高齊胡太后之兄，廢后之父，世祖末爲尚書令。後主即位，和士開忌之，譖其驕恣，出爲齊州刺史。長仁怨恨，謀遣刺客殺士開，事覺，祖珽引漢誅薄昭故事，就州賜死。是碑稱「新持節」，蓋即武平元年初至齊州事也。其字出于中兵參軍梁恭之，其文出于騎兵參軍申嗣邕。長仁之人不足道，顧北朝碑版，字體極龐雜，而是刻獨整肅淳古，有漢人風，當爲索頭晚葉石墨第一。

〔一〕參潛研堂金石文跋尾卷三隴東王感孝頌條。

唐敬宗皇帝碑跋

是高宗御製之文，亦御書也。元子死而贈帝，六朝謬妄之禮。嗚呼！太子之死，則天之鴆也。高宗憒憒不知，雖復加殊恩，以墓爲陵，穹碑以志，寧足雪「燕啄」之痛乎〔一〕？

〔一〕漢書五行志二：「燕啄皇孫」，成帝時童謠，謂趙飛燕害後宫皇子也。

唐開元太山摩厓搨本跋〔一〕

開元祀太山銘，摩厓刻之。前明俗吏更以「忠孝廉節」四大字鑱其上，舊文爲所毀者半，天下之庸妄人有如此者！予求得范侍郎天一閣所藏本，完好無闕，豈非百朋之珍乎。封禪，秦、漢之侈心，碑雖有儆毖之言，已漸愧初年之勵精矣。至于末路，賀野無遺賢，則其極衰也。

〔一〕此跋重見外編卅五，較此爲詳。

蜀廣政石經殘本跋

宋人所稱引，皆以蜀石經爲證，並不及唐陝本石經，其故有二：一則唐石經無注，蜀石經有注，故從其詳者；一則南渡後唐石經阻于陝，不至江左，當是故學宮頒行之本，皆蜀石經〔一〕。不知五百年以來，蜀石經何以澌滅殆盡。予留心搜訪二十餘年，仁和趙徵士谷林始得其毛詩二卷，自周南至邶風耳。如以「朝饑」爲「輖饑」，蓋異文也。唐石經雖非故物，然近來顧先生亭林考證之至詳，世頗知留心者，而蜀本則絶無矣。程克齋譏蜀石經，謂其春秋以「甲午」爲「申午」，以「癸卯」爲「葵卯」，然其書既多，自不無舛錯，要之有足資考證者，惜乎所見止此。

〔一〕參外編卅五跋孟蜀廣政石經條。

鮚埼亭集批注　前集卷三十八

題跋三

樓楚公三十六峰賦石碑跋〔一〕

樓墨莊知鄉郡，塞廣德湖以爲田，予每過其祠，未嘗不心薄之。然墨莊有祖，爲慶曆之人師；有孫，爲嘉定之大老；故豐惠之祠，晝錦之堂，梓里不加廢斥也。墨莊知登封，最與參寥厚，故三十六峰賦，乃參寥所書，予裝界之，以充四明文獻，而抄墨莊嵩山之詩以附其後。吾聞墨莊嘗攜嵩山之石以歸，高、孝而後，南北隔絶，攻媿乃築閣曰登封，而貯石于其上。其自爲記也，三致意于京洛之遺。五百年以來，喬木消沉，閣與石俱滅没，而碑刻尚無恙，斯杜元凱所以惓惓于身後歟。

〔一〕樓异，郁之孫，鑰之祖。

二蔡達磨石墨跋〔一〕

嵩山少林寺有蔡元度所書「達磨面壁之庵」六大字，又有蔡元長所書「面壁之塔」四大字，皆奇偉。元度書名稍爲元長所掩，其流傳于世者唯娥江孝女碑，是刻方見其筆力。然而達磨雖異端，乃爲二魔所污，則不幸矣。

〔一〕蔡京，元長，兄；蔡卞，元度，弟。

游景叔墓誌跋〔一〕

游先生墓誌雖言與横渠游，而不言受業，疑非弟子。然其文則張公舜民〔二〕，其書則邵公觫，其篆則章公楶，皆元祐黨人之同岑，而所鎸工人爲安民，尤可珍。予方修宋儒學案，得之，爲之喜而加餐。

〔一〕游師雄，宋史三三二，學案卅一。

〔二〕張舜民見元祐黨籍碑。

宋元祐黨籍碑跋

元祐黨籍碑〔一〕，世所見者皆西粤重勒本。是刻爲故相梁公燾曾孫律所重勒，而吉州饒祖堯跋之。其中注已故者六十餘人，則西粤本所無也。内臣之後，另書王珪之名，而繼之曰「爲臣不忠，曾任宰臣章惇」，亦與西粤本不同。王丞相雖具臣，故不應與章同列，當以梁碑爲是也。

〔一〕學案九六。

劉凝之墓記跋

劉凝之墓記〔一〕，朱子所纂，而門人黄銖以分書上于石。先是，淳熙己亥，朱子守南康，嘗修劉公之墓，而未及爲文也。朱子去後，門牆亭榜，無一存者。紹熙十年，章貢曾致虚來守，復爲新之，而求朱子爲之記。嗚呼！今日爲吏者，有以先賢之墟墓爲事者乎。朱子謂其尊德樂道之心，知所先後。天下之爲吏者，尚其念之。

〔一〕劉渙，劉恕父，宋史四四四文苑附恕傳，作字疑之。

賀秘監逸老堂碑跋

秘監〔一〕逸老堂碑，吴丞相履齋〔二〕所爲文，張大中樗寮〔三〕之真書，趙侍郎汝楳之篆額也。履齋賢牧守，樗寮書家，是本所當寶惜。碑言秘監若不早歸，必豫靈武之事，紊父子之倫，秘監亦難逃天下之責。因歎履齋之方嚴，其後對穆陵，謂「臣無彌遠之才」二語，即此碑已驗之。

〔一〕賀知章。

〔二〕吴潛。

〔三〕張即之，宋史四四五文苑。

攝山游嘿齋題名跋

攝山題名極多，然漫漶者十九。吾友陸使君南圻〔一〕求得游文清公嘿齋題名一通，請爲跋尾。按嘿齋兄弟〔二〕並爲張氏湖湘〔三〕高弟，而授其學于漫塘劉公〔四〕。宋史不著漫塘之學所出，非也。因南圻之請，特著其源流焉。

〔一〕陸鍾輝。
〔二〕游九言、九功，學案七一。
〔三〕張栻。
〔四〕劉宰。

蘄州白龍洞題名跋〔一〕

嘉定癸酉，蘄州安撫方信孺、判官陳孔碩祝瑞慶節，過白龍洞，以篆書題于石，極偉。方在宋史有傳，而陳則朱子門人也，足以重兹山矣。

〔一〕外編卅五有跋方陳題名，即此石。

陳后岡題名跋

鼓山有四明流人題名，不知爲誰某也。范侍郎東明審定之，以爲后岡〔一〕。明人重館閣，苟遇外遷，即侘傺不聊。后岡一麾之後，所以自稱如此。然使學道人處之，正不作是態也。

〔一〕陳東。

慈元全節廟碑跋

宋楊太后〔一〕殉厓山之難，至明宏治中，而布政劉公大夏始爲之廟，陳先生獻章始爲之碑。陳先生書法最工，其所用爲江門茅筆，嘗稱之爲「茅龍」。其書慈元廟碑尤加意，相傳上石時，先生親臨視刻工，故毫髮無遺憾。予謁祠下，搨其碑而跋以詩〔二〕曰：「高曹〔三〕向孟皆賢后，尚有芳魂殉落暉，一洗簽名臣妾辱，虞淵雙抱二王歸。」〔四〕竊自以爲工，足附陳先生之碑以傳也。

〔一〕度宗妃，帝昺母。
〔二〕詩集十。
〔三〕應作「曹高」。曹，仁宗后；高，英宗后。
〔四〕傷全太后之不免也。汪元量湖山類稿二醉歌有「侍臣已寫歸降表，臣妾簽名謝道清」之句。

林泉雅會圖石本跋一

是會創於先宮詹公〔一〕，其同事者：周尚書、吴光禄、林僉事、陳宫允、丁中丞、周觀察、黄比部、屠辰州、趙比部十人〔二〕，辰州爲社長，然未有圖也。宫詹下世，宫允、辰州及黄比部俱相繼逝，于是又参以徐、陸二廷尉，萬都督〔三〕，陸别駕，周侍御，復爲十人〔四〕，始爲圖。有墨本，又有石本。其後光禄下世，又参以施都督〔五〕。然石本中尚無施公，以其未入社也。杲堂紀之未詳。

〔一〕全天叙，名見甬上詩廿六。
〔二〕周應賓、吴禮嘉、林祖述、陳之龍、丁繼嗣、周應治、黄景章、屠本畯、趙體仁。
〔三〕徐時進、陸世科、萬邦孚。
〔四〕死四人，補五人，則十一人。
〔五〕施翰。

鮚埼亭集批注　經史問答

卷首批注

經史問答刻於乾隆卅年，此爲嘉慶九年史氏重校本，每半頁比集多一行。

經史問答序

經學、史才、詞科三者，得一足以傳，而鄞縣全謝山先生兼之。先生舉鴻博科，已官庶常，不與試，擬進二賦，抉漢志、唐志之微，爲與試諸公所不能及，精通經史故也。元視學至鄞，求二萬氏、全氏遺書及其後人，慈谿鄭生勳以先生經史答問呈閲。往返尋繹，實足以繼古賢，啟後學，與顧亭林日知録相埒。吾觀象山、慈湖諸説，如海上神山，雖極高妙，而頃刻可成；萬、全之學，則如百尺樓臺，實從地起，其功非積年工力不可。噫！此本朝四明學術所以校昔人爲不憚迂遠也。兩浙督學使者儀徵阮元序。

鮚埼亭集批注　經史問答卷一

易問目答董秉純

問：三十六宫之説，自朱子外，有謂太陰、太陽之位，乾一與坤八對，兑二與艮七對；少陰、少陽之位，離三與坎六對，震四與巽五對。是以配位得四九，合爲三十六宫。其説本於劉長民，稍出康節之前。有謂震、坎、艮皆五畫，通十五畫，合乾爲十八畫；巽、離、兑皆四畫，通十二畫，合坤爲十八畫。是以分畫得四九，合爲三十六宫。其説出於六經奥論，託之鄭漁仲者也。方虚谷則謂一陽起子，正當天根，由是左行，得一百八十日；一陰起午，正當月窟，由是右行，得一百八十日。十干一宫，是謂三十六宫，是以先天卦氣言之。鮑魯齋則謂自復至乾爲陽辟，凡陽爻二十一，陰爻十五；自姤至坤爲陰辟，凡陰爻二十一，陽爻十五。奇偶相配，合爲三十六宫，是以十二辟卦言之。若以朱子之説校之，孰優？

答：尚不止此四家，而愚近以健忘，不能舉矣〔一〕。猶記先司空曰：乾之策，二百一十有六；坤之策，一百四十有四：凡三百有六十。當期之日，少陽進而未極乎盈，少陰退而未極乎虛，數亦如之。自天一至地十爲一宫，是用九用六三十六宫，用七用八三十六宫。先宗伯曰：震、坎、艮爲三男，三男之畫十八；巽、離、兑爲三女，三女之畫十八：合六子之重卦數之，亦得三十六宫。凡此數説，於義皆合。然不過就卦畫、卦位、卦策言之，亦不能出朱子之右。唯所聞於梨洲黄子者曰：「康節所謂天根者，性也。月窟者，命也。性命雙修，老子之學。康節自泝其希夷之傳，而其理於易無豫，則亦自述其道家之學，而其數於易無豫也。説者求之易，而欲得其三十六宫者，可以不必也。其説最精。而康節之所謂三十六宫者，尚未知何所指，則黄子亦未之發也。」〔二〕愚偶與當塗徐檢討顒尊語及之，則欣然曰：「是也，君不讀擊壤集詩乎？『物外洞天三十六，都疑布在洛陽中；小車春暖秋涼日，一日祇能移一宫。』是非三十六宫之明文乎？天根、月窟，老氏之微言也。三十六宫，圖經之洞天福地也。其必以復、姤之説文之者，猶之參同必以乾、坤、坎、離分氣值日，而究之參同之用易，非聖人作易之旨也。」〔三〕是足以爲黄子易學象數論之箋疏矣。檢討所著管城碩記，最精博，有考據。

〔一〕參韓門綴學。
〔二〕邵子説見朱子語類。
〔三〕説與麻衣易合。

鮚埼亭集批注　經史問答卷二

尚書問目答董秉純

問：召公年一百八十，見於論衡，信否？〔一〕

答：此是傳聞之語。召公或謂是文王之庶子，或謂但是同姓，俱不可考。然要之其年，則當與武周相肩隨。當成王之初，召公亦不下九十。歷成至康，不過四十餘年，而康王即位之後，召公不見，則已薨矣。周初諸老固多大年，然周公九十九歲，太公百二十餘歲，畢公亦壽考，要之無及昭王之世者。若百八十，則及見膠舟之變矣，非召公之幸也。

〔一〕風俗通義皇霸篇六國章，召公壽百九十餘乃卒。孟子盡心章，趙注，殀若顏淵，壽若召公。卮林據竹書紀年斷召公壽一百四歲，薨於康王二十四年。

問：昔陸文安公在荆門，以皇極講義代醮事，發明自求多福之理，軍民感動。朱子摘其講義中「大中」之説，力詆之，以爲荊門之教，是乃斂六極也。愚以爲陸子於從宜從俗之中而寓修道修教之旨，不必以訓詁之屑屑，從而長短其間。且朱子謂近人言「大中」者，多爲含宏寬大之言，其弊將爲漢元唐代。此其説，謂有爲言之則可，若因後世之弊，而遂謂「大中」之不可以解經，無乃過乎？

答：是固然矣。然後儒之排朱子者，必欲以「皇極」爲「大中」，以爲漢、唐以來舊解盡同者，則愚又未敢以爲信也〔一〕。（下略）

〔一〕漢書孔光谷永傳並以「皇極」爲「大中」。

鮚埼亭集批注　經史問答卷四

三傳問目答蔣學鏞

問：「越境乃免」之説，春秋人託之於孔子者，先儒多已非之。先生以爲陳文子之去他邦，蘧伯玉之出近關，皆爲此説所惑，後世人臣不可援以爲例。夫宣孟之罪，世所知也，文子則亦在可疑之列者也，獨伯玉似不可同年而語。故近有閩人郭植〔一〕再三爲之申雪，願先生詳論之。

答：伯玉乃孔子所嚴事，愚豈敢妄議之。然近關再出，終不無可疑也。（下略）

〔一〕郭植，字宇岸，著粵秀書院經史問五卷。

鮚埼亭集批注　經史問答卷五

三禮問目答全藻

問：亭林先生謂七七之奠，本於易「七日來復」，是以喪期五五，齋期七七，皆易數也。其說近於附會，然否？

答：亭林儒者，非先王之法言不言，至此條則失之。然此乃其未定之説，在初刻日知録八卷〔一〕。及晚年重定，則芟之矣，蓋自知其失也。七七之説，見於北史，再見於北齊書孫靈暉傳。萬季野曰：「究不知始於何王之世。」三見於李文公所作楊垂去佛齋説，及皇甫持正所作韓公神道碑銘，則儒者斥之之言也。亭林何所見，援臯復之禮，以爲緣起。夫臯復之禮，始死升屋而號，豈有行之四十九日之久者乎？亭林於是乎失言。（下略）

〔一〕初刻八卷本無。

鮚埼亭集批注　經史問答卷十

諸史問目答董秉純

問：王、貢合傳，東發先生謂其不應次之四皓、鄭、嚴之後固已。但王、貢亦似不類於龔、鮑，而龔、鮑尤不屑同羣於紀、唐，班氏合傳，豈非大舛？

答：王、貢二人本異，王之風節高，而貢乃石顯之私人，蓋韋元成、匡衡一流也。但以彈冠一事合之，則王受玷矣。王宜自爲傳，移貢於韋匡傳中。龔、鮑合郭、蔣、薛、方等爲一傳，紀、唐但應附見莽傳中，則得矣。李杲堂先生嘗别撰西京忠義傳四卷，首以王章、劉向，繼以何武、鮑宣、王安、辛氏三子、翟義、張元，皆死莽者；又繼以彭宣、王崇、梅福、邴漢、陳咸、逢萌、龔勝、龔舍、孔休、薛方、郭欽、蔣詡、栗融、禽慶、向長、蘇章、蔡勳，皆不仕莽者；而諸劉之死者，并劉宣另爲一卷；其末卷，則李業、王嘉、王皓、譙元，皆不仕莽，而其後死於公孫述，曹竟死於赤眉〔一〕：足以補班氏之遺。

〔一〕曹見鮑宣及後漢書馮異傳。

問：伊洛淵源録以范正獻公淳夫〔一〕爲程子弟子，朱子亦疑之而仍存之，先生始言其決非程門，何所據？

答：以淳夫爲程門，本於鮮于綽。然淳夫集中，絶無可證。淳夫但於温公稱門生，伊川則未之聞也。其薦程子疏，並不言是師弟，而陳默堂集有答淳夫後人書曰：「以某所聞於龜山，乃知先給事之學，與程門無不同。」觀此言，則非師弟可知矣。

〔一〕范祖禹，宋史三三七。

問：淳夫之謚，宋史不見，未知定於何時？

答：淳夫謚，見於魏鶴山集，當是乾淳中所賜〔一〕。元城先生〔二〕謚，亦在此時。紫薇言淳夫爲人，極肖婦翁呂申公〔三〕，而身後之謚與之同。想當時議謚者，亦采紫薇此段公案也。

〔一〕困學紀聞亦稱之。

〔二〕劉安世。

〔三〕呂公著。

鮚埼亭集批注　外編

外編目録後

全謝山先生鮚埼亭集外編五十卷〔一〕，門人董少鈍手鈔於那地州判官署。少鈍既殁，同門蔣樗庵重加審定更正，篇卷較有條理，惟辭句删潤過多，閒有失其本意者。今所校録，一以董本爲主，序次則從蔣本。其董本所無，補以蔣本者，注於目録之下。董本以讀易别録、孔子弟子姓名表，别爲附録一卷，蔣本則編入第五十卷。今按讀易别録，自爲一書，鮑氏業刊入知不足齋叢書〔二〕。弟子姓名表，體例粗具，似非定本，故不入梓。先生他所撰著：七校水經注，就簡端行際，細書夾注，叢殘錯雜，理董爲難。宋儒學案以補梨洲之遺，梨洲後人華陔大令復爲纂輯，僅有手稿。續甬上耆舊詩、國朝甬上耆舊詩，皆未竟之緒，譌脱亦多。四明族望表，篇袠寥寥，不能單行。公車徵士録最先刻，漢書地理志稽疑，朱滄湄比部〔三〕刻於鄞縣。經史問答十卷，杭州萬氏雕版，今歸餘姚史氏。文集三十八卷，史氏據杭堇浦侍御家舊本寫樣，或云即先生求序於侍御秘而不出者，然與年譜所言文集五十卷之

補。此外詩集十卷，句餘土音二卷，出自先生手定，若能彙付剞劂，俾傳奕禩，所望於四方同志之士矣。嘉慶十六年辛未七月。〔四〕

數不符，疑未能明也。原書中有蠹蝕，史刻悉仍其舊，第二十八卷脱去李元仲别傳，亦未校

〔一〕以上凡八百廿一目，内卷五、卷十三、卷卅五，重前集一目。

〔二〕廿三集。

〔三〕朱文翰，歙縣人，乾五五進士。

〔四〕相傳鮚埼亭集外編爲汪繼培刻，然不敢署名云。蓋先署名而後去之也。

外編題詞〔一〕

謝山先生易簀時，以詩文稿付純藏弆，手定凡六十卷，其餘殘篇剩簡及重出未删之作，亦有整幅成帙者，幾滿一竹笥，純泣拜而受。先生喪畢，細爲搜檢，粘連補綴，又彙爲七十卷。其中與正集重複及別見於他作者幾十之四。擬重删定，以多先生手書，不忍塗乙，思更謄寫，衣食奔走，卒卒未及。歲丙戌〔二〕，館東郙邱氏之松聲柏影樓，課徒之隙，手鈔得三百餘紙。後復南北歷録，作輟無定，雖船脣驢背，無弗挾與偕行，而竟未能蕆事。今丙申〔三〕春，判那州，地僻政簡，署中寂静，日課字四千，四閲月而卒業，於是重爲釐定。

〔一〕此序見春雨樓初删稿卷二。尚有答蔣柳汀論謝山先生文集書，見卷四。
〔二〕乾卅一。
〔三〕乾四一。

古人文集，必賴有力高第弟子爲之讐正，而後世世無閒詞，如李侍郎〔一〕之於韓吏部，方侍讀〔二〕之於宋學士，固不獨都尉史編，有待桓譚、侯芭者流也。顧予何足以當此。惟是名公大家，其一生肝血所注，必別擇審慎，寧割愛而不惜，其實吉光片羽，皆可珍貴。是以六一居士集纔數十卷，而今究國全部，纍然巨觀，曾南豐類稿至一二質實語亦備載。況先生之作，皆枌榆掌故，舊史所關，無一不有補於文獻，非聊爾銘山品水，可聽其去留者。

〔一〕李翺。

〔二〕方孝孺。

蓋先生之作所以得去者有二：少年刻志經史之學，多與同學質證，散見於簡帖題跋，及後從遊多所問答，遂合編爲經史問目行世。歸里時，倡真率社，拈鄉里宋、元故跡，及勝國革除節義諸公爲題，得詩三百餘篇，而從前考索之作，皆爲複見，此所以不列於正集也。然簡帖所及，或不盡此一事，傳記志銘，體例既別，詳略不同，而文筆與詩思，各有所長，豈得得彼舍此，故是集雖已略有删節爲五十卷，而去取仍未定。當翻正集及詩集，審校其全文相類，或意義已盡者，竟去之；或題義同而紀載議論有異，或文筆可獨存，則仍存之。蓋淘汰以歸粹精，予既非其人，則與其芟薙竄削，使蕩爲飄風，湮爲野蔓，無寧仍存緗篋，藏之名山，以俟後之虞山之於震川而已矣。

嗟乎！先生著述不下三十餘種，今存者惟詩文正集、集外一百十五卷，續甬上耆舊詩七十卷，國朝甬上耆舊詩四十卷，然皆排定目録，鈔十分之八而未畢。若宋儒學案，序目雖定，全未發鈔。水經注用功最勤，經七校俱有更正，其第七校擬移經文諸錯簡重定，翦綴分粘大半，而先生卒，今若依題跋所摘而整理之，當可成就。予以任之蔣孝廉學鏞，竟未克爲。耆舊詩及學案存盧教諭鎬，亦未修舉。其餘若詞科摭言、漢書地里志稽疑、辨誣、四明族望表、雙湖志，雖存而多不全；若讀史通表、歷朝人物世表親表，竟無片紙隻字。或疑原未有作，顧若上沈東甫已曾見之，不知其何謂。予之鈔此，歷十有一年，且方以爲得就修正之始，蓋傳書之難如此。

先生生平於前輩詩文集，冥搜博羅，露纂雪鈔，不啻飢渴之於甘美。即此集中借書、求鈔書諸簡帖，可以感發而興起。而表揚先哲，眷念同儕，山陽之笛，思舊之吟，無歲不有。今自先生之殁，二十有二年矣〔一〕，穿中片石，卒無應者，而遺書之飄蕩，岌岌有不可知之勢。至使予隻輪孤翼，皇皇於車塵馬足之間，卒以案牘餘勞，完此委付。天或假年，猶當再爲覆審，否則藉手以報先生於地下，其不在斯乎？夫亦重可慨也矣。

乾隆四十一年丙申秋七月，受業董秉純書於粤西那地州官署。

〔一〕先生乾廿年卒。

鮚埼亭集批注　外編卷一

賦一

西安學宫石經賦　有序

諸經刊石：漢本流傳不過數紙，幾如赤文緑字矣。魏本早亡。晉本、拓跋本原屬人間所無。自唐以後，如蜀本，如汴本，如杭本，予皆得見之，然皆殘斷，弗能完善也。唐之陝本，亦不盡皆故物，顧予所見者爲嘉靖以前本，較近日稍可貴焉。因極道其原委而爲之賦。

尋有唐之石墨兮，得開成之舊經。急束帶而捧觀兮，穆然肅拜於南榮。笑予生之蹇足兮，未得浮渭而次涇；僅遇之紙上兮，恍神遊於陝學之庭。溯聖經之傳於先漢兮，諸師狎主夫齊盟。蝌文出於魯宅兮，漆書傳於杜生。紛流傳困於口授兮，將折衷其安憑？京房署及門於焦贛兮，或竊笑其無所承。趙賓之師孟喜兮，求仞者而莫應。降而末流之更下兮，半出於蘭臺令史之減與增。將同文其何日兮，徒郢書燕説之爭鳴。乃中郎之奮起兮，羌得請於熹平。聚碩儒而讎校兮，楊、盧、張、馬之齊升。本大小翮之遺法兮，成今古體之雜形。當時固六經之並舉兮，其後胡三百篇之未曾？意者見光和之被逐兮，或一簣之未成。

我聞橋門之初樹兮，諸生雷響以觀型。馬蹴踏而填陌兮，車狎獵以駐旌。下以規鴻都門倖進之技兮，上以慰白虎觀諸儒之靈。其中蓋十四博士之説具在兮，同異可據觚而細聽。按熹平石經兼載諸儒之説於下，惟不列學官者不預耳。故予嘗謂石經亡，而漢儒之學與俱亡，詳見答石經問目。何轉盼而失鹿兮，遭郿侯之縱兵。漢社亦既屋兮，國寶幾贏於甄井之瓶。彼金人之淚如雨兮，曷禁是經之摧零。暨當塗之遷鼎兮，乃摭拾於灰炭之所贏。邯鄲爲補其未備兮，振墜緒而復熒。不特風、雅、頌之大書兮，并淹中之本亦觥觥。據七略，熹平一字石經，五種之外，有魯詩、毛詩各六卷，儀禮九卷，又有康成尚書八卷，春秋左氏經文一卷〔一〕。隋志遂誤以中郎所書有七經。予考魚豢魏略，知爲邯鄲淳所補書。石經有六經、五經之別者，蓋後漢以六經合論語爲七經，見張純傳注。中郎所云六經，係易、尚書、詩、春秋、禮、論語。其後石經有論語而無詩，故予斷以光和之逐殆未及卒業而止，不然則未聞以論語列五經也。

〔一〕此通志藝文略之文，非七略也。通志仍本於隋志耳。

歎太和之誕妄兮，附驥尾以蒼蠅。列典論於其次兮，謂足欺夫蚩蚩之氓。適招夫火浣布之恥兮，忽如夢之得醒。彼邯鄲之書學兮，中郎尚見而魂驚。別傳夫手書之古文兮，寒芒伏而未呈。暨政始之中葉兮，復兼三體而並營。聚以中散諸公之摹勒兮，乃猶蒙夫子禮之名。豈知其漸遠而失真兮，曷不考書勢於衛恒。盤洲〔一〕謂邯鄲淳在魏初已耄，不逮政始之時。衛恒書勢可考。據晉書趙至傳，則嵇康等所書。（下略）

〔一〕洪适。

鮚埼亭集批注　外編卷四

碑銘一

明兵部尚書兼東閣大學士贈太保謚忠襄孫公神道碑銘〔一〕

有明三百年，天下稱世家者莫如姚江孫氏。其官則閣學而下，六部、三法司、七寺、翰詹、坊局、科道以及五府等官，無不備也。而其人則忠孝、政事、風節、文章，亦無不備。蓋自忠烈公〔二〕遞傳至忠襄公，而明與之俱亡。

〔一〕孫嘉績，順治三年卒。

〔二〕孫燧。

忠襄公諱嘉績，字碩膚，燭湖先生應時之後。燭湖，宋乾淳間碩儒也。忠烈公燧之五世孫，尚寶司卿墀之玄孫，上林苑丞鏿之曾孫，大學士文恭公如游之孫，工部郎中樽之子。

公少嗜讀書，先世自月峯尚書〔一〕喜儲藏四部，甲於姚江，至是盡歸於公，按其首尾而讀之，不以膏粱廢攻苦。及冠，應以門資得官，公不欲也，成崇禎丁丑進士，授南京工部主事。時嘉興徐忠襄公石麒爲應天府丞，公從之，分別當路君子小人流品，及廟堂諸文獻。調爲北京兵部主事。

〔一〕孫鑛。

戊寅，大兵薄都城，傅城閉壘，莫能測其進止。公曰：「此不難知，當俟後隊至，即南下耳，曷乘其未集而急攻之。」楊嗣昌曰：「彼已傾國而入，安有繼耶？」又三日，大兵果挾西戎六萬由青山口入，即日拔營而南。於是以公知兵，不次進職方郎中。是役也，總督盧公象昇與奄人高起潛分辦東西二路。督臣主戰，奄人主和，公論是督臣，嗣昌是奄人。故督臣死戰不予恩卹，而奄人敘功求世蔭。公憤甚，疏格之，奄人大恨。適上幸觀德殿閱軍器，起潛能辨其良楛，稱旨，乘間譖公下獄。

時漳浦黄忠烈公〔一〕亦得罪，上以嗣昌故，欲殺之。先拜杖而後入獄，其家人以槖饘至，俱遭阻遏。公徹己服用，奉之甚謹，稍間從而受易。世所稱漳浦「三易洞璣」之學，莫有知者，公兀兀聽之。會諸生涂仲吉上書救忠烈，上益震怒，移忠烈於廠獄，其獄中相與往來者，盡掠治之。公與黄文焕、陳天定、文震亨、楊廷麟、劉履丁、董養河、田詔皆被責詰。或謂當巽詞以求免。公曰：「吾得爲夏侯勝之黄霸足矣，何必諱乎？」聞者以爲名言。

〔一〕黄道周。

宜興〔一〕再相，請清獄，尚書徐忠襄公遂出公。歸而買地築室，將隱矣。乙酉，赧王起爲九江道僉事，未上而南京亡。

〔一〕周延儒。

先是，公之同里吏科都給事中熊公汝霖聞大兵將至杭，奔告潞王，欲發羅木營兵拒之。潞王已議迎降，不聽。熊公歸，見劉忠正公宗周而泣。劉公歎曰：「吾已絶粒待死，諸公倘有能爲田氏即墨之守者，天下事未可知也。顧悠悠之輩，其誰足語者？君其勉之。」熊公歸而商於公，然計無所出。姚之知縣王曰俞已棄官去，其司教王元如迎降，遂署知縣。發役夫治馳道，以其不勉，抶之。役夫譁，反毆元如，衆遂攘攘不可止。公方遣家人偵衢巷間，聞之，遽率健兒鳴金鼓，突入縣署，擒元如，斬以徇。公以宰相家兒舉事，百姓從之者如雲。乃急邀熊公出治軍，分爲兩營，公主左，熊公主右，時閏六月初九日也。浙東列郡人情正在恇擾間，所至竊竊偶語，特觀望莫敢先發。而公以中流之一壺，激而行之，遂皆響應。公遣急足西告會稽，東告鄞。次日，會稽章公正宸以鄭公遵謙等應之。又次日，鄞錢公肅樂應之。又次日，慈谿沈公宸荃應之。又次日，紹之屬縣皆應之。天台以東無不應者。乃迎監國魯王於天台，諸軍會於江上。張公國維指公言曰：「此真五世相韓之子弟也！」王加公都察院右僉都御史，督師瓜里。

時諸軍分汛瓜里者，公與熊公、章公、錢公、沈公、太僕前分守寧紹台道于公，江上人呼爲「六家軍」，而公營於瓜里之龍王堂前。公至江上，薦故吏科林公時對，請爲監軍；薦前進士王公正中以御史知餘姚縣事，又請許其募鄉兵以助防守；薦諸生屠獻宸以職方參軍務；薦章欽臣〔一〕爲大將，使治火器，江上人呼爲「火攻營」。同里黄公宗羲以義兵數百人從，公薦之爲御史。

〔一〕章欽臣，參卷十三大金夫人廟碑。

公於烈廟時，雖以知兵起，然將略實非所長，江上所仗庇者惟方國安、王之仁。顧悍甚，於是有分餉分地之議。公等無所得軍賦。之仁之軍視國安稍弱，其子鳴謙留守定海，思所以張之，乃招張國柱軍以爲助。國柱遂劫鳴謙入内地，大掠餘姚，越中震恐，朝議欲封爲伯以安之。公與宗羲等議，以國柱凶暴，既不能討，誠不可無官爵以羈縻之，但列之五等，則有功者其何以加之，請署爲將軍。時皆服公之守正。國柱雖去，遂據定海爲巢窟，鳴謙反爲所制，之仁從此懷内顧之憂，無心復戰。前此江上物論謂之仁稍愈於國安，至是大壞於鳴謙之手，公悒悒日甚。已而王加公兵部右侍郎兼都御史，督師如故。

公又言故御史姜垓及其弟垓之賢，近聞其避地天台，乞主上特勅召之。垓知事不可爲，以疾辭不至，垓亦從公幕而不受官。會聞黄忠烈公自閩出兵，不克而死，公慟哭曰：「先生竟先我去乎！」阮大鋮嗾方國安疏糾東林餘蘖，公與林公時對、沈公履祥等並豫焉。公遂乞休，不許。公之令欽臣治火器也，製作甚精。既力陳西渡之策，方、王不與同心，至是師日老，餉日竭。宗羲言於公曰：「願得以此軍獨出，必得當以報公。」公喜，命欽臣汰其不中步伐者，熊公亦簡軍中精鋭，合之得三千人，以正中副之。於是公定議由海道西渡，取海寧、海鹽一帶，而揚聲由盛嶺出軍，請給監軍等官勅印。錢公肅樂聞之曰：「孫公殆有成算，必非由此間攻其有備者也。」

五月〔一〕，王加公兵部尚書兼東閣大學士，督師如故。公以老營駐龍王堂前，而宗羲等潛師出潭山，會太僕陳公潛夫軍，議取沿海諸縣。尚寶司卿朱公大定、平吴將軍陳公萬良、職方查公繼佐等皆來聽命，浙西震動。公蒿目望之，俟捷音至，欲令鄭公遵謙等夾攻杭城。而國安七條沙之軍已潰，列戍四竄。公急還會稽，則王已登舟而去，乃亦航海入翁洲以觀變。時公已疽發於背，至翁洲疾篤，問從者曰：「此何地也？」從者曰：「道隆觀也。」公歎曰：「吾聞建炎時，宋高宗至此，金人以刃斫柱，血流如雨，金人驚仆，而宋提領張公裕以大舶擊之，今五百年矣〔二〕。」因唏嘘泣下。二十四日，賦絶命詞。錢公已先在翁，來視疾，和公詩，相向哭。公謂子延齡曰：「倘聞王所在，宜急從之。」語畢而卒。生於萬曆甲辰〔三〕九月十四日，得年四十三歲。配陳氏，封夫人。延齡槁葬公於蘆花嶴。錢公具疏爲公請卹於閩，而閩又破。

〔一〕丙戌五月。
〔二〕一本此下有「未知國家復能有如南宋再造否」十三字。
〔三〕甲辰，萬卅二。

明年王復出師長垣，延齡從之，以遺言奏，贈公太保，賜祭九壇，謚忠襄。以延齡爲右僉都御史，奪情巡撫閩南。錢公草制曰：「爾父唱黄鐘之孤管，以存一綫，有大功於國，爾尚克繼之。爾年少中丞哉！」王次健跳，延齡進兵部侍郎，中途遇大兵，家屬俱被執，延齡獨奉其太夫人及妹免。王次翁洲，延齡進户部尚書。

初，公少應童子試，其師夢公簪花以第一人出。丁丑計偕，縣令梁佳植夢亦如之。公亦頻夢與古之大魁者遊，私自喜孫氏於科名無不備，所少者此耳，或以己承其乏，其後不驗。迨公之葬，適在明初狀元張信墓南，以爲異事。予謂周官六夢，良多徵應，然如此夢，則鬼神之陋者，以公之所豎立如此，區區科第曾何足道，而況於冢木之隣比，足以重公乎？必欲比擬，其必求之文丞相、陳参政之科第而後可，餘子非其匹也。

翁洲既成域外，公家亦梗，康熙乙丑〔一〕始復爲内地。延齡子訥渡海求公墓不可得，方慟哭，忽有一老人扶杖至，問所以，則曰：「吾故公蒼頭也，吾識之。」導以往，扶歸姚江，改葬於燭湖，蓋不作寒食者四十年矣。公所著有五世傳贊、存直録，其詩文不盡傳。

嗚呼！世之論是舉者，皆謂「畫江」之始，不當以軍旅大枋拱手而予之方、王，以是爲

〔一〕乙丑，康廿四。

孫、熊諸公咎。予謂公等固未必知兵，然以當時之匆匆，亦不能不資一二宿將以爲衛，不料其狓猖至此也。方國安縱恣無狀，蓋已有年，至是突然以客軍來，本難位置。若王之仁則浙東故鎮，一切營兵衛軍皆其舊轄，公等欲不予之，得乎？且以顔太師之忠，輸一著於賀蘭進明，而卒隳其業；鄭畋之忠，困於李昌言而不展；王庶之忠，亦不足以制曲端；事勢有無可如何者，忠臣義士求諒於天而已。而況天心既去，雖以諸葛孔明、姜伯約之才之力，不能有濟，而何論其餘者。

至於江上諸公事跡，其脱略莫甚於公。予見錢公肅樂集中有爲公辨誣疏，雖存其目，而失其文，不知時人所誣者何事，錢公所辨何語，諸家作公傳志，皆寥寥少考索。予以乾隆丁巳拜公墓下，孫氏後人爭來問公遺事，因請予爲埏道之文，以補諸家之闕。見聞荒落，不足以稱孝慈惓惓之意，良自媿已。其銘曰：

聖朝受命，百國來同。稽山甲楯，詎足成功？奮臂一呼，浙東雲連，雖然爝火，殘喘所延。以酬高廟，以報烈皇，以見忠烈，世臣有光。蘆花寒月，夜色漫漫，公尸雖返，公魂未還。

明故兵部右侍郎兼都察院右僉都御史王公墓碑〔一〕

嗚呼！是爲殘明浙東督師大蘭洞主王公之墓。予考古今歷代官制，未有所謂「洞主」者，有之自蕭梁之末所稱新吴洞主余孝頃輩是也。其時值侯景之亂，諸遺臣起兵者，倚山立寨，居民因以「洞主」呼之，史臣亦因而書之，要之非朝廷之稱也。明之亡也，浙東山寨大起，於是復有「洞主」之稱。其後或降或竄，不能盡詳，惟諸死節者姓氏彪炳人間，而王公之死爲尤烈。

公諱翊，字完勳，别號篤庵，浙之寧波府慈溪縣人也。曾祖某，祖某，父某，至公始遷姚江。

公五歲而孤，少不喜理家事，其弟翃且耕且讀以助之。補諸生，好言兵，見天下方多難，思以功名自見。未幾，國變繼至。「畫江」之役，王公正中以御史仍知餘姚縣事，集姚之鄉兵從孫、熊二公於江上，上疏薦公爲職方，盡以軍事付之。已而正中與同官黄公宗羲連

〔一〕王翊，順治八年卒。

營，將由龜山西渡，而江上破。黃公引其殘卒入四明，思結寨自守以觀變，居民雜擊之，寨不得立。時公方走海濱招兵，謀與黃公合。大兵購之急，囚公之弟翃以招公，公不顧；乃殺之，公亦不顧。軍既集，聞黃公軍破，馳入山中，語父老曰：「前此以諸將横擾居民，遂至激變。今吾軍來，足爲是山之衛而無所擾，父老念故國，其許我乎？」居民許之，遂結寨於大蘭。大蘭者，四明山之西北境也。唐時裘甫作亂，嘗以之爲巢穴。其地猝不可登，宋時皆置砦設兵以防守，至是而公據之。其與之同事者，慈溪王公江也。（下略）

庚寅三月，公朝於王所，再晉兵部右侍郎，兼官如故。八月破新昌，拔虎山。時大兵定計下翁洲，以爲不洗山寨，無以塞内顧，乃大舉。將軍金礪由奉化，提督田雄由餘姚，會於大蘭，軍帳瀰漫三十里，游騎四出，仍用團練兵爲導。諸寨多逆請降，或四竄，公累戰不能抗，以親兵入翁洲。公固與定西〔一〕不相能，不樂居翁洲。

〔一〕張名振。

辛卯秋〔一〕，聞大兵三道下翁洲，公曰：「事急矣，請復入山，集散亡以爲援。」七月，遂還山中，諸將死殆盡，旁皇故寨，山中父老勸令招兵榆林、臼溪之間，乃出奉化。二十四日，有大星墜於故寨，野雞皆鳴，父老憂之。是日也，公將由奉化出天台，至北溪，爲團練兵所執，同行者，公之參軍蔣士銓也。公神色自如，賦詩不輟。二十五日入奉化，二十八日抵寧，八月初一日赴定海，以大兵將下翁洲，羣帥皆赴定海也。海道王爾禄延之入見，請觀絶命詞。公援筆書之，書畢，以筆擿其面而出。每日從容束幘，掠鬢修容，謂兵士曰：「使汝曹得見漢官威儀也。」十二日，總督陳錦訊之。公坐地上曰：「無多言，成敗利鈍皆天也。」十四日行刑，羣帥憤其積年倔强，聚而射之，或中肩，或中頰，或中脅，公不稍動，如貫植木。洞胸者三，尚不仆，刲額截耳，終不仆，乃斧其首而下之，始仆。而從公者二人：其一曰石必正，揚州人；一曰明知，餘姚人：皆不肯跪。掠之使跪，則跪而向公，并死公旁，大兵見之有泣下者。

〔一〕辛卯，順八。

公生於天啟丙辰〔一〕二月初六日，得年三十有六。一女許嫁黄公宗羲子百家，時年十三，以例没入勳貴家，遂爲杭州將軍部下參領所養。參領憐其忠臣之女，撫之如所生，女亦相親依如父。及參領欲爲擇配，女出不意自刎，參領大驚，葬之臨平山中。（下略）

〔一〕天啟無丙辰，當作「萬曆」，四十四年。

明故太師定西侯張公墓碑〔一〕

予家先族母張孺人〔二〕，爲蒼水尚書女，先族父以是避地居黄巖。康熙庚子〔三〕，先族母以展墓歸，予時年十六，從之問舊事。族母曰：「吾父與定西侯同事久，每言其志節之可哀，而謗口之多屈。」且曰：「定西墓在蘆花嶴，汝他日可爲之謀片石焉。」予曰：「諾。」蹉跎二十餘年，未之踐也。乾隆戊午始克爲之參稽諸野史之異同，以成定論，使異日考翁洲遺事者，得有所折衷焉。

〔一〕張名振，順治八年卒。

〔二〕全美樟子婦。

〔三〕康五九。

定西諱名振，字侯服，南直隸應天府江寧縣人也。少伉爽有大略，壯遊京師，東廠太監曹化淳延之爲上客。時奄人中，惟化淳以王安門下故與東林親，公亦遂得與復社諸公通聲息。熊公開元之廷杖也，公陰屬杖者得不死，而公實未嘗識面也。

崇禎癸未，授台州石浦遊擊。乙酉，南都破，安撫使至浙東，公獨不受命。已而監國起事，加公富平將軍。時肅鹵伯黄斌卿以閩中之命守翁洲。翁洲與石浦相犄角，斌卿因與公爲姻，薦之閩中。時閩、浙方爭，而二軍兼受閩、浙之命，議由海道窺崇明，擾三吴，以爲錢唐之援。未行，錢唐師潰。方國安欲以監國降，監國脱走至石浦之南田。公棄石浦，扈王，欲保翁洲。會叛將張國柱以軍攻翁洲，斌卿求救於公，公破之，因勸斌卿納王，而斌卿不從。公計無所出，適永勝伯鄭彩至，以其軍共扈王入閩。王晉封公定西伯。

公見閩中諸將林立，請歸浙中，招故部以壯其軍。及還，而石浦已入本朝，乃之翁洲依斌卿。斌卿見公之以孤軍依之也，稍侮之。丁亥，松江帥吴勝兆來歸，請一軍爲援，願以所部合力向南都。斌卿猶豫不欲應，公方有自遠於翁洲之志，因請以其軍赴約。而故都御史沈公廷揚等爭勸之，公遂整軍抵崇明，遇颶風，盡喪其軍，沈公死之，公得逸，復入翁洲，而其弟及甥皆死。斌卿以公之無軍也，益侮之。公乃招故部營於南田，而黄、張之隙始大搆。此據黄丈宗羲、董丈守諭、高丈宇泰所紀皆然，則黄曲張直顯然也。黄之罪莫大於拒監國，而舟山志以爲黄欲應吴，張竊其旗先往，則誣甚矣。

初，公之救斌卿也，部將阮進最有功。斌卿不德公，而説進使叛公。及公北發，進以不習三吴水道不從，南入閩，招軍頗盛。王既晉封公定西侯，亦封進蕩吴伯。至是，公由南田復健跳，以書招進，進復與公合。時閩中地盡失，諸將以王復入浙，公與進迎王次於健跳，斌卿不至。大兵圍健跳，進使人告糴於斌卿，又不得。於是公與諸將議，海上諸島惟翁洲稍大，而斌卿負固，不若共討而誅之，則王可駐軍。乃傳檄討斌卿。斌卿見諸軍大集，度不能抗，乃上表待罪，請迎王以自贖。公許之，而進卒擊殺斌卿，沈之於海。斌卿頗能以小惠結士心，故其死也，多惜之者，甚且訴其死之屈，以爲公奪其地而誘殺之。然斌卿一拒監國於丙戌，微公棄地扈從，則監國閩中之二年不可得延；再拒於己丑，微公合軍誅討，則翁洲之二年不可得延。此事跡之顯然者，而乃據愚民之口，以混黑白，其亦昧矣。

監國既居翁洲，晉公太師，當國。庚寅，公殺平西伯王朝先。朝先本斌卿將，公與進招之，預平翁洲之功，公頗忌之，遂襲殺焉。朝先驍勇，翁洲人仗之。及死，部將遂多降於本朝，請爲鄉導以攻翁洲。予嘗謂公之殺斌卿爲有功，而其以非罪殺朝先則有過，此則不能以相掩者也。

辛卯秋，大兵下翁洲，公以蛟關天險，海上諸軍熟於風信，足以相拒，必不能猝渡，乃留阮進守横水洋，以弟左都督名揚副安洋將軍劉世勳守城，而自以兵奉王擣吴淞以牽制之。或謂公曰：「物議謂公借此避敵矣。」公曰：「吾老母、妻子、諸弟皆在城，吾豈有他心哉。」軍遂發，而進以反風失勢，戰死。世勳、名揚力守，急呼公還救。未至，城陷，公之太夫人范氏、夫人馬氏，名揚偕其弟及妾，闔門舉火自焚死〔一〕，參謀軍事順天顧明楫亦豫焉。公聞信慟哭曰：「臣誤國誤家，死不足贖。」欲投於海，王與諸將救之而止，乃復扈王次於鷺門。

〔一〕名揚有兄名甲亦同死。

癸巳，公以軍入長江，直抵金、焦，遥望石頭城，拜祭孝陵，題詩慟哭〔一〕。甲午，復以軍入長江，掠瓜、儀，深入侵江寧之觀音門。時以上游有蠟書請爲内應，故公再舉，而所約卒不至，乃還，復屯軍南田。是年公卒〔二〕，遺言令以所部歸張公蒼水，悉以後事付之。論者以爲陶謙之在豫州，不是過也。蒼水爲葬之蘆花嶴。

〔一〕張公金山寺題詩據監國紀年、舟山紀略，是壬辰十月，非癸巳。

〔二〕據舟山紀略，公卒於乙未十二月廿八日。監國紀年則以爲卒於甲午十二月。

初，翁洲之破也，沈公宸荃在公軍，咎公恃險輕出以致敗，不數月，沈公泊舟南日山，失維不知所之。或以爲公本奉王以逃，而覆沈公以弭謗〔一〕。然公一門俱在危城，而但奉王以逃，固無是理。至沈公之死，亦何以定其爲公。要之，公之累蹶累起，以死奉王，其精忠不可誣，而恃險輕出，則亦天意爲之，不可以成敗逐雷同之口。至於當國之後，多病其專，諒爲事之所有。然以公有丙戌、己丑兩度之大功，吴淞、翁洲闔門之大節，卒之再入大江以求申其志，則其專命擅殺，與夫恃險輕出之罪，吾固不必爲之諱，而以爲賢於黄斌卿萬萬矣。今之作翁洲志乘者，曲筆於斌卿，而深文於公，混祀斌卿於辛卯死事諸公之首，而公兄弟反不豫，何其謬戾一至於此耶？予故序公之事，鑱之墓上，固非但畢吾族母之志也。更爲之哀詞曰：

翁洲、石浦，彷彿於殘宋之厓山。公魂不死，長留此間。功過不掩，曲筆宜删。蘆花寒月，如聞哀淚之潸潸。

〔一〕沈之死，梨洲謂爲鄭彩所害。

張太傅守墓僧無凡塔志銘〔一〕

無凡姓汝氏，名應元，字善長，明南直隸華亭人，故太傅張公〔二〕麾下總兵官、都督同知也。少讀書，通文筆，頎大魁碩，有勇幹，善料事。以家貧，事同里張公肯堂，時年尚未二十。張公一見異之，曰：「此非隸役中人。」張公撫軍福建，無凡在幕府，最荷委任。往來海上，指麾諸將，以捕盜積功至都司僉書，然尚侍軍未上也。

〔一〕汝應元。

〔二〕張肯堂，前集十有碑。

乙酉四月，以張公孫茂滋同歸松江，而南中亡，夏考功允彝倡義。時吴淞總兵吴志葵故出夏門下，以麾下應之。薦紳則沈尚書猶龍、陳給事子龍、李舍人待問，皆松之望也。無凡遽以便宜盡發張氏家丁，出家財爲支軍一隊，與志葵合。或駴之曰：「此大事，何匆匆。」無凡笑曰：「我公志也。」於是夏、陳諸公相納以袍笏，列拜無凡於營前，且曰：「斯四十年領袖東林之錢尚書所不肯爲。」而無凡名大震。

志葵師敗，無凡護茂滋浮海入閩，隆武知之，大喜，即授御旗牌總兵官、都督同知。福州軍政司之鄭氏，張公雖太宰，不得有所展布。隆武議親征，以張公任水師，率麾下從禡牙，將發，鄭氏以其私人郭必昌代之。已而鄭氏降，隆武出走，張公浮海至舟山依黄斌卿。適監國魯王方失浙東，叩關求援，斌卿不納，張公力爭不聽。無凡曰：「斌卿意叵測，應元請使死士刺之，奪其軍以迎監國。」張公曰：「危道也，汝姑止。」

張名振之應松江也，都督亦踴躍欲赴。張公曰：「事未可知，吾今不可一日離汝。」蓋自張公散軍入海，飄泊鱷灘鼊背之間，瀕於危者不一，皆無凡扈持之。嘗撫茂滋謂之曰：「我大臣，宜死國。下官一綫之寄，其在君乎？幸無忘。」無凡曰：「謹受命。」忽一日，大風雨，呼之，則已空閣不知所往，張公大驚，如失手足。次日，有補陀僧入城曰：「昨有一偉男子來，腰間佩劍，猶帶血痕，忽膜拜不可止，亟求薙度，麾之不去，不知何許人也。」張公家人聞之，亟歸告，公曰：「此必吾家應元也。」已而以書謝公曰：「公完髮所以報國，應元削髮所以報公。息壤之約，弗敢忘也。」自是遂爲僧於補陀之茶山，所謂寶稱庵者，釋名行誠，而字無凡。

辛卯，舟山破，張公以二十七人死之，獨命茂滋出亡。無凡遽入舟山，則已失茂滋所在，乃詣轅門求葬故主。諸帥欲斬之，有一帥故佞佛，憐其僧也，好語解之曰：「汝亦義士，然此骨非汝所得葬也，不畏死耶？」無凡曰：「願葬故主而死，雖死不恨。」其帥乃曰：「吾今許汝葬，葬畢來此。」曰：「諾。」乃歸殮張公，並諸骨爲一大冢瘞之，徑詣轅門。諸帥皆驚異，乃命安置太白山中。無凡既不得自由，密遣人四出詗茂滋。聞其羈鄞獄中，乃令同院僧之出入帥府者，爲前許葬之帥言無凡精曉禪理，可語也。其帥大喜，遽延與語，相得甚歡。則乘間爲言茂滋忠臣裔可矜，且孺子無足慮，請往視焉，許之。無凡乃請之當事，求出茂滋，不得；以合山行衆請之，又不得；請以身代，又不得。會鄞之義士陸宇燝等以合門四十餘口保之，而閩中劉貢士鳳翥亦爲言之，茂滋乃得出。無凡又爲力請，竟得放歸華亭。數年，茂滋病卒，無凡遂終身守張公之墓，老死於補陀中。其銘曰：

都督晚年，頗遭誣屈。謂其居山，尚交張杰。懸嶴之役，實所決裂。嗚呼稗官，一何失實。不負鯢淵，忍負蒼水？宫山之言，了非曲諱。豈期思舊，鑄此疵累。敢曰大儒，遂無誤毁〔一〕？

〔一〕梨洲思舊録也。

鲒埼亭集批注　外編卷五

碑銘二

故儀部韋庵李公阡表〔一〕

順治丁亥，吾鄉有「五君子」之禍，其時故家遺老，蓋多豫其謀者。及爲夫己氏所告，「五君子」被縶。夫己氏謂其客曰：「盈城士大夫讐我矣，當一網盡之。」於是復使其客上變。次年人日，所名捕百餘人，而鄞故都御史高公斗樞、故儀部李公棡爲之渠，大訊於杭。然里中諸義士尚多，相與捐數萬金救之，其難得解。方事之殷，同獄思留身以有爲者，不能不爲遜詞以對簿，獨高、李二公誓死嘿不出一語。既得出，高公歎曰：「幸脱虎口之中，非始願所及也。」論者亦謂當此大厄，强項不屈，而卒得不死，以爲大慶。而李公曰：「吾前此不欲隕黑穽耳，今得見白日而死可矣。」於是閉氣絶粒數日，卒死之。家人問遺言，張目不答。高公歎曰：「吾媿之也夫。」時戊子二月十七日也，得年六十有二。

〔一〕李棡，杲堂父，續甬詩十四。

李公諱棡，字宗海，一字韋庵，鄞人，前兵部尚書謚忠毅橒之從弟也。崇禎丁丑進士，釋褐知廣東潮陽縣，有惠政。時思宗課吏急，特旨頒下四條，曰脩城隍，具器械，廣積儲，練士卒，公課以最。暇日重修韓吏部、文丞相諸祠，更築亭於東山，以爲觴咏之地，署曰「水許」，取坡公「水則許我」之旨也。尤喜得士，潮之生徒爭師之。陳文忠公子壯，廣之南海縣人也，爲公座主，亦遣其子上庸師之。直指使者薦於朝，思宗召見，賜以白金，且用爲給事中御史。會畿輔被兵，守令多死，宜興當國，請以諸覲吏有幹力者暫承其乏。或曰首揆恐覲吏入臺省發其陰私，故外之。公得永清縣。永清再被兵，村落蕭然，居民流轉，公還定安集，食不下咽。讀公所作入境詩，皆比之元結春陵之遺。在官十月，宜興獲罪，公等皆召還。再入對，議用爲給事中，而三月十九日之變作，間關南歸。

福王之立，貴陽當國，政以賄成，遣人從公索賂不得，乃令浙之直指任大成疏糾公，欲入之六等爰書〔二〕，以事無所據而止。公曰：「吾求諒於先帝已耳。」臥家不出。踰年而江上師起，以薦召爲儀部主事，尋復歸，又二年而及難。嗚呼！公當可以無死之際，亦豈不欲徘徊事變以爲後圖，其所懼者再辱其身以辱國，故決計求死，以免王炎午之惓惓，其可不謂之志士也哉。

〔一〕明史二七五，解學龍議上從賊六等，最末一人爲李㭎。

公之死也，有子文胤，亦囚蛟關馬櫪，六十餘日不相聞。有女文玉，已孀居，傾家爲父。而前御史禾人曹溶方在杭，爲助殮事。同里萬泰以其喪歸。及文胤得脱，而公柩至矣。家人出公獄中所衣毳，其毛寸寸落，血痕狼籍。是秋，文胤再下府獄，竟得不死。其後風節甚高，浙東稱爲杲堂先生者也。葬公於東皋之省嶴，安人邵氏祔。文玉年二十，其夫溺於江，慟哭三日，躍身入水，尸從江面浮出。既喪父，削髮爲比邱，甬上稱爲梵淨師者也。又八十年，公曾孫世法勒石墓上，而予爲之次其略。

明嵩明州牧房仲錢公兩世窆域志銘〔一〕

嵩明錢使君卒於滇中，其子萬里歸骨，梨洲前輩記其事矣。使君曾孫鍠選以爲未盡，奉其家藏使君滇中所寄手跡，乞予更志其窆域。

〔一〕錢士驌、子美恭。

嗚呼！使君以崇禎癸未令滇中之陽宗，不半年而北都亡，又一年而南都亡。滇中亦大亂，下邑長吏，魂驚魄散，無復宦情，多棄印綬逃去，獨使君撫循疲民，不震不動。時嘗集諸生鳴琴講經，未嘗以喪亂形其草略。大吏交薦，以考最，擢嵩明州牧。天南道斷，故鄉親從遣人間行入滇，以勸其歸。使君復書曰：「乙酉之夏，江南已無君矣，止亭弟〔二〕尚與孫、熊諸公『畫江』求君而事之；丙戌之夏，浙東已無君矣，止亭尚與諸公航海求君而事之。倘爾時吾家居，亦當隨諸兄弟後，自請効死，而況奉先皇之命入滇中，雖經喪亂，吾君尚在，其忍委而去之，更何面目入家廟見故人。吾豈不知天南之亂已極，非特小朝，抑亂朝也。其不能爲淨土在旦夕間，顧吾但求畢吾之志而已。」止亭者，大學士忠介公，使君族弟也。

〔二〕錢肅樂，前集七有神道第二碑。

乙未〔一〕五月十二日，臨終謂家人曰：「幸得保兹首領以見先皇，莫以絶域爲恨也。」滇民聚而哭之，葬於通海之南山。使君先舉三子，滇中所攜小妻舉二子，長子先卒，仲子隨行，而叔子美恭奉母家居，即所稱孝子者也。

〔一〕順治十二。

使君之卒，家人未知。又八年，天南大定，孝子日夜號咷告母欲求其父，而家無一錢，奮足出門。適有伶人演院本所云尋親記者，孝子曰：「是我也。」乃習之。業成，買鼓板一副，每逢市鎮輒唱之，宛轉哀動行路，稍稍得錢，則又前行。錢罄復住，望門唱記數日，則又得錢。聽者訝其度曲之神，不知其爲寫心也。遂展轉依人，得入粵中。而一病於廣東，再病於廣南，瀕於死者數矣。及至滇，蹤跡茫然，遇土人之知者，始得使君死問及其葬地，而眷屬不知流落何所，哀哭無措。又遇土人之知者，得導至其舊僕所居，始得展使君墓下，并求庶母兄弟而見之。展轉乞哀告貸，又求爲人記室以得傭值，凡閱七年，始得歸骨。嗣是以後，鄞人演院本者，不忍復奏「尋親」之曲，比之王裒門下之廢蓼莪。

使君諱士驌，字房仲，一字道生，浙之鄞縣人也，天啟丁卯舉人。娶倪氏，葬於某原。孝子字西侯，娶徐氏，祔葬使君墓下，子懿綱，即鍠選父也。孝子既歸父喪，以貧出遊，卒於山左之濟寧。懿綱奉棺浮舟南下，中夜聞空中告以速行者，即促舟人鼓棹疾發。次晨河水大決，直抵揚子江口，餘舟多遭衝没，時以爲孝子之報。懿綱亦早卒，其婦周氏苦節撫鍠選以有成。一門三世，名德承承，天之報使君以報孝子者多矣。其銘曰：

嗟孤臣之戀主兮，甘心埋朽骨於滇池。嗟孝子之求父兮，赤手返羈魄於鳳溪。碧雞、金馬，忠孝所依。來伴慈烏，墓門之栖。

明監察御史退山錢公墓石蓋文〔一〕

退山侍御墓文，予既令其子濬恭援司馬温文正公序十國紀年之例，即用予所作東村集序〔二〕上石。而濬恭以生卒月日子女之未備，令予補書，予乃援柳州墓石蓋文之例，另叙一通，以復濬恭。

〔一〕錢肅圖，行四。續甬詩四三。
〔二〕前集卅二。

侍御諱肅圖，字肇一，學者稱爲退山先生，浙之寧波府鄞縣人也。其世系則故封禮部主事鳳午之曾孫，知臨江府若賡之孫，瑞安訓導贈副都御史益忠之子，大學士忠介公肅樂之弟。以諸生倡義，歷官監察御史。辛卯翁洲之役，被俘不屈，同輩已戮盡，次及侍御，監刑者熟視，忽釋之，非所望也。生於萬曆丁巳〔一〕八月二十一日，卒於康熙壬申〔二〕十月初

二日，得年七十六歲。孺人周氏，副室史氏，合葬於東吴書院山之麓。子三：長濬恭，即爲忠介後者也；次澄恭、漸恭。（下略）

〔一〕萬四五。
〔二〕康卅一。

明職方主事兼三錢公壙銘〔一〕

忠介錢公以戊子卒於閩之琅琦，其第五弟檢討殉於福安〔二〕。又七年〔三〕，其第九弟推官殉於鄞；明年〔四〕，其第七弟兵部亡命發狂而死於崑山。君子曰：「錢氏有四忠焉，而兵部有婦稱奇節，則又四忠之餘烈也。」

〔一〕錢肅遴，行七。續甬詩二九。
〔二〕己丑。
〔三〕丙申。
〔四〕己亥。

兵部諱肅遴，字兼三，其世系見諸兄碑志。兵部性樂易，喜爲詩，亦工書，以諸生從軍，初授監紀，未受；入閩，以薦入樞曹。妻安人鮑氏，方未國難時已納采，未及娶而難作，閩、浙路絶，鮑氏父兄欲更擇壻，安人不可。父兄歎曰：「非不知其不可，顧錢郎播遷天末，必無生還之望。」安人遽嚙臂出血爲誓，其家愕然而止。己丑，兵部從亡翁洲。辛卯，翁洲破，來歸，始成婚，安人之年二十六矣。

甲午，張公蒼水以定西之軍入長江，兵部挈眷與弟推官間道赴之。張公倒屣迎曰：「段文鴦耶？江子四耶？尊兄爲不死矣。」已而師退，兵部歸。

乙未，翁洲復歸海上，兵部復與推官赴之，時復潛行中土，結内主之助。丙申〔一〕，大將軍宜爾德再下翁洲，兵部復與推官先期入告，未達，追兵及之，推官死焉，兵部亡命。是時，兵部同祖兄弟有通籍者〔二〕，恐兵部兄弟出入焦原無已時，終爲家門之累，頗相齮齕，兵部乃挈眷居崑山，思得間爲入海計。

〔一〕順十三。

〔二〕錢肅凱，順十五進士。續甬詩八六。

己亥〔一〕，蒼水又入長江，兵部又從之。已而兵敗相失，流轉太倉、嘉定間，怏怏不自得。一日，嘔血數斗，大呼不絶以死，得年三十。安人勉治殯殮，祝髪爲尼，與長洲殉難忠臣劉公曙之夫人，同居一草庵中，泣血紡績，以求歸骴，數年始得。呼其弟至崑，負骨以歸。或勸以焚化，輒哭拒之，卒葬之君舅瑞安公墓旁，而身學道於戒珠庵。及兄公侍御舉子濬恭，乃歸，撫之若己所出。臨終謂濬恭曰：「我死當葬汝叔墓旁，無得用空門禮也。」濬恭乃以命服殮，爲合兆焉。是時，黄山汪侍郎沐日亂後爲僧，其卒也，議者謂當以儒服殮，而其徒不可，蓋泥於侍郎之無遺命也，安人之見卓矣。安人尼名定鎔，字覺幻。嗚呼！兵部之百折不回，必欲展其初心，而卒以之畢命，亦可哀矣。而安人以巾幗芳年，矢苦節以報之，何其烈也。

〔一〕順十六。卒在己亥後。

濬恭以忠介爲所後父，以安人爲慈母，故兼承其祀，而乞予爲文以立之墓上，予不敢辭。其銘曰：

斯其爲故國之雙雙兮，哀魂夜集於冬青之樹。鬼車過之，尚知所懼。

明監紀推官叶虞錢公墓誌銘〔一〕

忠介錢公兄弟十有二人，而推官肅典居第九。起兵時，諸弟從軍者四人，推官年尚少，未豫也。丙戌，從諸兄浮海。戊子，忠介殉於琅琦。己丑，叔兄檢討殉於福安。推官展轉閩、浙之間。庚寅從亡，共保翁洲，始有監紀推官之命。翁洲内附之後又五年，卒以義死。嗚呼！何錢氏之多奇也。

〔一〕錢肅典，行九。

推官故吾全氏壻，未及娶而航海，及歸，卒不克娶而死，其年僅二十六歲〔一〕。嗚呼！錢氏故世受國恩，然忠介仗義於天地崩裂之中者四年，足以報矣。檢討抗守孤城，接踵喪元，亦足以嗣其兄矣。推官似亦可以無死，而卒死之，其殆有幸於得死，而恥託於可以無死之説者耶？其亦異矣。

〔一〕生崇四辛未。

推官之仲兄侍御有哭推官文，顧嗛嗛不敢詳其事。予嘗以問之先君，則曰：「翁洲以辛卯破，甲午，推官與其叔兄樞曹航海復入閩南諸島，因同蒼水張公入長江。乙未，蒼水居翁洲，推官兄弟復赴焉。然又時時入内地，以諜消息。丙申，中朝遣大將軍宜爾德帥師再入海，推官方與樞曹渡海告警，追騎至，樞曹得脱走，而推官被執。帽落，髮毿毿然周臂。會大雨，騎入村廟，飲醉臥。土人至者，問知其爲忠介弟，競憐之，或遂欲脱其械，導之走。推官乃昂首歎曰：『吾亦安可以頻辱哉！』謝遣土人，呼騎起，偕之鄞之三江口，不屈而死，時丙申〔一〕七月十有一日也。」嗚呼！推官欲逐虞淵之日，勢不至化爲鄧林不止，即令是時得脱虎口，亦終難必其免於死也。終於難免，則不若早從其兄於天上之爲愈矣，此推官之志也。顧如土人者，殆亦山谷中有心人乎。

〔一〕順十三。

推官當蹈海時，猶挾忠介遺集以行，尤可悲也。近者忠介嗣子濬恭以先集來，因與予語及諸父死節諸佚事，予舉舊聞以告之。濬恭喜其歲時之覈，足補家傳之闕，請援檢討大招之例，并爲推官置兆域，而皆摛詞於其石。

推官諱肅典，字叶虞，其世數見諸兄碑志，不復具。其銘曰：

不降其志，懼負其兄。不屈其節，懼累其生。所惡有甚於死者，相與羽化而同升。

明故都督江公墓碑銘〔一〕

錢忠介公之起事也，幕下列將較盛於張、熊、孫、沈諸家，故其中多健者。而忠介所恃，莫如江都督子雲。

都督諱漢，其原籍爲南直隸徽州府休寧縣，曾祖某，祖某，父某。黄山巨室推江氏，而多以商籍入浙，都督由是家錢唐。膂力雄捷，視瞻瑰偉，居然將種也。相傳都督之生，太夫人夢有金甲神臨之，故都督生而不凡，亦頗以此自奇。

丙戌〔二〕，挈家而東，詣忠介軍門請自効。忠介大奇之，拔置諸偏裨之上，授以都督僉事總兵官。忠介故未嘗習軍旅，在江上，每日戎服登舟，鳴鼓放船，都督指麾既畢，則晝諸焉。及浮海至長垣，再出師，七閩震動，樓船幾下福州，都督之功爲多。馮侍郎京第之乞師

〔一〕江漢。

日本也，願得都督同行，忠介遣之。既歸，曰：「東師必不出也。」聞者不信，爭叩之，對曰：「他日請念。」已而日本果愆約。

〔一〕順三。

忠介既卒，都督旁皇無所之。而太夫人尚在鄞，乃變姓名來歸，因定居焉。日與諸遺民賦詩以寫其磊砢，每語及忠介，則淚淋淋下。

辛卯，姚江王督師〔一〕梟首城西門，陸副使宇爋謀竄取之，訪於督師之故卒。其人曰：「非得江都督，事不諧。」副使亟以情告，都督曰：「請以中秋日待我城下。」時都督家居，幅巾深衣，不執弓矢，屆期忽紅笠，披短後衣，縛袴，挾健兒數十，揚揚而出，家人駭之。而城禁方嚴，都督徑登之，守者以爲關東新將也，趨叩頭惟謹。既見所梟首，忽怒目視曰：「是吾仇也，亦有今日乎。」拔刀擊之，首墮城下，遂循雉堞周行，縱覽濠水，守者隨之凜凜，而副使已拾首去。是日也，城外方競渡，遊人目炫，無見者〔二〕。都督之出奇應變，大略如此。、

〔一〕王翊。

〔二〕參南雷文案六陸周明墓誌。

都督既居鄞，無以自給，種蔬爲業，諸遺民竭蹶周之。四壁無長物，惟餘忠介所贈寶刀一具而已。病亟，先贈公往視之，都督咄咄曰：「金甲神不靈耶？」先贈公曰：「神或即錢、王二公之讖也。」都督歎曰：「然則吾何望矣。」於邑而瞑。都督生於某年月日，卒於某年月日，葬於某鄉某原。其銘曰：

桓桓神勇，布衣從戎。故人其誰？宰相魯公。魯公既死，朱鳥哀號。誰憐蕉萃，爲賦大招。

明故太僕寺少卿眉仙馮公神道闕銘

公諱元飂，字沛祖，別號眉仙，浙之寧波府慈谿縣人也。太常卿若愚子，工部司務季兆孫，封布政使燮曾孫。太常子三：長元飂，右僉都御史，巡撫天津；次元飈，兵部尚書〔一〕；而公最少。

〔一〕馮元飂，留仙，津撫；馮元飈，鄴仙，尚書。

馮氏於慈谿，代爲冠冕家，而津撫兄弟尤以盛名見重於世，時有「大、小馮君」之目。浙東自沈、朱二閣臣而後，聲息不與東林相接，至大、小馮君出而操東林之柄。士子欲自附於清流，但得大、小馮君一言，則雖以碩儒如蕺山、漳浦，亦無異論。公於其時，步趨二兄之側，所聞所見，莫非奇節偉行，而公不甚自暴白也。

崇禎壬午，以順天貢士待試春闈。時寇禍亟，思宗倚任尚書與户部倪公，調兵調食，委以心膂，而猜疑未化，謂尚書在中樞，其兄又爲畿甸開府，未必能盡潔身苞苴之外，思有以嘗之。一日已晚，忽有人叩尚書邸求見，尚書以事冗，顧左右請三相公出見之，謂公也。公出，則其人以三千金求一邊帥缺，公怒，標而出之，以告尚書。尚書喜曰：「真吾弟也！」次晨，尚書入朝，思陵迎笑而語曰：「卿家三相公，真卿弟也。」尚書駭愕，乃知昨夜之以三千金來者，上所遣也。津撫聞之亦大驚，而於是「三相公」之名，繼大、小馮君起。是科，公以五經成進士。時尚書爲國理樞務，日憂日瘁，又内懼思陵猜疑之跡，遂成沈疾。思陵疑其僞託，久而知之，乃得假歸，而謗之者終以爲避禍而去。津撫進南遷之策，既不得達，京師遂陷。津撫誓師討賊，監司内叛，自拔南歸。江左清議亦頗以臨難不死加責備，於是大、小馮君相見於杭，執手流涕，共約赴南都請復仇自効。而赧王方翻逆案，東林黨人概置不用。

甲申九月，津撫與尚書，十日之中相繼以鬱鬱死。尚書臨終謂公曰：「吾無以慰伯兄未遂之志矣，汝其勉之。」公號咷曰：「敢不爲國盡死。」公以丙戌之春赴南都，授兵部主事。

已而靖南伯黄得功出討左兵，請監其軍，乃改上江兵備僉事，持節視蕪湖軍。蕪湖告捷而大兵渡江，赧王蒙難。公跳身至錢唐，則潞王迎降，乃歸慈水。

會沈公宸荃起兵，公大喜，告於兩兄之靈而行。江干進公太僕寺少卿，公輸家財以充餉，而江干又破。公歸，哭於兩兄之墓曰：「國事今已矣，賴宗社之靈，或可以一綫支，兩兄其冥助之。不然，弟當蹈海而死，更不得展拜先墓矣。」遂赴翁洲。時翁洲爲威鹵侯黄斌卿所守。公至，問以監國消息，則曰：「前數日已入閩。」公呼天長慟。公以貴介子弟，少未嘗遭困苦，至是驟加憂憤，神氣俱索，終日望海咄咄，不數旬而亦病。病甚，不肯進藥。斌卿往視之，公張目曰：「下官累世並受國厚恩，而先伯仲尤爲國家元老，先伯仲耿耿之志，未遂而死，將以望之下官，而今又死，天也！」言訖而瞑。

嗚呼！以予所聞公兄弟三人之生平而論之，津撫老成忠謹則有餘，而稍嫌才短；尚書才足辦事，而或言其過於博大，然要之皆正人也。津撫之不死於津，與尚書之聞變而未死，其意原欲以有爲。乃南都諱言討賊，於是二公悔當日之不死，而卒以死自明，此則心跡之昭然者也。然使二公少更濡遲，以及「畫江」之日，則必出而有爲。其出也，究之亦歸一死，則前日之志得申，而天下後世無異詞。故論者惜二公之死稍晚，而予反嫌二公之死稍遽。試觀公以甫經釋褐之進士，流離海外，視死如歸，夫孰非二公之志也哉？

公生於萬曆乙卯十一月二十一日，得年三十二歲〔一〕。夫人某氏，子某。自公殁後，翁洲遂成域外，又四十餘年而始得歸葬先塋之次。又四十餘年而予爲之銘，其詞曰：

東林黨人大小馮，有志未遂長負恫。誰其竟之三相公，野棠猶映棣萼紅。

〔一〕生萬曆四三，卒順治三，不書卒。

鮚埼亭集批注　外編卷六

碑銘三

明故大理寺評事林先生阡表〔一〕

古今來保孤之事，嬰、杵而後，如漢李、陳二太尉之有王成、朱震，唐張丞相濬之有葉彥明，方學士之有魏澤，莫不艷稱而樂道之。蓋不負師友之誼者，使其與人家國，必無慚德。倘盡如王、舒、甄、邵之徒，將取室毀子，必使覆巢之下竟無完卵，而人類可盡化爲鴟鴞矣。

〔一〕林時躍，續甬上詩卅三。

順治戊子，吾鄉殘明諸臣思翻城迎故主，事洩，死者兵部華公嘿農、屠公天生、董公若思、評事王公石雁、推官楊公瑶仲，而推官之弟御史圓石亦連染於難。其發難者，降人謝三賓也。三賓與推官之父最厚，而以反覆不持士節，見擯於清流。至是，刺得其事告之。

六人者既死〔一〕，妻子皆應北徙爲勳衛役，華夫人陸氏、小楊夫人張氏最先死，大楊夫人沈氏、屠夫人朱氏相繼殉。華夫人將投繯，忽徘徊曰：「職方一子已殉，僅存一子，挈之死則絶嗣，留之則辱，將若之何？」其時董户部守諭、高隱君斗魁輩，昕夕必造五家之門，勸以早自裁，恐一旦發遣，且卒卒莫措手足。既聞華夫人命，相聚商榷，林先生荔堂曰：「是易耳。」乃竊取職方之孤匿於家，而取瘂子以代。當是時，三賓方眈眈然誓不盡殲諸人血嗣不止。諸大吏亦以事勢有關，偵邏四出，倘遭發覺，禍且不測。顧先生行之泰然。踰十年，累更肆赦，爲之婚，哭而誡之曰：「汝勝國忠臣之子也。汝父死，吾捧頭舐血而殮之；汝母死，吾躬市櫝木焉。吾亦不料其得保身以保汝也，今幸矣，吾不負汝矣。雖然，父不肯帝，子不肯王，不具此骨，汝終非華氏子也，汝負吾矣。」乃爲之復姓而遣之。諸遺民爲作孤兒行以紀其事。嗚呼！三賓殺故人之子以遂其私，先生不顧其身以存故人之子，氣類之相懸，一至此耶？

〔一〕所謂五君子之難，又加一楊文瓚圓石，故謂之「六人」。

林先生者，諱時躍，字遐舉，别號荔堂，世爲浙之鄞人。曾祖某，祖某，父某。先生於太常卿時對爲兄行而先生之年輩爲太常所嚴事，以明經入太學。少弟時象亦有名，時稱「三林」。

「畫江」之役，諸公累疏薦，先生謝曰：「時事不可挽也。」即家版授大理評事，固辭，而周旋忠義之徒甚篤。張公蒼水轉徙山海，密書往復，一歲數至。其出仕新朝者，求一覿其面不可得也。悲憤之餘，發諸詩歌，則晞髮、白石之儔也。

晚年與徐先生霜皋緝甲申以來枌社死事諸公，各爲之小傳，而取其生平著述之有繫於名節者附之，曰正氣集。其鶴山書院集如干卷。太常與同志上私謚曰端節。

因思喪亂之際，如寧都彭兵部劍伯保清江楊閣部之孤，吾鄉陸公子披雲〔一〕保華亭張閣部之孤，皆以知名。然而兩孤不過畏官司之不赦，非有怨家剚刃於旁也。如林先生者，則更危矣。乃百年以來，漸無知者，夫非文獻不足之故歟。

先生之族孫某，聞予言而泫然，乃乞見之貞石之文以發之。予文雖劣，弗敢謝也。詩

〔一〕陸宇燝。

曰：

我聞防風，其骨一節，足見全體兮。先生之行，采薇采芝，差足比擬兮。手提孤兒，以還死友，不畏焦原兮。以彼其人，故國故君，死且弗諼兮。

明故按察副使監軍贛庵陸公墓碑銘〔一〕

少讀南雷黃氏文案，最愛其陸周明先生墓誌〔二〕，其紀先生葬姚江王侍郎〔三〕首，文甚奇，顧於先生大節，尚有所未盡。近來著述家但以黃志爲底本，不知當時之諱忌固多也。今已年運而往，吠堯之嫌，盡在蠲除，不及是時大闡幽德，將與桑海劫灰同歸脱落。先生之子經異亦老矣，每垂涕乞予文，乃更爲墓碑一通，以補其闕。

〔一〕陸宇爥，類徵隱逸七，續甬詩廿七。

〔二〕卷六。

〔三〕王翊，墓碑見卷四。

先生當南都覆没時，慟哭學宮，適董公幼安至，相抱而號，因聚謀爲起兵計。會張公雲生、華公吉甫、王公卣一、毛公象來不戒而集，董公出載書於袖中，先生遂連名署紙尾。顧徧謁諸薦紳，莫有以爲是者，計無所出。先生沈吟良久曰：「是惟錢刑部虞孫可語。但彼以喀血，踰年不應客，吾當排闥見之。」乃往，直入臥内告焉。錢公亟强起曰：「不敢辭。」先生曰：「決乎？」錢公曰：「決矣。」不告其家遂行，召募數日，事終不就。會聞紹興兵起，諸薦紳始稍稍集，虚左席以讓錢公。而夫己氏者方從江上迎降歸，欲敗其事，貽書定海鎮將，有「請殺『六狂生』以靖亂」之語，詳見予所作董公幼安碑志中。當時「六狂生」皆窶儒，獨先生以貴公子毁家輸餉，夫己氏尤欲殺之，不料其計之不行也。先生貽之以書曰：「昔德祐之季，謝昌元贊趙孟傳誘殺袁進士以賣國，執事之家風也。今幸總戎不爲孟傳，遂使執事不得收昌元効順之功。以是知賣國之智，亦不能保其萬全也。」夫己氏得書，咋舌而已。

監國次於會稽，授先生監紀同知，俄進按察副使，仍監軍。時馬士英亦逃至越，匿方國安軍中，先生陳士英十大罪，乞梟其首以謝江左同朝。王詹事思任、莊給事元辰皆助先生言，不報。黄侍御宗羲亦廷爭之，卒格於國安而止。先生歎曰：「即此已不堪立國矣。」遽棄官歸。而士英果挾國安以爭金華，江上軍事爲之崩裂。諸軍航海，先生爲馮、王二侍郎募兵於榆林。已而皆破，於是「六狂生」者相繼死其四，而先生之志不灰。

翁洲之破也，先生捐金與諜者，令訪死事消息，乃得聞張閣部之孫以俘至。亟治槖饘入獄視之，語其弟宇爆使爲脱繫。董公幼安之喪在海上，先生致而葬之。

己亥〔一〕之役，蒼水以孤軍入江北，先生爲之飛書發使。其家初亦不知，但見其喜形於色，私相語曰：「殆有好音。」聞其敗也，當食失箸。是時蒼水在海上，遥仗先生爲内主。

〔一〕順十六。

壬寅〔一〕，降卒以先生之事告，捕至錢唐。先生已病，用奇計出獄門，抵館而卒。嗚呼！先生雖世臣子，然自甲申以前，未嘗一日有位於朝，而必自外於維新之化，濡首没頂以從之，亦可怪也。

〔一〕康元。

先生諱宇爀，字周明，别署贛庵，浙之鄞縣人。贈太僕少卿大漳孫，右都御史世科子。生於萬曆戊申十月初二日，卒於康熙癸卯四月十二日，得年五十六歲。弟宇爆爲上私謚曰節介。娶周氏，再娶崔氏。子二：經異、經周。女一，適經師萬先生斯大。祔葬於城西右都墓旁。

先生所唱酬者，周順德囊雲、王博士水功。矢詩不多，沈痛悲楚，合爲一卷，曰霜聲集。

先生既以此落其家，遺言諸子，雖貧，無得妄求宦達，聞者哀之。其銘曰：

莫辭百錬，不磨者金。莫畏九死，不移者心。又惡知夫西崦之日，潮落淵深。彼一腔血，與之陸沉。力竭氣索，化於鄧林。試遊墓道，如聞杜宇之哀吟。

楊職方塋域志〔一〕

楊推官兄弟共七人，而嫡出者五：長推官，次職方，次文瑛早卒，次御史，次參軍〔二〕，皆以殉義死，而職方最後。其絶命詞曰：「憑誰瘞我孤山上？魄是梅花鶴是魂。」故同難歸安韓炎士殯之湖南山寺旁，韓即求仲之子也。又十二年，石門曹給諫廣仗義葬推官父子兄弟十棺，參軍死閩，無骨可歸，而於職方則爲之兆，以待遷祔。後三年，同里林太常時對與先贈公復招魂以葬參軍，因議歸職方之柩。先贈公曰：「職方遺意，不必歸也。夫南屏數里，張公蒼水之骨在焉，而職方偕雪竇山人均以幕府賓客，其死同，葬之地又同，又奚殊骨肉之相聚矣。」於是諸遺民與楊氏皆以爲然，不果遷。

〔一〕楊文琮，行二，續甬上詩十一。

〔二〕楊文琦，行大；文琮，行二；文瑛，行三；文瓚，行四；文球，行五。

雍正甲辰，予館湖上，拜蒼水、雪竇墓，因訪職方殯，得之灌莽中，爲加封之。職方本末已具予所作楊氏四忠雙烈合狀中〔一〕，同游厲君樊榭以爲當更志之，以備湖上掌故，予乃略舉其概以答之。

〔一〕卷十。

嗚呼！推官兄弟，其當甲申以前，未嘗邀解巾釋褐之恩，徒以文懿、康簡而後，世臣之誼，不肯負國。「截江」之舉，欲聯閩中以助浙者，御史最有勞，已而事去。其謀會同山海以復江東者，推官之力居多。禍作，牽連御史、參軍，而職方獨得脱。推官、御史被難，參軍逃之劉公中藻軍，次年，亦以守福安死。假令職方柴門謝客，自託於養父以終身，有何不可，而必不自晦，奔走海上，求遂其兄弟之志，以相從於焦原，則亦良可悲矣。

職方諱文琮，字天璧，鄞人，故諸生，監國授職方郎中。娶李氏，早卒。其死也，以海上將趙彪營中降卒來告，捕至錢唐，賦詩，絶吭而卒。於是其庶弟文斑、文玠及諸從子皆遣戍，斃於路，其家再被籍，一門無復遺者。其銘曰：

推官之弟，御史之昆。蒼水之客，雪竇之倫。南屏山色，足慰精魂。何必鏡川，戀茲社枌。

薛高士冢闕文〔一〕

故國甬上巨室，於定海首薛氏。尚書恭敏、文介二公〔二〕，以同産並登一品，時推名臣。而恭敏公長子士珩，最稱佳公子。（下略）

〔一〕薛士珩。

〔二〕薛三才、薛三省。

陸佛民先生志〔一〕

佛民先生，姓陸氏，諱觀，字賓王，浙之寧波府鄞縣人也，廣西布政使銓之四世孫。少於書無不窺，其學元元本本，洞悉百氏之流别，絶工詩古文詞，而不自表見。丙戌〔二〕以後，悵然棄其諸生。其時，族父觀察周明先生〔三〕，鞅掌戈甲間，田、荆、高、宋之徒〔四〕，旁午於庭。而先生與居相近，深坐複閣中，雖祖父忌日，俱不出臨，莫得見其面者，獨周明至則納之，語或移日而去。乃知二人之跡不相肖，而心相孚也。

〔一〕陸觀，續甬詩卅一。

〔二〕順三，時五十四歲。

〔三〕陸宇熼，見上墓銘。

〔四〕田光、荆軻、高漸離、宋子。

周明嘗從容問先生曰：「今世之委身軍持〔一〕者，以開布薙之令也。子之種種者固無恙，而何以曰『佛民』？」先生笑曰：「非也，吾所謂『佛民』者，拂人也。夫吾之冥然而不有其生也，亦可哀矣，而尚奄然而未抵於死，拂孰甚焉。拂人者，『佛民』也。」周明曰：「甚矣，夫予之昧於六書也。」

〔一〕軍持，梵語，此言瓶，亦作軍遲。大智度論十九、四分律一，作「鍕鑄」。見玄應音義九及十四。

先生前此授徒甚多，至是皆莫得至牀下，惟林都御史蠒庵偶一見之。其複閣中詩文，亦惟周明與蠒庵〔一〕一見之。己亥〔二〕，得年六十有七，病卒。周明枕之股而哭之曰：「吾家五世相韓之痛，更誰與吾分此志者乎？」是日也，諸子弟來會弔者，始見其髮毶毶然未有損也，皆爲流涕。葬於某鄉之某原。又四年〔三〕，周明竟以事死。蓋自國步改易，抗開薙之命以殞生者，大江南北所在多有。其不然者，或終身逃之島上。獨吾鄉蛟川薛公白楡〔四〕與先生，偃然居城市中，風波不及，須鬢依然，斯亦高蹈之一奇也。然而柴門謝客，甘心於死灰槁木以逃世網，斯尤難矣。

〔一〕林時對，前集廿六有事狀。

〔二〕順十六。

〔三〕癸卯，康二。

〔四〕薛士珩，見上闕文。

今先生之後甚衰，遺文散失殆盡，漸無知者。周明先生之子經異以其事請予揭諸墓，予乃序以貽之。

陸披雲先生阡表〔一〕

吾鄉湖上前輩，二陸最多奇節。贛庵副使〔二〕之墓，志於姚江黄公，其子經異以事不備，重乞予爲之碑。已而又以披雲先生阡表爲請，因曰：「昔宋季桐廬二孫之志，晉卿、華川〔三〕先後爭勝，何如子之兼之也。」予文於昔人何能爲役，而懼隱德之弗曜，曷敢辭。（下

略）

〔一〕陸宇燝，續甬詩五四。

〔二〕陸宇爀。

〔三〕黄澹、王褘。

宗徵君墓幢銘〔一〕

改玉之際，吾鄉諸遺老社會極盛，而湖上之七子，苦節爲最。七子之中，以詩言，正庵先生爲最。

〔一〕宗誼，續甬上詩五五。

正庵先生，姓宗氏，諱誼，字在公，原籍南直隸徽州府歙縣，遷鄞。曾祖某，祖某，父某。徽俗以懋遷有無爲業，起家至陶、猗者，不可指屈。先生之父亦以此豪於貲，而先生之性所好獨在詩，繞牀阿堵，絶口不道，若窶儒然。

江東起事，議以正兵食正餉，義兵食義餉。正兵者，方、王〔一〕諸營是也；義兵者，孫、熊、錢、沈〔二〕諸營是也。正餉之出自田賦者，既盡隸方、王，而浙東數十州縣各有義兵，但食其地勸輸之餉，勢既不給，尚時時爲正兵所掠奪，於是遂乏食。鄞之義餉，以故太僕富〔三〕，推之爲主，其人已迎降江上，爲諸公脅之以從，則日輦兼金賂貴戚，得入閣，反乾没里中所輸，而出内於軍中甚吝。先生慨然發其家，得十萬金，徑送錢督師營。督師疏請奬之，且言其才宜在館閣。監國召詣都堂，先生曰：「是將以卜式〔四〕出身也。」辭不赴。江師航海，資糧屝屨，不能不仍仰之内地。先生家已落，猶貨其田園奴婢之未盡者以應之。蓋至是屏當一空，遂無擔石之儲，而先生怡然。

〔一〕方國安、王之仁。

〔二〕孫嘉績，卷四；熊汝霖，錢肅樂，沈宸荃。

〔三〕謝三賓。

〔四〕卜式，前漢書五八。

湖上之結社也，陸披雲、董曉山、葉天益、陸雪樵，皆鄞産，范香谷則定産，而蜀人余生生以寓公亦預焉〔一〕。七子以扁舟共遊湖上，或孺子泣，或放歌相和，或瞠目視岸上，人多怪之。

〔一〕陸宇燝、董劍鍔、葉謙、陸崑、范兆芝、余嵞。

先生之詩，如怪峯奇瀾，嵯峨淡冽，不自人間。所著有南軒、南樓二集，湖上集，蘿巖集，西村集，療飢集，晚年合爲愚囊稿，删定得六卷。然此皆其外集，頗和平，至内集，則無見者。

先生性狷急，嘗在先贈公〔一〕座中，擁爐圍火。適有客至，其人頗遊時貴之門，將以淡巴菰引火，先生拂然遽曰：「污吾火矣。」晚年所居僅破屋，時至絶粒，哦詩不衰。

〔一〕全吾騏。

先生生於某年月日，卒於某年月日。夫人某氏，葬某鄉某原。其愚囊稿今藏董生秉純，蓋周即墨證山〔一〕所手書。其銘曰：

於國有益，於家奚惜。其命雖窮，其詩則工。荒江夕照，靈禽所弔。讀我銘文，如見其人。

〔一〕周斯盛，續甬詩八二，順治十八年進士。

范處士墳版文〔一〕

范處士者，諱兆芝，字香谷，浙之寧波府定海縣人，工部員外郎我躬子也。處士少不羈，負才自異，揮霍一切，家漸困，里人多笑而遠之。其婦翁謝氏爲豪宗，子弟裘馬炳赫，處士視之若無有，而諸謝亦以其落拓，弗喜也。獨其婦弟二人者嚴事之，處士曰：「吾婦家祇此二人者稍可，餘俱奴才耳。」時以比之趙岐。同里華職方嘿農〔二〕負風節，處士宗之，一步一趨，皆以爲準。職方鞅掌國難，處士助焉。

〔一〕范兆芝，續甬上詩五七。
〔二〕華夏。

戊子翻城之役，亦牽連被囚。將行刑矣，謝徵君時符，其婦叔也，以奇計脱之，遂挈家避地鄞之東偏。處士自遊江上諸幕府以來，家盡落，連遭挫折，不自得。每酒闌日暮，語及平生，則怒髮裂冠，彈指出血，座上人咸惴惴，惟恐其辭之未畢也。好義日益甚。華亭張茂滋被俘，陸公子披雲出之獄，未能爲其歸計也，處士曰：「在我而已。」爲之治行李，設祭於閣部墓前，送之歸華亭，復爲之謀其家事，方去。

已而窮甚，乃訪故人於廣東，甫至而病遂不起。其從人爲旁皇作歸櫬計，適有自慈溪至者，過之，泫然泣曰：「是嘗拯我於厄者，殯當於我歸。」即爲輿致其喪至家，然其家終不知處士之於是人所拯何事也。

處士之出遊也，中途遇查職方方舟，相得甚歡。職方攜女妓一部於舟中，日邀處士過船飲，酒醉則相與卧妓側。至其密語，人莫得而聞也。臨别，與處士約以次年同歸湖上脩史，而處士死。

處士生於天啟甲子某月日，卒於順治戊戌〔一〕某月日。子一，基宥。女二，其長者許陸經旦，披雲子也，未娶以哭父瞽；范氏辭於陸，請更娶，陸氏不可，而女竟以毁卒。披雲痛之，乃更娶基宥女配經旦子。

處士卒之十五年，其孺人卒，而謝氏二弟皆已貴，爲之營護其家，重以姻好焉。處士所著復旦堂集及諸書，皆散佚於廣東。經旦以其殘稿歸予，而請爲之墳記，予不敢以蕪劣辭。

〔一〕順十五。

其銘曰：

雖灰其心，未瞑其睫。嗤彼皮相，目爲遊俠。

葉處士志〔一〕

葉處士謙，字天益，浙之寧波衛人也。其始祖自潛山以功賜爵，世襲百户，來寧波，居北郭。曾祖武略將軍紳，當嘉靖時，海濱方有王直之亂，寧波東隅日被兵，城門晝閉，浮梁中斷，大吏僅保郭内。武略憤甚，出家財募死士爲禦賊計。一日傳賊至，開門叱纜徑渡，遇賊先鋒於七里墊，直前揮殺，賊大創。而兵不繼，賊踵至，武略與二子俱死之，詔晉其所襲爵爲千户，時武略年僅三十六。相傳其人放誕，好飲博市廛中，一旦臨大節，始服其義。至處士乃以儒學起，而亦以國亡爵絶。

〔一〕葉謙，續甬上詩五七。

處士爲人守規蹈矩，跬步不妄。工爲詩，其嚴格律，審流派，亦如其人。顧自謂忠節之後，不肯屈身二姓，嘗曰：「我家雖不敢與晉之陶氏比大，然其爲世臣則一也。」聞者多笑之。當是時，甬句東遺民極盛，而寓公亦多。桐城方子留、成都余生生、華亭宋菊齋〔一〕皆重處士，詩筒往來，無日不相唱和。顧蕉萃特甚，嘗於夏日曝衣，持武略所遺緋袍，泣曰：「此茜色者，尚與當日沙場戰血相映紅也。今孫輩之生存，負乃祖矣。」

〔一〕方授、余奭、宋龍。

所居不蔽風雨，其徒或爲之謀徙宅，則曰：「此所踐者，先將軍賜第之土也，弗敢易。」一時遺民共爲賦城北破廬詩。周鄮山過之歎曰：「昔人之稱東發，一餐竟日，不願長生，今於天益見之。」時處士母在堂，束脩所入不足供甘旨，則稍爲人應詩文之請以潤筆，然非其人不許也。

尋病瘧不起，訣其母曰：「兒所恨者以母在也，不然，兒死晚矣。」無子，葬於城北武略大墓旁。嗚呼！處士之齎志柴門，其與武略之横身馬革，一也。顧不得之軍師國邑之世臣，而得之草野，乃知忠孝之稟，各有所鍾。數十年以來，耆老殆盡，固無能知處士之大節者。即以其詩，亦在湖上七子集中〔一〕，而今知者鮮矣。

〔一〕湖上七子見前宗徵君墓幢銘。

予友董弦既屬予撰曉山先生墓版文，更爲處士請，予乃爲之志，以俟他日之録遺民者。

耕巖沈先生續志〔一〕

少讀南雷前輩所撰沈徵君志〔二〕，愛其文，顧不知其有志而未葬也。蹉跎至今六十七年，猶未葬。（下略）

〔一〕沈壽文。

〔二〕文定前集七，文案八，文約無。

鮚埼亭集批注　外編卷七

碑銘四

翰林院編修初白查先生墓表〔一〕

初白先生之墓，方侍郎靈皋爲之志，其彌甥〔二〕沈生廷芳復請表於予。猶憶初應鄉舉時，謁先生於湖上。時方學爲古文，先生見之喜，謂萬丈九沙曰：「此劉原父之儔也。」年來學殖荒落，慚負先生期許之意，然而知己之感，又曷敢辭。（下略）

〔一〕查慎行，原名嗣璉。

〔二〕彌，遠也。《左哀廿三》。

杭州府錢塘縣教諭左丈江樵墓幢銘〔一〕

江樵先生姓左氏，諱臣黄，字紀雲，浙之寧波府鄞縣人也。

〔一〕左臣黄，續甬詩九十。

國初，吾鄉諸老先生以古文有盛名於天下者，莫如姜編修湛園，次之爲萬五河管村，而先生古文更出其上，忽而精悍勁峭如孫可之，忽而回翔紆餘如曾空青、樓大防，忽而生澀如吴淵穎，從心變化，不名一家。顧湛園、管村皆遊京洛，京洛之元老，輸心推挹，以是得出入承明、未央之庭，並參明史館務，而先生落落穆穆，不求人知，其氣力無由達於廟宁，亦遂無有物色之者。

先生口吃，其爲人疏散，任本色，威儀率略，最重名節，雖先輩不肯少寬假。嘗以周徵君鄮山〔一〕未謝酬應，累諷之。一日，諧之曰：「商容易代，受寧王表閭之寵，赴謝鎬京，道逢伯夷，勸其改姓，信有之乎？」徵君笑而謝之，然不以爲忤也。（下略）

〔一〕周容，墓幢見前卷。

順天府丞提督學政鹿亭胡公神道碑銘〔一〕

故京兆鹿亭胡公，諱德邁，字卓人，由康熙丁巳舉人選中書科舍人，掌科事，遷江南道御史。歷掌山東、山西、陝西、河南諸道，管理登聞鼓院，稽察錢局，巡視南北二城。丁内艱，再補浙江道御史，掌河南道，遷順天府丞，署尹事，以康熙五十四年九月十一日卒於位。

〔一〕胡德邁，續甬上詩百七。

公故徽人也，自其曾大父始爲鄞人。隱約者再世，至中憲大夫文學〔一〕始以甲科起家，用御史巡淮鹺，内升超六階。已推太僕寺少卿，未上，以疾動乞假去，公父也。胡氏仍世爲臺臣，並有聲，然皆未展其用，論者惜之。（下略）

〔一〕甬上耆舊詩有胡文學康十三年序。又有李鄴嗣康十四年序，言文學卒，其子德邁梓成之。又有張汝翼康十五年後序亦云然。計文學卒時，德邁十六歲，中舉時十八歲。

生於順治十七年九月二十二日，享年五十六歲，葬於城東紀家山之陽。有適可軒集。娶張氏，封恭人，亦工詩，其與洪太恭人以姑婦相唱和，有世德堂集。簉周氏。子四：銘彝、銘常俱貢生；銘嶧舉人，知南充縣；銘鑑監生。女二，孫七人，曾孫五人。

公之卒三十年〔一〕，而銘嶧〔二〕偕冢孫鼎台以神道之文爲屬，乃爲之銘曰：

天都之望，集於我邦。世襲繡衣，兼有文章。蔚爲清門，世德克昌。佳城鬱鬱，表兹鄞江。

〔一〕乾十一。

〔二〕胡銘嶧，字君山。名見詩集四注。

馮丈南耕墓碣〔一〕

梨洲黄公之學，吾浙東英俊多出其門下，而最先推挹之者，慈水馮氏也。當是時，津撫留仙先生兄弟首傾倒其學，躋仲侍郎以文章風節相顔行。嘗有冒梨洲名致箋鄴仙者，躋仲舉其中誤字以爲疑，鄴仙曰：「太沖多學，當有所出。」時人傳以爲雅語。留仙兄弟既逝，芾皇、道濟皆嚴事焉。而馮氏後起之秀，乃有崛强特出，則爲南耕茂才。南耕嘗聞梨洲之論，又讀其所著書，不盡以爲然。嗚呼！以歐陽兖公之學，而原父〔二〕、介卿皆不甚服之，古人正不以苟同爲是也。南耕之學未必皆足以匹梨洲，要其所以角逐於膏肓墨守之間，自有不可泯没者，而惜其阨窮以死，世遂無知之者，嗚呼，可悲也夫！

〔一〕馮明遠。卷四十一有奉先生書，四十五又有奉先生帖。

〔一〕劉敞。

初，吾鄉前輩有講經史之會，梨洲殁後，萬八徵君石園〔一〕實主之。南耕間從講會諸公得其所記録，以爲未盡核，多所彈駁。石園於書無所不讀，然南耕所考據，證佐嶽嶽，莫能難也。嘗謂學人言胡梅磵通鑑注地理之誤，隨口舉示，如河決下流而東注，則近來釋地諸儒，如顧亭林、胡朏明、顧景范、閻百詩莫能過也。顧南耕長於持辨，而嬾於著書。既不遇，頗怏怏，得酒即喜，劇飲頹然，有問所疑者，隨口荅之，雖甚醉，井井如故。而或勸以筆記之，則曰：「汝曹識之可耳，何以記爲？」或言其於春秋傳地理有成書，而總未嘗出以示人。學者固請之，則曰：「吾尚有所待也。」乃未幾而不戒於火。

〔一〕萬斯同季野。

晚年益自放，日穿穴於佛經，決隄倒瀾，若有所悟。然南耕故儒者，其忽逃而之禪，蓋有所不自得於中。而自其春秋被燔，遂卒無一編半册傳於後者，可悲也夫！予嘗與萬丈九沙偶舉通鑑胡注之誤者數條〔一〕，九沙歎曰：「南耕嘗言之矣。」顧予及冠出遊，家居時甚少，未及一見而叩其所學，爲可恨也。

〔一〕參卷卅二通鑑注條。

南耕諱某，字茗園。生某年，卒某年，年若干。晚年一貧如洗，好事者或載酒餉之，則庋佛經於閣，相對極歡，陶然而醉，客去不知，真古之狂也。

張丈韞山墓表銘〔一〕

張先生諱錫璁，字德符，別署韞山，浙之寧波府鄞縣人也。（下略）

〔一〕張錫璁，續甬詩百十二。

生於康熙壬寅月日，卒於雍正辛亥月日，得年七十。娶胡氏。子五，孫七。葬於城南之虎狼潭。所著有韞山集。先是觀風整俗使、宗人府丞左吾王公至鄞，聞先生之懿行，表其閭云。

卒之後十年〔一〕，其孫炳來問業〔二〕，請予表先生之墓，予始爲之表，而繫以銘。銘曰：

是爲有道，張公之塋。勒我斯銘，以當易名。

〔一〕乾七。
〔二〕經史問答卷三爲張炳問。

葉徵士桐君哀詞〔一〕

同年宜興儲君寬夫〔二〕來京，亟爲予言其鄉葉生桐君之材。桐君故寬夫世父六雅〔三〕編修弟子，因從之至太原纂修山西通志。撫軍石君奇其才，延之使課子。踰年，桐君來太學，將應順天鄉試。然愿甚，不識九衢南北，欲與諸名輩還往不可得。其尤欲見者，莫如臨川先生，而無從訪其邸第，日悵悵然。最後始得見萬孺廬編修問之，編修笑曰：「此吾東隣也，以君之才，正先生所願見者。」於是偕之登先生之堂。而予時方假館先生邸中，桐君向日從寬夫聞予名，并求見予。是日，桐君以所著史論來，先生與予挑燈讀之。其考索尤詳於唐以後六史〔四〕，其議論尤悉於西北諸陲。先生歎曰：「此近日史學所希也。」

〔一〕葉翥鳳。
〔二〕儲晉觀，雍十一進士。
〔三〕儲大文，康六十進士。
〔四〕六史：五代、宋、遼、金、元、明。

秋試不售，復赴太原，而詔求大科之選，撫軍心知君之才，顧以在己幕中爲嫌，遲回久之。臨川先生聞而笑曰：「豈有人才如葉生者，而乃以嫌爲言。」乃使人展轉致意撫軍，卒薦之。

桐君再入京，予已從臨川邸遷於街西南，然相去不遠也。桐君覓予之寓復不能得，而予適以俗務未遑過之。乃未幾而聞其病，病不數日遂死，其去臨軒策試，僅一月耳。嗚呼！天既予人以瓌異之才，而復困之短折之命，使其秀而不實，誠不解其何心也。如桐君者，即令以青衫終老，要其著述，亦當有以自表暴於世，而顧厄之一至於此。桐君之貌甚蒼，其爲人絶無少年才士習氣，萬編修嘗曰：「是人他日必成令器。」豈料其究竟乃爾耶？

桐君，諱藹鳳，字鳴周，江南常州府宜興縣人，以諸生入監，得年三十有三。歸安沈徵君東甫〔一〕在太原，嘗見桐君之文而心折之。其抵京，則桐君歿逾月矣，謂予曰：「子當思所以傳之。」予乃爲之哀辭，使其家鑱諸墓，而選其文之尤有關於舊史者，入詞科摭言中。摭言所載之文，莫有多於桐君者，痛其死也。其詞曰：

以君之學，足以追夾漈，跂深寧，而未見其止。以君之遇，亦幾幾乎入未央，登承明，而遽促之死。彼世之牆其面而錐其指者，方且童其顔而兒其齒。彼蒼者天，曷以有此！

〔一〕沈炳震。

龔丈省齋壙志銘〔一〕

錢唐龔鑑，朋輩中之方聞者也。方其未通籍時〔二〕，家貧甚。顧予過之，見其雞黍之養不匱於堂上，猶能以餘力爲吾曹葱湯麥飯之驩。因叩其所由來，則曰：「非我叔父之力曷至此。叔父七歲而孤，吴回爲虐蕩吾家，世父與吾父皆出遊以希一遇。叔父始棄書卷，習計然策，牽車奉母，稍足自給，而吴回又困之。顧叔父才敏幹，不數年復振。會世父薄宦，資其行李；吾父困於久客，清其逋。蓋叔父自六十以前，幾三致千金，陶朱公不足多也。世父卒於官，家早罄，叔父任其八口之事。吾父病癃，不肖依賴者益多。惟叔父所以教吾兄弟者，非徒推肥就瘠衣食之惠，而時時以立身行己先正格言，諄諄三致意焉。是尤世俗中所未有。」又曰：「叔父所見卓然，如堪輿家鬼蔭之説，世爭信之，而叔父唾之。每言吾父子兄弟生爲一氣，死當一邱，斯古人族葬之説所以不可易也。遂買地南高峰下，傍大父母墓，約他日左昭右穆，兄弟則同昭穆之位，以次並列，子孫輩無違也。不肖以拔萃上成均，叔父謂曰：『行矣，報國以光大其家，不必以老親甘旨爲念也。』」當是時，鑑爲予言，感慨於邑至淚下。

〔一〕龔茂城，卷十二有生傳。
〔二〕進士題名録無龔鑑，前集十九有鑑墓誌，蓋拔貢也。

是年，先生七十，因乞予文爲先生壽〔一〕。（下略）

〔一〕即卷十二生傳。

朱孺人李氏志

予遊江都，於朱上舍自天爲最契。征車南北，弭節之辰，未有不聯牀作十日話。而自天之孺人李氏甚賢而能，予以邱嫂事之。自天館予於齋中，寒暑飢渴，孺人能從壼内揣度無不中。乃知龎、馬漢陰過從〔一〕，泊然兩忘於主客，固其交道之深，要必其内助之賢，足相副焉。（下略）

〔一〕龎公、司馬德操，後漢逸民傳。「漢陰」涉上文「漢陰老父」而誤。

鮚埼亭集批注　外編卷八

碑銘五

非堂全先生墓碣銘〔一〕

非堂先生姓全氏，初名大霦，字懋韜，後名大震，字一何，先宫詹公〔二〕次子也。宫詹長子舍人〔三〕，才筆華綺，而先生更横厲。宫詹晚年嘗撫先生，歎曰：「此奇兒也，吾家文章之寄，其在斯乎？」壻於陽羡吴氏，故巨富，資妝數萬金，隨手而盡，放浪湖海，不可一世，遂成窶人，所至有殘杯冷炙之歎，卒以客死苕中。其所著東皇集，散佚不傳。李杲堂輯其詩，僅得數十首，先公復加搜訪，始得四卷，而古文無存矣。顧杲堂所作先生傳，則於其大節有未及者。

〔一〕全大震，見甬上詩廿九。

〔二〕全天叙。

〔三〕全大訓，甬上詩廿七。

先生初入京，其上世門舊尚多，顧心非韓退之上書求售，不肯自通。長安米貴，始大困。吴尚書生白、李尚書稽仲、江翰林柱北皆力吹嘘之，於是施相國存梅招之東閣。是時奄人方盛，相國依阿奉命而已，先生乃謂之曰：「閣下當有以制權璫，而顧爲權璫制乎？即令如茶陵之於逆瑾，已不能使天下後世白其心跡，況未能耶？竊爲閣下危之。」相國以是不喜，待之驟衰。先生謝曰：「一介書生，閣下即麾而去之，非所怨也。」遂不復往。周御史昌晉、陳御史朝輔，皆待先生厚，然先生以其附奄也，累斥之。於是連試順天，皆不得售。已而朝政一新，先生大喜，有極陳時政疏。將投匭，會亦有不慊於中者，歎曰：「尚非其時也。」拂衣南歸。自是不復入京。關西許次龍者，亦豪士，贈先生詩，有曰：「横犀貫玉高車馬，不見厰臣並陛下。如今天子忽異常，開口要進虞與唐。聞君萬言書滿紙，草成不上果何以。抱璞荆山每見擯，折弩千鈞羞再進。」紀其事也。嗚呼！先生所自立如此，而杲堂僅以詩人目之，是豈知先生者哉。

先生生於萬曆某年月日，卒於崇禎某年月日，以宫詹任子恩入太學，葬於贈宫詹公墓旁。子一，美閑。先生最工書，兼喜畫，醉後掃雪呵雹，隨意揮灑，老筆頽唐，至今戚黨中尚多有之。其銘曰：

有才掞天如同甫，詈曾詆龍〔一〕亦其伍。不屑大魁節更高，布衣何妨獨千古。孤墳四尺東湖東，夜有精光降白虹。

〔一〕曾覿、龍大淵。

先曾王父先王父神道闕銘〔一〕

吾鄞之全氏，自宋太平興國中，侍御府君〔二〕由錢塘來，卜居城南之桓谿，十六傳而遷城中。檢討府君〔三〕始以篤學懿行稱人師。侍郎府君〔四〕以碩德大節在永陵〔五〕講筵，直道不容，外遷陪都。和州府君〔六〕以慈惠之政，歷守南畿，爲循吏。應山府君〔七〕文學淵奥，牽絲作吏，未展其用，祖望之高王父也。應山府君伯子諱大和，字介石，別號他山，國子監生；叔子諱大程〔八〕，字襄孫，別號式公，府學生。他山府君無子，以式公府君子爲之後，祖望之王父也，諱吾騏〔九〕，字聿青，別號北空。他山府君兄弟當明之季，用錢忠介公薦，一以大理寺左評事徵，一以太常寺博士徵，見江上事不可爲，俱不受。

〔一〕全大和，他山，續甬詩三；全吾騏。
〔二〕全權。
〔三〕全元立，鄞志人物十六。
〔四〕全天叙。
〔五〕嘉靖。
〔六〕全少微，續甬詩二。
〔七〕全天授，續甬詩三。
〔八〕全大程，本生曾王父，續甬詩廿四，江上授太常寺丞。
〔九〕全吾騏，續甬詩六三。

丙戌〔一〕以後，甬勾東之人遠在天末，尚煩多士、多方之訓，成化最晚，其在世禄家子弟尤爲甚焉。而吾全氏一日棄諸生籍者二十四人。他山府君議以東錢湖之東，最稱荒僻，而吾家有田十畝在童嶴，又爲東湖萬山之中，人跡罕至，欲避地焉。王父時年十六，他山府君問曰：「汝能絶意人世乎？」王父曰：「謹受命。」即披野服隨二父入山，一門共修汐社。力耕之餘，清吟而已。高先生隱學〔二〕嘗歎曰：「謝皋羽〔三〕棄其子行遯，終身不相聞問；鄭所南〔四〕則無子，未若全氏之駢聚也。」而家業自是蕩然，城中里第爲營將所踞，圖書法物無一存者，所有春雲軒池沼，廢爲馬廄。乃自以爲入山已深，而杜嶴起兵，管江搆禍，山中犬牙交錯，血瀑腥嵐，風鶴之警日至，雞犬俱遭物色。寨長土團，雜沓來過，雖邀天幸，卒得免禍，而危機已遍歷矣。

〔一〕順三。

〔二〕高宇泰。

〔三〕謝翱。

〔四〕鄭思肖。

辛卯〔一〕以後，始得稍静，而他山府君暨孺人李，式公府君暨孺人翁，相繼逝世。又喪吾前王母，再娶，始得舉先君子〔二〕兄弟，而王母又逝。先君子兄弟皆王父所親字也。其茶苦益不堪，而怡然不改其樂。先君子既長，始返城居，得一椽於宫詹府君〔三〕第中。湖上有不波航者，陸氏〔四〕之詩樓也，王父與李先生昭武〔五〕輩遊其上，日唱酬焉，望見之者皆知爲咸淳以上人也。

〔一〕順八。

〔二〕全馥。

〔三〕全天叙，前文稱侍郎。

〔四〕陸宇爗，參卷廿。

〔五〕李文纘，續甬詩四七。

得年六十有八而卒。生於崇禎辛未十月二十四日，卒於康熙丁丑五月初二日〔一〕。子二，先君暨仲父也。乾隆丁巳三月，以不肖祖望邀恩命，貤贈翰林院庶吉士，王母潘氏、董氏俱贈孺人。

〔一〕此王父神道闕銘耳，何以稱爲先曾王父、先王父？

贈公〔一〕性方嚴，跬步不苟，而忠孝之行根於天性。和州府君之祭田，幾爲羣從所廢，贈公以死爭之得止。他山府君仲弟亦無後，其繼子不肖，奉養有闕，贈公月致餼以饋之。羣從輩或加横逆，勿校也。所著有梓里諸忠傳略一卷，聽濤樓詩一卷。葬於城南和州府君墓旁。先君子欲爲贈公作志而未就也，凡不肖之所述，皆先君子口授之，而次之以爲銘。銘曰：

肥遯之節，固窮之操。其身則厄，其道則高。作詩貞石，垂之罔極。

〔一〕此贈公指吾騏，前稱王父。

穆翁全先生墓誌〔一〕

族祖穆翁先生諱美樟，字木千，晚年別署穆翁，先宮詹公之孫，而舍人公〔二〕之次子也。先宮詹公家貧甚，舍人之歿，棺衾俱竭力而後備，故先生雖世胄，蕭然如儒素。獨與兄弟講求佐王之學，尤以名節自厲。熟於史、三漢，南北朝，兩唐紀傳，背誦如流。王節愍公〔三〕令鄞，深器之。張督師蒼水爲諸生，放誕不羈，呼盧狂聚，窮晝極暮，自其父兄以至師友皆拒之，獨先生一見曰：「斯異人也。」乃盡賣負郭田三百金爲償其負，而勸以折節改行。督師於儕輩不肯受一語，惟見先生，稍斂其芒角，以女妻先生仲子〔四〕。

〔一〕全美樟，大訓次子，續甬詩六四。
〔二〕全大訓。
〔三〕王章，武進人，崇三年任，九年遷。
〔四〕仲子名闕略。

已而江上大亂，先生驅馳其間，事既不克，幅巾歸里。而督師以蒼頭異軍，累蹶累起，崛强山海，遂爲大朝所指目。先生買屋於黄巖，將以密置督師之家，未發，而其眷屬已被録，乃遣仲子挈婦往避地焉。先生自是遂爲目盲，一無所見，掩關静坐，如袁閎之居土室，如范粲之乘柴車，言笑俱絶，侍者但聞其中夜必有歎聲。於時督師戚里株連者多，先生門外，邏舟之過不絶，顧風波不及焉。臨終書末命曰：「吾未得爲蒼水延一綫，汝曹當世奉其祀。」嗚呼！太白之識汾陽，其與先生之識督師，皆出於風塵物色之外。一則爲中興之元老，一則爲窮島之孤臣，成敗不同，而其無愧爲天地間偉人，一也。

生於萬曆某年月日，卒於康熙某年月日。娶周氏。江上授禮部主事〔一〕。子三，其仲爲督師壻者，遂居黄巖，葬於東錢湖祖墓旁。所著有崧窻集，風格亦九靈山人一輩也。

〔一〕故詩集二注稱「儀部」。

族祖葦翁先生墓誌〔一〕

葦翁先生諱美閑，字吾衛，先宗伯公〔二〕之孫，二何先生子也。二何先生雄於詩，其草書尤偉。先生詩有父傳，而畫馬極似松雪。宗伯故清貧，二何先生更視財如土，隨手而盡，至先生遂寠甚。同里陸大行文虎〔三〕與二何先生善，重之婚姻，故先生爲陸氏壻。大行最持標格，羣從子弟少可者，獨奇先生曰：「此郎他日不僅以風雅稱也。」

〔一〕全美閑，大震子，續甬詩十四。卷廿一有先侍御畫馬記。
〔二〕全天敘。
〔三〕陸符，續甬詩廿一。

國難後，自以明室世臣，不仕異姓，集親表巨室子弟爲棄繻社。於是願入社者：楊氏則文懿公〔一〕裔孫文琦、文瓚，屠氏則侍郎大山孫獻宸，董氏則侍郎光宏孫德欽、翰林樾曾孫劍鍔，周氏則尚書應賓孫御天，陸氏則都御史世科子宇[火鼎]、宇燝，李氏則尚書康先孫振璣、振玘，徐氏則大理卿時進子鳳垣，施氏則都督僉事翰子邦玠，高氏則都御史斗樞子宇泰，吾家則族祖木千先生〔二〕暨先曾王父兄弟〔三〕，皆豫焉。而武進王忠烈公〔四〕子之栻以忠烈曾知鄞，故來僑寓，亦願入社。謝昌元〔五〕聞而惡之曰：「此輩不復求死所耶？」順治丙戌，之栻以部曹爲金華朱閣部〔六〕所招，守義烏死。戊子，二楊兄弟、獻宸、德欽、邦玠五人〔七〕，謀以城應海上，不克，俱死。宇泰牽連入獄，幸免。先生不以懼禍自降其節。

〔一〕楊守陳。

〔二〕全美樟。

〔三〕大和、大程。

〔四〕王章。

〔五〕昌元，宋人降元者，見延祐四明志五卷廿九頁，借指三賓。

〔六〕朱大典。

〔七〕五人，非所謂五君子。

己丑〔一〕，監國至翁洲，先生爲之治其扉屨，則貨宗伯遺居應之。自是祇老屋兩間，有時晨炊不給，先生畫馬自若。監國召之爲樞曹，未赴，翁洲破而止。二陸之居與先生隔一垣，姚江王侍郎〔二〕梟首城上，宇爊竄取以歸，藏書庫中。每年寒食，密邀先生出其首以一卮祭之，雖其家人有不知也。壬寅，振璣以降人所告入獄。癸卯，先生與宇爊俱逮至杭，歎曰：「吾不可辱。」一夕暴卒。明年，張尚書〔三〕難作，木千先生以其婣，亦幾不免。蓋二十年來，社中人物，或死或生，要皆以完節終。六朝最重門第，自唐以後始衰。今以先生社事觀之，乃知故國喬木，不可不亟爲封殖，而成周分殷民於諸國，漢人徙齊、楚諸族於茂陵，與王之慮，所必及也。

〔一〕順十六。
〔二〕王翊。
〔三〕張煌言。

先生被難，詩稿散無存者。子二：宗然、宗岐，俱國子生，而無嗣，從孫國泰爲之後。雍正甲辰〔一〕始葬於宗伯〔二〕墓旁。先贈公〔三〕嘗欲作先生傳而不果，予爲此志，亦猶先贈公之意也。

〔一〕雍二。
〔二〕全天叙。
〔三〕全吾騏。

先公墓石蓋文〔一〕

乾隆三年臘月二十六日，先公吟園府君卒於正寢，距生之歲康熙二年三月二十五日，得春秋七十有六。其時不肖孤祖望方摧毁苫塊，不能親楮墨，故乞表墓於李宫詹穆堂，志墓於謝觀察石林，皆本之萬編修九沙之狀。歲月匆匆，忽至卒哭。卜葬既有期，爲念僇民之惘，末由抒寫，輒瀝血濡毫，用訴荼苦，并取其與表、志足參稽者。

〔一〕全書。

嗚呼！先公之舉不肖最晚，而不肖少多羸疾，先公憂之。嘗與吾母太孺人挑燈相對，舉柳河東與許孟容書〔一〕，謂行年四十有奇，春秋祭祀，隻影煢煢，懼此藐孤弗克成立，未嘗不潸然淚下也。不肖年四歲，先公親課之，粗解章句。先是有兄祖謙最慧，甫就塾即遍通諸經大旨，親表中有聖童之目。六歲而殤，先公哭之，幾成心疾。至是歎曰：「是子雖不逮其兄，然亦可兒也。」而一歲中多在牀蓐，先公竭束脩所入，拮据參苓，家日益困。不肖年八歲，先公於治經外，授以通鑑、通考諸書。講畢，撫摩而時其寒熱，呼太孺人賫果餌焉。嗚呼！先公之於不肖，字之艱而教之瘁如此。

〔一〕柳集三十。

已而不肖稍長，薄有時名。緣家之貧，不能不衣食奔走。既不克親陔南〔一〕朝夕之養，而期功强近，無一足恃，望雲之淚，與嗟子之夢，無日不交馳也。先公深以不肖疏率，憂其挫折，每一貽書，三致意焉。不肖卒未能折節，跋前疐後，所至輒困，先公之懸懸者，十年如一日也。雍正壬子〔二〕，不肖流滯計車，而有婦張氏之喪，上累尊章，所生一女又殤。倚門一慟，老淚爲枯。嗚呼！不肖之於先公，其罪不祇在失養也。

〔一〕應作「南陔」。

〔二〕雍十。

先公性伉直，不設城府，與人言，洞示肝膈。胸中有不可，輒面折之，雖素憎其人，有善弗掩也。尤以尊祖敬宗爲急，羣姓中或廢棄先人之遺業，必力爭之；敗壞先人之遺教，必痛責之；不改，則疾之若讎，幾不欲與相見。不肖自京師歸，先公方作族祖義田宗老六公傳。六公者，前宋遺民叔和先生暨其子鼎孫、謙孫、晉孫、頤孫、鼎孫子耆也。實置義田，以贍吾宗，三世而始備。謂不肖曰：「先世之厚如此，子孫弗克守也。今以汝之力固有所未逮，惟是始祖侍御公墓道荒蕪，三春寒食，麥飯闕然。吾負郭之田十畝，欲捐之以供祀事，汝其行之。即他日東西南北，侍御公無匱祀矣。」不肖幸得遭逢大禮，貤封兩世。焚黃之日，先公曰：「非總憲以上不得封曾祖，即欲貤封者，亦必登三品。吾非敢無厭也，然安得再展一世恩命乎？」先公之不忘其祖如此。

不肖之續娶於京也，本謀迎養而不果。既歸，婦曹氏以新産女留京〔一〕。先公故望抱孫，聞其爲女，不懌；又思見婦，日惘惘焉。會得疾，不肖私念八秩老人不可以豫凶事爲忌，乃竊爲之治諸壽器而諱之。先公聞而笑曰：「是謂我不達也。行年至此，其又何求。顧念汝鮮兄弟，支左詘右，故戚戚耳。」已而太孺人大病，入冬未愈，先公亦疾動，臨歿之日，坐牀簀間，猶諄諄以力不給爲虞。嗚呼！不肖所以嬰先公垂歿之念者一至於此，罔極之痛，豈凡爲人子者所得同乎？

〔一〕據年譜，乾二年九月出都，然則此女乾二生也。

吾全氏自宋侍御公遷鄞，二十三傳而至先公。五世祖〔一〕諱元立，明掌翰林院學士、工部侍郎。高祖諱少微，和州同知。曾祖諱天授，知應山縣。祖諱大和，國子監生。本生祖諱大程，以諸生徵。大父諱吾騏，以布衣徵，今贈翰林院庶吉士。世德清白，爲句餘望。

〔一〕二十三傳，由上而下。此五世，由下而上，自吾騏起逆數。

先公諱書，娶吾母蔣氏，其年少九歲。木皐山之原，墓道也。先公平日不輕著述，比其晚歲，始多作詩。至其考證吾家文獻，則所學之精可概見焉。舊譜謂「北史商洛諸泉，乃平東將軍全懌入魏，其子暉食邑白水，故改爲泉」。先公曰：「未敢以爲然也。全氏之先出於泉，非由全而改也。平東之後居商、洛，則誠有之。然唐末雄武節度使師朗，王蜀之勳臣也。其後有金川防禦使師郁，孟蜀之藩將也。世爲商、洛豪宗，不聞其改姓也，安得指北史諸泉以爲平東之後乎？」舊譜又稱「始祖侍御公之父，仕周世宗朝，官中書令」。先公曰：「殆吴越宰相耶？十國板蕩，中朝阻隔，鮮有越國而仕者。」又稱「侍御公出青州爲同知」。先公曰：「宋無同知州事之官，蓋知州也。」司空公有女葬其封公墓旁，即荆公女墓故址。先公曰：「此謝皋羽題詩處也。」不肖又嘗問明南都無詹事，而宗伯公自少詹改南都，應補何官？先公曰：「應借一級補祭酒。」先公之考證，蓋亦劉道原〔一〕之流亞，而耿介之性，復相近焉。是爲銘。銘曰：

在昔柳州，志其先人。有文炳炳，萬年之邮。嗟予小子，望之赧然。聊以告哀，敢謂可傳。

〔一〕劉恕。

先仲父博士府君權厝志〔一〕

嗚呼！先仲父客於外者五十年，而卒於京師。從子祖望力未能歸其殯也，權厝於宣武門之南。丁巳，祖望將歸省覲，而尚未能以殯行，乃爲之志。

〔一〕全馥。

先仲父諱馥，字子修，浙之寧波府鄞縣人。生於康熙丁未六月十三日，卒於雍正甲寅八月十八日，得年六十有八。先世系譜之詳，以權厝也，故弗備。

嗚呼！吾家自遭兵火，家業蕩然。仲父少於吾父五歲〔二〕，生未幾時而王母逝。其零丁孤苦，吾父時時述之。仲父年十八即遊京師，借硯田以餬口。然其爲人豁達大度，雖在貧困中，於錢幣視之不甚經意。其與人交，務歸於厚，而每失之過。同里先輩官於京者：如屠尚書芝巖、仇侍郎滄柱、陳大理心齋、胡府丞鹿亭、萬編修九沙〔三〕，皆重之。橐中游資亦稍裕。顧謂黄金身外之物，散盡可復來耳。同里親舊至京者，即館之，爲之謀其所往，不得，則衣食之，疾病則扶持之，急難則調護之，死喪則殯殮之，雖百施無一報，不卹也。

〔一〕吟園生於康熙二年癸卯，少吟園四歲。
〔二〕屠粹忠、仇兆鰲、陳汝咸、胡德邁、萬經。

蓋仲父雖與吾父同産，而所見不同。吾父嘗述魯齋之言，謂爲學亦當治生。所云治生者，非孳孳爲利之謂，蓋量入爲出之謂也。故吾父介於取，亦介於與，每遺書必三致意，而仲父弗甚省。吾父以其久客於京，乃資送仲母入京，食指愈重，客愈多。掌司天監者，以仲父通星歷，薦授博士〔一〕。受任歲餘，不自得，引疾罷。已而仲母連舉二弟，吾父遺書促歸曰：「遊興亦當闌矣。」仲父亦竟弗歸。蓋其生平之志過侈，欲以有得而後歸，不知其遇之蹇也。

〔一〕徵士録云：叔馥，欽天監博士。

已而仲母以病卒，又喪季弟，哀樂遞傷，始漸困。仲父故嗜酒，以此得疾。久而愈困，意氣因日落。然偶得數金，見以急相告者，即解橐與之，未肯以力屈而阻也。雍正庚戌，祖望入京，仲父見之喜甚，急呼酒飲之。已而泣曰：「汝父累書遺吾，吾豈不願歸，顧當日之遠志爲何如，而今日尚小草乎？其待汝成進士，吾偕子而歸耳。」癸丑，長弟又殤，仲父益忽忽。甲寅五月，方遊潞河，及歸，聞仲父病，遣人迎之。既至，醫治小瘳，忽復沈篤，歎曰：「汝之成進士必也，而吾不及見矣。」遂絶。

嗚呼！仲父之生平，不無過於疏落，然而其意則歸於厚者也。以近日世風之偷，如仲父者，可多得乎？而究竟如此，天也。仲母董氏，亦有賢行。其在家也，撫視祖望如子，吾母每言之，未嘗不流涕也。

嗚呼！祖望不肖，使仲父之殯尚留滯於此，誠罪愆也。抑尚未有子，未能爲仲父置後。稍待之，將卜地而謀歸葬焉。謹志。

張孺人神誥

嗚呼！是爲亡婦張孺人之壙。孺人世居鄞江城北。曾祖某，祖某，父某，世以儒業其家。孺人之姑氏與吾太孺人家有連，故孺人歸於我。孺人及笄多病，尤不善飯，太孺人聞而憂之。其于歸也，予以衣食奔走，一歲中在里門不及數旬，孺人力疾爲堂上視菽水。家君子性嚴重，雖子弟不輕假詞色，獨見孺人輒一霽顔。孺人嘗以予性地伉直，恐不容於時，多因事相規切。戊申〔一〕之夏，予患齒痛甚劇，孺人笑曰：「是非雌黄人物之報耶？」予賦長句一章解嘲，孺人和之，今其詩附載予集中。予自山左還，孺人爲予鈔紀遊詩二卷。壬子〔二〕之春，孺人臥病牀笫間，而家君子以闈期近，促予北行。孺人愀然曰：「吾不幸病甚，然君舍朝夕之養以遊京師，將以有得爲親榮，詎可以兒女子嬰情也。行矣，無多言。」已而孺人病少瘳，予遂束裝北上，孺人送予及屏而返。其所囑者，則秋間吾外舅六十壽言也。予應曰：「諾。」嗚呼！詎知吾外舅稱壽後數日，即孺人屬纊之辰也，哀哉！當是時家君子以予方及春試，家書秘其事，隔歲而始知之。而太孺人視婦如所生，撫棺一慟，絶而復蘇者再。嗚呼！予之負疚者何如哉。

〔一〕雍六。
〔二〕雍十。

孺人自以年已三十，予又獨子，累舉息而不育，心爲憂之。身後止一女，未幾亦殤。嗟乎，予何罪而至斯也。孺人之歿十年矣，每逢齒痛，追憶疇曩之言，不禁腸斷。

孺人生於康熙壬午三月朔日，卒於雍正壬子八月二十二日，得年三十有一。乾隆戊午始克葬於城南和州公大冢之旁。予去年幸邀大禮，孺人例得贈典，而以貤封不克及，焚黄之日，不覺欷然。嗚呼！「俸錢十萬，營奠營齋」，此鄙言耳，固非所加於吾孺人也。

殤兄壙銘

殤兄名祖謙，小字學郎，生而慧甚，四歲入塾，一年即能略通諸經章句。舅氏蔣先生蓼厓〔一〕歎曰：「是聖童也！」家君收税於鄉，兄隨吾母往省舅，忽於案上大題「鯉也死」三字，而破之曰：「聖人之不得有其子，聖人之不幸也。」是日，戲以小刀翦紙，傷其指，感風三日而篤，臨危猶張目曰：「阿爺來否？」家君聞兄病馳歸，已死，及過案上，見其題字，大驚。時年六歲。家君自是幾成心疾，而吾母亦大病者歲餘。兄之死十年，而予始生。予少時頗自負，藐視羣兒，家君叱曰：「汝兄如虎，使汝遇之，走且僵耳。」是爲志。銘曰：

吾聞諸圭齋之銘曹生也：「麟之不角，麛不如殰；鷗之不翰，鷇不如毈。」嗚呼！造化亦何心哉。殰音獨，未生而胎敗。毈音段，卵不孚也。

〔一〕蔣拭之。

先真志府君墓石蓋文〔一〕

先真志府君，不肖祖望十四世族祖也。其墓在小白山中，結真心庵以守墓。明嘉靖中，先侍郎府君〔二〕遊小白，嘗題詩曰「真志先塋三百年，至今抔土尚依然」是也。不知其墓誌何以出於人間，而又仍歸於吾家先穆翁府君〔三〕藏焉，亦異事也。穆翁之孫出以示予，予乃補記其石蓋，而令庵僧爲之修墓，仍納其中。志文出於府君弟頤孫之筆，簡質不甚詳，但言其以趙宋之故，闔門耕讀而已。

〔一〕全謙孫，内編卅六有跋。
〔二〕全元立。
〔三〕全美樟。

府君偕叔弟本心〔一〕並修慈湖之學，吾家之言學統者，當自府君始。又增置其先人所創義田，蓋儒苑中躬行君子也。府君子鼐，工於詩，詳見家乘，而志中皆略之。嗚呼！府君兄弟不言躬行，殆有漢萬石君之風，即此文可見。

〔一〕全晉孫。

今府君之後，遠居翁洲，而墓以庵故得無恙。然而志之出已久矣。柳州之於其姊，以其志未備而記其蓋，猶之碑陰之例，此同時也。府君之石出於四百餘年之後，而不肖得重取而記之，則又碑版文字中所未有也。

志文稱大宋，不稱大元，雖書泰定四年〔一〕，而較之但記甲子者，其倔强不異矣。

〔一〕蔣本卅六作「泰定七年」，泰定無七年也。

鮚埼亭集批注　外編卷九

行狀一

明禮部尚書仍兼通政使武進吴公事狀

公諱鍾巒，字峻伯，别字稚山〔一〕，學者稱爲霞舟先生，南直隸常州武進人也。弱冠讀王文成公傳習録，悦之，繼遊於釋氏，又習養生家言，皆悦之。已聞顧端文公〔二〕講學東林書院，執經從焉。遂盡棄所學，一意濂、洛之旨。又遊高忠憲公〔三〕之門，而所宗主者爲孫文介公〔四〕之困思鈔。是時，公年尚未三十，已嶽嶽稱人師，門下江陰李忠毅公〔五〕其最著也。公累應科舉不售，而忠毅以進士入臺，忤逆奄，緹騎逮入京。自江陰過武進，公出逆之，留歸其家飲餞。忠毅歎曰：「此後莫令吾兒讀書。」公曰：「弗爲真讀書人已耳，稍讀之，庸何傷？」忠毅笑曰：「然則莫令從真先生讀書。」因相與訂婚姻而去。

〔一〕陳子龍集作字「稚戀」，明史二七六亦同。然本集廿四屢作「稚山」，卅一亦同。
〔二〕顧憲成。
〔三〕高攀龍。
〔四〕孫慎行。
〔五〕李應昇。

以明經授河南光州學正，遂舉光州籍，成崇禎甲戌進士，年五十有八矣。知長興縣，時與諸生講學，從之者如雲。顧以旱潦相仍，催科甚拙。己卯，奄人崔璘以巡視鹽糧至，張甚，守令見之，蒲伏如撫按。公獨不往，及以公事見，長揖不屈。璘怒，而太守亦怒，中以蜚語削籍。襆被登舟，長興之人送之，公曰：「吾宦於此有三樂：其一，爲蕺山先生來弔丁君長孺，得與證明所學；其一，爲重九日登烏瞻山；其一，則丙子校士得錢生肅樂也。」

公性恬淡，既罷官，即有投老之意。宜興再相，頗以延攬清流爲事，遣所知道意，許登啟事。公笑曰：「公爲山巨源，請容我爲嵇叔夜；公爲富彥國，請容我爲邵堯夫。」宜興不樂，公泊如也。

辛巳，湔除左降諸官，補紹興府照磨，陞桂林府推官。甲申六月，聞國難，絶而復醒，曰：「吾友馬素修〔一〕必死矣。」已而果然。南中授禮部主事，未上，國亡。是年，公叔子福之以起兵死，閩中以原官召之，遷員外郎。上書言事，權貴不喜，公曰：「今日何日，尚欲拒人言耶？」唐王將爲贛州之行，公曰：「閩海雖非立國之區，然今日所急者，選鋒鋭進，克復南昌，聯絡吴、楚以得長江，或可自固。若舍此他圖，關門一有騷動，全閩震驚矣。」唐王不能用，出爲廣東副使，未行，閩中又亡，遁跡海濱。

〔一〕馬士奇。

公憤士大夫多失節，乃作十願齋説：其一曰，吾願子孫世爲儒，不願其登科第；其二曰，吾願其讀聖賢書，不願其乞靈於西竺之三車；其終曰，吾願其見危授命，不願其偷生事仇。又集累朝革命之際，上自夷齊，下至遜國諸忠，爲歲寒松柏集，而從客問以寄其詞，曰：

客有問曰：「諸君子之死節，誠忠矣，然無救於國之亡也，子何述焉？」應之曰：「子不云乎：歲寒知松柏。歎知之晚也。夫諸君子皆公忠直亮之臣，較然不欺其志者也，臨難而能勵其操，必授命而能盡其職。使人主早知而用之，用爲宰執，則如中國相司馬而遼邊息警；用爲諫議，則如漢廷有汲黯而淮南寢謀；用爲鎮帥，則如軍中有范、韓而西賊破膽：

又安得有亡國事乎？惟不知而不用，即用之而不柄用，漸且憚其方正而疏之，惑於讒佞而斥之，甚且錮其黨而并其同道之朋一空之。於是高爵厚禄，徒以豢養庸碌貪鄙之輩，相與招權納賄，阻塞賢路，天下之事，日就敗壞，而不爲補救。及其亡也，奉身鼠竄，反顔事仇。嗟嗟！烈女不更二夫，況薦枕席於手刃其夫之人乎？若輩之肉，尚足食耶！易曰『小人勿用』，必亂邦也。吾將以告後世人主之誤於小人，而後知君子者又烏容以無述。」

客又問曰：「諸君子之抗節者誠清矣，曷不死之？」應之曰：「記云：君子謀人之國，國亡則死之；謀人之軍，軍敗則死之。諸君子皆不柄用，未嘗與謀軍國事。易曰介於石，不終日。儉德避難，夫安得死之，守吾義焉耳。」曰：「然則恢復可乎？」曰：「事去矣，是非其力所能及也，存吾志焉耳。志在恢復，環堵之中，不污異命，居一室，是一室之恢復也；此身不死，此志不移，生一日，是一日之恢復也。尺地莫非其有，吾方寸之地，終非其有也。一民莫非其臣，吾先朝之老，終非其臣也。是故商之亡，不亡於牧野之倒戈，而亡於微子之抱器；宋之亡，不亡於皋亭之出璽，而亡於柴市之臨刑。國以一人存，此之謂也。」曰：「其人亡，則如之何？」曰：「子不見朱子綱目之書法乎？書曰：『晉處士陶潛卒，在宋元嘉四年。』是靖節千古存，而晉未始亡也。故商亡而首陽采薇之歌不亡，則商亦不亡；漢亡而武侯出師之表不亡，則漢亦不亡；宋亡而零丁、正氣諸篇什不亡，則宋亦不亡。子謂空言無補，將謂春秋之作曾不足以存周乎？」客慨然而退。

時有以公流離海外，勸之歸者，公作止歸説謝之。

丁亥〔一〕冬，監國至閩，閩中士大夫皆觀望不出。公曰：「出固無益也。雖然，不出則人心遂涣，以死繼之耳。」乃入朝，拜通政使，至則申明職掌，言：「今者遠近章奏，武臣則自稱將軍、都督，文臣則自稱都御史、侍郎，三品以下不屑署也。至所在游食江湖者，則又假造僞印，販鬻官爵，僵臥邱園，而曰聯師齊、楚；保守僕御，而曰聚兵十萬；以此聲聞，徒致亂階。臣請自後嚴加覈實，集兵則稽其軍籍，職兵則考其勅符。」王是其言，陞禮部尚書，原官如故，兼督學政。從王幸浙，所至録其士之秀者入見於王，僕僕拜起，人笑其迂。公曰：「濟濟多士，維周之楨。可以亂世而失教士耶？」時朝政盡歸武臣，公卿不得有所可否。公歎曰：「當此之時，惟見危授命，是天下第一等事。不死以圖恢復，成敗尚聽諸天，非立命之學也。當此之時，惟避世深山，亦天下第一等事。徼幸以就功名，禍福全聽諸人，非保身之學也。」

〔一〕順四。

姚江黄都御史宗羲，招公居四明洞天，公答之曰：「故人有母，固應言歸。老生從王所在，待盡而已。」遂退居補陀。舟山師潰，公曰：「昔者吾師高忠憲公與吾弟子李仲達〔一〕死奄難，吾爲詩哭之；吾友馬君常〔二〕死國難，吾爲詩哭之；吾門生錢希聲〔三〕從亡而死，吾爲詩哭之；吾子福之倡義而死，吾爲詩哭之。吾老矣，不及此時尋一塊乾淨土，即一旦疾病死，其何以見先帝，謝諸君於地下哉。」乃復渡海入城。九月初二日，與張閣部肯堂訣曰：「吾以前途待公。」至文廟右廡，設高座，積薪其下，捧先師神位，舉火自焚。賦絶命詞曰：「只爲同志催程急，故遺臨行火浣衣。」時年七十有五。僕徐甲負骨以歸。

〔一〕李應昇。
〔二〕馬士奇。
〔三〕錢肅樂。

夫人劉氏。福之，字公介，公第三子。少聰穎，年十五能文。侍父之任光州，集光庠諸名士較藝，福之即與對壘。尋循例應州試，即成州諸生；尋歸，應本邑童子試，即成邑諸生；從諸生應歲試，即成廩膳生；從諸廩生應貢試，即成選貢生。故自成童以至弱冠，無不以科名期福之者。福之亦雅自負，落筆不作凡近語，奥思怪字，初閲之不可句讀，徐解之法脈井然，非以艱深文淺易也。讀書該博，無所不窺，而尤留心經濟。感時事亟，嘗上箋其父曰：「天下事無非兵理。處今亂世，非將略兵法，無以處事馭人。杜牧注孫子云：『得其一二者爲小吏，盡得其道則可爲大吏也。』今見當事統數百兵即譁矣，大吏見數十亂民即倉皇矣。有地方之責者，凡其地弁將、營卒、縉紳、耆老、吏胥、役隸以及盜賊、土豪，無不留心著眼，以法詰糾部勒之，密密有心腹爪牙之用，則卒有事變，可以制置。」公深異其言。

乙酉，常州城破，職方吴易〔一〕起兵太湖，福之應之，兵敗死焉。

〔一〕「易」應作吴「昜」。

吴氏之先本無錫人，其遠祖有以革除去御史之官歸隱者，三遷至武進之横林，卒而葬焉，遂家於此。

公所著有周易卦説、大學衍注、霞舟樵卷語録〔一〕藏於家，海外有稚山集在吾鄞。至今，長興人有霞舟書院。

〔一〕尚有十願齋易説一卷，易箋一卷。

明兵部尚書兼掌都察院事鍾祥李公事狀

公名向中，字豹韋，號立齋，湖廣鍾祥縣人也。（下略）

公之死也，得年四十有一。予讀杭人吴農祥所作公傳，謂公與劉公以治兵故，有曠林之爭，互殺其中軍，將以相攻，劉公夫人勸之而止。此妄言也。劉公於公始終無間，農祥所記明末事，半出無稽，不特公傳也。

翁洲之難，死者甚多，而左班則以閣部張公，尚書吴公、朱公、李公，吾鄉兵科董公，右班則安洋將軍劉公最烈，時稱「六大忠臣」〔一〕。浙中修通志，予謂纂修諸君，當別立傳。諸君因令予具藍本。張公、劉公、董公，予已有碑志，乃作三尚書狀并碑志移之，然卒未立傳也。

〔一〕張肯堂，前集十；吴鍾巒；朱永祐；李向中；董志寧，前集八；劉世勳，卷十四。

前侍郎達州李公研齋行狀〔一〕

研齋李公天問閣集〔二〕四卷，皆丙戌以後之作也，杭人張君南漪〔三〕得之吴估書肆。侍郎於文，不稱作家，然而舊聞軼事，有足疏證史案者，此桑海諸公集所以可貴也。

〔一〕李長祥。

〔二〕集見仰視千七百廿九鶴齋叢書二集。

〔三〕張增。

侍郎通籍甫一歲而國亡，顧自其爲孝廉捍禦里社，以至轉徙鮫宫蠣屋之間，側身軍旅者十七年。明史既不爲立傳，而世亦莫知其本末。茗人温睿臨雖嘗爲立傳，然寥寥不詳。予家浙東，乃侍郎從亡地，先太常公〔一〕一門皆嘗共事，故頗悉之。及鈔斯集，益得以舊所聞互相考見，乃爲之狀，使異日補注明史者，有所徵焉。

〔一〕全大程，續甬詩二四。

按侍郎諱長祥，字研齋，四川夔州府達州人也。諸生素之曾孫，永昌通判璧之孫，諸生爲梅之子。生而神采英毅，喜言兵。是時獻賊從横蜀中，侍郎練鄉勇，躬擐甲冑，以助城守。自癸酉至壬午，賊中皆知有侍郎名。

癸未，選庶常。時沈自彰任吏部，方蒙上眷，薦之，謂當援劉之綸之例，破格不次用之，使備督師之選。或問之曰：「天子若果用公督師，計將安出？」侍郎歎曰：「不見孫白谷〔一〕往事乎？今惟有請便宜行事，屏邸鈔不寓目，即有金牌亦不受進止。待平賊後，因首闕下，以受斧鉞耳。」聞者吐舌。而同里井研方爲首輔，欲引之爲私人，侍郎不可，故不得召見。

（下略）

〔一〕孫傳亭，明史二六二。

天下大定，始居毘陵，築讀易臺以老焉。予過毘陵，累訪其子孫，無知者。

侍郎行狀如右。吾讀天問閣集，頗疑侍郎蜀人，而其論楊武陵〔一〕多恕詞，甚至比之孫白谷，而委過於撫臣邵捷春，何其與衆論不同歟？又論周陽羨〔二〕忌陳新甲而殺之，以新甲爲枉死，恐亦未必然。要之大節如侍郎，不免以愛憎之偏持論，證史之所以難哉。

〔一〕楊嗣昌。
〔二〕周延儒。

鮚埼亭集批注　外編卷十

行狀二

華氏忠烈合狀〔一〕

在昔文章家無合狀之體。惟葉水心集嘗爲陳同甫、王道甫〔二〕作合志，蓋出於史之合傳，予因援其例於狀。但古人於夫婦之間，未有不以婦統於夫者，今雙舉之何也？曰華夫人之烈，非凡爲婦者所可同也。作華氏忠烈合狀。

〔一〕華夏夫婦。夏，續甬上詩十一。
〔二〕陳亮、王自中。

檢討華公諱夏，字吉甫，別字嘿農，浙之寧波府定海縣人也。其後遷鄞。少與同里王公家勤齊名，同受業於始寧倪文正公，已又同學於漳浦黄忠烈公，已又同參蕺山之席，已而同受知於新城黄公端伯、華亭陳公子龍，浙東社盟所稱華、王二子〔一〕者也。是時檢討雖諸生，而諤諤有范滂、陳東之風，浙東資其清議以爲月旦。以恩貢入太學。

〔一〕華、王預於「六狂生」之列，亦預於「五君子」之列。

乙酉六月，浙東兵起，首與董公志寧倡大議，預於「六狂生」之目。其奉錢忠介公書入定海，説王之仁使返斾，幾陷虎穴，夫己氏〔一〕欲殺之而不克，詳見予所作忠介神道碑。已而論倡義功，授兵部司務，尋晉職方主事〔二〕，皆不受，請以布衣從軍。悍帥枋成，諸經略皆不用，然猶與陳太僕潛夫出戰牛頭灣，彈從頭上過如雨，不退。檢討雅素勁挺，忠介亦不能盡與之合，遂謝去，是爲乙酉之仲冬。又七月而江上潰。是時浙東未下者衹翁洲彈丸地。顧浙東之學士大夫以至軍民，尚惓惓故國，山寨四起，皆以恢復爲辭。檢討謂人心未去也，而錢忠介公航海入閩，連下三十餘城。閩人告急於浙，浙抽兵應之，浙之守備稍虚。檢討曰：「此可乘之會矣。」謀之益急。

〔一〕謝三賓。
〔二〕故又稱華職方。

丁亥，乞師翁洲，翁之故總兵黄斌卿無遠略，猶豫不應，檢討憤責而歸。未逾時，慈之大俠以馮侍御京第海上往復書洩，牽連檢討，捕之入獄。或曰亦夫己氏所爲也。因中作生謝死謝、羅械破械等詩。家勤與董公德欽悉力營救，出之。檢討不以爲懲，謁李侍御長祥於東山。侍御曰：「吾於會稽諸城邑，俱有腹心，一鼓可集，但欲得海師以鼓動聲勢。」檢討曰：「海師不足用也，公何不竟以中土之師速舉。」侍御曰：「此間人頗以海師爲望，因其勢而用之耳。」檢討曰：「愚以爲海師必不可恃。」侍御曰：「子其强爲我行。」乃再乞師翁洲。時馮侍御京第方在翁洲，力勸斌卿。斌卿曰：「我軍弱，中土之助我者可得幾何？」檢討曰：「布置已定，發不待時，將軍何庸以寡助爲憂。將軍之師入蛟關，范公子兆芝當以徐給事孚遠柴樓之師會，可得六百人。將軍之師至鄞江，楊推官文琦當以王職方翊大蘭之師會，可得千人；王評事家勤當以施公子邦炌管江之師會，可得三千人；張屯田夢錫當以大皎之師會，可得四百人；而屠駕部獻宸當以城中海道麾下陳天寵仲謨二營之師爲内應，可得千人。將軍之師至慈，馮職方家楨當以其子弟親兵會，可得五百人。將軍之師至姚，李侍御長祥當已下紹興，以遲將軍；其東山之寨當有使者來除道以俟，而張都御史煌言當以平岡之師會，可得三百人。將軍之師渡曹江，章都督欽臣以偁山之師會，可得二千人。將軍之師急移小亹，合李侍御軍西渡蕭山，尚有石仲芳寨可得千人。將軍以此衆長驅入杭，百里之内，牛酒日至，何庸以寡助爲憂。」斌卿猶不信，檢討益恨而激之。斌卿大怒，奮拳擊之曰：「吾今聽子言，倘侍御爽約，吾且取子肝以餉軍。」然斌卿特强許，終無出師意。檢討歸，乃復令楊公文琦往，馮侍御等益勸斌卿。楊公曰：「累失期，事且壞。今十一月四日，直指使者之天台，監司而下皆送於南渡，可乘虚至也。我當約諸道畢集，以待將軍之樓船。東山之兵，亦以是日入越。」斌卿曰：「諾。」

自檢討偕楊、王諸公經營恢復事，東西聯絡，飛書發使，日無寧晷，嘔出心血數石，至是以爲功有緒矣，而夫己氏又告變〔一〕。夫己氏之欲殺「六狂生」以阻軍也，自度不爲清議所容，及再降於新朝，益決裂，刊揭自言其前此歸命之早，而爲王之仁所脅，今幸得反正，見天有日。然卒不見用，乃益思所以徼功者，廣行賄賂，遂得反間之力，中途賺取檢討所貽大蘭帛書，盡得其詳，由分守道陳謨以告之直指秦世楨。直指乃詭期不出，而密調慈水之兵以襲大蘭，定海之兵以勦管江，姚江之兵以搗東山，三道之兵皆潰，急捕檢討，得之。屆期，翁洲兵入關，直抵鄞城東之三江口，諸道兵無一至者。海道孫枝秀嚴警，陳、仲二將軍不敢發，斌卿知有備，亦不敢攻而去。直指乃令知府大陳刑具訊讞討，究其黨與。檢討乃慷慨獨承曰：「心腹腎腸肝膽，吾同謀也。」及問帛書所載楊、王、屠、董諸人，皆言其不預。知府再拷之，檢討大呼曰：「太祖高皇帝造謀，烈皇帝主兵，安皇帝司餉，其餘甲申、乙酉殉節諸忠范公景文、史公可法而下，皆同謀也。」知府三拷之，終不屈。而是日也，謝昌元〔二〕亦爲人所告下獄。初，謝氏欲害「五君子」以求用於新朝，不料枝秀之艷其富也，欲并殺之而取其室，乃使人上書告之。又使人密語檢討曰：「謝氏汝冤家，可力引之，當爲汝報仇。」及共訊，檢討曰：「咄嗟！此乃反面易行、首先送款之人也，而謂其不忘故國，吾死不瞑矣。」謝跪旁搏顙謝曰：「長者，長者。」

〔一〕卷廿九末有謝三賓視師紀略。三賓字象三，一字塞翁，見續甬上耆舊詩八十。

〔二〕謝昌元見延祐四明志卷五，蓋借指謝三賓也。

檢討在獄中，鼓琴賦詩如平日，自稱過宜居士。或問之，曰：「周公之過，不亦宜乎？何有於某。」戊子五月初二日行刑，直指謂曰：「非不欲生汝，奈國法何。」檢討曰：「事成吾不汝置，事敗汝亦不吾置也。」絶命，有白光一縷沖天而去。監國還軍翁洲，贈檢討〔一〕，門人私謚曰毅烈。

〔一〕至是始點檢討。

生平著述最多，亂後散佚，僅存過宜言八卷。其獄中所訂操縵安絃譜、泗水鼎樂府、對簿録，藏於高武部隱學家，今惟對簿録尚有存者。

檢討夫人陸氏，有雋才，而性貞且孝。檢討被難，夫人絶粒七日不死，或曰有姑在，何可死也，乃日進一餐。檢討正命，夫人親詣市，紉其首於屍，負以歸。既殮，復絶粒，其姑垂淚勸之，復日進一餐。已而有令徙諸家妻子於燕，檢討之友高文學斗魁急過語曰：「夫人當自爲計。」夫人曰：「諾，願得褒衣，以見先夫子於地下。」斗魁即以其妻所有予之。次晨起，對鏡歎曰：「天乎！吾不得終孝養矣。」視其盎中尚有米，親掃臼舂之。舂畢，跪於姑前曰：「婦不隨郎去，恐終不得事姑也。姑其强飯自愛，以保天年。」語畢，其姑哭，夫人亦哭，隣里聞者聚觀如堵牆，皆失聲哭。夫人徐起投繯堂中，既上而絶者再。時方盛暑，汗涔涔下，隣人或以楊梅一盂進曰：「願夫人嘗此而後死。」夫人亦渴甚，啖之盡，以巾拭汗，復易繯而絶。

而檢討次子漂殳，夫人於前數日密託檢討之友林評事時躍竊出匿之，但以瘇兒聞，其家莫有知者。夫人之慷慨從容，既克從死，又克保孤，時人以爲巾幗中奇男子云。其後漂殳竟育於林氏，年二十始復姓，詳見予所作評事阡表。

有謝寅生者，亦義士也，素與檢討不相還往，至是忽訊之獄中，曰：「吾願以女配公子。」檢討許之，寅生乃分以田宅而成立之。謝氏之爲枝秀所陷也，亟行賂於直指，發其貪墨事，枝秀遂罷官，謝亦多方下石以報之，而刊揭自暴其前此告變之功，并爲枝秀所陷之屈，然卒不見用。

嗚呼！皇朝應天順人，同軌畢附，檢討欲以精衛之力填闕海波，亦何可得。即令是時所圖得遂，浙河如破竹，亦豈足延西崦之祚。乃一擲不中，至再至三，卒以喪元，可謂愚矣。又況重瞳受病，一往疏防，不密失身，宵人抵隙，竟漏多魚之師，坐而受縛，同盟駢首，仇讐快心，言之可爲浩歎者也。然而欲存君臣之義於天地之間，則小腆雖頑，終賢於筐篚壺漿之輩。至於身經百鍊，終不爲繞指之柔，皇朝殺其身，未嘗不諒其心矣。若乃夫人之凛然大節，故國故家，均爲有光。而臨終妙用，才反出檢討之上，又一奇也。彼反覆如夫己氏，到今亦安在哉！

楊氏四忠雙烈合狀〔一〕

鄞鏡川之楊，以文懿公〔二〕大，其弟康簡公、冢宰碧川先生〔三〕並起，五世中有四開府，三翰林，兩臺諫，四監司，而守牧以下無論也。時人爲之歌曰「半壁宮花春讌罷，滿牀牙笏早朝歸」以榮之。又六世而四忠雙烈出焉，遂以收三百年世臣之局。跡其一門被殲，不可謂不慘，然而爲故國增重矣。

〔一〕楊文琦、文琮、文瓚、文球、琦妻沈、瓚妻張。續甬上詩十一。

〔二〕楊守陳。

〔三〕楊守隨、守阯，内編卌四末與同館某君札。守隨爲守阯弟。

四忠者：長監紀推官、贈兵科都給事中文琦，字瑶仲，號楚石；次職方郎中文琮，字天璧；其第三弟文瑛早卒；次監察御史贈都察院右僉都御史文瓚，字贊玉，號圓石；次都督府都事文球，字天琅〔一〕：太僕卿美益之玄孫，澤州通判承龍之曾孫，諸生德邁之孫，監紀推官秉鼐之子。秉鼐字公鼎，能守文懿之教，以名節勖諸子，里中以「楊太公」稱之。推官尤喜交當世豪傑，以引進其諸弟。然家貧甚。推官娶沈氏；御史以舉崇禎己卯科，始娶於杭之張氏，而以其婦裝爲職方娶李氏〔二〕。

〔一〕四忠惟文琦預於「五君子」之列。

〔二〕推官文琦妻沈，職方文琮妻李，御史文瓚妻張，都事文球未娶而卒。

截江之役，太公親帥諸子從軍。御史初入臺，力言浙、閩宜合不宜分，即使主上屈節於天興，將來無損於配天之業。時方爭開讀禮，多不以爲然，而同里張公蒼水尤出揭力排之，御史乃入閩。思文召對，又力言當聯絡閩、浙以爲同仇，不當啟爭端。閩强而浙弱，莫若輸閩餉以助浙，自足以服其心。思文然之，即賜食，撤御前燈送至邸。丙戌春，以温陵饑，按視，疏發帑金三千賑給。歸而陳四難、十失諸奏疏，皆名言也。思文特用爲雲南巡撫，力辭，請如前旨，得領餉入浙中，以圖會師。鄭氏尼之，不果，乃命以掌貴州道，扼防建延三關，便宜行事，召募義勇。而浙東亡，仙霞告急，思文出走。

方思文命御史之温陵，問知其有兄，臨軒試之，對言今日宜作馬上天子，未可狃承平積習。思文奇之，以明經上等，即授惠安訓導，尋加監紀推官，視惠安諸軍。至是來就御史商所向，而太公挈家至。

初張夫人尚居杭，已而道斷，夫人最多智略，歎曰：「干戈載道，吾當從夫以死耳。」其家力阻之不得，潛自小亹渡江。時兩軍列戍夾岸，鉦鼓朝夕震，中流交鬭，每日數合，飛鳥不得過，而夫人忽脱免至，皆以爲從天而下也。會江干事已不支，乃謀奉太公入閩，留職方居守，以都事從。甫至，推官、御史適他出，亂兵突過之，夫人走伏草間。賊執太公以去，索萬金，不則烹。都事散髮狂號於路，路人憐其孝，不數日得金數千緡，賫入呰。賊以數不足，欲殺之，都事對父長慟，賊亦感動，令奉太公以歸。俄而推官兄弟返，避地於泰順之竹園，欲求思文消息，以謀扈從，卒不得，乃返甬上。

時浙地止翁洲未下，而寧、紹、台山寨大起，遥相首尾，於是有「五君子」之難。推官與大蘭寨主王翊最善，故在「五君子」中獨主西南一道。張夫人謂御史曰：「翁洲黄將軍未可信，宜慎之。」御史亦以爲然，不意翁洲未嘗慫約，而華公過宜所致大蘭帛書，中途爲人所得，密揭告變，並列推官、御史名，旁及都事，而獨遺職方。時推官兄弟四人方謀於野，聞變，或勸之逃，推官曰：「吾以義動，而臨難不赴，且將陷父於辟，安用義爲？然偕死亦無益，吾獨承之。」因遣御史、都事入閩，御史不肯，乃獨遣都事變服走。推官就訊，忼慨無卮詞，但言御史不預謀，請釋之以養父，而自請速死。華公時已先在囚中，聞之淚涔涔下。而太公因槖饘傳語，謂一日未死，當一日讀書。推官以詩答父，聞者益歎太公之賢。御史亦與同難李公昭武唱和不輟。

初，華公已獨承帛書中事，欲盡脱諸同難，以故同難亦多不承者，而推官獨不可。於是當事議坐推官而釋御史，推官遂與華公同死。既殯，張夫人謂御史曰：「難猶未止，可速去。」職方亦曰：「弟但去，有我在。」御史猶豫未決，夫己氏復以賄請於當事，必殺之，乃復逮之。御史大呼高皇帝不絶以死。夫己氏嘗與太公同學，少相好，長相密也。乃其反覆兩朝之間，推官兄弟不復以父友事之，故禍最烈。

張夫人負御史尸，紉其首，吮其血，哭盡哀。忽曰：「楊郎死忠，分也，何以哭爲！」因治棺衾，皆雙具，召畫師至，寫雙影，語家人曰：「吾死矣。然吾宗刺史，文人也，乞之爲楊郎兄弟作傳，吾死瞑矣。」刺史者，前高唐牧德周也，年老畏禍，逡巡不敢執筆。夫人乃書遺戒曰：「楊郎無媿於天地，無媿於國家，偷生一載，有爲而然。妾今從之，亦可無媿於楊郎。所遺二女，楊郎在囚中已爲擇壻矣。」聞者皆哭。夫人拜謝於太公之前，投繯，被救不死，怒曰：「將隳我節耶？楊郎遲我久矣。」乃飲藥，少選毒不即發，復投繯而絕。夫人之父季初，故孝子，夫人少時亦嘗割臂療父病。夫人之母，亦烈婦也，其淵源有自云。沈夫人嗷然而哭曰：「吾姒烈矣！吾後之哉。」或勸之，歎曰：「昔陳同甫之傳烈女，其姊不屈而死，其妹畏死，卒受辱，諸君將陷我爲畏死之妹耶？」亦自經。監國還軍翁洲，皆贈官。

而都事之入閩也，錢忠介公已卒，乃謁劉閣部中藻於福寧。閣部曰：「祝君爲王元德之弟仲德〔一〕，則老夫幸甚。」令參幕府軍事。時都事尚未娶，閣部欲婚之。曰：「謝三賓讐首未懸，未可也。」閣部益重之。次年，福寧不守，都事死之。

〔一〕王叡、王懿，兄弟同起義兵。宋書四六、南史二五。

初，張公蒼水以爭閩事，不喜御史，至是自海上貽書，謂楊氏一門忠節如此，當日悔其參辰，并以詩弔之。職方乃間行謁張公，把臂痛哭，託以聯絡中土事。自是，職方每歲往來海上不絶，太公亦弗以前禍爲戒，勉以善成家風。而海上之局日削，職方悲憤益甚。癸卯，太公卒。是年，有降卒自海上言，職方將引海上將趙彪爲患，逮至錢唐，歎曰：「吾父以天年終，吾可死矣，且吾固雁行中漏網也。」賦絶命詞，扼吭而卒。李夫人先卒。楊氏自戊子以來，家經再籍，寸絲粒粟無復存者。庶弟文珽、文玠〔一〕暨諸姪，皆以職方故遺戍，斃於道，一門遂盡。職方之死，葬於杭西湖之南屏，其遺意也。

〔一〕楊文珽行六，楊文玠行七。

又十二年，而御史之同年、前太僕石門曹廣，葬推官父子兄弟十棺於鏡川，惟都事無骨可歸，招魂以附之。詳見予所序楊氏葬録〔一〕。

〔一〕卷廿四。

推官兄弟俱有集，御史尤多，其奏稿、烏史、蟲史俱不傳，詩稿惟落花吟一卷猶存。推官獄中詩，職方絶命詞，皆僅存者。

屠董二君子合狀〔一〕

嗚呼！古今殉國之士，至於唐睢陽之六忠，烈矣。然觀張公所以語南八者，惟恐同事諸君之死之不決，而許公死於偃師稍晚，遂起張公之疑。向非後死者力爲表之，將竟不免於議論矣〔二〕。惟段公倒用大司農印，如岐、如劉、如何，各不相引，而卒之各相報以死，偉哉！

〔一〕屠獻宸、董德欽，戊子「五君子」之二，續甬上詩十一。

〔二〕張巡、許遠，舊唐一八七下、新唐一九二忠義傳。南霽雲，新書附巡傳。南八及于嵩，語見昌黎集十三張中丞傳後叙，即新書所採。

殘明吾鄉戊子之難，過宜華公爲之魁。顧華公所紀對簿録，頗若不滿於屠、董二君子，而獨推楚石楊公之慷慨。予詳考之，華、楊之抗詞不屈，良不愧張公，而屠、董之心，亦未嘗有媿於許公，特其形迹之間有須暴白者，遂不得比於段、岐一輩，爲可惜也。予既爲華公夫婦合狀，又爲楊公兄弟娣姒合狀，偶繙對簿録，懼屠、董大節之有晦也，乃更作二君子合狀。

世有韓退之，或採予文以當于嵩之考證，未可知也。（下略）

王評事狀〔一〕

戊子「五君子」之禍，同日死於鄞者四，而王評事石雁死於杭，其爲夫己氏所中尤甚焉。

評事諱家勤，字卣一，别字石雁，浙之寧波府鄞縣人也。雅持風格，博通四部，稜稜不可一世。其師友淵源皆與過宜華公同，其子即華公壻也。黎學使博庵曰：「華文蒼邃，王文簡净；華静穆而色宏肆，王博奥而格莊坦；華重錘鍊，王尚沖夷；至崇經酌史，不眩於諸子，則朴學均也。華如泰山千仞，壁立嶔嵜；王如崑岡之玉，温潤縝栗；至悃愊無文，恂恂不能語，則潛養均也。」馮尚書鄴仙之主中樞也，延評事在幕中，奏疏箋札，盡出其手。赧王稱制，以選貢入太學。

乙酉六月，擁錢刑部共起兵，預於「六狂生」之目。江上召爲大理，居官甫期年而喪職。於是諸遺臣義士，日夜謀所以復故國者，而職志所歸，呼吸傳致，則惟華、王二家。時議分

〔一〕王家勤，續甬上詩十一。

道集兵，華氏主中甄，而屠駕部以内應之兵佐之；馮氏主西甄，而李侍御以東山之寨相援；楊氏兄弟主西南甄，則大蘭之師也。評事曰：「吾願主東南甄。」乃踰姜山至管江。管江之豪施邦炌、杜懋俊等招姜山之死士，得三千人，資糧扉屨，無不畢具。評事屠牛釃酒，刺血誓師，約以翁洲水師入關，則由陸路自城下會之。諸道所集兵，未有若評事之盛者。

已而夫己氏告變，直指遣諜者入管江。評事曰：「耳目有異。」搜諜者，得其檄，遂斬之。鳴鼓會衆，將由大嵩以入海。定海大將軍常得功已遣水師扼其入海之路，而以輕兵掩管江。施、杜請據險格鬬，别令死士護評事趨翁洲，中道被執。評事之自管江出也，有顧氏子者隨之行，亦被執。其人蓋狂且也，夫己氏舊識其人，密以賂入，令顧氏子進之評事，勸其多引薦紳人望以自免，評事斥之。顧氏子乃私填一紙，如高都御史父子、馮職方家楨、李儀部棡、范公子兆芝等，以與獄吏，而衣冠之禍大作。外人皆傳以爲出自評事，華公聞而驚曰：「石雁寧有此！」訊之，乃知顧氏子所爲也。夫己氏私謂人曰：「王卣一沈静淵默，猝不能窺其際，是非華子之疏衷者比也，必不可活。」未幾，直指移評事之囚於錢唐。或以爲有生望矣，評事曰：「吾亦何望爲覆巢之完卵哉？華、楊、施、杜〔一〕不可負也。」及累訊，瞠目不復一語，遂以六月二十日死焉，門人私謚忠潔。

〔一〕華夏、楊文琦、施邦炌、杜懋俊。

嗚呼！忠義之名之難居也。以同心一德如「五君子」，累蹶累起，履虎尾而不顧。白首同歸，乃屠、董稍與華公隙末，評事亦幾遭不白之誣。彼其播弄，皆出於反側小人之手，百世而下，猶令人欲食其肉。然而忠義之人，皇天后土，鑒其心曲，所謂「留吾血三年而化爲碧」者，海枯石爛，不可磨滅。予作五君子狀，發明沈屈，其庶足慰重泉之恨也夫。

評事著書滿家，尤長於經。諸經皆有説，不肯苟同前人，頗過於好奇。今散佚殆盡，惟周禮解予曾見之，其静遠閣集亦無存者。

是役也，謝氏第一揭帖爲董公志寧、董公德欽、王公家勤、楊公文琦兄弟、屠公獻宸。第二揭帖爲華公及慈谿馮公家楨、馮公㚟、李公文纘。第三揭帖爲高公斗樞父子、李公棡父子、定海范公兆芝〔一〕。董公志寧與楊公文球急逃得免，二馮以其子弟行賂得免，李公文纘以過宜力辨其不預得免。而第三揭帖中人皆免〔二〕。董公志寧、李公文纘、范公兆芝，予皆嘗表其墓。合觀之，則戊子之難，本末了然。陸夫人諱玉辰。張夫人諱玉如。

〔一〕三帖共十五人。

〔二〕死者五人，免者十人。